Hans Lenk
Bewusstsein, Kreativität und Leistung

Hans Lenk

Bewusstsein, Kreativität und Leistung

Philosophische Essays zur Psychologie

Umschlaggestaltung: Peter Lohse, Büttelborn.

Einbandabbildung: Salvador Dalí, „Raffaelskopf, zerborsten" (1951),
Scottish National Gallery of Modern Art.
© akg-images.

Die Deutsche Nationalbibliothek verzeichnet diese Publikation
in der Deutschen Nationalbibliografie;
detaillierte bibliografische Daten sind im Internet über
http://dnb.d-nb.de abrufbar.

Das Werk ist in allen seinen Teilen urheberrechtlich geschützt.
Jede Verwertung ist ohne Zustimmung des Verlages unzulässig.
Das gilt insbesondere für Vervielfältigungen,
Übersetzungen, Mikroverfilmungen und die Einspeicherung in
und Verarbeitung durch elektronische Systeme.

© 2007 by WBG (Wissenschaftliche Buchgesellschaft), Darmstadt
Die Herausgabe des Werkes wurde durch
die Vereinsmitglieder der WBG ermöglicht.
Gedruckt auf säurefreiem und alterungsbeständigem Papier
Printed in Germany

Besuchen Sie uns im Internet: www.wbg-darmstadt.de

ISBN 978-3-534-20461-8

Inhalt

Vorwort...	VII
I. Handlung, Motivation und Schemata..	1
1. Modellvorstellungen in der Psychologie...	1
2. Gesetze und Konstrukte in Sozialwissenschaft und Psychologie........	6
2.1 (Quasi-) Erklärung und (Quasi-)Gesetzesartigkeit.........................	6
2.2 Gesetze und Quasigesetze in Sozialwissenschaft und Psychologie........	12
3. Handlungen, Handlungsbeschreibungen, -deutungen und –erklärungen.........	15
3.1 Handlungen als Interpretationskonstrukte erfasst........................	19
3.2 Handlungssysteme...	22
3.3 Handlungs- und Strukturaspekt..	23
4. Einige methodologische Sonderprobleme der Sozialwissenschaft............	24
4.1 Reflexivität sozialwissenschaftlicher Aussagen und Prognosen............	24
4.2 Reduzierbarkeit und Erklärungen in den Sozialwissenschaften............	26
4.3 Zum Szientismusproblem..	28
5. Zur methodologischen Auffassung theoretischer Konstrukte und grundlegender Schematisierungen...	29
6. Naiv-theoretische Konstrukte im Alltag und deren pychologische Beschreibung..	38
7. Motive und Motivationen als Interpretationskontrukte........................	46
8. Normative Interpretationskonstrukte des Handelns............................	50
9. Emotionen und Gefühle werden schema-interpretorisch erfasst, sind aber biologisch-evolutionär verankert....................................	57
II. Zur gegenwärtigen Philosophie des Mentalen und des Bewusstseins.........	63
1. „Bewusstsein" – „Bewussthaben" und Qualia als Anfühlungsweisen........	63
2. Vom Physikalismus zum Perspektivismus.......................................	77
3. Arten und Typen von Bewusstsein..	89
4. Bewusstsein höherer Ordnung: gedanken- oder erlebnisartig?................	107
5. Exkurs: Wille und Willensfreiheit als Deutung und Disposition..............	119

III. Kreative Zündung, Chaos, Fraktale und Kreataphern 127
1. Kreativität als multipler Assoziationsprozess 127
2. Von der „Investmenttheorie" zur „Propulsiontheorie" 140
3. Fraktale und chaotische Kreativität 144
4. Metaphern und Reflektaphern 152
5. Kreative Metaphern und Kreataphern 155
6. Kreativspiele 159
7. Kreatives Reflektieren 162

IV Eigenleistung und Eigeninitiative 167
1. Einstimmung 167
2. Über Leistungsmotive und Leistungsmotivation 168
3. Leistungsarten – Leistungsprinzipien 174
4. Leistungskritik und Humanisierung 181
5. Motivationsstärkung: Sportleistung als Prototyp der Teamleistung 183
6. Das eigenleistende Wesen 185
7. Zur Faszination der sportlichen Eigenleistung 190
8. Zusammenfassende Thesen zur Eigeninitiative 193

Literatur 197

Diagramme und tabellarische Aufstellungen:

Interpretatorisch-schematisierende Aktivitäten: Schemainterpretationen 35
(Meta-)Stufen der Interpretation 36
Bewusst sind 89
Arten und Typen des Bewusstseins 97
Phasen kreativer Prozesse (die 10 „Is") 127
Attribuierungen (Selbstzuschreibungen) von Leistung(sursach)en 173
Profile von leistungsbezogenen Handlungsarten 175
Soziale Zuteilungs- und Gestaltungsprinzipien 176
Leistungsgesellschaft (notwendige Bedingungen) 177
Wertedimensionen 180

Vorwort

Personen sind bewusste Wesen. Wir Menschen sind psychisch verfasst – neben den körperlich-leiblichen Grundgegebenheiten, sozusagen der biologischen Basis –, wir sind Wesen mit Geist, Gefühlen, Motiven und sinnlichem sowie sozialem Erleben, die nicht nur auf äußere Wahrnehmung, sondern auch auf „inneres" Empfinden und auf eigenes Handeln in einer Umwelt – zumal auch einer sozialen – angewiesen sind. Die „geistigen", emotional-seelischen und empfindenden Erfahrungen und Verfassungen werden sinngemäß von der Psychologie untersucht. Neben dem Wahrnehmen gehört auch das eigene Handeln samt dessen Motivation, Entscheidung und Verursachung zu den Forschungsgegenständen der Psychologie – zumal auch das Entwickeln und Erfinden von Neuem, und die Handlungsbewertung. Traditionell ist auch das eigene Handeln unter dem Gesichtspunkt von Gütemaßstäben und Standards psychologisch, zumal sozialpsychologisch untersucht worden: Leistungsmotivation ist ein traditionell wichtiges Thema der Psychologie. Herkömmlich war die Psychologie ursprünglich ein Teilgebiet der Philosophie, zumal der Bewusstseins- und Subjektphilosophie bzw. der entsprechenden phänomenologischen Forschung, die sich meist eine introspektive Analyse der psychischen Erlebnisse zum Gegenstand gesetzt hatte, freilich oft nicht empirisch arbeitete.

Seit Beginn des letzten Jahrhunderts ist die Psychologie in der Folge von Wundts Neuorientierung im Wesentlichen eine empirische Wissenschaft geworden, die zeitweilig sogar so sehr dem Behaviorismus, der bloßen äußeren Verhaltensuntersuchung, unterworfen war, dass man über die „Seele", den „Willen", das „Bewusstsein" aus dem Gegenstandskatalog und den Fachlexika der Psychologie entfernt hatte. Dies hat sich mit dem Aufkommen der so genannten kognitiven Psychologie seit den 50er Jahren wieder geändert. Man darf auch als Psychologe wieder das Wollen, Denken, Gefühl, Bewusstsein untersuchen, ist freilich auf empirische Anbindbarkeit der theoretischen Entwürfe und Konstrukte verwiesen, muss die introspektiven Einsichten und Erfahrungen möglichst äußerlich – und sei es auf Umwegen – testen, verifizieren oder falsifizieren, also den Kriterien, Methoden und Beurteilungen der Erfahrungswissenschaft unterziehen.

Dies hat zur Folge, dass die Psychologie eine besonders interessante Zwischenstellung zwischen theoretischer Spekulation und Konstruktion und empirischer Bewahrheitung innehat, zumal wenn und da die Innenerfahrungen wie Stimmungen, Angst, Begeisterung usw. miterfasst werden sollen. Die Psychologie steht heute zwischen Naturwissenschaft, Sozialwissenschaft und traditioneller philosophischer Psychologie, die zu den Geisteswissenschaften zu zählen wäre. Diese exponierte Zwischenstellung zwischen den unterschiedlichen Wissenschaften verschiedener Fakultäten macht nicht nur das besonders Interessante der psychologischen Theorien, Verfahren und Ergebnisse aus, sondern erzeugt auch besondere Methodenprobleme, die viel diffiziler zu beantworten sind als beispielsweise wissenschaftstheoretische Fragen der Physik. Zudem gibt es die Nähe zur Alltagspsychologie bzw. zum „naiven" Erfassen und Erklären von Entscheidungen, Handlungen, Motivationen und Erleben. Die Psychologie als Wissenschaft muss in gewissem Sinne immer den Kontakt mit dem alltagspsychologischen Grundstock, der so genannten „folk psychology" im Auge behalten, selbst wenn sie nicht übermäßige Zugeständnisse an das alltägliche Psychologisieren machen kann.

Ähnlich wie die Sozialwissenschaft generell haben psychologische Einsichten – man denke nur an die Psychoanalyse, die Tiefenpsychologie generell und die Motivationsforschung – Rückwirkungen auf das alltägliche Entscheiden, Deuten und Begründen. Wie die Psychoanalyse besonders drastisch zeigte, hat unter Umständen auch ein psychologischer Ansatz erhebliche Auswirkungen auf Verständnis und Ausgestaltung des Erlebens und Handelns im Alltag. Diese Art von Rückwirkung („Reflexivität") von theoretischen Ergebnissen oder zumal Voraussagen ist natürlich in den Naturwissenschaften nicht zu finden. Solche speziellen methodischen Fragestellungen sowie die Bildung von psychologischen Begriffen und Theorien sowohl in der Wissenschaft als auch im Alltag (z.B. beim Begriff des „Bewusstseins") sind im ersten, theoretischen Teil dieses Buches das zentrale Thema. Hier werden wissenschaftstheoretische, methodenorientierte (methodologische) Ansätze im Hinblick auf mögliche praktische Anwendungen diskutiert, zumal die so genannte Philosophie des Geistes, genauer des Mentalen und des Bewusstseins. Hier greifen Psychologie und Philosophie besonders eng ineinander, wie es zu ihrer Zeit schon die Phänomenologie des Bewusstseins und die traditionelle philosophische Psychologie getan hatten – noch ohne die neueren analytischen und erkenntnistheoretischen Kategorien. Neu hinzu kommt der neuropsychologische und neurophilosophische Aspekt: Mit der Entwicklung der nicht-invasiven Bild gebenden Verfahren zum Monitoren des Gehirns und seiner Dynamik haben sich die Möglichkeiten der Verbindung von naturwissenschaftlichen (neurophysiologischen) und mental-psychologischen Ansätze außerordentlich verbessert: Man kann mittlerweile das Gehirn in Echtzeit beim Denken und Fühlen beobachten – freilich in experimentell präparierten Situationen, z.B. im Kernspin-Tomographen oder unter magnetischer Resonanz-Tomographie. Die Suche nach den so genannten neuronalen Korrelaten der bewussten und unbewussten psychischen Prozesse ist derzeit in rascher Entwicklung begriffen und zeitigt nicht nur sehr fruchtbare empirische Ergebnisse, sondern belebt auch alte philosophisch-psychologische Probleme wieder, die lange Zeit als unlösbar galten (z.B. das Problem der Willensfreiheit) und macht diese zum Teil erst differenzierenden empirisch-neurophysiologischen und interdisziplinären Analysen zugänglich.

Um im zweiten Teil des Buches näher an Anwendungen zu argumentieren und die gewonnen methodischen und bewusstseinsphilosophischen Ansichten anzuwenden, bieten sich aktuelle Problemstellungen wie jene der Kreativität, des Schaffens von Neuem in Kunst und Alltag sowie Wissenschaft, und der Motivationen des eigenen Handelns, zumal des Leistungshandelns und der Eigenaktivität generell, an. Hier werden die gewonnenen, abstrakteren Einsichten auf praktische Beispiele, zum Teil auch auf eigenes Erleben des Autors, bezogen und in allgemeinverständlicher Form dargestellt. Kreativität, Motivation und Leistung sind zentrale Begriffe unserer derzeitigen Bildungsdiskussion, die hier entsprechend der methodischen Ansätze in Problemfelder der Psychologie eingebettet werden, wobei die erarbeiteten methodischen Ansätze der Musterbildungen (Konstruktion) und Deutungen (Interpretation durch Schemata) verwendet werden. Bewusstes Handeln gegenüber beobachtbarem bloßen Verhalten, Bewusstsein und begriffliches Denken, Kreativität und innovatives Verhalten, Kreation und Motiva tion, Eigenaktivität und Eigenleistung – all das sind wichtige Beispielsbereiche, in denen sich das Konzept des so genannten methodologischen Schema-Interpretationismus fruchtbar anwenden lässt.

Die Klammer und Verbindung der Studien ist damit offensichtlich. Der Gang reicht von abstrakteren wissenschaftstheoretischen Überlegungen zu konkreteren bewusstseinsphilosophischen bis hin zu den unter philosophischer Perspektive, aber auch unter Anwendungsaspekten gesehenen Problemen der Kreativität, Eigenhandlung und Leistungsmotivation. So spannt sich für einige psychologische Brennpunktthemen eine Brücke von der Wissenschaftstheorie zur Alltagspraxis.

I. Handlungen, Motivationen und Schemata

Von theoretischen Konstrukten zu Motiv- und Handlungserklärungen

1. Methodologisches zu wissenschafts- und erkenntnistheoretischen Modellvorstellungen in der Psychologie

Die Psychologie in ihrer Zwischenstellung zwischen Naturwissenschaften, Geisteswissenschaften und Sozialwissenschaften ist schon aus dieser zu mehrfachen Frontrichtungen Anlass gebenden Position heraus, jedoch auch durch ihr besonderes Verhältnis zur Alltagsreflexion über Mentales und Seelisches, also zu den sogenannten naiven Theorien, stets in einer besonders prekären methodologischen Situation gewesen, die andererseits aber auch das besonders Interessante dieser Disziplin – beispielsweise für Wissenschaftstheorie und Erkenntnistheorie – begründet. Ein Grund für die prekäre Stellung der Psychologie und auch ihres herkömmlichen, auch bei Psychologen selbst umkämpften Wissenschaftsverständnisses dürfte disziplinpolitische Profilierungsgründe haben. Man könnte innerhalb der Tradition dieser Wissenschaft – das aber gilt natürlich nicht nur für die Psychologie, sondern für viele andere Wissenschaften, die sich von der Reflexionsdisziplin, einst der „Königin der Wissenschaften", der Philosophie, emanzipiert haben – immer wieder quasi eine wissenschaftliche Profilneurose konstatieren: Neue wissenschaftliche Disziplinen (und trotz ihrer jahrhundertlangen Problemtradition ist die Psychologie immer noch eine „neue" Wissenschaft) glauben ihre wissenschaftliche Respektabilität und Reputation durch besondere Seriosität, Solidität, Exaktheit und Methodenorientiertheit nicht nur aufrecht zu erhalten und zu fördern, sondern auch nach außen hin demonstrativ nachweisen zu müssen. Ich denke, dass dies auch heute noch für die Psychologie – vielleicht sogar in besonderem Maße (wie übrigens wohl auch für andere Sozialwissenschaften wie die Soziologie) zutreffen dürfte.

Immer in der Geschichte der Entwicklung dieser Disziplin nahm man die im Zentrum der Aufmerksamkeit stehenden und über hohes Prestige verfügenden anderen Wissenschaften – zumal Naturwissenschaften – zum Vorbild, um durch die Orientierung an deren Kriterien, Methoden und Anforderungen, Theoriekonzepten usw. die wissenschaftliche Respektabilität der eigenen Disziplin besonders herausstellen zu können. So war offensichtlich für die Psychologie das Vorbild jeweils anderer reputationsstarker Wissenschaften gleichsam verbindlich gemacht worden: Man folgte den entsprechenden zentralen Wissenschaften der jeweiligen Epoche nach, war vielleicht ein wenig zu servil auf Anpassung, „Bravheit" der Methoden und Systematiken sowie Theorienbildungen ausgerichtet, um die Psychologie eben als eine besonders respektable oder – heute etwas bescheidener: „normale" (Herrmann nach Th. S. Kuhn 1962, 1994) – Wissenschaft erweisen zu können. (Ausnahmen wie die Revolutionäre Freud oder der Personal-Construct-Theoretiker Kelly dürften die Regel dem Sprichwort zufolge nur bestätigen.) Die Vorbildnahme wirkte natürlich sehr fruchtbar und anregend, erwies sich aber zugleich auch als einengend und einschränkend – was bestimmte Phänomene (man denke nur an das Schicksal der „Seele" in der Psychologie!), interdisziplinär zu erschließende

schließende Problemstellungen, eine gewisse Einseitigkeit oder gelegentlich gar Monofaktorialität der Konzepte und Theorien usw. angeht. Vielleicht kann man den folgenden historischen Kurzdurchgang dergestalt auswerten, dass man der Psychologie über die Normalitätsorientierung und Anpassungssensibilität hinaus wieder mehr Mut macht – nicht nur zu eigendisziplinären, sondern gerade auch zu multidisziplinär verankerten und eingebetteten Fortentwicklungen. In der traditionellen Orientierung seit Beginn des neuzeitlichen Philosophierens richtete sich die Psychologie natürlich im Banne des Cartesischen Geist-Körper-Dualismus auf Bewusstsein und Denken aus, stand also unter dem Signum der Paradewissenschaft Philosophie, und zwar der Subjektivitäts- und Bewusstseinsphilosophie, da offensichtlich, cartesisch verstanden, die Seele eben nicht-materiell sein und somit nichtmaterialistisch erklärt werden musste. Im Zuge des triumphalen Erfolges der Newtonschen Naturwissenschaft, zumal der Mechanik, begab man sich später – besonders im letzten Jahrhundert – unter das Diktat der mechanistischen Physik und versuchte die Physik zur Leitwissenschaft der Psychologie zu machen. Dies führte zur beachtlichen Entwicklung der experimentellen Methoden, insbesondere in der Wahrnehmungspsychologie und zur Kooperation mit der Physiologie und wissenschaftlichen medizinischen Disziplinen wie der Anatomie und wohl auch der frühen Neurophysiologie (man denke nur an Helmholtz, Weber-Fechner u.a.). Wiederum etwas später wurde das Modell eines im Zuge der philosophischen Positivismusfundierung angelegten und auf die zoologischen und verhaltenswissenschaftlichen Experimente eines Pawlow bezogenen behavioristischen Konditionierens einschlägig. Man kann freilich sagen, dass der ausdrückliche Behaviorismus eine zwar durch die zoologischen Disziplinen angeregte, jedoch eigenständige Entwicklung der Verhaltenstheorie innerhalb der Psychologie gewesen ist – übrigens vom klassischen bis hin zum Skinnerschen neobehavioristischen, „operanten" Konditionierungsansatz. Dieser letztere Ansatz hat auch heute noch oder hatte zumindest bis vor kurzem einen besonderen, wenn auch nicht mehr allein beherrschenden Einfluss.

Die kognitiven und bewusstseinsphilosophischen Teile der eher „geisttheoretisch" orientierten Psychologie entwickelten sich demgegenüber in Abhängigkeit von der nach 1900 reüssierenden phänomenologischen Philosophie zur Psychologie der Gestalttheorie und der Intentionalität (man denke nur an Brentano, Husserl, und die späteren geisteswissenschaftlichen Gestaltpsychologen). Demgegenüber gab es natürlich auch experimentelle kritisch-realistisch ausgerichtete Gestaltpsychologen wie die einflussreiche sowohl psychologisch als auch philosophisch interessante Würzburger Schule von Külpe u.a., die sich auf den kritischen Realismus in der Philosophie berief und auswirkte, wie auch Wundts experimentelle Psychologie.) In einem zusammenwirkenden Syndrom der Ausprägung dürfte die geisteswissenschaftliche Psychologie, insbesondere die Gestaltpsychologie der späteren Jahrzehnte – von Lersch bis Metzger – von der im Anschluss an die philosophische Phänomenologie sich entwickelnden Hermeneutik und deren Disziplin stark beeinflusst gewesen sein.[1] Dabei spielte natürlich nach wie vor

---

[1] Im traditionellen Verständnis der „Geisteswissenschaften" dürfte dies die bislang letzte Phase der Leitorientierung geisteswissenschaftlicher Einwirkungen gewesen sein, die in dem Maße, wie sie in der auf Exaktheit bedachten experimentellen Psychologie nicht auf Wider-

1. Modellvorstellungen in der Psychologie

noch die Bewusstseinsthematik eine große Rolle – etwa auch bei Ansätzen des Philosophen und Psychologen William James u.a. – In neuerer Zeit ist die hermeneutische Problemstellung wiederum unter dem Einfluss einer spezifischen methodologischen Sicht, nämlich durch die Entwicklung der in sprachphilosophischen Analysebereichen angelegten „linguistischen Wende" beeinflusst worden sowie durch die metawissenschaftliche oder wissenschaftstheoretische bzw. erkenntnisanalytische Untersuchung der sprachlichen Konzepte – und zwar sowohl einerseits hinsichtlich der im engeren Sinne wissenschaftstheoretischen Methodenanforderungen wie auch andererseits hinsichtlich der eher sprachanalytischen Untersuchungen des Alltagssprachgebrauchs der relevanten psychologienahen Termini. Wenn wir uns der unmittelbaren Gegenwart nähern, so gibt es eine Reihe neuer, eher an naturwissenschaftlichen und gar technikwissenschaftlichen Disziplinen ausgerichteter Prägeprozesse, die aber zum Teil auch in gewisse Einflusskombinationen zusammenlaufen.

Zunächst möchte ich eine zeitweilig auf dem Höhepunkt der allgemeinen Akzeptanz der Wissenschaftstheorie als einer methodologischen Leitdisziplin aller exakten, insbesondere auch der theoretischen Physik (anhand von deren Problemen sie sich im wesentlichen – außer an deren der Geisteswissenschaft „Mathematik" – entwickelt hatte), mehr oder minder prononcierte Beeinflussung erwähnen, nämlich die durch die Konzeption der Wissenschaftstheorie selber. Man neigte dazu, die Wissenschaftstheorie als eine Art von Superkanon der Methoden – nicht nur der reflektierenden Methodologie – aufzufassen und gleichsam den Wissenschaften (und übrigens auch gesellschaftlichen Problemlösungen, sozusagen „epistemologokratisch"!) vorzuordnen und entsprechende Vorschriften für den empirischen und theoretischen Wissenschaftler daraus herzuleiten: Man könnte von einer „epistemologistischen" oder „wissenschaftstheoretizistischen" Phase der Theoriediskussion sprechen. (Natürlich hatte diese Ausrichtung eine sehr fruchtbare Besinnung auf die Kriterien der Forschung und Methoden zufolge, von der auch die Psychologie noch heute zehrt – wenn auch vielleicht manchmal im Sinne der anfänglich erwähnten Profilierungsneurose etwas bürokratizistisch!) Die modischen Hoch-Zeiten der Wissenschaftstheorie sind freilich vorbei, was deren Wichtigkeit und Relevanz für die Forschungsmethodologie und die wissenschaftlichen Methoden in den einzelnen Disziplinen nicht beschränkt, sondern eher auf Normalzuschnitt zurückführt. Der Wissenschaftstheoretiker ist kein Oberpapst für die Einzelwissenschaftler, der deren Methoden unter Kuratel stellen oder als letzte Instanz zensieren dürfte, sondern er kann im Grunde nur methodologische Reflexionen – oft im nachhinein und unter Berücksichtigung der geschichtlichen Entwicklung der Theorienserien – beibringen, aber kaum (außer in seltenen Ausnahmen, die es allerdings gibt!) die produktive Weiterentwicklung der inhaltlichen Theorien der Disziplinen unmittelbar vorantreiben bzw. inhaltlich bereichern.

Besonders derzeit noch image- und konzeptmodenbildend in der Psychologie – und nicht einmal nur dort! – dürften freilich die Entwicklungen der Computer-Science, der empirischen Kognitionswissenschaften, der teleonom- und teleologisch-funktionalistischen Biowissenschaften (einschließlich der Ethologie und Soziobiologie) sowie neu-

---

hall stieß, eher in methodologisch umstrittene Felder wie die Psychoanalyse und tiefenpsychologische Konzeptbildungen gedrängt wurde.

erdings die neurowissenschaftlichen Ansätze der Gehirnforschung im engeren Sinne sein. Wenn beispielsweise ein prominenter deutscher Psychologe einmal bei einer interdisziplinären Tagung die Psychologie als „die Wissenschaft von der Informationsverarbeitung in lebenden Organismen und sonst nichts" definierte, so zeigt dies, dass entweder das disziplinäre Konzept der Informationswissenschaften einseitig als Leitfaktor hergenommen wurde oder das Informationsverarbeitungsmodell derart umfassend ausgedeutet wurde, dass praktisch alle wissenschaftlichen Disziplinen darunter fallen würden. Eine besondere Rolle spielte hierbei natürlich das sogenannte Computermodell des Geistes, das mentale Prozesse und nicht nur die intelligente Verarbeitung von Problemlösungsstrategien nach dem Modell der seriell arbeitenden Computer von von-Neumann-Architektur vorsah und neuerdings mit erhöhter Plausibilität auf das „parallel distributed processing", also die spielen Parallelverarbeitung vieler gleichzeitig wirkender Zentren und Netze ausgeweitet wurde. Hier sind dann auch die umgekehrten Einflüsse auf die Philosophie des Geistes durch das Computermodell und durch diese erweiterten Parallelverarbeitungsansätze zu sehen, die bis zu den modernsten Ansätzen der Konzeption der „multi-mind"- (Ornstein) und „multiple draft"-Modelle (Dennett), der sogenannten neuraldarwinistischen Theorie der neuronalen Gruppenselektion (Edelman) und zu antihomunkularen Ansätzen über vielfältige Verarbeitungszentren und zu entsprechenden Postulaten von deren Integration zu mentalen Prozessen im Gehirn führten. Stellt man sich bei dem klassischen Computermodell serieller Art noch das Mentale sozusagen als Softwareprogramm zur Neurohardware vor, wobei der Psychologie die Aufgabe dieser Softwareanalyse zufiel, so ist heute beispielsweise bei den Neurobiologen funktionale Zusammenschaltung der entsprechenden Zentren zum Leitmodell avanciert. Dabei wird nicht nur die biologische und funktionale sowie neuroanatomische Verfeinerung bei Forschungen herangezogen, sondern insbesondere werden auch die physiologischen und biochemischen Grundprozesse – z. T. anhand von einfachen Organismen, für die man ein gesamtneuronales System aufstellen konnte – wie für die Meeresnacktschnecken (Kandel, Alkon u.a.) – herangezogen. Das Bewusstseinsproblem erlebt eine neue Renaissance unter dem Signum und dem Banne der Hirnforschung (vgl. z.B. Marcel-Bisiach 1988, Davies-Humphreys 1993, Edelman 1989, Flanagan 1991 und 1992, Dennett 1994, Damasio 1995, 2000). Eine Zeitlang hatte man den Eindruck, dass das Informationsverarbeitungsmodell und das Computermodell die Leitorientierung für die Psychologie abgeben würden, neuerdings scheinen sich die Gehirnforscher – z. T. in Verbindung mit der Informationswissenschaft – in die Bresche zu drängen und die neue Leitorientierung für die Psychologie vorzugeben.

Parallel dazu und z. T. in Verbindung damit sind teleologisch-funktionalistische oder teleonom orientierte verhaltenswissenschaftliche Ansätze der Ethologie und neueren Biologie (sowohl in evolutionärer wie besonders auch in soziobiologischer Sicht) einschlägige Leitdisziplinen – jedenfalls für die Behandlung traditioneller psychologisch-philosophischer Probleme wie derjenigen der Intentionalität, des Bewusstseins, des „Gehalts" von Vorstellungen, von mentalen Repräsentationen usw.

Insgesamt scheint die Szene insofern viel interessanter geworden zu sein, als der Absolutheits- und Einseitigkeitsanspruch der jeweiligen in den Vordergrund gestellten Einzeldisziplinen sich im Konzert unterschiedlicher konkurrierender Ansätze zu relati-

1. Modellvorstellungen in der Psychologie

vieren scheint. In der Tat bleiben einseitige und dogmatische Ausrichtungen monofaktorieller und monodisziplinärer Orientierung unnötig eingeschränkt, erweisen sich als falsch oder zumindest unfruchtbar. Die pseudosklavische Abhängigkeit von einer einzigen vorgegebenen Leitdisziplin zeigt sich immer deutlicher als nur beschränkt fruchtbar. Sie ist zwar unter Umständen methodisch und methodologisch provokativ – für die Entwicklung einzelner Teilansätze, aber doch zu eingeschränkt für die Gesamtorientierung einer umfassenden, insbesondere einer multidisziplinär verankerten und einzubettenden Disziplin wie der Psychologie.

Ferner gilt allgemein: Auch in den Naturwissenschaften sind traditionelle materialistische und positivistisch-empiristische Konstruktionen und Konzepte inzwischen in ihrem Absolutheitsanspruch stark eingeschränkt worden: Man denke nur an die Relativierung der traditionellen Determinismusorientierung in der Quantentheorie und auch an die Ansätze der neueren Theorien kollektiver dynamischer Systeme (Theorien sogenannter chaotischer Systeme), die zu starken Paradigmenänderungen der Wissenschaftstheorie generell und jeweils auch speziell geführt haben (Quantentheorie, nicht-lokale Effekte in der Relativitätstheorie) oder und führen werden (Chaostheorie und Theorien komplexer dynamischer Systeme allgemein). Auch die Naturwissenschaften sind auf theoretische Konstrukte, theoretische Entitäten und auf deren Erfassung im Lichte von Konstruktbildungen des Menschen samt den reifizierenden experimentellen Verfahren nicht nur der Entdeckung, sondern auch der repräsentationalen, wenn nicht gar der technischen „Herstellung" von Naturentitäten angewiesen, also zugleich auf menschengemachte Konstruktbildungen wie auch auf technologisch-experimentelle, die Systeme erst präparierende Verfahren (in der quantenmechanischen Methodologie und Terminologie).

Hier spielen zweierlei Gesichtspunkte eine Rolle: Die traditionelle Auffassung der totalen Entgegensetzung von Naturwissenschaften und Geisteswissenschaften wird erstens im Zuge dieser abstrakteren Konstruktbildungen (Schematisierungen, Interpretationskonstrukte usw.) und zweitens hinsichtlich der Bindung an experimentelle Verfahren zur Erstellung und Herstellung von theoretisch konzipierten oder postulierten Referenzentitäten überwunden: Die Kluft zwischen Natur- und Sozial- sowie Geisteswissenschaften ist ein künstlich geschaffenes abstraktes Konzept, das im Lichte der methodologischen Debatten heute zunehmend obsolet erscheint, weil gerade die interessanten Phänomene sich im Grenzbereich stellen und alle einschlägigen Disziplinen auf den unterschiedlichen Seiten von theoretischen Konstruktbildungen „leben". Das gilt natürlich besonders für die Psychologie, die ja wie erwähnt als die klassische Zwischenstellungsdisziplin gleichsam seit längerem unter dem Problemdruck der Anforderungen aus den drei Bereichen Natur-, Geistes- und Sozialwissenschaften gestanden hat. Hier dürfte sich eine besonders interessante Verwerfung von jeweiligen Konfrontationen zwischen den disziplinären Ansätzen ergeben, wie es sich in den Diskussionen zwischen der neueren „Philosophy of Mind" einerseits und den Neurowissenschaften andererseits sowie den psychologischen, sozialwissenschaftlichen und biologischen Disziplinen bereits zeigt(e). Dabei scheinen die Strukturierungen der mentalen Repräsentationen in der Psychologie, insbesondere die Mechanismen der inneren Verarbeitung der Kognitionen im engeren Sinne (aber auch der vorstellungsmäßigen und sprachlichen Darstellung), eine ausgesprochen wichtige Rolle zu spielen. Ich denke, dass auch die traditionellen Konzepte, welche die Psychologie einst aus der Philosophie bezog – wie z.B. jenes des Schemas und des Schematismus –, nunmehr im Lichte neuerer neurowissenschaftlicher Fundierungen (Neuronenassembly-Bildungen und -stabilisierungen nach Hebb (schon 1949!) und von der Malsburg) entscheidende neue Ansatzpunkte für interdisziplinäre Probleme und Problemlösungen in der Psychologie abgeben werden. Sowohl von Seiten der Erkenntnistheorie als auch von Seiten der Hirnforschung und der Biologie lassen sich die traditionellen Schemata der Psychologie sozusagen „operationaler" verorten und verfolgen und auf Grundstrukturen beziehen. Dies ist für die Psychologie nicht nur disziplinär interessant und bettet diese gleichzeitig in das interdisziplinäre Konzert der entsprechend relevanten Nachbarwissenschaften ein, sondern natürlich auch und besonders für die Philosophie, sowohl für die Erkenntnistheorie als auch für die Philosophie des Geistes und für die Philosophie des Handelns und die philosophische Anthropologie wie auch für die zentralen philosophischen Probleme von Gehalt, Referenz, Intentionalität usw. Hier eine wirklich moderne Kooperation zu installieren, das könnte die große Herausforderung der nächsten Zeit sein, die für alle beteiligten Disziplinen einen neuen Aufbruch jenseits der etwas dogmatischen Einseitigkeit wissenschaftstheoretischer Regelvorschriften lohnend erscheinen lässt. Die Einseitigkeit der Orientierung an monodisziplinären Vorbildern ist aufzugeben. In der Tat könnte ein solches Vorgehen der Philosophie unter Umständen relevant werden für die Einstellung zu mutigeren Theoriebildungen auch in der Psychologie. Wenn schon die Naturwissenschaften explizit auf Konstruktbildungen im Rahmen von Theorieserien angewiesen sind, wenn theoretische Entitäten nur im Zusammenhang von Konstruktansätzen und unter wissenschaftstechnologischen Verfahren konzipiert und „erkannt", erstellt oder hergestellt werden können, so dürfte und sollte auch die Psychologie in der Tat zu ihren eigenen Interpretationskonstrukten und Theoriebildungen stehen, sich nicht in sklavische oder pseudosklavische Abhängigkeit von den Naturwissenschaften oder auch von dem derzeit modischen eliminativen Materialismus begeben, sondern bewusst im Sinne der Einsicht, dass Wissenschaftsfortbildung auch hier Menschenwerk ist, noch mehr Mut zu eigenen Konstruktionen entwickeln, aber zugleich in Verbindung mit fachübergreifenden Ausblicken und Anbindungen wieder erhöhte Bereitschaft zu bi- und multilateralen Kooperationen zeigen. Ein früherer Präsident der Deutschen Gesellschaft für Psychologie (Th. Herrmann) hat einmal auf dem Höhepunkt der „kognitiven Wende" (genauer: zu dem Zeitpunkt, als diese auf die bundesrepublikanische Psychologieforschung „überschwappte") einem Deutschen Kongress für Psychologie zugerufen: „Es darf wieder gedacht werden!" Das war vielleicht noch zu unspezifiziert. Rufen wir also etwas differenzierter: „Es sollte/darf wieder mutiger hypothetisch konstruiert und interpretiert werden!"

2. Gesetze und Konstrukte in Sozialwissenschaft und Psychologie

2.1 (Quasi-)Erklärung und (Quasi-)Gesetzesartigkeit

Zunächst zur jüngeren Geschichte der wissenschaftstheoretischen Deutungen der sozialwissenschaftlichen Ansätze, Theorien und Vorgehensweisen. Traditionellerweise unter-

2. Gesetze und Konstrukte in Sozialwissenschaft und Psychologie

schied man in Philosophie und Wissenschaftstheorie – in unterschiedlicher Terminologie – zwischen Begründungs- und Erklärungsfragen: Genuine Erklärungen sollen nach Hempel begründen, warum ein Phänomen „in der angegebenen Weise auftritt", indem sie auf dessen „physikalische Eigenschaften" und deren physikalische Vorbedingungen sowie auf Gesetze verweisen. So wird eine „echte" Erklärung normalerweise eine kausale Ereignis-Erklärung sein. Epistemische Erklärungen rechtfertigen im Unterschied dazu nur, dass man einen eine Eigenschaft oder ein Ereignis beschreibenden Satz annehmen, glauben, erwarten darf: „Eine epistemische Warum-Frage setzt die Wahrheit der entsprechenden Aussage nicht voraus, sondern verlangt statt dessen nach Gründen für die Annahme, dass sie wahr ist" (Hempel 1977, 2f.). Neuere, sog. „pragmatisch-epistemische" Ansätze in der Erklärungstheorie geben diese Unterscheidung einfach auf (Gärdenfors 1980, Stegmüller 1983, s.a. Lenk 1985). Zum Teil zeigt sich eine extreme Reaktion, die echte Ursachenerklärungen völlig aus der Erklärungsdebatte ausschließt. Dies hat auch Konsequenzen für die sog. Strukturgleichheitsthese hinsichtlich Voraussagen und Erklärungen (vgl. schon Lenk 1972).

Die Wissenschaftstheorie hat sich traditionell zweifellos zu stark am Vorgehen der Metamathematik ausgerichtet und dementsprechend die induktiv-statistischen Begründungen (das „statistische Erklären") als Erweiterungsfall der rein logisch-syntaktischen Grundstruktur der deduktiv-nomologischen Erklärung aufgefasst. Durch seine Entdeckung der Mehrdeutigkeit der statistischen Ereigniserklärung ist es Hempel gewesen, der mit seiner auf die statistische Ereigniserklärung bezüglichen „Relativitätsthese die frühere empiristische Überzeugung, wonach das induktive Erklärungsmodell eine Verallgemeinerung des DN-Modells sei, zerstört" hat (Stegmüller 1983, 1021). Hempel hat damit, „ganz entgegen seiner ursprünglichen Intention, selbst den Grundstock für die *pragmatische Wende* gelegt" (Stegmüller ebd. 7; vgl. a. Hempel 1977, 144). Eine gewisse methodologische Inkommensurabilität der Modelle der induktiv-statistischen einerseits und der deduktiv-nomologischen Erklärungen andererseits ist zweifellos gegeben. Die epistemische Relativierung, also die Unmöglichkeit, von pragmatischen Einbettungen zu abstrahieren, ist ursprünglich nur im Falle der induktiv-statistischen Erklärungen gegeben, die so als solche schon nur Begründungen sind. Diese Relativität betrifft im Fall statistischer Ergeigniserklärungen in der Tat bereits die Grundbegriffe; die Analogie zum deduktiv-nomologischen Fall ist nicht überzeugend; das war sie jedoch eigentlich auch vorher nicht (Wahrscheinlichkeitsargumente über Ereignisse waren selbst nie deduktiv-zwingende Schlüsse, sondern stets graduell unsicher). Soll man nun wie neuerdings Stegmüller umgekehrt den Fall der deduktiv-nomologischen Erklärung als einen bloßen Grenzfall der Wahrscheinlichkeitserklärung auffassen und das traditionelle DN-Modell der Covering-law-Erklärung deterministischer Art über Bord werfen? Stegmüller (1983, 1022) möchte diese unbefriedigende Inkommensurabilität der beiden Hempelschen Erklärungsbegriffe beseitigen, indem er auch den Begriff der DN-Erklärung als solchen „epistemisch relativiert", also die wahre DN-Erklärung abschaffen will. Wieso aber soll diese Situation überhaupt „unbefriedigend" sein? Muss man, wenn die induktive Erklärung nicht zur deduktiven passen will, umgekehrt einfach die deduktive der induktiv-statistischen anpassen? Warum sollten überhaupt induktiv-statistische und deduktiv-nomologische Erklärungen über einen Kamm geschoren werden? Weshalb sollte die Hempelsche Inkommensurabilitätsthese überwunden werden, wenn sie doch recht plausibel ist? Warum muss ein einziges Einheitsmodell der Argumentstruktur überhaupt unterstellt und gesucht oder fabriziert werden? Hat so der Wende-Pragmatismus die Neigung, nur noch pragmatische Analysen zuzulassen, nicht ins Extrem getrieben, wenn er wahre DN-Erklärungen ganz über Bord wirft? Man sollte nicht voreilig einem pragmatischen Gesamtintegrationismus zum Opfer fallen, wenn heuristisch plausible Unterschiede in der Methodologie der kausalen DN-Erklärungen und der (induktiv-)statistischen Begründungen sowie der bloßen Überzeugungs(erhöhungs)argumente bestehen. Epistemisch-pragmatische Relativierung von Erklärungsargumenten sind sinnvoll und nötig (dies hatte Hempel schon 1965 (1977) zugestanden). Die Berücksichtigung pragmatischer Komponenten in der Wissenschaftstheorie ist anzuerkennen und auch gesehen und gefordert worden (Lenk 1975), lange bevor die sog. „pragmatisch-epistemische Wende" eingeläutet worden ist (Stegmüller 1983, 940). Dies besagt aber nicht, dass logisch-semantische idealisierende Rekonstruktionen und Analysen der kausalen Erklärung nutzlos seien. (Übrigens gesteht Stegmüller dies implizit zu.) Es fragt sich, warum der Erklärungsbegriff nach der pragmatisch-epistemischen Wende nicht mehr auf die „Kausalanalyse" angewendet werden soll und „Erklärungen" nur noch pragmatisch-epistemische Begründungen sein sollen.

Der Bereich der Voraussageargumente ist nun allerdings viel größer als derjenige der strikten Gesetzeserklärungen: Wissenschaftliche Voraussagen sind auch aufgrund von Vernunftgründen, Überzeugungssubstanziierungen und mittels empirischer Regelmäßigkeiten wie etwa Trends möglich, wenn keine genuine Warum-geschieht-Erklärung durch solche Argumente geliefert werden kann. Deshalb beschränkte Hempel später die Strukturgleichheitsthese auf die Teilthese, jede „adäquate Erklärung" sei „potentiell eine Voraussage", d.h. bei abgeänderten Gegebenheitsvoraussetzungen (Explanans gegeben, Explanandum qua 'Prognostikandum' gesucht) in eine Prognose umwandelbar. In einer ersten Kritik der Strukturgleichheitsthese wies ich bereits 1969 (Lenk 1972, 45ff) darauf hin, dass wissenschaftliche Voraussagen auch möglich und gängig sind (etwa aufgrund von epistemischen Argumenten), wenn genuine Erklärungen nicht gerechtfertigt wären, dass also der Bereich der Prognosen auch strukturell viel weiter ist als jener der Erklärungen, zumal der strikt kausalen oder genuinen. „Außer den kategorischen (absoluten) rationalen Voraussagen sind *bedingte* (hypothetische) *Prognosen* von großem Nutzen", „bei denen das Eintreten des vorausgesagten Ereignisses von dem noch offenen Eintreten (wenigstens eines Teils) der Antezedensbedingungen abhängt". Oft nennt man solche bedingten Voraussagen *Projektionen*; sie liefern nur „eine konditionale Feststellung über ein künftiges Ereignis" (ebd. 59). Insbesondere beziehen sich die sog. „technologischen Prognosen" auf Bedingungen, die durch den Handelnden beeinflusst werden können (Albert 1964). Ihre Erfüllung ist also letztlich von Handlungen und geplanten Entscheidungen (d.h. nicht nur noch vom bloßen Eintreten sondern unter Umständen vom Herstellen bzw. Wahrmachen der Bedingungsereignisse und der ursprünglich noch offenen Antezedensbedingungen) abhängig. Dies ist bei genuinen Kausalerklärungen des traditionellen Typs nicht möglich. Man müsste *bedingte* Erklärungen einführen, die ebenfalls von noch offenen Randbedingungen abhängig wären. Sie wären also (bedingte) Prognosen, keine „Warum-geschah?"-Erklärungen mehr.

2. Gesetze und Konstrukte in Sozialwissenschaft und Psychologie

Wollte man meinen, es handele sich nur um pragmatische Unterschiede, die sich nicht strukturell logisch ausdrücken, so wäre dies falsch. Brocke (1978, 29, 85) hat die logische Struktur der sog. technologischen Prognosen analysiert und gezeigt, dass technologische Prognosen weder in „semantischer, noch in syntaktischer Hinsicht mit dem Erklärungsmodell strukturell identisch" sind: Technologische Prognosen stellten sich nicht mehr als singuläre Behauptungssätze bzw. als singuläre Konklusionen von Argumenten dar; der Schlusssatz einer technologischen Prognose enthält eben auch Zeit*variablen* und hat die Struktur eines bedingten Satzes, wobei in der Wenn-Komponente dieses Konditionalsatzes eben die Abhängigkeit von einer herstellbaren Situation oder einer eingreifenden, manipulierenden Handlung ausgedrückt ist. Dieses Ergebnis zeigt sich übrigens auch bei der Analyse von Prognosemethoden in der Psychologie und allgemeiner in den Sozialwissenschaften. Diese verwenden zum Teil unorthodoxe Techniken wie Trendextrapolationen oder Hüllkurvenverfahren (die allenfalls epistemische Überzeugungsgründe, jedoch keine Ursachenbegründung geben). Und dasselbe gilt auch für Expertenbefragungsauswertungen wie die Delphitechnik und andere indirekte Auswertungen von Expertenbefragungsverfahren. Alle diese Verfahren benutzen bloße Erwartungsargumente. Schwierigkeiten für die Strukturidentitätsthese ergeben sich auch, wenn man Indikator-, Symptome-, oder Koexistenzgesetze verwendet. Müsste man auch hier eine Liberalisierung des Erklärungsbegriffs unterstellen? Schon die pragmatische Transformation von Erklärungen in Voraussagen funktioniert hier nicht. Bei Erklärungen mit Koexistenzgesetzen gibt es keine Möglichkeit, die zeitlichen und pragmatischen Umstände des Gegebenseins der Explanans-Gesetze und Antezedensbedingungen in eine Ereignisvorhersage zu transformieren; die Zeit des Antezedens- und des Explanandumereignisses ist ja stets dieselbe, erlaubt trivialerweise keine Prognose. Allerdings könnte man dies vielleicht noch zu den Fragen der pragmatischen Gegebenheit zählen – in dem Sinne, dass man eben die *interne* Zeitstruktur entsprechend abzuändern hätte. Die erwähnte sog. pragmatisch-epistemische Wende hat diese Probleme der Liberalisierung, Identifizierung und der logisch-methodologischen Analyse der wissenschaftlichen Systematisierung nicht eigentlich gelöst, sondern nur verschoben.

Es scheint demgegenüber sinnvoller zu sein, bei der alten Trennung Hempels zwischen erklärungsverlangenden und begründungsverlangenden Fragen zu bleiben. Insbesondere sollte die wissenschaftliche Erklärung im ersteren Sinne weiterhin auf der Verwendung von Gesetzen beruhen, sonst würde die bestehende Intuition des Erklärungsbegriffs wohl zu sehr beiseite gedrängt. Aus dem bisher Gesagten wird deutlich, wie unklar letztlich die Explikationen von „Erklärung" und „Voraussage" gerade im Hinblick auf die Strukturgleichheitsthese auch nach Einführung der pragmatischen Gesichtspunkte noch geblieben oder v.a. wieder geworden sind. Dies erscheint umso inkonsequenter, als nachweislich schon logisch-semantische Gesichtspunkte den Ausschlag geben gegen eine generelle, aber auch gegen eine entsprechend eingeschränkte Teilthese. Insgesamt scheint es interessanter zu sein, nicht nur „Erklärung" und „Voraussage" einander gegenüberzustellen, sondern auch andere Systematisierungsargumente als gleichwertige Typen zu behandeln, selbst wenn sie nicht wissenschaftlich so „prominent" gewesen sind. Das gilt nicht nur für die Retrodiktion und die Kodiktion (wobei sich die letztere schon logisch-strukturell charakterisieren lässt (Lenk 1972,

33)), sondern gerade auch für pragmatisch zu deutende Zusammenhänge der Überprüfung als eigenständiger Systematisierungund auch für die substanziierende oder instanziierende Begründung. Manche der diskutierten Behauptungen könnte man übrigens auch als Postulate interpretieren und als methodologischen Regeln oder Normen formulieren. So könnte man z.B. die Strukturgleichheitsproblematik dadurch zu lösen, dass man die Strukturidentitätsthese im Sinne einer heuristischen *Norm* umdeutet: Man sollte Vorhersagen und Erklärungen aneinander angleichen, um in der Lage zu sein, Gesetze zu überprüfen; denn nur durch Vorhersagen können Gesetze durch singuläre Ereignisse in Erfahrung und Experiment überprüft werden: „Daher besteht erhebliches Interesse daran, den Vorhersagebegriff so zu formulieren, dass jedes erklärende Argument bei Änderung der Gegebenheitsunterschiede auch ein vorhersagendes ist". Man hätte aber gerade dann *pragmatisch* die Gleichheitsnorm „zugunsten eines an die erfahrungswissenschaftliche Praxis angenäherten, umfassenderen Vorhersagebegriffs aufzugeben" (Küttner 1979).

In der Psychologie und den Sozialwissenschaften gab es immer wieder Methodenkontroversen. Zu den wichtigsten zählt die um die naturwissenschaftliche bzw. geisteswissenschaftliche Ausrichtung der Disziplinen. Sind für die Sozialwissenschaften logisch-präzise Methoden und universelle Theorien oder hermeneutisch-verstehende Verfahren und die Orientierung am Einmaligen, Individuellen Historischen einschlägig? Wie aber schon Max Weber wusste, sind Verstehen und Erklären aufeinander bezogen und schon im Alltagsverständnis ist ein Erklären ohne Verstehen selbst nicht zu verstehen. Auch faktisch gab es keinen strikten Methodenseparatismus; dieser wäre auch dogmatisch, steril und erkenntnishemmend. Ein abgewogenes Sowohl-als-Auch und integrierende Ansätze sind allemal fruchtbar. Diese lassen sich in das umfassende Konzept des – pragmatische Aspekte betonenden – (Schema-)Interpretationskonstruktionismus als einen philosophischen Grundansatz, der für die Sozialwissenschaften und zumal die Psychologie besonders wichtig und konstruktiv ist, einbetten (vgl. Lenk 1991, 1993, 1993 a, 1995,1995a, 1998, 2000, 2003).

Der Mensch ist das interpretierende Wesen; deutend-handelnd erschließt er sich (seine) erlebte und erfahrene Welt – sowohl im Alltag als auch in der Wissenschaft. Stufen und Ebenen der Interpretation lassen sich unterscheiden (s. u.); diese können aufeinander bezogen sein bzw. werden. Schon im Alltagsleben versuchen wir mit Konstrukten, Ordnung in unsere Wahrnehmungen, Beschreibungen, Dispositionen, Entscheidungen, Rechtfertigungen usw. zu bringen. Die naiv-theoretischen Konstrukte (z. B. Laucken 1974) dienen zur (nicht bloß rezeptiven) Strukturierung von Phänomenbereichen und haben Orientierungs- und Informationsfunktionen, ohne die wir uns im normalen Leben überhaupt nicht zurechtfinden könnten. Auch für den Umgang mit anderen Menschen und beim Handeln sind sie einschlägig. Das Verstehen, Erklären, Begründen und Rechtfertigen von Handlungen geschieht mittels solcher Konstrukte, zu denen auch überindividuelle Werte und Normen gehören (s. z.B. Lenk, Hg., 1977ff, Bd. II, III, IV). Die eher implizite, unbewusste Verwendung von Schemata und Interpretationskonstrukten geht (in vielen Fällen) fließend über in die explizite Verwendung in den (alltagsnahen) Sozialwissenschaften. Die Psychologie und auch die anderen Sozialwissenschaftet verwenden in ihrem theoretischen Vorhaben sowohl bei Anwendungsfragen wie auch generell

2. Gesetze und Konstrukte in Sozialwissenschaft und Psychologie

theoretische Konstrukte, die einerseits in Interpretationsprozessen im Zusammenhang mit Alltagsorientierungen und Verstehensweisen der Lebenspraxis zu bringen sind, andererseits selbst interpretativ als Modellkonstrukte zur Strukturierung, Erfassung und Deutung von Phänomenen und Prozessen des zugrunde liegenden Gegenstands- und Phänomenbereiches dienen. So konnte nachgewiesen werden (z.B. Lenk 1987, 16ff., 152ff., 183ff., 207ff.), dass Konstrukte der Motivationspsychologie wie auch der Handlungstheorie – selbst wenn sie dem wissenschaftlichen Eklärungsmodell entsprechend präzisiert und modelliert werden – interpretatorisch „geladen" sind. „Handlungen", „Motive" und „Motivationen" wie etwa Leistungshandlungen einerseits, Leistungsmotivationen andererseits sind nur als interpretationsimprägnierte Begriffe zu fassen – auch dann, wenn sie theoretische Konstrukte etwa einer psychologischen Theorie sind. Psychologische Theorien weisen in vielfältiger Weise einen Konstruktcharakter auf – wie alle Theorien der Wissenschaft. Sie können sogar in einem bestimmten Zusammenhang mit Alltagskonstrukten stehen, insofern sie auf bestimmte Begriffsbildungen des Alltags (wie z.B. „Antriebe", „Motive") oder Emotionen („Angst") usw. zurückgreifen, diese allerdings dann in einer wesentlich komplizierteren Faktorenkombination in die Theorie einbauen. Es handelt sich eigentlich technisch gesehen um eine neue Begriffsbildung, die freilich in bestimmter Weise auf faktische Beschreibungen von Handlungssituationen z.B. bezogen werden müssen. Aufgabe der Wissenschaftler ist es auch, die abstrakteren theoretischen Begriffe wiederum im alltäglichen Zusammenhang gleichsam mit interpretativem Fleisch anzureichern. Die Psychologie und die Sozialwissenschaften dürfen sich nicht total und in jeder Hinsicht gänzlich von der Einbettung in Alltagsreaktionen und -beschreibungen unabhängig machen, um nicht jeden Bezug und die Anwendbarkeit etwa in therapeutischen Situationen zu verlieren. Hier zeigt sich bereits implizit die semantische Mehrstufigkeit bzw. Vielschichtigkeit, durch die sich die Psychologie und die Sozialwissenschaften von den Naturwissenschaften unterscheiden, was zu spezifischen Problemen führt. Zum Objektbereich der Sozialwissenschaften gehören neben einer Ebene, der verhaltenswissenschaftlich beschreibbaren Trägerprozesse, auch weitere (i.e.S.) interpretatorische Ansätze. So spielen etwa unterschiedliche Faktoren eine Rolle bei Erklärungen und Begründungen, die nicht im engeren Sinne naturgesetzlich zu erfassen sind: Deutungen, Interpretationen, kulturelle Normen, Bewertungen usw. Soziale Wirkungen sind kulturell konventionalisierte, unter Umständen durch semantische Deutungen, durch Interpretation(sprozesse), erst zustande kommende Folgeerscheinungen bzw. Interpretationskonstrukte, aber zum guten Teil nicht bloße Kausalfolgen in dem engeren Sinne der Naturwissenschaften (regelgeleitetes Handeln und davon abweichendes überformt die rein naturgesetzlich beschreibbaren Verhaltensweisen). Interpretationsleistungen und -prozesse und die dazu gehörigen Deutungsmuster und Interpretationskonstrukte sind also (gegenstands)konstituierender und konstitutiver Bestandteil des Objektbereichs der Psychologie und der Sozialwissenschaften. Bezieht man den Schemainterpretationismus (s.u. V., III. 2) z.B. metatheoretisch auf Handlungszusammenhänge, so lassen sich unterscheiden (Lenk 1975, 203ff): Das Handlungsgefüge oder die Regelkonstellation, die man als in der „Realität" vorkommend ansehen kann. Das Strukturimage oder das Bild des Handlungsgefüges, das sich die Akteure als Leitbilder, als Orientierungshilfe von institutionellen Regelungen und sozialen Systemen sowie Organisationen machen (hierzu gehören u.a. naiv-theoretische Konzepte und Handlungsleitlinien). Die Struktur des Modells oder das soziale System als idealtypische Faktorenkonstellation des sozialwissenschaftlichen Modells. (Charakteristischerweise breiten sich solche wissenschaftlichen Konstrukte oft später auch in der Gesellschaft selber aus; man denke nur z.B. an „Leistungsmotivation" oder das „Unbewusste" in der Psychologie.) Zwischen diesen Ebenen bestehen wechselseitige Bezüge und Beeinflussungsmöglichkeiten (vgl. u.).

2.2 Gesetze und Quasigesetze in den Sozialwissenschaften und der Psychologie

„Wenn zwischen Mitgliedern einer sozialen Gruppe eine formelle Autoritätsbeziehung besteht, dann wird ein beobachtbares Anwachsen der Häufigkeit von Interaktionen zwischen den Individuen zu einem Anwachsen der positiven Gefühlseinstellungen und entsprechender Äußerungen zwischen ihnen führen, falls nicht eine gewisse Grenze der Kontaktdichte überschritten wird." – Allgemeine Aussagen wie die vorstehende werden üblicherweise als Beispiele allgemeiner Gesetze (Gesetzeshypothesen) der Sozialwissenschaften angeführt. Sie lassen sich meist auf die allgemeine Form einer Wenn-dann-Hypothese bringen – im einfachsten Fall von folgender Gestalt: Für alle x gilt: Wenn x P ist, dann ist x auch Q (dabei bezeichnen P und Q sogenannte Prädikatkonstanten). Albert (1967, 310 f) unterscheidet hinsichtlich der Allgemeinheit von Theorien „zwischen: 1. der Allgemeinheit einer Theorie (bzw. Aussagenmenge), die darin besteht, dass sie keinen essentiellen Bezug auf ein bestimmtes Raum-Zeit-Gebiet hat [...]; 2. der Allgemeinheit ihres Geltungsbereichs im Verhältnis zu anderen Theorien, wobei dieser Bereich wieder allgemein (im ersten Sinne) charakterisierbar ist, und schließlich 3. der Allgemeinheit ihres raum-zeitlichen Anwendungsbereiches." Theorien der Naturwissenschaften zeichnen sich durch die 1. Art der Allgemeinheit aus; Quasitheorien fehle diese Allgemeinheit. „Aussagensysteme, in denen an irgendeiner Stelle allgemeine Hypothesen von raum-zeitlich beschränkter Gültigkeit auftreten", bezeichnet Albert (1976, 132) „als Quasitheorien, die betreffenden allgemeinen Hypothesen selbst" als „Quasigesetze und die in diesen auftretenden Faktoren von relativer Invarianz [als] Quasikonstante". „Quasitheorien enthalten eine essentielle Beziehung auf ein bestimmtes Raum-Zeit-Gebiet, die Beschränkung ihrer Anwendbarkeit beruht auf der `historischen' Abgrenzung ihres Objektbereiches. So zeigt sich, dass sich Gesetze „auf offene Klassen" und Quasigesetze sich „auf geschlossene Klassen beziehen" (z.B. „deutsche Psychologen in den 30-er Jahren"). Von den „prinzipiell drei Möglichkeiten" der Behandlung von Quasigesetzen – „historische Relativierung (Historisierung)", „analytische Relativierung (Tautologisierung)" (Stichwort: „Modellplatonismus" in der Ökonomie oder Motivationspsychologie) und „strukturelle Relativierung (Nomologisierung)" – zieht er Letztere vor, da in diesem Fall „die betreffenden quasitheoretischen Aussagen auf empirische Bedingungen, die den in ihnen ausgesagten Sachverhalten zugrunde liegen, bezogen, also strukturell, d.h. empirisch relativiert werden" und nicht zu einer „Verzichtlösung" bzw. „Scheinlösung der Probleme" führen.[2] Das bedeutet aber lösung" bzw. „Scheinlösung der Probleme" führen.[2] Das bedeutet aber nicht, dass es in den Sozialwissenschaften und zumal in der Psychologie nicht auch echte nomologische Aussagen geben kann. Würde man diese Wissenschaften jedoch strikt auf solche allgemeinen Wenn-dann-Hypothesen beschränken, so müsste man wohl den größten Teil der allgemeineren ihrer Theorien wegstreichen und hätte eigentlich nur noch einen uninteressanten Torso zur Verfügung. Während nämlich allgemeine Gesetze keinerlei Individuennamen enthalten (die sich eben auf Individuen, besondere gekennzeichnete und eingegrenzte Raum-Zeit-Gebiete oder spezifisch-historische Epochen beziehen), treten in den meisten interessanten sozialwissenschaftlichen Theorien z.B. Aussagen, bestimmte Namen, Individuenkonstanten, Epochenbezeichnungen mit bestimmten Einschränkungen der erwähnten Art auf. Es muss vorerst allerdings offen bleiben, ob Ausdrücke wie „Leistungsgesellschaft", „Leistungsmotivation" in sozialpsychologischen oder „Industriegesellschaft" bzw. „Kapitalismus" in soziologischen Theorien als allgemeine Gattungsausdrücke auftreten oder nicht vielmehr im Zusammenhang mit der historischen und sozialgeschichtlichen Entwicklung zu deuten sind. Im letzteren Falle würde es sich bei den erwähnten Bezeichnungen dann auch um Namen handeln. Wenn aber allgemeine Gesetzesaussagen (sog. nomologische Hypothesen) keine Individuenkonstanten oder spezifische raum-zeitliche Beschränkungen enthalten, dann kann es sich bei sehr vielen interessanten sozialwissenschaftlichen Verallgemeinerungen nicht um echte Gesetze handeln. Alle Aussagen von der skizzierten Wenn-dann-Form, die Namen oder Individuenkonstanten enthalten, werden – wie erwähnt – Quasigesetze genannt, wenn sie – abgesehen vom auftretenden Namen – sonst die logische Form von Gesetzen aufweisen. Quasigesetze können zu einer Art von Erklärung benutzt werden: zu einer *Quasierklärung*, die durchaus für die Zwecke einer systematischen Voraussage, Begründung oder Erklärungsargumentation Verwendung finden kann. Würden sich etwa erklärende Argumente, die den Gattungsausdruck „Leistungsgesellschaft" verwenden, nicht als universell zutreffend herausstellen, sondern nur unter den historisch besonderen Bedingungen der uns bekannten Industriegesellschaften gelten, so würde die Fruchtbarkeit der Quasierklärung durchaus erhalten bleiben, obwohl der Anspruch auf unbeschränkte Gültigkeit über den umrissenen Bereich hinaus verworfen werden müsste. Man sollte Quasierklärungen als wissenschaftliche Begründungen zulassen. Ein liberalerer Standpunkt in der Wissenschaftstheorie der Sozialwissenschaft empfiehlt sich (oft) deshalb, weil man zumal im Anwendungskontext nicht alle interessanten Quasierklärungen, historisch-genetische Begründungen, Erklärungsskizzen und historisch-situationsgebundenen Voraussagen weglassen könnte. Manche, z.B. Helmer und Rescher (1969), meinen ausdrücklich, dass die interessanten methodologisch-wissenschaftstheoretischen Unterscheidungen nicht so sehr zwischen Natur- und Sozi-

---

[2] Max Webers These vom Aufstieg des kapitalistischen Unternehmertums im Zusammenhang mit der Verbreitung der protestantischen Ethik enthält z.B. den Namen „protestantisch" – eine sozialhistorische Konstante, die kein universeller Gattungsbegriff ist. Ähnliches gilt für sehr viele andere Ausdrücke, die in soziologischen und sozialwissenschaftlichen Theorien allgemein auftreten: „abendländisch", „kapitalistisch" sind Beispiele hierfür. Die Generalisierung der „Hypothese" Max Webers „über die Beziehung zwischen protestantischer Ethik und kapitalistischem Geist" ist für Albert (1967, 295) aber „ein Beispiel für die erfolgreiche Anwendung einer ‚naturalistischen Strategie'".

alwissenschaften zu verorten sind, als vielmehr quer zu dieser Trennung verlaufen. So gebe es relativ exakte Teile der Sozialwissenschaften, während manche Bereiche der Naturwissenschaften durchaus unexakt seien und Phänomene des Historischen aufweisen. Unexaktheit sei also kein Kennzeichen der Sozialwissenschaften, obwohl deren Allaussagen oft in gewissem Sinne unexakt sind, weil sie etwa Ausnahmen zulassen.[3] Der jeweilige Schlusssatz wird z. B. bei solchen Quasierklärungs-Argumenten nur bis auf anerkannte Ausnahmefälle gültig sein; Schlüsse sind etwas abzuschwächen, die Ausnahmefälle eben zu begründen und auszunehmen. Es ist zweifellos sinnvoller, solche Allsätze mit Ausnahmen zuzulassen, als auf die Ordnung von Bereichen durch allgemeine Aussagen überhaupt zu verzichten. Wie man sieht, ist dieser Begriff quasiallgemeiner Aussagen noch schwächer als der zuvor genannte Begriff der Quasigesetze, bei denen durchaus noch eine gesetzesartige Verbindung behauptet wird. Deutlich ist jedenfalls: Der Gegensatz „hier vollständige Gesetzeserklärung, dort gar keine wissenschaftliche Verallgemeinerung und Erfassbarkeit" kann außerhalb der Naturwissenschaften nicht zutreffen. Offensichtlich gibt es mehrere Stufen der Verallgemeinerung und neben echten Gesetzeserklärungen schwächere Quasierklärungen oder auch die Möglichkeit, bloße empirische Verallgemeinerungen für bestimmte Trendprognosen vorzunehmen. Auch nichtorthodoxe Vorhersagetechniken wie die Delphi-Technik, die Simulation usw., die sich immer mehr in den (anwendungsorientierten) Sozialwissenschaften verbreiten, sind nicht sinnlos, sondern eröffnen unter Umständen Möglichkeiten für Quasiexperimente mit Modellen, für die Variation von Variablen auch dort, wo echte Experimente sich aus ethischen, historischen oder anderen Gründen nicht durchführen lassen. Insgesamt hat also in den Sozialwissenschaften weder die rein naturalistisch-nomologische Deutung als strikt allgemeiner Gesetzeswissenschaften (sog. nomothetischer Wissenschaften) noch ihre Deutung als ausschließlich verstehender Disziplinen (sog. idiographischer Wissenschaften) das volle Recht auf ihrer Seite. Es gibt Teildisziplinen – auch etwa in der z.T. eher naturwissenschaftlich verfahrenden Psychologie, z.B. der Sinnespsychologie, in denen die Formulierung von echt allgemeinen Aussagen durchgängig möglich zu sein scheint. Andere, z.B. insbesondere dem Geschichtlichen verbundene, Teile der Sozialwissenschaften sind etwa bezogen und angewiesen auf die Verwendung von Namen für bestimmte Epochen, Individuen, Wertsysteme, Geistesströmungen usw.. Interessant wäre zu diskutieren, ob in der neu erstarkten differentiellen Psychologie (Brocke 2000) die theoretischen Trait-Konzepte und – Komplexe (z.B. die *Big-Five*-Kombinationen der Persönlichkeitsmerkmale: Neurotizismuz Extra-/Introversion, Offenheit und Neugier, Verträglichkeit, Gewissenhaftigkeit und Leistungsmotiv) quasitheoretisch sind und (nur) zu Quasierklärungen führen. Generell kann man also weder allgemein auf jegliche systematisierende Verallgemeinerung und Gesetzesbildung verzichten, noch sich auf die wenigen wirklich allgemeinen Gesetze beschränken. Wenn man sich keinem Wunschdenken hingeben will,

---

[3] Helmer und Rescher entwickelten daher eine „Wissenschaftstheorie" solcher nicht universal anwendbarer, nur „quasiallgemeiner" Aussagen, die eben Ausnahmen zulassen, ohne ungültig zu werden. Es handelt sich dabei nicht um statistische Aussagen, sondern durchaus um Allsätze, die nur eben Ausnahmen für gewisse, besonders zu begründende Fälle zulassen.

sondern „Pragmatist in der Verfolgung eines besseren Verständnisses der Welt durch vernünftige Methoden der Erklärung und Vorhersage" sei, „dann haben wir gute Gründe", Quasigesetze ernstzunehmen, „und wir sollten anerkennen, dass die scheinbare dünne Trennungslinie zwischen Vagheit und Leere stark genug ist, um in praktischen Anwendungen Wahrheit von Dichtung vernünftig unterscheiden zu können" (Helmer – Rescher 1969, 185). In den Sozialwissenschaften ist also die Verwendung von Quasigesetzen für (Quasi-)Erklärungen offensichtlich unvermeidbar, wenn man nicht den gesamten kulturhistorischen Hintergrund vernachlässigen will. Eine besondere Bedeutung für eine pragmatische Wissenschaftstheorie der (Sozial-)Psychologie haben Handlungen (als Basiseinheiten) und Handlungserklärungen, denen wir uns nun zuwenden wollen.

3. Handlungen, Handlungsbeschreibungen, -deutungen und -erklärungen

Handlungen sind nicht eigene Entitäten neben Verhaltensweisen, sondern nur als Interpretationskonstrukte, geprägt von semantischem Charakter, zu erfassen, d. h.: sie beruhen auf Zuschreibungen, Beschreibungen und Interpretationen, hängen von Deutungsaspekten, sozialen Kontexten und Situationsdeutungen ab. So ist es etwa plausibel, dass ohne Zuschreibung zu einem Handelnden — zu einem individuellen oder evtl. kollektiven Handlungssubjekt — kein Prozess als *Handlung* verstanden werden kann. Handelnde strukturieren die Handlungen und führen sie bzw. ihre Bewegungen darüber hinaus entsprechend einer Situationsdeutung aus, die wiederum bekanntlich von Beschreibungen und interpretatorischen Vorentwürfen abhängt.

Bewegungen von gleicher Ablaufform können z. B. je nach Kontext und Situationszusammenhang als unterschiedliche Handlungen gedeutet werden: ein Speerwurf etwa als Kriegshandlung oder als Jagdtätigkeit, als sportlicher Leistungsversuch – oder gar im Mittelalter als rechtssetzender Akt, durch den der Vasall Eigentumsrechte über den von seinem Lehnsherrn zugesprochenen Boden erhält, soweit dieser durch die Weite des Gerwurfs begrenzt wird. (Berichte einer solchen Interpretation liegen zwar vom Steinwerfen vor, können jedoch wohl hypothetisch auf das Gerwerfen übertragen werden.) Bei den Römern schließlich bedeutete der Speerwurf eines Priesters in einem eigens bestimmten Ritualbezirk eine Kriegserklärung, ohne dass ein Gegner oder auch nur symbolischer Gegner anwesend sein musste.

Ob und wie ein Verhalten bzw. eine Bewegung (oder gar deren Unterlassung!) eine Handlung darstellt, besser: als Handlung verstanden wird oder werden kann, hängt also von Beschreibungskonstituenten, von interpretatorischen Perspektiven ab. Dies gilt übrigens auch für die Selbstdeutung des Handelnden, die ähnlich analysiert werden kann wie der Fremddeutung einer Handlungskonstitution.

Grundsätzlich lässt sich die beschreibungstheoretische Analyse auch in gleicher Weise auf umgangssprachliche Handlungskennzeichnungen und Erklärungen anwenden wie auf wissenschaftliche Handlungsbeschreibungen. Die letzteren dürften aufgrund der Abhängigkeit der Interpretation von sozialen Konventionen und Regeln stets nur im weiteren sozialwissenschaftlichen Kontext möglich sein.

Überhaupt sind handlungsanalytische philosophische Ansätze keineswegs ein Ersatz für eine — letztlich sozialwissenschaftliche — nomologische Handlungserklärung, sondern sie stellen nur sprachlich-analytische Instrumente für eine adäquate Begriffsanalyse im Hinblick auf alltagssprachliche vorwissenschaftliche Sprachgebräuche bereit, die in der Sozialwissenschaft in gewissem Sinne — wenigstens auf der Datenebene — Berücksichtigung finden müssen.

Freilich stellen die philosophische Handlungsanalyse und insbesondere der interpretatorische Ansatz auch neue Aspekte für die wissenschaftstheoretische Analyse der Grundbegriffe sozialwissenschaftlicher Handlungstheorien bereit, wie im folgenden noch an einigen ausgewählten Beispielen der Motivationspsychologie sowie der Normenorientierung und Rollenbindung von Handlungen exemplarisch skizziert werden soll (s. a. oben III.3 für Handlungssysteme.)

Um bereits aufgetretenen Missverständnissen vorzubeugen, sei wiederholt, dass durch die beschreibungstheoretische philosophische Handlungsanalyse keineswegs eine nomologische Erklärung und theoretische Erfassung von Verhaltensweisen und auch Handlungen abgewiesen, ersetzt oder gar unnötig gemacht würde. Im Gegenteil: Begriffsanalyse bezieht ihre potentielle Fruchtbarkeit für die Wissenschaftstheorie der Sozialwissenschaften erst aus der zu leistenden Anwendung auf theoretische Aussagensysteme und theoretische Begriffe der mit Handlungen befassten Sozialwissenschaften wie auch der Psychologie.

Die analytische Philosophie und Wissenschaftstheorie hat sich seit Längerem vermehrt den Problemen des Handelns, genauer der explikativen Analyse von Handlungsbegriffen, der Rekonstruktion von Handlungsbeschreibungen und Handlungserklärungen sowie den Versuchen zur Ausbildung einer philosophischen bzw. einer interdisziplinär integrierten Handlungstheorie zugewandt. Die wissenschaftstheoretische Analyse hat sich dabei vor allem an Behaviorismusproblemen der Psychologie entwickelt, d.h. an der Frage, ob das menschliche Handeln objektiv behavioristisch vom Beobachterstandpunkt aus als äußerlich beschreibbares Verhalten hinreichend gekennzeichnet und erklärt werden kann. Als Ergebnis scheint sich herauszukristallisieren, dass rein behavioristische Ansätze nicht genügen, einmal eine voll entwickelte analytisch-philosophische Erfassung und eine sozialwissenschaftliche Analyse absichts-, bedeutungs- und sinnvoller Handlungen zu liefern, die von Normen, Werten, Konventionen, Symbolen usw. geleitet werden und unter Umständen einem Rationalitätsprinzip oder Rationalitätsmodell unterliegen. Soweit in den Sozialwissenschaften das alltägliche und lebensweltliche Erfassen, Beschreiben, Verstehen und Beobachten von Handlungen neben gesetzes- und modelltheoretischen Handlungskonzepten eine Rolle spielen – und dies dürfte beim derzeitigen Entwicklungszustand der Humanwissenschaft bis auf weiteres noch unerlässlich sein –, ist auch die wissenschaftliche Erfassung des Handelns wenigstens zum Teil mit Common-sense-Modellen, z. T. aber auch mit sozial*philosophischen* Deutungen verbunden. Handlungen weisen mindestens einen doppelten, wenn nicht einen drei- oder vierfachen Deutungsspielraum auf. Der Mensch nimmt seine Handlungen nämlich nicht nur wahr wie einen außerhalb von ihm ablaufenden Bewegungsprozess, wie eine objektiv feststellbare und intersubjektiv nachprüfbare Ereignisfolge, sondern er erlebt und gestaltet sein Handeln auch (und dies ist ein Charakteristikum des Handelns gegenüber bloßem Sich-Verhalten bzw. gegenüber objektiv beschreibbaren Bewegungen). Er

3. Handlungen, Handlungsbeschreibungen, -deutungen und -erklärungen 17

erlebt sein Handeln als von ihm gesetzte, gewollte und zumeist bewusst initiierte zielorientierte Tätigkeit. Dieser Doppelaspekt des Handelns, der zum Teil dem objektivierenden Zugriff einer nur an äußerlichen Verhaltenskennzeichen und -merkmalen orientierten Verhaltenswissenschaft entgeht, weil Zielbeschreibungen, deren Verständnis und Dekodierung eine Rolle spielen, spiegelt sich auch in den wissenschaftstheoretischmethodologischen Diskussionen wider. Die Erklärung des menschlichen Handelns etwa durch offensichtlich zunächst nur intern zugängliche Motive, Absichten, Beweggründe und normengeleitete Entschlüsse führt zu dem methodologischen Problem, wie das menschliche Handeln im Lichte seiner Gründe und eventueller Ursachen überhaupt in wissenschaftlichen und philosophischen Kategorien sprachlich und theoretisch erfasst werden kann, wie die teleologisch-intentionalen Erklärungsansätze sich gegenüber kausalen Erklärungsversuchen mit Hilfe von Gesetzesschemata verhalten, wie praktische Begründungen, normative Orientierungen sich rational rekonstruieren und eventuell handlungstheoretisch objektivieren oder gar wissenschaftlich erklären und überprüfen lassen. Die methodologische Diskussion scheint zu ergeben, dass allgemeine Erklärungen des Handelns zum Teil wie auch erfahrungswissenschaftliche Handlungserklärungen oder zumindest Quasierklärungen möglich zu sein scheinen; diese wissenschaftliche Erfassung von Handlungen kann aber keineswegs alle Deutungsaspekte des menschlichen Handelns umfassen. Über das sehr wohl wissenschaftlich erfassbare gesetzesstrukturelle oder wenigstens quasigesetzesstrukturelle Moment des Handelns hinaus werden offensichtlich wesentlich auch nicht strikt wissenschaftlich deutbare, sondern nur einer (eher philosophischen) Interpretation zugängliche Aspekte, die unverzichtbar für jedes tiefergehende Verständnis des Phänomens „Handeln" sind, erfasst. Der erwähnte Doppel-, Mehrfachcharakter des Handlungsbegriffes erfordert also, dass über die wissenschaftstheoretische Problematik einer Methodologie der Handlungserklärung hinaus und außer der sprachlich-begrifflichen Klärung der Handlungstermini eine philosophischdeutende Rekonstruktion von Handlungen zu erarbeiten ist, die – im wahrsten Sinne des Wortes pragmatisch orientiert – philosophisch-anthropologische, lebensweltlich-kontextuelle, historische, kulturelle und weitere Einflussfaktoren berücksichtigen muss.

Wenn auch noch keine überzeugende interdisziplinär integrierte Handlungstheorie existiert, so muss für die notwendige interdisziplinäre Zusammenarbeit bei der Bearbeitung handlungstheoretischer Ansätze, für die Sammlung, Konfrontation und Integration von Methoden und Ergebnissen aus unterschiedlichen Disziplinen der relevanten Formal-, Verhaltens- und Handlungswissenschaften eine methodologische Grundlage geschaffen werden, die wenigstens die Vorbedingungen für die Entwicklung einer solchen Theorie verbessert. Materialien, Methoden und Ansätze müssen gesammelt, verglichen und kontrastierend, koordinierend und konstruierend analysiert werden. Die Zusammenarbeit interdisziplinär interessierter Fachwissenschaftler mit Kollegen der für das Thema relevanten Nachbar- und Grundlagendisziplinen sollte angeregt werden. Hierbei wächst einer Wissenschaftstheorie der Handlungswissenschaften eine bedeutsame Aufgabe zu. Von besonderer Bedeutung für die Wissenschaftstheorie ist die Problematik der (sozial)*wissenschaftlichen* Handlungserklärungen. Die wissenschaftliche Erklärung von Handlungen wurde vorrangig unter den Gesichtspunkten behandelt, ob Handlungen sich nomologisch-naturalistisch, d.h. unter Verwendung von generellen Gesetzen erklä-

ren lassen, und ob hierzu ein besonderes Rationalitätsmodell, ein Rationalitätsprinzip erforderlich ist, das jedes Handeln einer Person als entscheidungstheoretisch rationales, aufgrund methodisch systematischer Einschätzung und Bewertung der Situation und der Problemlösungsprozesse auffasst. Im Zusammenhang damit wurden Modelle des intentionalen Handelns der analytischen Handlungsphilosophie für eine intentionale oder teleologische Handlungserklärung etwa unter Verwendung des sog. „*praktischen Syllogismus*" (v. Wright, Chisholm) in die Methodologie der Handlungserklärungen übernommen. Neuerdings scheinen Möglichkeiten einer Gesetzes- oder Quasi-Gesetzeserklärung von Handlungen eine präzisere Gestalt anzunehmen und die Sondermodelle der rationalen und der intentionalen Handlungserklärung als Spezialfälle in sich aufzunehmen (vgl. Churchland, Beckermann, Schmid). Die Verbindung von Handlungsbegriffen und Verhaltensausdrücken in ein und demselben Handlungsgesetz – in einer sogenannten Cross-level-Hypothese – hatte schon früher in Kritiken des rein verhaltenstheoretischen Erklärungsmodells Eingang gefunden (z.B. Lenk – Lüschen 1975). Selbst wenn man für eine Gesetzeserklärung nicht nur deterministische Handlungsgesetze der Art „jeder Handelnde in jeder Situation des Typs S wird mit Gewissheit auf die Reizmerkmale R mit dem Verhalten V reagieren" erwarten kann, sondern auch probabilistische oder nicht einmal quantifizierbare allgemeinere Erwartungshypothesen zugrunde legen kann, selbst wenn man unter Umständen nur Quasigesetze mit raumzeitlich eingeschränktem Anwendungsbereich verwenden kann, sind Handlungserklärungen mittels Gesetzen bzw. Quasigesetzen grundsätzlich durchaus möglich. Churchland hat bereits 1970 versucht, ein „allgemeines Handlungsgesetz" für Handlungserklärungen und -aussagen (besser: eine Gesetzesaussagenform für Sätze über Handlungsinitiierungen) wie folgt zu skizzieren: „Für alle Personen (Handlungssubjekte) x, für alle Einsetzungsinstanzen in Handlungsnamenvariablen A und für alle Zielzustände c gilt:
Wenn 1.) x c wünscht und
wenn 2.) x glaubt, dass A tun einen Weg für ihn darstellt, unter den obwaltenden Bedingungen c herbeizuführen, und
wenn 3.) es keine Handlung gibt, die x für einen gleichermaßen geeigneten oder vorzuziehenden Weg zur Realisierung von c unter den gegebenen Umständen hält, und
wenn 4.) x keine anderen Wünsche hat, die den Wunsch nach c übergreifen, verdrängen oder ausschalten, und
wenn 5.) x weiss, dass er A tun kann, und
wenn 6.) x in der Lage ist, A zu tun,
dann tut x A (wird x A tun)."

Selbstverständlich wären hier noch Zeitindizes anzubringen hinsichtlich des aktualisierten Wunsches und der auszuführenden Handlung – etwa derart: Wenn x in der Zeit t_1 einen aktualisierten Wunsch hat, dann wird er zu einer nachfolgenden Zeit t_2, die in charakteristischem Maße dem Wunsche zeitlich nachgeordnet ist, A tun. – Churchland gibt auch noch Abwandlungen dieses Gesetzes an für den Fall, dass x keinen Zielzustand c zu realisieren, sondern nur A zu tun wünscht: (1) würde dann zu: „x wünscht A zu tun"; c würde nicht mehr erwähnt, und (2) und (3) würden wegfallen. – Churchland erörtert schließlich noch den Fall, dass unter Weglassung von (5) und (6) der Schluss gezogen wird: „Dann versucht x, A zu tun." Für den allgemeinsten Fall sollte die de-

3. Handlungen, Handlungsbeschreibungen, -deutungen und -erklärungen

terministische Form des Gesetzes sinnvollerweise generell ersetzt werden durch „dann versucht x, A zu tun" oder „dann tendiert x zu der Handlung A", d.h., x wird überproportional oft (entweder mit statistisch signifikanter Häufigkeit oder gar mit praktischer Sicherheit) die Handlung A ausführen. Man kann also die Konjunktion der Teilaussagen (1) bis (4) als Vorgabe eines Kriteriums des intentionalen Handelns auffassen mit der Bedeutung, dass x beabsichtigt, c herbeizuführen, indem er A tut, falls diese Absicht nicht von anderen für x unerfüllbaren oder unerfüllten Faktoren abhängt. Zweckerklärungen, Zielerklärungen, selbst Werterklärungen sind dann in naheliegender Weise offensichtlich auf diese Art der Erklärung aufgrund von Intentionen bzw. Wünschen zurückzuführen. Kritisch ist allerdings zu bemerken: Churchland hat in seinem noch umstrittenen Aufsatz nicht beachtet, dass nicht nur Gesetze im strikten Sinne des Wortes zur Beschreibung von Handlungsregularitäten benutzt werden, sondern dass auch eingeschränktere, kulturell oder sozial bestimmte Regularitäten wie Normenbeschreibung, institutionelle Strukturierungen, Regeln ebenfalls zum „Erklären" von Handlungen benutzt werden. Ebenfalls werden sehr häufig – etwa in den Sozialwissenschaften und anschließend daran auch in der umgangssprachlichen Argumentation – Quasigesetze verwendet oder nur empirische Generalisierungen und Modellkonstruktionen noch eingeschränkterer Art. Häufig können Handlungen eben nicht ohne Rückgriff auf sozial-historische Individuennamen und auf soziokulturelle Variablen erklärt werden. Diese erwähnten anderen allgemeinen Hypothesen oder Wenn-dann-Aussagen, die nicht strikten Gesetzescharakter aufweisen, sind jedoch von entsprechender Struktur und berühren nicht die logische Form der Handlungserklärung. Nur differenzierende Zusätze im einzelnen sind zu berücksichtigen. Die Struktur der Handlungs(quasi)erklärungen ist vom logischen Standpunkt aus die gleiche wie bei Gesetzeserklärungen im engeren Sinne des Wortes. Dabei wird es oft nötig sein, statistische Regelmäßigkeiten oder Wahrscheinlichkeitsaussagen zu berücksichtigen und die Konklusion des erklärenden Arguments in statistischer (wenn auch meist qualitativer) Form vorzulegen. Für die nicht bewusst auf rationale Entscheidung basierenden oder wenigstens die nicht als rational deutbaren Handlungen, etwa für unüberlegte Spontanhandlungen und die nicht überlegten Routinehandlungen muss dieses Handlungserklärungsschema noch genauer analysiert und variiert werden. Zweifellos stellt es aber einen wichtigen Erklärungsansatz dar, der Weiterentwicklungen und Alternativentwürfe bzw. Konkurrenzauffassungen anregen dürfte.

3.1 Handlungen als Interpretationskonstrukte erfasst

Eine Handlung ist überdies nicht eine rein ontologische Entität, sondern – zumindest hinsichtlich der Erfassung, Identifizierung und Abgrenzung – ein interpretatorisches Konstrukt, eine *semantisch gedeutete* Entität: Handlungen sind nur als semantisch geladene zu (er)fassen. Sie können begrifflich nur auf einer semantischen Ebene analysiert werden, sie sind nicht einfach Begriffe der Objektsprache, sondern gleichsam theoretische Begriffe, die sich wesentlich auch auf Interpretationen, Perspektiven, Konzepte beziehen. Handlungen sind Interpretationskonstrukte von beobachtbaren Bewegungen (und die Bewegungen sind das, was man höchstens beobachten kann). Erst die Interpretation oder die Beschreibung, die zu ergänzen ist, lässt aus einer einfachen physischen Bewegung eine Handlung werden. Die rein physische (beobachtbare) Bewegungsform könnte bei verschiedenen Handlungen durchaus dieselbe sein (etwa ein Speerwurf als Kriegs- oder Jagd- oder Kultritual- oder Sporthandlung). Die Unterschiede und verschiedenen Möglichkeiten, die Handlung zu einem besonderen Handlungsbereich zuzuordnen, hängt von der u.a. sozial beeinflussten Definition der Situation, vom sozialen Kontext und der Umgebung mit allen ihren Normen, Regeln, Traditionen, Werten, Bezugsrahmen, Bezugsgruppen ab, die eine entscheidende Rolle spielen – schon bei der Wahrnehmung und um so mehr beim aktiven Sich-Orientieren, Reagieren und Handeln. Auch jede mögliche wissenschaftliche Kennzeichnung und Klassifikation von Handlungen, noch vor jeder erklärenden Analyse, hängt von einem Beschreibungsrahmen ab, der u.a. von konstitutiven Regeln umrissen wird. Sowohl für den Handelnden als auch für den beobachtenden Partner und ebenso für den beobachtenden Wissenschaftler sind Handlungen daher Interpretationskonstrukte, die aus Konstituenten bestehen, welche zum Teil der eigentlichen Objektsprache angehören, aber auch aus solchen Konstituenten, die von theoretischen Perspektiven oder gar metasprachlichen Begriffen abhängen. Handlungsbegriffe sind theoretische Begriffe mit interpretatorischem Charakter. Alle Handlungen sind Interpretationskonstrukte, perspektivisch, kontext-, begriffsabhängig.

Die Auffassung, dass Handlungen Interpretationskonstrukte sind, ist Teil eines umfassend(er)en Ansatzes, für den der folgende Grundsatz kennzeichnend ist: Alles, was wir als erkennende und handelnde Wesen erfassen und darstellen können, ist von Schema-Aktivierungen und zumal Deutungen von Gehalten, also von Interpretationen (Interpretationsprozessen und -konstrukten) abhängig, ist nur in solchen erstellbar und darstellbar. Jede Erkenntnis und Darstellung dieser, die von Handlungen eingeschlossen, ist interpretationsfähig, aber auch deutungsgeprägt bzw. (unter Beteiligung externer „Weltfaktoren") hinsichtlich der Erfassung prinzipiell interpretations-"imprägniert" (vgl. z. B. Lenk 1998, 2000). Ein solcher (Schema-)Interpretationismus kann auch Ausgangspunkt und Grundlage für interdisziplinär- integrative Ansätze bilden und insofern eine gewisse Einheit der disparaten Human- und Handlungswissenschaften fördern helfen (s.u.). Die philosophische Deutung einer interpretatorischen Handlungstheorie gewinnt insgesamt eine wesentliche Stütze auch durch die wissenschafts-theoretische Betrachtung der Ergebnisse neuerer motivationspsychologischer Forschungen (s. u. 7.). Deutlich wird hierbei aber auch, wie sehr eine angemessene philosophische Interpretation von Handlungen und die wissenschaftstheoretische Diskussion der psychologischen Handlungsmodelle ineinandergreifen müssen, wie sehr dementsprechend die philosophische Diskussion auf die wissenschaftlichen Handlungstheorien eingehen muss — durchaus nicht etwa in sklavischer Anpassung, sondern in kritisch korrigierender Reflexion: in einem wechselseitigen Korrekturprozess, der sich für beide Seiten als fruchtbar erweisen dürfte. Ein Ergebnis dieses Zusammenwirkens könnte sein, dass noch deutlicher als bisher unterschieden wird zwischen den verschiedenartigen Interpretationskonstrukten: zwischen dem zur Erklärung nötigen Motivations- und Handlungsmodell des wissenschaftlichen Beobachters und dessen Zuschreibung einerseits und den Selbstdeutungskonzepten des Handelnden bei der Konstitution, Identifikation und dem (prospektiven) Entwurf seiner Handlungen andererseits.

3. Handlungen, Handlungsbeschreibungen, -deutungen und -erklärungen 21

Auch sind die Versuche des Handelnden zur (retrospektiven) Erklärung bzw. Rechtfertigung seiner Handlungen gesondert zu berücksichtigen wie auch wissenschaftliche sekundäre Rekonstruktionen dieses Eigenkonzepts durch andere Beobachter. Spielen schon in den genannten Selbstdeutungskonzepten „naivtheoretische" Hypothesen und Begriffsbildungen eine Rolle (s. u.), die wiederum vom Psychologen als konzeptuelle Daten in seinen wissenschaftlichen Rekonstruktionen berücksichtigt werden, so gilt dies natürlich auch für die Deutungen, die eine Person im Alltag den Handlungen anderer gegenüber durchführt. Handelnde identifizieren, erklären, prognostizieren, retrodizieren und verstehen auch die Handlungen anderer. Zuschreibungsvorgänge werden auch hierbei vollzogen, Interpretationskonstrukte verwendet, Handlungsdeutungen mit Hilfe „naiver" Verhaltenstheorien vollzogen. Diese wiederum beeinflussen, wie die sozialpsychologische Motivationspsychologie nach der kognitivistischen Wende erkannt, aber noch nicht genügend untersucht hat, die reaktiven und prospektiven eigenen Handlungstendenzen des Handelnden. Insofern muss die Motivationsforschung auch diese „naiv-theoretischen" Konzepte rekonstruieren — in einem neuerlichen Inter-pretationskonstrukt, in einem wissenschaftlichen Interpretations(re)konstrukt von dem jeweiligen „naiv-theoretischen" Interpretationskonstrukt des Handelnden. Die unterschiedlichen Stufungen der Interpretationskonstrukte sind dabei ebenso sorgfältig auseinanderzuhalten wie die Bereiche der „aktiv"-konstituierenden „naiven" Konstrukte der Teilnehmer einerseits und der wissenschaftlichen Rekonstruktionen andererseits. Schließlich kann die wissenschaftliche Theoriebildung, wird sie populär und setzt sie sich öffentlich durch, langfristig durchaus auch wiederum die Bildung „naiver" Verhaltenstheorien beeinflussen und somit auf die Aktionskonzepte und auf das Handlungsverständnis (wie auf Erklärungsversuche usw.) der Handelnden einwirken. *Freuds* Theorien des Unbewussten und der Sexualität dürften Beispiele psychologischer Konstrukte darstellen, die auf alltägliche Erklärungsversuche durch hinreichend gebildete Handelnde selbst, ja, darüber hinaus auf die Deutung der im Schwange befindlichen „öffentlichen Meinung" erheblichen Einfluss gewonnen haben. Selbst die Möglichkeit einer langfristigen „self-fulfilling prophecy", einer durch Veröffentlichung und öffentliche Einwirkung und Konsensbildung ihre eigene Erfüllung herbeiführenden wissenschaftlichen Konzeption könnte sich ergeben. Der orthodox psychoanalytische Sexualismus schien eine Zeitlang einen solchen Einfluss auf die alltäglichen „naiven" Handlungserklärungen und Handlungsorientierungen zu nehmen. In den Handlungswissenschaften und bei Handlungsorientierungen ist das Zusammenspiel von Theorie und beschriebenem System sowie betriebener Handlungsorientierung besonders intrikat. Sorgfältige Abgrenzungen der verschiedenartigen Interpretationen und der zugehörigen Begriffsbildungen voneinander sind nötig und ermöglichen dann erst eine um so aussagekräftigere, differenziertere theoretische und methodologische Zueinanderordnung der unterschiedenen Konstrukte. Handlungen sind nicht nur unter sich im Objektbereich systemhaft miteinander verknüpft, sondern auch über unterschiedliche semantische, theoretische und metatheoretische Stufen durch Konzeptualisierungen in Systemzusammenhänge „integriert". Aktuelle Elemente und Beschreibungsfaktoren auf verschiedenen Ebenen der begrifflichen Verarbeitung wirken beim Handeln besonders eng zusammen. Grob gesprochen: „Theorie" und „Praxis" lassen sich hier nur besonders schwierig, unter Mithilfe analytischer Unterscheidungen trennen. Das Gesagte hat natürlich nicht nur erhebliche Rückwirkungen auf die Wissenschaftstheorie der Handlungswissenschaften, sondern auch auf die philosophische Deutung der Handlungsbegriffe.

3.2 Handlungssysteme

Einzelne Handlungen geschehen, wie eben erwähnt, nicht isoliert, sondern werden als solche in *Systemen* ausgeführt bzw. interpretativ in systemhafte Zusammenhänge eingebettet. Die bisher nur pauschal erwähnten Einordnungen in einen Kontext (Handlungszusammenhang) sowie, damit verbunden, in eine Situation geben Einzelhandlungen eine Kontinuität in einer Handlungskette, berücksichtigen Reaktionen, Erwartungen von Reaktionen, Erwartungserwartungen, führen zu situationsangepassten und kontextspezifischen Handlungsverkettungen. Die Handlungen eines individuellen Akteurs bilden einen durch zeitliche und räumliche Kontiguität, aber auch durch übergreifende Motivationenund sein relativ konstantes persönliches Motivsystem, durch situationale und kontextuelle — insbesondere soziale und kulturellsymbolische — Einflüsse geprägtes und relativ integriertes offenes System: ein *personales Handlungssystem*. (Gelegentlich wird das Handlungssubjekt bzw. der Handlungsträger als „Handlungssystem" bezeichnet, dieser Terminologie [Ropohl 1979] wird hier also nicht gefolgt.) Zur Situation gehören außer anderen personalen Handlungssystemen meist auch *soziale Handlungssysteme,* deren Träger soziale Systeme sind: entweder Gruppen, Institutionen usw., die ebenfalls als Handelnde interpretiert werden (vgl. Ropohl, ebd. 140: „soziale Mesosysteme") oder unter Umständen „soziale Makrosysteme" (z. B. eine Gesamtgesellschaft). (Bei letzteren ist die Zweckmäßigkeit einer *Handlungsinterpretation* umstritten, lässt sich aber, wie an einigen Beispielfällen durchzuspielen wäre, wohl durchführen.) Soziale Systeme der erwähnten Art gehören nicht nur oft zur Situation, sondern prägen eigentlich stets den Kontext bzw. die (soziale) Umgebung mit. Insbesondere gibt es soziale *Handlungssysteme* — meist in mehr oder weniger abgrenzbarer Form und Integration mit Handlungssystemen anderer Ebenen (Individual- oder Makroebene) vermischt. Orientierungsstandards, Normen, Regeln sozialer Systeme beeinflussen diese ineinander verflochtenen, hierarchisch einander überlagernden Handlungssysteme. Es gibt eine Hierarchie von Handlungssystemen und somit eine systemhafte Verflechtung von deren Trägern auf verschiedenen Stufen. So ist Ropohl wohl zuzustimmen, „dass ein angemessenes Verständnis empirischer Handlungssysteme kaum möglich ist, solange die Analyse auf eine der verschiedenen Hierarchieebenen beschränkt bleibt". (Dies gilt gerade auch in unserer etwas abweichenden Terminologie, denn es trifft ebenfalls für Systeme von „Handlungsfunktionen" zu.) Eine theoretische Analyse von überindividuellen Handlungssystemen kann hier nicht geleistet werden (vgl. Vf., Hg., 1977ff). Hier geht es nur darum, die prinzipielle Systemhaftigkeit und Systemintegration der Handlungen zu skizzieren, die Ebenen übergreifenden Hierarchiebeziehungen und deren prägende Einflüsse auf Handlungskontexte und -Situationen aufzuzeigen, die

3. Handlungen, Handlungsbeschreibungen, -deutungen und -erklärungen

Möglichkeit kollektiver Handlungen und sozialer Handlungssysteme (Systeme kollektiver Handlungen sind notwendige Teilsysteme sozialer Handlungssysteme) zu verdeutlichen und schließlich all dies auf die beschreibungstheoretische Handlungsanalyse zu beziehen. Das letztere betrifft in der Tat unser Thema. Nicht nur sind soziale Handlungssysteme selbst oft Elemente der Situation in bezug auf einen Handelnden und prägen durch die Normen des zugehörigen sozialen Systems auch die Orientierung des Akteurs an der Situation und die Einbettung seines Handelns in den Kontext, sondern kollektive Handlungen und Handlungssysteme sind selbst als in den Rahmen von Handlungskontexten und Situationen eingebettet zu deuten. Die Abgrenzung, Identifikation und Erfassung von sozialen Systemen und erst recht von sozialen Handlungssystemen geschieht nun sicherlich durch Beschreibungen und Zuschreibungen: Soziale Systeme und mit ihnen auch notwendig soziale *Handlungssysteme* sind analytische Konstrukte. Wenn Handlungen sich nach den Erfordernissen sozialer Systeme (samt deren Wertsystemen) ausrichten, meist nur als innerhalb von sozialen Kontexten geprägte verstanden werden können, so müssen *Handlungen* auch aus diesem Grunde als Interpretationskonstrukte erfasst bzw. methodologisch gefasst werden, da die entsprechenden sozialen Systeme dies schon sind. Methodologisch gesehen sind Handlungen, soweit sie in soziale Systemzusammenhänge eingebettet sind, als auch *sozial* geprägte oder sozialwissenschaftlich bzw. sozialphilosophisch zu verstehende Interpretationskonstrukte zu behandeln. Dies gilt für die Deutung aus der Perspektive des Handelnden wie für jene des wissenschaftlichen oder umweltlich-partnerschaftlichen Beobachters. (Nur der Wissenschaftler wird natürlich *wissenschaftliche* Konstrukte, der alltagsweltliche Handlungsbeobachter wird „naiv-verhaltenstheoretische" Konzepte zu seiner Interpretation verwenden.) Hier sollte nur verdeutlicht werden, dass die soziale Prägung von Handlungen und insbesondere die Phänomene sozialen und kollektiven Handelns nicht nur mit dem interpretatorischen Ansatz einer Handlungstheorie vereinbar sind, sondern diesen geradezu erzwingen.

3.3 Handlungs- und Strukturaspekt

Besonders in Sozialwissenschaften i. e. S. wie in der Soziologie, aber auch etwa in der Gruppen-, Organisations-, Motivations- und Arbeitspsychologie sowie anderen Feldern der angewandten Psychologie hat sich seit Längerem der Gegensatz zwischen zwei gänzlich verschiedenen, anscheinend einander ausschließenden Auffassungen zugespitzt: der Gegensatz zwischen Handlungswissenschaft und Strukturwissenschaft. Behavioristen und methodologische Individualisten vertreten z. B. die Auffassung, man habe es mit einer Wissenschaft zu tun, die sich ausschließlich mit den verallgemeinerungsfähigen Aussagen über Handlungen (besser: Verhalten) und Interaktionen (Wechselbezügen und Reaktionen zwischen Handelnden) befasst. – Auf der anderen Seite beschränken manche z. B. die Sozialwissenschaft auf einen bloßen Strukturaspekt, der zweifellos auf (makrosoziologische) Ansätze zurückgeht, die das Wirken gesellschaftlicher Kräfte im Gesamtzusammenhang der Gesellschaft oder in und zwischen Teilsystemen oder -organisationen untersucht, ohne auf Handlungen, Motive und Auffassungen der einzelnen Mitglieder der Gesellschaft oder ihrer Teilgruppen einzugehen. Es scheint richtig, dass eine ausschließliche Beschränkung auf einen dieser beiden idealtypisch (in begrifflich reiner Ausprägung) einander gegenübergestellten Ansätze die soziale Wirklichkeit prinzipiell nicht treffen kann, verzerrt darstellen muss. Beide Ansätze sind aber jeweils entsprechend der besonderen Teilziele von Untersuchungen, in denen sie verwendet werden, nicht nur miteinander verträglich, sondern können sich – ja, müssen sich – ergänzen, wenn man eine Einseitigkeit der Untersuchung vermeiden will. Jede künstliche Selbstbeschränkung eines Ansatzes auf einen dieser beiden Typen ist mit einer gewissen „Blindheit" in der anderen Richtung zu erkaufen. Dieser Blindheit sollte man durch Einsicht, durch Vielschichtigkeit und Vielfalt der Ansätze begegnen. Die Gegentypen werden dann freilich zu verschiedenen Aspekten, die einander ergänzen, sich in der übergreifenden Theorie vereinigen lassen. Auch ein Sozialpsychologe z.B., der besonders an der Beschreibung und theoretischen Deutung von Handlungen interessiert ist, kann nicht auf Strukturbegriffe verzichten; denn Handlungen werden innerhalb sozialer Handlungsgefüge ausgeführt, geprägt, angeregt und kontrolliert, und Handlungen werden an Zustands- sowie Strukturvorstellungen ausgerichtet. Umgekehrt kann man das Zustandekommen vieler sozialer Gruppen – etwa in der Kleingruppenpsychologie – und ihre Strukturen nicht ohne eine Untersuchung von Handlungen, sogar von Handlungen und Motivationen einzelner, zureichend untersuchen. Handlung- und Strukturaspekt – soviel dürfte deutlich geworden sein – ergänzen sich in unverzichtbarer Weise, zumal wenn es um eine umfassende Beschreibung oder Deutung von Entstehung und Ablauf sozialen Lebens geht. Im Einzelfall mögen Akzente gesetzt werden: Bei makrosoziologischen und organisationssoziologischen Untersuchungen wird zweifellos der Strukturaspekt im Vordergrund stehen, bei manchen – etwa bei sozialpsychologischen – Fragestellungen wird der Handlungsaspekt überwiegen. Der jeweils andere Aspekt spielt aber unvermeidlich hinein: Dies lässt sich z. B. u.a. bei der Analyse von Ehekonflikten zeigen. Die Rollentheorie etwa ist ein treffliches Mittel, um die unerlässliche Verbindung von Struktur- und Handlungsaspekt – auch in der Sozialpsychologie – zu illustrieren. Rollen sind immer in Sozialstrukturen gebildet und lassen sich nur als Teil sozialer Systeme beschreiben, zugleich erfordern sie den jeweiligen Rollen angemessenes Handeln oder – da es auch von der Rolle abweichendes Handeln gibt – ein Handeln, das sich nur unter Bezug auf die Rollenerwartung (also einen Strukturbegriff) als Handeln erfassen lässt. Weit davon entfernt, unvereinbar zu sein, ergänzen sich Handlungs- und Strukturansätze allgemein und bei (Quasi-)Erklärungen zumal.

4. Einige methodologische Sonderprobleme der Sozialwissenschaft

4.1 Reflexivität sozialwissenschaftlicher Aussagen und Prognosen

Eine Erweiterung des Erklärungsbegriffs ist generell in den Sozialwissenschaften erforderlich, da in diesen – wie erwähnt – eine bei Erklärungen und Begründungen Faktoren eine entscheidende Rolle spielen, die unter Umständen zwar quasi-gesetzlich, aber nicht naturgesetzlich im engeren Sinn zu erfassen sind: Symbolisierung, semantische Interpretation, inhaltliche Deutungen, kulturelle Normen, Bewertungen usw. gehören dazu. Dies gilt auch für Rückkopplungsprozesse im sozialpsychologischen Bereich, die i.d.R.

4. Einige methodologische Sonderprobleme der Sozialwissenschaft

keine rein naturgesetzlichen Wirkungszusammenhänge darstellen, wie etwa die technischen Rückkopplungsprozesse. Denn soziale Wirkungen sind kulturell konventionalisierte, unter Umständen durch semantische Deutungen erst zustande kommende, aber zumindest durch sie mit geprägte Folgeerscheinungen, aber zum guten Teil nicht bloße Kausalfolgen i.e.S. der Naturwissenschaften. (Systeme in den Naturwissenschaften sind im übrigen zumeist geschlossene Systeme; die Systeme in unseren Disziplinen sind hingegen prinzipiell offene Systeme.) Eine (weitere) Besonderheit im Unterschied zu den Naturwissenschaften – auch im Hinblick auf eine spezifische (interne und externe) Verantwortung des *Sozial*wissenschaftlers – liegt in der semantischen Mehrstufigkeit und Vielschichtigkeit der Sozialwissenschaften, in den Rückwirkungsmöglichkeiten von reflexiven Prognosen wie der sich selbst erfüllenden oder lancierenden Voraussagen ("self-fulfilling predictions") und in der (Krypto-)Normativität mancher Sozialwissenschaften bzw. in der normativen/deskriptiven Interpretierbarkeit und Mehrdeutigkeit sozialwissenschaftlicher Aussagen. Gefordert ist hier insbesondere ein sorgfältiger und verantwortungsbewusster Umgang mit Informationen! Hierin liegt eine spezifische – (zu) wenig beachtete – Verantwortung der Sozialwissenschaftler begründet.

Zu beachten ist auch, dass beispielsweise eine einmal veröffentlichte sozialwissenschaftliche Aussage eine gewisse soziale Eigendynamik, ein Eigenleben entwickeln kann: Ist sie erst veröffentlicht, kann sie sozial wirken und nicht mehr einfach in bezug auf alle Folgen rückgängig gemacht werden, selbst nicht von demjenigen, der sie veröffentlicht hatte. Die bekannte „Eigendynamik" sozialpsychologischer Aussagen beruht generell „nicht auf ihrer Gültigkeit, sondern auf ihrer Motivationskraft" (Albert 1973, 82): „Damit führt die Prognose unter Umständen ihre eigene Verifikation oder Falsifikation herbei. Dieser pragmatische Zirkel kann dazu führen, dass man die einer solchen Prognose zugrunde liegende Theorie irrtümlich für bestätigt oder widerlegt hält, weil man die Eigendynamik der Prognose nicht in die Analyse einbezogen hat." Beispiele für Rückkopplungsprozesse im Bereich des Sozialen sind die *„self-fulfilling prophecy"* und die *„self-destroying prophecy"*, die im Zusammenhang mit dem Thomas-Theorem ("Wenn Menschen Situationen als real definieren, sind diese real in ihren Konsequenzen"; Merton[4] 1976, 144ff) zu untersuchen sind. Beispielhafte Fälle der self-fulfilling prophecy sind: das Illiquid-Werden einer Bank infolge der Aussage, sie sei illiquide; der Ausverkauf von bestimmten Waren infolge des Gerüchts, es gäbe kaum noch solche; das Absinken der Kurse einer Investmentgesellschaft infolge der Vermutung, sie seien zu hoch bewertet worden; das Entstehen bzw. die Verschärfung einer wirtschaftlichen Rezession infolge negativer Einstellungen der Bevölkerung hinsichtlich der wirtschaftlichen Entwicklung. Die Prozesse, die entsprechend dem Thomas-Theorem ablaufen, lassen sich nicht auf naturgesetzliche Zusammenhänge allein reduzieren, vielmehr sind

---

[4] Das Thomas-Theorem ist eine gut bewährte sozialwissenschaftliche Hypothese, wenn auch in semantisch nicht ganz fehlerfreier Formulierung (es handelt eher von einer Deutung als von einer „Definition der Situation"; die Konsequenzen können sich nur auf dieses Image der Situation beziehen, nicht auf diese selbst; „real" und „sozial wirksam" ist nicht einfach gleichzusetzen). Mithilfe von Ebenen der Interpretationskonstrukte lässt sich das Phänomen wie folgt darstellen: Modelle der 2. Ebene (Images usw.) (*nicht* der 1. Ebene) von der Situation der Akteure haben soziale Wirkungen zur Folge, die sich in Veränderungen der Konstrukte der 1. Ebene (*und* der höheren Ebenen) zeigen.

Modelle der 2. Ebene (Interpretationen) einzubeziehen. Soziale Wirkungen als solche entstehen erst durch diese. Naturgesetzliche Wirkungen sind dann auch zwar notwendig, aber nicht hinreichend zur Beschreibung und Erklärung sozialer Prozesse. Auch reflexive Prognosen lassen sich auf ein (stark vereinfachtes) Hempel-Oppenheim-Schema der deduktiven bzw. induktiv-statistischen Erklärung[5] beziehen. Wegen der semantischen Mehrstufigkeit des Objektbereichs der Sozialwissenschaften müssen daher *mehrere* Interpretationsebenen unterschieden und auch Zusammenhänge berücksichtigt werden, die 'lediglich' quasigesetzlich sind. Ebenfalls gilt es, dabei sorgfältig zu differenzieren zwischen Aussagen über die (objektive) Situation, über Akteure – 1. Ebene –, Aussagen über deren (subjektive) Images, also Konstrukten der Akteure von der Situation – 2. Ebene – und empirischen Gesetzen über Akteure, über das Handeln dieser Personen und den empirischen Gesetzen über Images der Akteure und evtl. über Folgen dieser bzgl. des Handelns.

4. 2 Reduzierbarkeit und Erklärungen in den Sozialwissenschaften

Die Hauptthese des methodologischen Individualismus besagt, dass alles Wissen über soziale Phänomene nur aus dem Wissen über Individuelles, d. h. über Interessen, Meinungen, Haltungen, Dispositionen und Verhaltensweisen von Individuen, formuliert, hergeleitet und auch bestätigt werden kann. Da Soziales stets aus persönlichen, individuellen Einstellungen entstehe und der Sozialwissenschaftler keinen direkten Zugang zu Struktur und Verhalten eines sozialen Systems habe außer über den Weg der Analyse von individuellen Handlungen, Situationen und Einstellungen, schließen methodologische Individualisten wie Watkins – im Anschluss an Popper und von Hayek –, soziale Phänomene könnten nur durch individualistische Erklärungen erfasst werden, indem menschliche Dispositionen als die „letzten Prämissen der Sozialwissenschaften" verallgemeinert durch Gesetze erfasst und auf spezielle Situationen und Bedingungen angewendet würden. Aus beiden, Dispositionsgesetzen und speziellen Situationsbedingungen, wären dann die erklärenden Schlüsse zu ziehen. Kritiker des methodologischen Individualismus (wie Goldstein und Mandelbaum) zeigten, dass die methodologischen Individualisten vergessen, wie sehr menschliche Dispositionen und ebenfalls Situationen kulturell und sozial geprägt sein können – so sehr, dass unter Umständen eine Erklärung sozialen Handelns nicht ohne Rückgriff auf soziokulturelle Variablen möglich ist. Insbesondere wenn über anonyme oder allgemeine Dispositionen gesprochen wird, dürfte es sich um Versuche handeln, über nicht-individualisierbare Merkmale von Gesellschaften oder Gruppen oder eben über unhintergehbar sozial geprägte Handlungsweisen zu sprechen. Offensichtlich prägen auch Rollenbedingungen, Rollenzwänge das persönliche Verhalten mit. Institutionelle Zusammenhänge und Organisationsverhältnis-

---

[5] Die deduktiv-nomologische Erklärung nach Hempel-Oppenheim leitet *strikt logisch* aus den Prämissen (dem *Explanans*, das die „Anfangs-" oder „Randbedingungen" kennzeichnet) und der Gesetzes- oder Quasigesetzes-Hypothese die jeweilige Konklusion (oder Vorhersage) ab. Die „induktiv-statistische" Erklärung leistet dies nur mit einer bestimmten Wahrscheinlichkeit, die dem Bewährungsgrad der (Quasi)-Hypothese entspricht (vgl. Hempel (1965) 1977, Lenk 1972, Stegmüller (1969) 1983).

se lassen sich jedoch nicht völlig in psychologische Einzelneigungen auflösen, zumal jeder einzelne in den Rahmen gesellschaftlicher Gruppen beziehungsweise in eine Kultur hineingeboren und hineinerzogen wird. Mandelbaum zeigte, dass erst das Wissen um soziale Stellung, Rollen und Institutionen sowie die zugehörigen Vorstellungen das Verhalten von Handelnden erklären oder überhaupt plausibel machen können. Er versucht, dies an dem Beispiel jemandes zu zeigen, der auf eine Bank geht, um Geld abzuheben. Diese soziale Handlung dürfte kaum einem Eingeborenen, einem westlicher Zivilisation noch nicht ausgesetzten Südseeinsulaner, zu erklären sein, ohne dass eine längere Erläuterung über die Institution Bank und Geldwesen mitgeliefert wird. Selbst wenn sich einzelne Einstellungen auf psychologische Handlungsneigungen zurückführen lassen, so bleibt nach Mandelbaum doch stets ein Rest von sozio-kulturellen Begriffen nötig – und sei es nur zu dem Zweck, die besonderen Bedingungen herauszustellen, unter denen das zu erklärende Handeln abläuft. Goldstein zeigt darüber hinaus, dass eine Theorie des methodologischen Individualismus keine Erklärung für die über längere Zeiträume vonstatten gehende Entwicklung sozialer Bewegungen leistet. Langfristige Umorientierungen, Änderungen im Rollenverhalten oder bei Wertsystemen sowie die Gründung gänzlich neuer sozialer Institutionen scheinen auf dieser Grundlage gar nicht erklärt werden zu können; denn eine Erklärung, die alles auf subjektive Neigungen zurückführt, scheint zunächst nur für zeitliche Querschnittsanalysen geeignet. Ferner kann eine solche Methode kaum bisher nicht verwirklichte Kombinationen von verschiedenen sozio-kulturellen Wirkgrößen erfassen. So ist bisher in keiner Gesellschaft etwa eine Familienregelung der Art gefunden worden, dass unverheiratete Frauen mit einer väterlichen Tante leben und ihre angeheirateten Ehemänner dann ebenfalls in das Heim dieser Tante bringen – eine Struktur der Familiengründung, die durchaus möglich wäre und daher mit den theoretischen Mitteln des Sozialwissenschaftlers sollte erfasst werden können. Wenn man ausschließlich Handlungsneigungen einzelner Individuen analysiert, so lässt sich auf dieser Grundlage weder eine Beschreibung noch eine Erklärung für das Zustandekommen einer solchen Familiengründungsstruktur liefern. Nur der Rückgang auf sozio-kulturelle Erklärungsfaktoren, auf strukturelle Zusammenhänge und eventuell auf Quasigesetze könnte hier eine Erklärungsbasis bilden. Mit dem methodologischen Individualismus steht es ähnlich wie beispielsweise mit dem Psychologismus: Es dürfte sinnvoll sein, soweit wie möglich zu versuchen, mit individualistischen Erklärungen auszukommen – ohne dass man behaupten könnte, alle sozialen Phänomene ließen sich in dieser Weise fassen. Die Ablehnung des methodologischen Individualismus braucht im übrigen nicht die Anerkennung eines Holismus zu bedeuten, einer These, die eine eigene Existenzweise sozialer „Dinge" unterstellt und glaubt, dass solche „sozialen Wesenheiten" alles deterministisch bestimmen, was Menschen tun oder was ihnen zustoßen kann. Insbesondere ist mit der Ablehnung des methodologischen Individualismus nicht notwendigerweise die Anerkennung des Historizismus verbunden, demzufolge alles in eindeutiger Weise entsprechend einem Wesensgesetz der Geschichte oder der Gesellschaft oder gar der Dialektik geschieht. Methodologie und Ontologie sind zweierlei. Die Ablehnung des methodologischen Individualismus braucht nicht die Anerkennung eines ontologischen Holismus, der Existenz eines „Gruppengeistes" oder gar eines „Weltgeistes" oder einer von Individuen unabhängige

Existenz sozialer Institutionen und Phänomene bedeuten. Man kann zugleich den methodologischen Individualismus ablehnen und einen ontologischen Individualismus vertreten. Soziale Strukturen können Wirkungen zeitigen, ohne eine von Individuen unabhängige eigene „Seinsweise" zu besitzen.

4.3 Zum Szientismusproblem

Eine pragmatische Wissenschaftstheorie darf die besonderen Probleme der internen und externen Verantwortung der Sozialwissenschaftler, die (auch) aus den Besonderheiten des jeweiligen Objektbereichs folgen, nicht unterschlagen. Während in den Naturwissenschaften nichtmenschliche Gegebenheiten und Dinge Objekt der Forschung sind, sind dies in den Sozialwissenschaften Menschen und deren Beziehungen. Diskutiert wurden solche (und ähnliche) Probleme unter dem Schlagwort 'Szientismus'. So wird etwa im moralischen Szientismus behauptet, dass nicht nur physikalische und chemische Systeme einem verobjektivierenden, erklärenden und strikt experimentalwissenschaftlichen Zugriff unterworfen werden können und dürfen, sondern auch Menschen, Gruppen, Institutionen und Gesellschaften. Eine strikte und restlose Unterwerfung der Menschen unter die 'Erfordernisse' von Experimenten lässt sich aber nicht rechtfertigen: Menschen müssen für den Forscher immer auch humane Handlungspartner sein, sie dürfen nicht auf einen bloßen Fall reduziert und damit völlig verdinglicht und verobjektiviert werden. Wenn man aber die Verdinglichung und die Verobjektivierung von Menschen in Experimenten ablehnt, so darf und sollte man (wiederum) nicht generell alle Humanexperimente verbieten. Nur die Auffassung, man dürfe beliebig mit Menschen wie mit Gasgemischen umgehen, ist als unmoralisch abzulehnen. Eine gewisse Quasiverdinglichung ist z. B. in Humanexperimenten methodisch unerlässlich, dies erfordert schon das wissenschaftliche Postulat größtmöglicher Objektivität. Neben der experimentellen Quasiobjektivierung ist aber zugleich immer auch die soziale Handlungsdimension involviert und entsprechend zu berücksichtigen. Ein weiteres Problem für die Sozialwissenschaften war und bleibt das ebenso alte wie notorische (und leider auch notorisch oft missverstandene) Wertfreiheitsproblem: Generell kann man nicht aus der Einsicht, dass auch die Wissenschaft von Werten und Normen geleitet ist, ableiten, dass wissenschaftliche Aussagen nie ohne Wertungscharakter, nie als wertfrei zu deuten seien. Diese funktionale, relative Wertungsfreiheit von objektsprachlichen Sätzen lässt sich auch sinnvoll begründen (bei der Forderung selbst handelt es sich um eine methodologische Norm): Der empirische Gehalt objektsprachlicher Aussagen würde durch den Einschluss von Wertnormen in die Theorie selbst vermindert, unter Umständen ganz aufgehoben, obwohl zuzugestehen ist, dass die Problemauswahl, die Begriffswahl, die Selektion von Theorien und die Einnahme von perspektivischen Ansätzen anhand methodologischer Regeln durchaus von normativen Standards, von der Wertbasis (Albert), abhängig sind. An einer Wertfreiheit im engeren Sinne, an einer im Objektbereich werturteilsfreien Wissenschaft müsste jedoch auch jeder Vertreter einer gesellschaftskritischen sog. normativen Sozial- und Handlungswissenschaft interessiert sein, um die Möglichkeit, Effektivität und Überprüfbarkeit der Anwendung seiner Theorien überhaupt erhalten bzw. verbessern zu können, wobei die Unerlässlichkeit praktischphilosophischer, explizit normativer Aussagen, für die Zielfestlegung, für die Etablierung von Standards für die Wissenschaft, aber auch für ihr von Normen und Regeln geleitetes methodisches Vorgehen nicht zu leugnen ist. Wertorientierung der Wissenschaft, insbesondere der anwendungsorientierten, ist nicht einfach mit der Verneinung jeglicher Werturteilsfreiheit im engeren Sinne gleichzusetzen. „Wertbezogen" bedeutet nicht einfach „wertend". Wenn vielleicht auch die Trennung normativer und deskriptiver Komponenten in den nichtexakten anwendungsorientierten System-, Planungs-, Handlungs- und Sozialwissenschaften nicht – vollständig – möglich ist, sollte diese doch als eine ideale Leitorientierung dienen. Die Beachtung und Einhaltung dieser relativen und funktionalen Wertungsfreiheit objektsprachlicher Aussagen (herkömmlicherweise spricht man von größtmöglicher Objektivität) ist dementsprechend auch eine Aufgabe der Wissenschaftler, für die diese traditionell und auch heute Verantwortung tragen. Im übrigen sind auch Wissenschaftler Menschen und Bürger mit bestimmten rechtlichen und moralischen Verpflichtungen, denen sie auch bei der Verfolgung ihrer wissenschaftlichen Ziele in bestimmter Weise Rechnung tragen sollten.

5. Zur methodologischen Auffassung theoretischer Konstrukte und grundlegender Schematisierungen

Seit drei Jahrzehnten vertrete ich die These, dass wir in der Erkenntnistheorie Konstruktmodelle benutzen – ähnlich den hypothetischen Konstrukten in der Psychologe. Ich bin beim Studium der philosophischen Handlungstheorie, zumal der analytischen Philosophie des Handelns[6] (Lenk 1978), zumal bei der Analyse von differenzierten

---

[6] Auch Handlungen sind strukturiert und interpretationsgebunden (vgl. Lenk, Hg., 1977, Bd. II (1978)); sie sind persönlich oder sozial-konventionell geformte Konstrukte, also personale oder sozial normierte Interpretationskonstrukte. Eine jede Handlungstheorie muss immer das interpretative Moment von Handlungen erfassen. *Handlungen sind* in diesem Sinne auch großenteils *Interpretationskonstrukte*: Sie sind sozusagen nur als „*Interpretate*" zu (er)fassen, zu konzipieren, abzugrenzen und zu beschreiben, als interpretationsimprägnierte Bewegungen oder als deren Nichtausführungen („Unterlassungen") und somit in schematisierten Interpretationskonstrukten (i.w. und i.e.S.). Handlungsbegriffe auf der Beschreibungs- und Beobachtungsebene sind dann deskriptive Interpretationskonstrukte, gleichsam theoretische Begriffe, die semantisch geladen sind und die wir uns im Alltag machen und stets verwenden. Eine Bewegung als Handlung zu deuten, bedeutet, sie auf eine sozio-kulturell geprägte Situationsdeutung, auf den institutionellen Hintergrund und traditionellen Rahmen, auf normative Aspekte und Regelungen, vor allem auf Ziele, Erwartungen, Interaktionsmuster der handelnden Personen zu beziehen usw. Sie sind in diesem Sinne abhängig vom Kontext, von der Situation, vom entsprechenden Handlungsbegriff und Erwartungen sowie Gewohnheiten usw., von einer Perspektive des Handelnden oder von der Perspektive des Beobachters – und sie sind Zuschreibungsbegriffe. So ist etwa die Deutung, dass ein Donner die Handlung von Zeus oder Thor sei, eine Zuschreibung zu einem fiktiven Akteur, eine Zuschreibung, die mehrfach verschachtelt interpretatorisch ist. Es handelt sich um eine Handlungsfiktionalisierung, die aber deutlich zeigt, dass Handlungszuschreibungen, Handlungsdeutungen diesen interpretatorischen Charakter haben. Handlungsbegriffe sind also theoretische oder naiv-theoretische Begriffe mit interpretatorischem Charakter. Und das gilt nicht nur für deskriptive Verwendung, also für die Handlungsbeschreibung, sondern das gilt auch für die normative Verwendung, für das Verbindlichmachen und Vorschreiben von

Handlungs- und Motivationskonzepten auf diese Idee gekommen; zur gleichen Zeit führte ich auch Untersuchungen über die Vernunfttheorie bei Kant durch und habe dabei herausgefunden, dass dort ganz ähnliche Methoden der Konstruktbildung ebenso eine Rolle spielen – wenn auch in einem ganz andersartigen Gebiet und hinsichtlich verschiedener Grundbegriffe. In der Folgezeit habe ich versucht, diese Idee auf andere Begriffe anzuwenden – wie z.B. auf den Begriff des „Wertes", auf Begriffe wie „Motivation", „moralische Verantwortung", „Gewissen" u.ä. bis hin schließlich zum „Subjekt", zum „Ich", zum „Selbst". Alle diese Konzepte sind im Grunde Konstrukte, die wir uns machen – selbst als Menschen im Alltag tun wir das –; der Wissenschaftler versucht in seinen Rekonstruktionen diese nachzuzeichnen, d.h., es gibt einen Bezug zwischen den Alltagskonstrukten, die wir benutzen, und den Rekonstruktionen, die der Wissenschaftler, insbesondere der Sozialwissenschaftler entwickelt. Der Psychologe muss sich in bestimmtem Maße – das hat Alfred Schütz schon gewusst – auch an den Unterscheidungen und Konzepten, die im Alltag benutzt werden, orientieren. Dabei spielt die Konstruktbildung eine Rolle. Darüber hinaus gibt es so etwas wie ein gespeichertes oder zu speicherndes „Bildgefüge", ein „Bild" oder „Schema", das die Akteure sich von ihren „Strukturen" im ersteren Sinne machen, z.B. von den sozialen Beziehungen, von den sozialen Institutionen und den entsprechenden Verbindungen. Eine solche Dreiteilung muss auch in bezug auf die entsprechenden Konstruktbildungen selbst durchgeführt werden. Man kann also sogenannte Interpretationskonstrukte oder Schemata oder Modellbildungen auch im Alltag in diesen dreierlei Hinsichten vorfinden.

Grundlegend für diesen Ansatz, den man einen methodologischen Interpretationismus oder einen (Schema-)Interpretationskonstruktionismus nennen kann, ist die Idee, dass wir konstruktartige Modelle oder Gebilde, hypothesenartige Konstrukte entwickeln oder übernehmen und die Wirklichkeit, insbesondere auch die psychosoziale Wirklichkeit, danach auffassen, ja, geradezu strukturieren. Es geht also nicht darum, dass wir nur etwas vorfinden, sondern wir strukturieren Situationen und Kontexte stets auch aktiv. Dieser methodologische Interpretationskonstruktionismus kann auch philosophisch zu einem erkenntnistheoretischen Grundgerüst erweitert werden: Man könnte dann von einem quasitranszendentalen Interpretationismus sprechen, der besagt, dass wir alle unsere Weltzugriffe nur in Abhängigkeit von solchen Konstruktionsbildungen, von solchen Mustern vornehmen können, dass wir aus der Welt unserer Schematisierungen, Interpretationen, Interpretationskonstrukte, Interpretate nicht aussteigen können, sondern dass uns die Welt nur im Lichte unserer Interpretationen erfassbar und zugänglich ist. Diese Idee der speziellen Schemainterpretation ist der Schemavorstellung in der kognitiven Psychologie ganz ähnlich, die Otto Selz bereits 1913 skizzierte und Bartlett (1932) entwickelte und die insbesondere dann auch von Bruner u.a. bis hin zu David Rumelhart weiterentwickelt wurde. Rumelhart etwa fasst die Analyse der Schemata, der

Handlungen. Es gibt auch normative Interpretationskonstrukte. Es dürfte also klar sein, dass Handlungen zwar auf einer biologischen Basis der Bewegungsfähigkeit und auf einer physiologischen Basis „stattfinden", dass sie sich aber nicht auf diese Basis reduzieren lassen, sondern dass sie durch die Interpretation darüber hinausgehen: Erst die Deutung, die Interpretation zeugt (von) Handlungen. Erst Deutung „macht" die Handlung (zu einer solchen). Die Handlungen sind in diesem Sinne im wesentlichen nur als Interpretationskonstrukte (er)fassbar.

5. Zur methodologischen Auffassung theoretischer Konstrukte

Schemabildungen, Musterbildungen als ein Grundkonzept der Psychologie auf. Die (kognitive) Psychologie ist demzufolge die Wissenschaft, die in Menschen und erkennenden sowie evtl. anderen sich verhaltenden Organismen „realisierte" Schemata analysiert – insbesondere im kognitiven Bereich, aber das gilt sicherlich auch für das Strukturieren von Handlungen. Die Schemata, welche die Psychologen als theoretische Entitäten oder hypothetische Konstrukte für Musterdarstellungen benutzen, sind gleichsam „die Bausteine" der Kognitionen generell. Johnson-Laird (1983) zeigt, dass wir bei der Auffassung und Bearbeitung von bestimmten Problemsituationen kognitiver Art stets besondere Strukturmodelle ("mentale Modell") benutzen, darüber mehr oder minder explizit verfügen und diese in Prozeduren einpassen, um Probleme, z.B. Folgerungsaufgaben wie etwa Probleme des logischen Schießens sowie Einbettungs- und Kategorisierungsfragen, lösen zu können. Er exemplifiziert das sowohl theoretisch-methodologisch als auch empirisch an Beispielen aus der Aristotelischen Syllogistik, an typischen Fehlschlüssen, die gemacht werden, und an typischen Schwierigkeiten, denen man bei bestimmten mentalen Prozessen begegnet.

Die mentalen Modelle[7] sind also in gewissem Sinne quasibildliche, aber nicht streng bildliche Konstrukte, die benutzt werden, um Probleme schneller lösen zu können. Johnson-Laird meint, die Fähigkeit dazu sei durch die biologische Evolution herausgemendelt worden. In der Tat ist die Wichtigkeit oder Fähigkeit, überhaupt repräsentieren oder sich etwas vorstellen zu können, hinsichtlich des Überlebenswertes auch sehr plausibel, das wusste ja schon George Herbert Mead. Mead hat beispielsweise das virtuelle, am Modell aufzuführende Handeln als Denken nach „innen" verlagert, und auch Freud fasste das Denken als „Probehandeln" auf. Das Operieren mit internen Modellen ist ja sehr viel risikoärmer als das jeweilige Austesten eines möglicherweise folgenreichen „ernstlichen" Lösungsversuchs, eines Trial-and-error-Verfahrens in der Realität. (Der neuere Neuro-Konnektionismus widmet sich heute zunehmend erfolgreich diesen Problemen.) Die mentalen Modelle sind m. E. spezielle (Komplexe von) Schemata der kognitiven Verarbeitung von Erkenntnissituationen, die aber ebenso auch bei der Strukturierung von Handlungen eine Rolle spielen, bei der Auffassung von Erkenntnis-Handlungs-Komplexen und beim Verstehen von Sprache usw. Mit anderen Worten: es handelt sich um ein ganz allgemeines Modell, das Modell der Anwendung von Schema-

---

[7] Die mentalen Modelle werden von Johnson-Laird nun so aufgefasst, dass bestimmte Prämissenkonstellationen zur Erfassung einer Situation ‚mit einem Schlag' geeignet sind. Ein solches singuläres mentales Modell hat Konstruktcharakter, und dieses Modell wird dadurch typisch und repräsentativ für die entsprechenden oder verwandten Situationen, dass diesem Modell gewisse konkretisierende und entscheidende Verfahren zugeordnet sind – nämlich Verfahren, die dieses einzelne Modell dann entsprechend der realen Situation testen – positiv, etwa indem sie es in gewissem Sinne durch konforme Fälle stützen, und besonders auch dann heuristisch exponieren, wobei man nämlich versucht, eine leicht variierte Konstellation der Situation herbeizuführen, die u.U. diese Prämissenkonstellation falsifizieren kann. Das heißt, man verhält sich sozusagen wie ein Forscher, der Hypothesen testet und versucht, diese auch zu falsifizieren oder logisch zu widerlegen. Wenn das Verfahren nicht zu einer falsifizierenden Instanz führt, kann man das Modell als vorläufig bewährt ansehen und den entsprechenden Bereich oder die entsprechende Hypothese als Ableitung aus der Prämissenkonstellation annehmen. Aber das funktioniert natürlich nicht immer. Man muss u.U. die Modelle nach einer solchen Falsifikation abwandeln.

ta: Wir interpretieren im Grunde Situationen immer unter Anwendung von solchen Schemata. Interpretieren ist, nach Rumelhart (1978), sogar als das Auslösen oder Auswählen von Schemata zu definieren, übrigens wohl auch als das Bilden und Instanziieren von kognitiven Konstrukten und als deren versuchsweise Anwendung auf Sinnesdaten oder auf Folgen von Wahrnehmungserlebnissen und auch auf abstraktere inhaltliche Datengegebenheiten oder Gefüge von Daten, Datenkomplexen. Dazu gehört auch die rückkoppelnde Überprüfung der Stimmigkeit bei der Anwendung des jeweiligen Konstrukts. Dies ist freilich auf die gestaltend-strukturierende und konstituierende Formierung von Handlungen und normativen Setzungen und Komplexbildungen zu erweitern. Solche Schemata spielen ersichtlich auch im Alltagsleben bei der Einordnung in bekannte Situationen eine große Rolle: Wenn man beispielsweise das Schema KAUFEN hat, dann weiss man auch gleich, dass Subschemata aktualisiert werden wie KÄUFER oder ANBIETER, WARE, GELD, und dass ein Gefüge von Schemata in hierarchischer Weise gegeben ist, dass dieses geeignet ist von vornherein bestimmte Situationswahrnehmungen in einen bestimmten Kontext einzubetten. Entsprechendes gilt dann auch für Handlungsschemata; insbesondere das Rollenhandeln ist in dieser Weise strukturiert. In dem kennzeichnenden und wichtigen Buch von Schank und Abelson *Scripts, Plans, Goals and Understanding* (1977) ist der erste Ausdruck auch schon der wichtigste. „Scripts" sind, funktionieren nämlich im Grunde wie Drehbücher oder Handlungsanweisungen schematischer Art, d.h., sie sind letztlich Schemata für die Handlungsstrukturierung und Handlungserfassung. Wenn wir beispielsweise in ein Restaurant gehen, dann wissen wir genau, was wir zu tun haben; und wenn wir einen Bericht hören: „Er verließ das Restaurant, ohne zu bezahlen", dann wissen wir schon ziemlich gut über die Situation Bescheid, nämlich dass da irgendetwas – z.B. Zechprellerei – passiert ist, was den allgemeinen Erwartungen widersprach. Wir haben also gewisse schematische Orientierungen sowohl beim Erkennen als auch beim Handeln, denen wir folgen; und diese spielen ersichtlich auch beim Psychologen und Sozialwissenschafter eine große Rolle, wenn dieser versucht, das Sich-Orientieren nachzuzeichnen. Der subjektiv gemeinte Sinn beim Handeln etwa im Sinne Max Webers ist durchaus in dieser Weise als eine Art von Interpretation, als eine Anwendung von zumeist sozial etablierten Schemata, zu verstehen. Das Auslösen oder Auswählen von Schemata und u.U. auch das Bilden, das Konstituieren von Schemata kann man in einem weiteren Sinne als eine interpretatorisch-schematisierende Aktivität auffassen.[8] Alle diese hier kursorisch er-

---

[8] Es gibt auch Spezialformen von Schemata, die insbesondere in den Mental-, Psycho- und Sozialwissenschaften eine besonders wichtige Rolle spielen: So sind beispielsweise in der Psychologie die Prototypen erfolgreich untersucht worden; dabei handelt es sich um Schemata, die uns Gattungsbegriffe näher bringen und mit denen wir uns Gattungsbegriffe merken, und die diese dann auch mit Inhalt ‚erfüllen' und schließlich die weitere Anwendung beherrschen. Ferner geht das alltägliche Schließen nicht so vor wie das Schließen mittels traditioneller logischer Formen, man orientiert sich nicht an den Vorstellungen und Schlussformen der Logiker, sondern man geht anders vor. Ähnlich wie man beim Schließen versucht, eine Prämissenkonstellation gleich zu erfassen und dann eben variierend zu testen; entsprechend geht man auch bei der Anwendung von Gattungsbegriffen vor. Berlin und Kay sowie besonders Eleanor Rosch haben das eingehend untersucht. Sie meinen, dass man beim prototypischen Kategorisieren nicht so vorgeht, wie der Logiker es erwarten würde, nämlich dass man zuerst einen Allgemeinbegriff hat, der die ober(st)e Gattung darstellt, und dann erst

wähnten und andere Ansätze sind i.w.S. konstruktive Ansätze spezifischer Art, Struktur und Abwandlung, die aber unter dem allgemeinen Begriff der Schemabildung eingeordnet und unter dem Gesichtspunkt der Anwendung von solchen Schemata verstanden werden können. Die Frage ist nun: Was ist und wie konkretisiert sich ein solches Schema? Es ist äußerst schwierig, den Schemabegriff allgemein zu definieren bzw. zu explizieren. Wenn man versucht, den Schemabegriff durch Begriffe wie „Muster", „Struktur", „Imagegefüge" oder wie auch immer zu erläutern, dann ersetzt man das eine Wort nur durch das andere. Stattdessen versucht die kognitive Psychologie beispielsweise gewisse Thesen und Theorien über die Gefüge der Schemata im Zusammenhang aufzubauen. Rumelhart etwa vergleicht die Schemabegriffe mit anderen Strukturbegriffen, und er versucht durch diese Metapher gleichzeitig eine angewandte Theorie der Schemata zu entwickeln: Schemata sind ähnlich wie Schauspiele, insbesondere gilt das für die Scripts; die Instanziierung oder Aktivierung eines Schemas ist wie das Aufführen eines Schauspiels; die interne Struktur eines Schemas entspricht dem Drehbuch. Man kann Schemata aber auch mit Theorien, mit Computerprogrammen, mit einer sprachlich-linguistischen Komponentenanalyse usw. vergleichen. Kennzeichnend ist, dass Schemata Variablen aufweisen, die in verschiedenen Umgebungsaspekten hinsichtlich der jeweiligen oder unterschiedlichen Instanziierung des Schemas verbunden werden können. Doch es gibt auch Einschränkungen der Anwendbarkeit der Schemata (variable constraints): ein Schema wird bis auf weiteres benutzt (im Sinne von „default values" à

die spezifischen Differenzen, welche die Unterart von der Gattung unterscheiden, aufzählt und dadurch oder danach versucht, diese Unterarten zu charakterisieren, sondern dass man die Art oder Unterart jeweils nach einem „besten", am meisten charakteristischen, eben prototypischen Exemplar ‚speichert' und dann die anderen Exemplare derselben Art oder Untergattung danach beurteilt, wie weit sie von diesem besten Exemplar, dem Prototyp, entfernt sind (so ist z.B. der Spatz ein prototypischer Vertreter der Gattung „Vogel" für uns, aber der „Vogel Strauß" ist kein so typischer Vertreter, weil er z.B. nicht fliegen kann). Diese Bildung von Prototypen ist auch abhängig von der entsprechenden Tradition, von der Sprache, vom Wissensstand, von der entsprechenden Kultur und auch von dem Anwendungsbereich. So wird eine Ornithologin andere Gliederungen und Einteilungen prototypischer Art haben als z.B. ein Alltagsmensch; es gibt da sicherlich in jedem Wissens- und Handlungsbereich durchaus große bereichsgebundene Unterschiede. Die Theorie der Prototypenbildung, die bei den kognitiven Psychologen große Bedeutung gewann, ist besonders von Rosch auch interkulturell überprüft worden, und es stellte sich heraus, dass auch Mitglieder von Kulturen, die zum Teil nicht die entsprechenden sprachlichen Differenzierungsmöglichkeiten aufweisen, dennoch über recht gut funktionierende Prototypen(strukturierungsfähigkeiten) verfügen. So sind z.B. die Dani in Westirian (Neuguinea) (ein Stamm, der nach Rosch nur über zwei Farbwörter verfügt, nämlich „hell" und „dunkel" oder „bunt" und „nichtbunt") trotzdem fast genauso gut in der Lage, Farbnuancen und beste prototypische Exemplare von einzelnen Farben zu unterscheiden wie in Tests gut gewöhnte Amerikaner. Dasselbe gilt bei geometrischen Formen: Obwohl die Dani überhaupt keine Möglichkeiten hatten, in ihrer Sprache regelmäßige geometrische Formen wie Dreiecke, Quader usw. zu beschreiben, konnten sie tatsächlich auch beste oder am besten charakterisierte Formen einigermaßen unterscheiden. Mit anderen Worten: man geht mit prototypischen Stilisierungen vor, und das entsprechende Kategorisieren ist weitgehend auch nicht direkt an die Sprache gebunden, obwohl ohne Frage die Sprache ein Instrument ist, um solche prototypischen Differenzierungen nachträglich dann möglichst zu verfeinern, Nuancierungen herauszuarbeiten usw.

la Minsky 1977), d.h., solange keine Gegeninstanzen auftreten, kann man das Schema weiterhin benutzen. (Diese letztere Auffassung ist übrigens ganz ähnlich wie die der kritisch-rationalen Wissenschaftstheorie in bezug auf Hypothesen.) Ein Schema wird instanziiert, sobald eine Konfiguration von Werten einer besonderen Konfiguration von Variablen zu einem bestimmten Zeitpunkt zugeordnet wird. Es sind die instanziierten Schemata, die wir in einer bestimmten Situation in bezug auf einen Gegenstand oder Gegenstandsbereich aktivieren. Wir haben auch entsprechende Schemata in bezug auf unsere eigene Rollen, die intern repräsentiert werden; wir haben so etwas wie ein mentales Modell auch von uns selbst (vgl. etwa Th. Metzinger 1993). Die Schemata aktivieren gleichzeitig die entsprechenden Subschemata oder die Subschemata die entsprechenden (Über-)Schemata usw. Jedenfalls kann man sagen, dass diese Aktivierung von Ordnung und Strukturierung interpretatorisch-schematisierende Aktivitäten im weitesten Sinne darstellen. Wenn wir nun beispielsweise noch die Konstituierung, die Bildung eines solchen Schemas miteinbeziehen, dann gleicht das dem Überwerfen eines hypothetischen Netzes über scheinbar phänomenal Vorgegebenes (aber doch auch schon irgendwie Konstituiertes) oder Vorstrukturiertes oder auch der Strukturierungsaktivität von einem ganzen, bisher unstrukturierten Bereich. Man kann nun fragen, ob und wie die interpretatorisch-schematisierenden Aktivitäten ‚irgendwie' auch neurologisch bzw. neurobiologisch realisiert werden: In der Neurobiologie – etwa W. Singer (1989, 1990) nach einer Hypothese von Ch. von der Malsburg (1986) – denkt man dabei an gewisse Einschwingprozesse einer spezifischen Rhythmik von Neuronenensembles auf einer Grundfrequenz, wie sie etwa bei einer visuellen Mustererkennung von schwachen Ordnungsstrukturen zu einer allmählichen Verstärkung und Heraushebung und zu einer positiven Rückkopplung gleichsam sich selbst verstärkender Oszillationen führt. So kann man sich in gewissem Sinne auch solche Schematisierungsvorgänge bzw. deren erste Aktivierungen als Einschwingpprozesse vorstellen. Die Neurobiologen sprechen ja sogar von „Hirnkonstrukten" (Singer), die ganz ähnlich den Interpretationskonstrukten – strukturell gesehen – Schemata sind. Die Stabilisierung solcher – Schemata oder Hirnkonstrukte kann auch erstmalig geschehen nach den berühmten Hebbschen Regeln, also durch eine Stabilisierung von Synapsenüberbrückungen aufgrund wiederholter Aktivierung. Die Aktivierung z.B. von einer „Botschaft" oder Transmitterstoffübertragung, die von der präsynaptischen zu der postsynaptischen Membran zwischen den Neuronen oder dann in einem Neuronennetz selbst vonstatten geht, kann sich auf diese Hebbsche Weise selbst verstärkend aktivieren.

Wenn man von „Konstrukten" redet, denkt man normalerweise eher an bewusste Entscheidungen, an planmäßiges Konstruieren, und das ist häufig auch gemeint – vielleicht sollte man auch bei diesen allgemeineren Anwendungen von Schemata nicht schon einfach von Konstrukten im engeren Sinne sprechen, weil die Aktivitäten zum größten Teil unbewusst, unterbewusst, halbbewusst ablaufen und sich einspielen, einschwingen. Vielleicht sollte man also den Ausdruck „Konstruieren" eher bei dem i. e. S. konstruktiven Interpretieren im Sinne einer bewussten bzw. intendierten Anwendung eines entsprechenden Schemas verwenden. Das nachfolgende Diagramm (vgl. Lenk 1993, 108; 1993a, 254) über die schematisierend-interpretatorischen bzw. die interpretatorisch-schematisierenden Aktivitäten umfasst in dieser Hinsicht gewisse Differenzie-

5. Zur methodologischen Auffassung theoretischer Konstrukte

rungen, die ich erwähnt habe, und zeigt ein gewisses Grundgerüst für die Differenzierung von solchen Schemata auf und für die These, die ich dann für die Anwendung auf die kognitive Psychologie und die Sozialwissenschaft entwickelt habe.

Interpretatorisch-schematisierende Aktivitäten: Schemainterpretationen

konstituierende	Konstruierende			rekonstruierende Aktivitäten
Konstituieren unbewusstes Auslösen Aktivieren Ausbilden Entwickeln Differenzieren Stabilisieren	bewusstes Auslösen Diskriminieren Kontrastieren Vergleichen (Re-)Identifizieren Darstellen Auswählen Verfeinern	Entwerfen Zuordnen Aufprojizieren Variieren Kombinieren Organisieren Integrieren	Anwenden Projizieren Durchführen Konstruieren i.e.S. Repräsentieren Vorstellen Kognizieren Darstellen	(Re-)Identifizieren (Wieder-)Erkennen Unterscheiden Zuordnen durch Einsetzen Subsumieren sortierendes Klassifizieren Verstehen i. w. S. sukzessives Weiteranwenden

von Schemata

durch, mittels, nach oder in Schemata
(von Konstanzen, Formen, Strukturen, Gestalten, Gegenständen, Ereignissen, Prozessen, Fakten, Relationen, Kontexten)

bei hermeneutischer Textinterpretation:
(Re-)Identifizieren
Anwenden von Schemata
(Wieder-)Erkennen
Verstehen i. e. S.

In dieser Übersicht über die sekundär verbal erfassbaren Arten der schematisierend-interpretatorischen Aktivitäten oder (Schema-)Interpretationen haben wir zunächst die allgemeineren interpretatorisch-schematisierenden Tätigkeiten, die eher unterbewusst und konstitutiv ablaufen können, und dann andere, die eher konstruktiv, im bewussten Sinne ablaufen, und schließlich solche, die eigentlich nur etwas wiederzuerkennen, rekonstruktiv zu erkennen oder zu gestalten gestatten; man könnte sogar von unterschiedlichen Konzeptionen der Interpretationskonstrukte reden: von eher konstitutiven oder konstituierenden gegenüber den vorwiegend konstruktiven, konstruierenden i.e.S., und den wiederaktivierenden rekonstruktiven oder rekonstruierenden. Im letzteren Falle – wie z. B. beim Lesen eines Textes oder beim Sich-Wiedervergegenwärtigen einer Erinnerung – handelt es sich eher um etwas Rekonstruktives und Hermeneutisches (aber durchaus Aktives!) und im anderen Extremfall handelt es sich im wesentlichen um etwas Konstitutives (z.B. Gegenstandsbildung). Die Übersicht zeigt ein differenziertes Bild der interpretatorisch-schematisierenden Aktivitäten, der Schemainterpretationen: Auf der einen Seite haben wir ein Konstituieren, ein Ausbilden und Entwickeln von Schemata; manche, insbesondere etwa soziale Begriffsbildungen zeichnen sich ja dadurch aus, dass sie ausschließlich konstitutiv sind, von Menschen „gemacht" werden oder worden sind und sich gar nicht an bereits fixiert vorgegebenem Dinglichen orientieren, sondern eigentlich in strengem Sinne zunächst fiktiv sind, durch Schematisierung erst erzeugt werden und dann erst eine sekundäre, eben soziale Realität zunächst durch die nachträgliche Gleichverbindlichmachung, durch die Etablierung, Institutionalisierung, soziale Kontrolle und durch die Regelung und Normierung gewinnen. Das bewusste Auslösen und Diskriminieren, Kontrastieren, Vergleichen, Reidentifizieren, Darstellen, Auswählen setzt hingegen Schemata schon voraus; das bewusste Entwerfen und Zuordnen, Projizieren, Variieren ist eben schon eher „konstruierend" i.e.S. als konstituierend. Ebenso natürlich das Verwenden vorhandener Schemata – in quasi „bürokratisch"-formaler Weise, und auch die Anwendungen solcher auf Spezialfälle. Dasselbe gilt erst recht für die Reidentifizierung, das Unterscheiden, das Zuordnen durch Einsetzen und Subsumieren, das Klassifizieren. Alle diese sind Tätigkeiten, die eigentlich schon Schemata voraussetzen, welche wir bereits besitzen müssen und die wir eben erst dann auf Einzelfälle anwenden (können). Es handelt sich also eher um rekonstruierende als um i.e.S. wirklich konstruierende oder konstruktive Aktivitäten. Ein interessanter Spezialfall, der von den philosophischen Hermeneutikern aber zu dem Allgemeinfall hochstilisiert wird, ist das Konzept der Textinterpretation, bei der man eine Reidentifikation von Texten und ein reinstanziierendes Aktivieren im bewussten Verstehensvorgang vornimmt. Das Wiedererkennen von Texten im Sinne des hermeneutischen „Leseparadigmas" bezieht sich auf diese Weise auf ein Vorgegebenes (Zeichengefüge), das man durch eine nachträgliche Schematisierung (re)instanziierend, reaktivierend in einen bestimmten sprachkulturellen Zusammenhang bzw. Verstehenskontext bringt und auf diese Weise versteht bzw. zu verstehen versucht. Das Diagramm dieser interpretatorisch-schematisierenden Aktivitäten ist im übrigen aus sich heraus verständlich – und natürlich nicht abgeschlossen, sondern ergänzungs- und erweiterungsbedürftig. Deshalb möchte ich im Hinblick auf die Idee der spezifischen Schematisierungen und Interpretationen in der Psychologie noch ein anderes Diagramm (vgl. Vf.. 1993, 56; 1993a, 259, s. a. 1998, 2000 u.a.) behandeln, das die Unterscheidung darüber zugrundelegt und ausdifferenziert, wie variabel oder wie vorgegeben bzw. „fixiert" – etwa im biologischen Sinne – bestimmte Schemata, Interpretationsmuster oder Interpretationskonstrukte sind.

(Meta-)Stufen der Schema-Interpretation

IS1 praktisch unveränderliche *produktive Urinterpretation (primäre Konstitution* bzw. Schematisierung
IS2 gewohnheitsmäßige, gleichförmigkeitsbildende *Musterinterpretation* (*habituelle* Form- und *Schemakategorisierung* und vorsprachliche „Begriffs"bildung)
IS3 sozial *tradierte*, übernommene *konventionelle Begriffsbildung*
    IS3a durch *vorsprachliche* Regel(unge)n und kulturelle Formen
    IS3b durch repräsentierende *sprachliche* Formen
IS4 anwendende, aneignende eher bewusst geformte *Einordnungsinterpretation* (Klassifikation, Subsumierung, Beschreibung, Artenbildung u. -einordnung; gezielte Begriffsbildung)
IS5 erklärende, (i.e.S.) „verstehende", *rechtfertigende*, (theoretische) *begründende* Interpretation (*Rechtfertigungsinterpretation*)
IS6 erkenntnistheoretische (*methodologische*) *Metainterpretation* der Interpretationskonstruktmethode

5. Zur methodologischen Auffassung theoretischer Konstrukte

In der Tat nehmen wir manche Interpretationen notwendigerweise vor, wir müssen bestimmte Schemata bilden und anwenden, z.B. etwa die von Unterscheidung von aversiven und nichtaversiven Wärmereizen und die Unterscheidung von „Hell" und „Dunkel". Es gibt praktisch unveränderliche reaktive und z.T. auch produktive Urinterpretationen, die durch unsere biologische Ausstattung mit Erkenntnisapparaturen vorgegeben sind[9]. Die zweite Ebene der Interpretationsstufen ist die Ebene der gewohnheitsmäßigen gleichförmigkeitsbildenden Musterinterpretationen, die durch habituelle Formierung und Schematisierung, „Kategorialisierung" oder durch vorsprachliche Begriffsbildungen zustande gekommen sind. Auf dieser Stufe könnte man in gewissem Sinne Vorgänge der ersten Bahnung von Neuronen einordnen, die durchaus z.T. wesentlich von einer Interaktion mit der Umwelt abhängig sind – vielleicht sollte man diese Prozesse aber auch durchaus noch in der Stufe IS1 verorten. So ist es ja etwa bei Neugeborenen kennzeichnend, dass die Neuronenverbindungen von der Retina durch zu den entsprechenden visuellen Zentren im Gehirn noch nicht voll ausgeprägt sind, sondern genetisch sozusagen nur „grob" „vorformuliert" sind, und dass entsprechend ein Neuronenwachstum wesentlich in Interaktion mit der Umwelt stattfindet, um diese „Verdrahtung" erst zu erstellen, die bis zu einem gewissen Zeitpunkt auch variabel ist, später dann aber nicht mehr geändert werden kann. (Ich möchte hier die Frage offenlassen, ob diese Prozesse zu der Stufe IS1 oder zu der Stufe IS2 gehören, ich würde aber eher einer Zuordnung zur Stufe IS1 zuneigen.) Jedenfalls gehören (proto)typische gleichförmigkeits- und gewohnheitsbildende Musterinterpretationen zu der Stufe IS2.

Sozial tradierte, übernommene, sprachlich-konventionell tradierte oder entwickelte Begriffsbildung werden konventionell übernommen – z. B. aus einer bestimmten kulturellen Tradition. Diese sind auf Stufe IS3 zu verorten – und in die vorsprachlichen Konventionalisierungen (IS3a) und die sprachgebundenen (IS3b) zu unterteilen. Bewusst anwendende Einordnungsinterpretationen im Sinne von Klassifikation, Unterordnung, Einteilung usw. bilden dann schließlich eine weitere Stufe, die Stufe IS4.

Die Stufe IS5 ist dann durch argumentative, rechtfertigende, erklärende, verstehende Interpretationen in Gestalt z.B. der Angabe von Gründen usw. aufgespannt, stellt also gleichsam die argumentative Stufe der Rechtfertigungsinterpretationen dar, welche die anderen Stufen dann entsprechend voraussetzt.

---

[9] Schematisierend-interpretatorische Aktivitäten gibt es recht viele und auf einem Kontinuum mit z.T. fließenden Übergängen, wie das Diagramm (s.o.) zeigt. Das kann man sich negativ leicht verdeutlichen: Wir haben beispielsweise keinen Sinn für Ultraschall, aber wir könnten uns vorstellen, wie die Welt wäre, wenn wir ein ‚Organ' dafür hätten wie die Fledermäuse, d.h., wir haben die Möglichkeit, uns unsere biologische Ausstattung auch als anders zu denken. Wir können aber praktisch unsere Interpretationsmuster in dieser Weise nicht so erweitern, jedenfalls nicht biologisch, also ohne technische Hilfsmittel, um beispielsweise magnetische Felder wahrnehmen zu können. Aber wir haben mit der wissenschaftlich-experimentellen Entwicklung von Theorien und Instrumenten die Möglichkeit, das zu ändern, um über diese biologische ‚Fesselung' der primären Konstitution und der Schematisierungsmuster hinausgehen zu können.

Die sechste Stufe IS6 ist die Ebene der erkenntnistheoretischen Konzepte, Modelle und Aussagen über die Interpretationskonstrukte, ja, dann gar kumulierend noch höher aufsteigend über diese hier skizzierte Methodologie des Interpretierens, die man selbst als ein interpretatorisches Modell ansehen muss. Es gibt also auch Metastufen der Modellbildung selbst; denn es handelt sich hier auch nur um eine theoretische Modellbildung, eben um erkenntnistheoretische oder höherstufige kognitionstheoretische Konstrukte (übrigens in nach oben kumulativer Aufschichtung, die man entsprechend durch weitere IS-Stufen(nummern) benennen könnte). Auf diese Weise erzeugt man also eine ganze Hierarchie und Typologie der Interpretationen, Interpretationsmuster, Interpretationskonstrukte in Abhängigkeit von der möglichen Variabilität bzw. den entsprechenden biologischen Festgelegtheiten, der Fixierung und Variabilisierung von Schematisierungen. Solcherart kann man gewisse Unterscheidungen vornehmen, z.B. auch für die psychologische Handlungstheorie.

6. Naiv-theoretische Konstrukte im Alltag und deren psychologische Beschreibung

Die angewandte Psychologie (z.B. Laucken 1974) hat gezeigt, dass wir alle auch im Alltagsleben mit bestimmten theoretischen oder quasitheoretischen Konstrukten versuchen, Ordnung in unseren psychischen Haushalt von Wahrnehmungen, Emotionen, Dispositionen, Motiven, Entschlüssen und Entscheidungen sowie Rechtfertigungen zu bringen. Wir gehen auf Erklärungen durch Motivdispositionen oder Gefühle, Affekterregungen oder Vernunftbegründungen zurück, um bestimmte Voraussagen, Orientierungen und Begründungen plausibel zu machen, zu belegen oder im strikteren Sinne als unumgänglich zu rechtfertigen oder einzusehen. Motivdispositionen wie Wille und Ehrgeiz, Emotionen wie Angst oder Liebe, psychophysische Bedürfnisse wie Hunger oder aktivierter Geschlechtstrieb, aber auch ethische Kategorien wie „Verantwortlichkeit", „Gewissen" – also auf größere Allgemeinheit oder sogar Universalisierbarkeit anspruchserhebende Normdispositionen, die freilich vom Handelnden anerkannt oder wenigstens teilweise übernommen bzw. beachtet werden müssen, um überhaupt Auswirkungen auf Handlungen zu gewinnen, stellen im Alltag übliche Auffassungen und Begründungen dar. Auch Konstrukte wie Gestimmtheiten, „seelische" Faktoren oder gar „Vernunft" und „Geist" sind differenzierende und begründende Faktoren in diesen Zusammenhängen, die von Personen als „Alltagspsychologen" (nach Laucken) zur Begründung, Erklärung, Rechtfertigung, ja, schon zur Beschreibung und Erfassung von Vorgängen und zu Voraussagen verwendet werden. Unser gesamtes Wissen und psychisches Leben ist abhängig von Prozessen der Wahrnehmung und Kognition, der Motivation, der Gefühle – und die entsprechenden Verweise und Rückgriffe auf solche Prozesse sind in relativ gleichartigen und von vielen geteilten quasi- oder naiv-theoretischen Grundüberzeugungen kondensiert, die gleichsam als theoretische Konstrukte zur Rechtfertigung, Erklärung, Beschreibung, Voraussage, nachträglichen Begründung usw. von Verhaltensweisen und Handlungen dienen. „Er arbeitet aus besonderem Ehrgeiz so hart" oder, „... um eine Prüfung zu bestehen, die ihm den Zugang zu einer Lebensstel-

6. Naiv-theoretische Konstrukte im Alltag und deren psychologische Beschreibung

lung verschafft"; „sie heiratete ihn aus Liebe" oder, „... aus materiellen Motiven"; „sein Gewissen ließ ihn vor dieser Tat zurückschrecken" oder „er ist eine zutiefst gewissenlose Person, die keinerlei ethische Rücksichten und Verantwortungen kennt" – alles dies sind Zuschreibungen von Motivdispositionen oder Normdispositionen, die zur Orientierung, Rechtfertigung und Erklärung von Handlungen im Alltag relativ verlässlich benutzt werden. „Rasche ... und unkomplizierte ... Orientierung" und ein „hohe(r) ... Grad an erlebter Orientierungsgewissheit" (Laucken 1974, 221, 225) sind die Hauptfunktionen solcher naiv-theoretischer Konzepte, die zur Bewältigung von Orientierungsleistungen und Entscheidungen im Alltag dienen. „Um-zu"-Begründungen und „Weil"-Erklärungen auf Wozu- bzw. Warum-Fragen hin, werden durch bestimmte gleichsam hypothetische Verbindungen von solchen zugeschriebenen Dispositionsarten in ähnlicher Weise möglich, wie es bei der Ereigniserklärung in der Wissenschaft mittels Gesetzen und Fallbeschreibungen der Fall ist. So kann z.B. eine Zielbeschreibung und die Annahme, dass eine Person sich dieses Ziel gesetzt hat, in einer bestimmten Ausgangssituation erklären, warum die Person eine bestimmte nach ihrer Auffassung zum Ziel führende Handlung unternimmt. ("Franz schwingt sich auf sein Fahrrad, um rechtzeitig vor Geschäftsschluss noch Milch einzukaufen.") Darüber hinausgehend sind quasi-theoretische Verbindungen zwischen Dispositionskonstrukten, etwa Charakterzügen, geeignet, um z.B. Charakterbeschreibungen oder Temperamentsäußerungen bzw. Mentalitäten oder dauerhafte Einstellungen für Begründungen oder Voraussagen einzelner Handlungen, Entscheidungen oder Reaktionsgepflogenheiten zu benutzen. Der Verweis auf einen aufbrausenden Charakter oder ein hitziges Temperament kann als Erklärung für einen Gefühlsausbruch dienen, indem man entsprechende Quasi-Hypothesen in „Wenn-dann"-Form zur Begründung oder Herleitung einer bestimmten Einzelaussage über den Gefühlsausbruch benutzt oder verwendet. Selbstverständlich sind Bezugnahmen auf allgemeines vorhandenes Wissen, Kenntnis von Charakteren und die Fähigkeit sprachlicher Beschreibung bzw. Wiedererkennung, also der Rückgriff auf verschiedenartige Wissensbestände, bei der Anwendung solcher naiv-theoretischer Konzepterklärungen ebenso notwendig wie auch von vielen geteilte naiv-psychologische quasi-theoretische Konstrukte der Gefühle, der Wahrnehmung, der kognitiven Prozesse und der motivierenden Vorgänge (samt der Handlungsaktivierung). Derartige naiv-theoretische Unterstellungen führen dazu, dass entsprechenden Dispositionskonstrukte – etwa nach Charakteren usw. differenziert – den Menschen zugeschrieben („attribuiert") werden. Man greift stets auf das Alltagshintergrundwissen dieser Art zurück, wenn man sich in Alltagssituationen orientieren und etwa wahrgenommene Handlungen einordnen und „verstehen" oder „erklären" möchte. Es kann hier nicht darum gehen, solche Dispositionen der naiv-theoretischen Alltagspsychologie im einzelnen nach unterschiedlichen Arten zu beschreiben – etwa nach den zu Akten befähigenden Dispositionen („Konzentrationsfähigkeit"), die diesbezüglichen Handlungen und deren Bewertungen zu erfassen – z.B. nach gestaltenden Fähigkeiten („Verantwortungsbewusstsein") bzw. Inhalte liefernden Dispositionen oder nach Neigungsdispositionen („Geltungsbedürfnis", „Geiz", „Abwechslungsbedürfnis", „Abenteuerlust", „Geselligkeitsbedürfnis", „Sportbegeisterung" usw., alles nach Laucken 1974, 163-170) oder bestimmte Normeneinhaltungsabsichten oder Gefühlsdispositionen („leicht erregbar") und entsprechende naiv-theoretische Bindungen zwischen unterschiedlichen Dispositionsarten nachzuzeichnen, sondern es geht hier nur darum, einsichtig zu machen, dass es sich um ordnende Konstrukte zur raschen und einfachen Orientierung handelt, die mit Anspruch auf relative Verlässlichkeit und Sicherheit versehen werden und dementsprechend die Stabilität der Orientierung erlauben. Obwohl es sich zumeist um recht einfache Konstrukte und unilineare Verbindungen handelt, die oft einer präziseren wissenschaftlichen Überprüfung nicht standhalten, gewinnen solche Konstruktverbindungen im Sinne der Dispositionskopplung doch eine orientierende Überzeugungskraft, weil sie sich im Alltag relativ gut bewähren. Sie erlauben eben eine sehr schnelle Einordnung und Orientierung sowie eine zwar grobrasterige, aber gerne festgehaltene und plausible Informationsverarbeitung. Sie geben Orientierungssicherheit und ermöglichen Begründungen für Entscheidungen und Voraussagen wie auch plausible Rechtfertigungen oder Erklärungen im nachhinein. Sollten sich einzelne dieser Verbindungen nicht bewähren, so wird eine entsprechende Differenzierung vorgenommen oder schon als eigentlich gültig unterstellt. Das naiv-theoretische Wissen ist dementsprechend nicht rigoros präzisiert, es kann nicht falsifiziert werden, weil allfällige Erfahrungen des Scheiterns implizit durch Unterstellung einer differenzierteren Struktur, die auch schon im Hintergrundwissen einbegriffen sei, konterkariert werden. (Doch um das Methodologische zur Analyse bestimmter Argumentationszusammenhänge der naiv-theoretischen Theoretisierung und entsprechender Überprüfung und Anwendung kann es hier nicht gehen.)

Unbestritten ist, dass wir mit entsprechenden dispositionellen oder auch hypostasierenden Konstrukten im Alltag arbeiten, die in oft substantivierender Formulierung („aus Vaterlandsliebe ...") bestimmte kompliziertere Verhaltenskombinationen in ihrer spezifischen Strukturiertheit als handlungsleitend oder wenigstens für Handlungsrechtfertigungen und -erklärungen geeignet unterstellen. Wir strukturieren Situationen, Verhaltensweisen und Handlungen sowie Arten und Typen von Personen wie auch Gesellschaften, Kulturen nach entsprechenden dispositionellen und durch bestimmte Züge charakterisierten Typen, die – methodologisch gesehen – Konstrukte darstellen. Diese Konstrukte dienen zu einer theoretischen Strukturierung des Phänomengebiets und erfüllen relativ verlässliche praktische Orientierungs- und Informations- sowie Zuordnungsfunktionen, ohne deren Hilfe man sich überhaupt nicht im vielfältigen „Chaos" des normalen Lebens zurechtfinden könnte. Wir strukturieren die Vorgänge und Phänomene des Alltagslebens jedoch nicht nur rezeptiv mit Hilfe solcher Konstrukte, sondern gestalten auch unsere Handlungen und Wechselwirkungen im Rahmen des Umgangs mit anderen Menschen und Situationen nach solchen Konzepten. Werden Entscheidungen und Handlungen überhaupt gerechtfertigt oder bewusst vom Handelnden selbst initiiert, so geschieht dies auch anhand von solchen Konstrukten und bestimmten Zuschreibungen – insbesondere in Gestalt von Selbstzuschreibung der Ziele und bestimmter Um-zu-Rechtfertigungen sowie der entsprechenden naiv-theoretischen Zweck-Mittel-Hypothesen. Normen und Werte gewinnen eine besondere strukturierende Kraft für Rechtfertigungen und Entscheidungen in diesem Zusammenhang, weil sie über bloß individuelle Adoptionen und Identifikationen insofern hinausgehen, als sie einen Anspruch auf eine übergreifende generalisierte Gültigkeit erheben. (Freilich muss dieser Anspruch in einer individualisierten Übernahme- bzw. Beachtungsbereitschaft auch

6. Naiv-theoretische Konstrukte im Alltag und deren psychologische Beschreibung   41

persönlich realisiert werden, um handlungsrelevant zu werden.) Grundsätzlich ist jedenfalls deutlich: Wir arbeiten auch in Alltagsorientierungen und bei allen Handlungen im Alltag mit naiv-theoretisch interpretierenden Konstrukten, Modellvorstellungen, Überzeugungen, Einstellungen, Dispositionen, Zuschreibungen (einschließlich Selbstzuschreibung), die zutiefst innerlich mit dem psychischen Begleiterleben unserer Handlungen verbunden sind. ja, dieses darstellen und ordnen. Wir strukturieren unser psychisches Erleben und alle auf dieses bezügliche Beschreibungen und Argumente mittels solcher naiv-theoretischen Konstruktbildungen, können es nur auf diese Weise tun. Auf Interpretationskonstrukte solcher naiv-psychologischen Art kann in keiner Weise verzichtet werden, zumal auch eine wissenschaftliche Psychologie nicht in der Lage wäre, die Aufgaben der raschen und unkomplizierten Orientierung und Informationsverarbeitung, wie sie diese naiven Theorien leisten, zu erfüllen. Komplizierte und streng „wissenschaftlich-psychologische Theorien ... sind untauglich – unter Beibehaltung der sie damit auszeichnenden ‚Wissenschaftlichkeit' –, ihrem Besitzer als Instrumentarium zur Steuerung sozialer Interaktionsvorgänge dienlich zu sein. Es wird kaum möglich sein, Theorien zu konstruieren, die sowohl dem Ziel Prognosesicherheit und -genauigkeit als auch dem der raschen Lagekodierung und Situationsverarbeitung gerecht werden. Das heißt: In bestimmten Gebrauchszusammenhängen sind Theorien der naiv-psychologischen 'Bauart' notwendig und unersetzlich" (Laucken 1974, 223).

Andererseits weisen auch wissenschaftlich-psychologische Theorien in vielfältiger Weise einen Konstruktcharakter auf – wie alle Theorien der Wissenschaft. Sie können sogar in einem bestimmten Zusammenhang mit Alltagstheorien der skizzierten Art stehen, insofern sie auf bestimmte Begriffsbildungen des Alltags (wie z.B. „Antriebe", „Motive") oder Emotionen („Angst") usw. zurückgreifen, diese allerdings dann in einer wesentlich komplizierteren Faktorenkombination in die Theorie einbauen. Es handelt sich – technisch gesehen – eigentlich um neue Begriffsbildungen, die freilich in bestimmter Weise, insbesondere wenn sie in der angewandten Psychologie oder entsprechend auch in anderen Sozialwissenschaften auf faktische Beschreibungen von Reaktionen bezogen werden (sollen), Anbindungs- und Anknüpfungsgesichtspunkte auch für Selbstzuschreibungen, verständnisvolle Antworten in Interviews usw. geben müssen. Aufgabe der angewandten Sozialwissenschaften bzw. im speziellen Fall der angewandten und der differentiellen bzw. klinischen Psychologie ist es dann, die abstrakteren theoretischen Begriffe auch wiederum im alltäglichen Zusammenhang gleichsam mit inhaltlich-interpretativem Fleisch zu erfüllen, der Erfassung durch die Versuchspersonen bzw. Patienten zugänglich zu machen und entsprechend deren Auskünfte und Informationen auf das theoretische abstrakte Konzept zu beziehen. Die Sozialwissenschaften dürfen sich nicht total und in jeder Hinsicht gänzlich von der Einbettung in Alltagsreaktionen und Beschreibungen unabhängig machen, um nicht jede Anwendbarkeit, etwa in therapeutischen Situationen, zu verlieren. (Das Problem der Zueinanderordnung bestimmter Strukturbegriffe theoretischer und naiv-theoretischer alltäglicher Art in den Sozialwissenschaften ist zwar generell erkannt, aber weitgehend noch unbearbeitet.) Klar ist jedenfalls, dass auch die Sozialwissenschaften – wie die Psychologie – in ihrem theoretischen Vorhaben sowohl bei Anwendungsfragen wie auch generell theoretische Konstrukte verwenden, die einerseits in Interpretationsprozessen im Zusammenhang mit Alltagsorientierungen und Verstehensweisen der Lebenspraxis zu bringen sind, andererseits selbst interpretativ als Modellkonstrukte zur Strukturierung, Erfassung und Deutung von Phänomenen und Prozessen des zugrunde liegenden Gegenstands- und Phänomenbereiches dienen. Die Übergänge von Schematisierungen und Interpretationskonstrukten im Alltag zu solchen in alltagsnahen wissenschaftlichen Disziplinen wie den Sozialwissenschaften und der Sozialphilosophie bzw. der Erkenntnistheorie und der Philosophie allgemein sind fließend. Interpretationskonstrukte werden theorieanalog und in hypothesenartigen Komplexzusammenhängen überall verwendet, sei es explizit oder wie im Alltag eher implizit. Auf dieser Allgemeinheitsstufe ist die Methodologie der Interpretationskonstrukte so allgemein, dass sie selbst für naturwissenschaftliche Modell- und Konstruktbildungen zutrifft. Entsprechende methodologische Differenzierungen zwischen naturwissenschaftlichen, sozialwissenschaftlichen, geisteswissenschaftlichen oder philosophischen und alltagstheoretischen Interpretationskonstrukten finden erst auf einer tieferen Stufe statt. Die Differenzierung liegt im Detail. Die Begrifflichkeit und Notwendigkeit sowie Zugänglichkeit der theoretischen Konstrukte in diesen unterschiedlichen Disziplinbereichen für Interpretationen ist zunächst allgemein. Der Grundcharakter der Interpretationskonstrukte greift über die Differenzierungen verschiedener Phänomenbereiche hinweg, ist grundsätzlich generell erkenntnistheoretischer Art, ist übrigens auch im Handeln des Menschen in Wechselwirkung mit der Welt (die ihrerseits von ihm nur interpretationsimprägniert erfasst werden kann) zu finden und fundiert. Handeln und Erkennen sind wechselseitig aufeinander verwiesen, sind beide interpretationsimprägniert und ihrerseits konstitutiv für das Interpretieren selbst, das im Anwenden von bestimmten Interpretationsschemata besteht, also selbst ein Handeln ist. Auf Interpretationskonstrukte können wir in keinem Lebensbereich verzichten. (Schema-)Interpretation durchwirkt, durchwaltet, prägt unseres gesamtes Sein, Handeln und Erkennen. Die Fähigkeit zu und die Angewiesenheit auf Interpretieren auf unterschiedlichen Stufen und Metastufen ist ein fundamentales Anthropologikum. Wir können nicht *nicht* interpretieren. Wir sind zutiefst interpretierende, auf Interpretation verwiesene, von Interpretationen abhängige Wesen. Und wir können uns selbst wiederum nur als solche interpretierend interpretieren. Wir sind die schema- und metainterpretierenden Wesen (Lenk 1995 b). Als ein Beispiel zur kognitiver Rekonstruktion von Personen- und Handlungserfassungen und zugleich kognitiv-psychologischer Theoriebildungen interpretationistischer Provenienz möchte ich die Psychologie der persönlichen Konstrukte herausgreifen. In der Kognitionspsychologie, also der psychologischen Theorie der Erkenntnis, vorzugsweise der Person(er)kenntnis meint Interpretation etwas anderes als etwa in der Hermeneutik; hier wird nicht vom Paradigma des Textverstehens ausgegangen; der zentrale Begriff, mit dem hier operiert wird, ist der Begriff des „Schemas" oder des „persönlichen Konstrukts", der als eine Art Bedingung für die Möglichkeit von Kognition aufgefasst wird. Das erkennende Subjekt konstituiert die Inhalte seiner Erkenntnis auf der Grundlage von und innerhalb der Spielräume, die ihm gewisse vorauszusetzende Formen oder Schemata umreißen. Es erkennt auch im Alltag, indem es fortwährend eine Art von theoretischer Systematisierung leistet. Eine solche Art psychologischer Theorie der Erkenntnis wurde bereits in den fünfziger Jahren von G. Kelly (1955) als „Psychologie der persönlichen Konstrukte" entwickelt. Später hat David Rumelhart (1978) eine Kognitionspsychologie auf der Grundlage des Gedankens der Schematabildung aufgebaut (s.o.). Im deutschen Sprachraum hat besonders Norbert Groeben mit Mitarbeiter(inne)n das „Forschungsprogramm subjektive Theorien" (vgl. Groeben u.a. 1988, 1986) analysiert und weiterentwickelt sowie der empirischen Anwendung zugeführt. Dabei berücksichtigt Groeben mehr als Kelly auch die Fortschritte der Wissenschaftstheorie der Geistes- und Sozialwissenschaften und bezieht einen konstruktiv vermittelnden Standpunkt zwischen der naturwissenschaftlich ausgerichteten Experimentalpsychologie und der hermeneutisch verfahrenden humanistischen Psychologie. Die Schemata sind diejenigen Konstrukte, welche, strukturellfunktional gesprochen, die Kognitionen aufbauen. Sie verkörpern gleichsam die Regeln wie auch die Kategorisierungen, auf deren Grundlage jegliche Erkenntnis – zumal auch Wahrnehmungserkenntnis – stattfindet. Sie dienen dazu, die in einem bestimmten Sinne noch „rohen" Sinneserfahrungen zu ordnen und in eine Art von kohärenter Bedeutung zu bringen, also in einen Zusammenhang zu integrieren. Man könnte sagen, dass die Wahrnehmung durch solche Konstrukte und Schemata gefasst und organisiert wird und dass alle Wissensbildung letztlich in Schemata dargestellt wird, ja, werden muss. Rumelhart (1978, s.o.) fasst sogar das „Schema" als „eine Art informeller, privater, unartikulierter Theorie über die Natur der Dinge, der Ereignisse oder Situationen, auf die wir treffen. Die Gesamtheit der Schemata, die wir zur Interpretation der Welt zur Verfügung haben, konstituiert in einem gewissen Sinne unsere private Theorie über die Natur der Wirklichkeit" (zit. nach Goleman 1987, 90). Solche Schemata und persönlichen Konstrukte versetzen uns in die Lage, über die sog. „gegebenen Daten" hinauszugehen zur interpretierenden Einordnung. (Im übrigen funktionieren oft Schemata „auch als Meta-Theorien" (ebd. 91) – also als methodologische Beurteilungs- oder Theorienauswahlraster.) Jegliche schematisierende Integration ist als ein Prozess zu verstehen, bei dem ähnlich wie bei der Anwendung von Theorien unsere ebenfalls interpretativ erfasste Umwelt geordnet, strukturiert, ja, verstanden wird. Selbst die Gegenstände sind durch Schemata und Konstrukte konstituiert bzw. zu konstituieren. Im Grunde sind solche Schemata wie kleine wissenschaftliche Theorien persönlicher Art, bei denen eine Entwicklung stattfindet und die nötigenfalls auch abgeändert werden können. Sie können sich auf größere oder kleinere Bereiche beziehen und ebenso auf verschiedenen Abstraktionsebenen formuliert werden oder/und funktionieren. Sie sind also relativ flexibel und können in vielfältiger Weise angewendet werden, um Ereignisse zu interpretieren, um Gegenstände einzuordnen, die personenbezogene Umwelt zu strukturieren usw. Die Aufmerksamkeit bzw. die neurophysiologische Basis im Mittel- und Zwischenhirn aktiviert in Interaktion mit Situationsmerkmalen und Interessen- sowie Bedürfniswissen des Handelnden die relevanten Schemata, die ihrerseits der Aufmerksamkeit selber wiederum eine Richtung geben. Umgekehrt kann natürlich auch die Anwendung, die bloße Tatsache, dass ein Schema angewendet wird und leicht anwendbar ist, die Aufmerksamkeit wiederum aktivieren. Es gibt eine Art von spiraliger Beschäftigungsstimulation zwischen der Anwendung und Aktivierung eines Schemas und der Aufmerksamkeit. Wir filtern die Erfahrung anhand solcher Schemata, aber nicht nur in einer positiven, sondern auch in negativer Weise; denn man scheidet ja, bedingt durch das Aufmerksamkeitsfilter, durchaus auch bestimmte Dinge aus: Wir sehen das, wonach wir schauen, was wir sehen wollen. Das Prinzip der negativen Auswahl bzw. der negativen Effizienz funktioniert nicht nur in gewisser Weise geradezu automatisch, sondern man erkennt auch, dass insbesondere bestimmte Voreinstellungen und Emotionen die Schemata beherrschen, diese mitbedingen oder sich in ihnen ausdrücken können. Die Schemata sind an vielerlei Bewertungsprozesse gebunden. Man kann sich das z.B. an der Situation eines Menschen klar machen, bei dem plötzlich Angst ausgelöst wird. Angst stellt ein bestimmtes persönliches – und natürlich nicht nur persönliches, sondern geradezu archetypisches – Urkonstrukt dar, das dann aktiviert wird, wenn eine bestimmte Situation gewisse, z.T. sogar angeborene angstauslösende Schemata aktiviert, sobald gewisse Merkmale in der Situation vorhanden sind bzw. auffallen. Die Reizeinwirkung auf unsere Sinne wird also durch solche Schemata gefiltert. Das, worum wir uns bewusst kümmern, was eindrucksvoll und verhaltenswirksam in unser Bewusstsein tritt, selektieren wir aber unbewusst aufgrund von Bedürfnissen, Interessen, Wahrnehmungsintensitäten und aufgrund dieser teils angeborenen, teils dispositionell gewordenen, also erworbenen, durchaus auch emotionsgesteuerten oder wenigstens emotionsabhängigen Filter, die wir eben (subjektive) Schemata oder wahrnehmungssteuernde oder situationssondierende Konstrukte nennen können. Doch dieser Prozess selbst ist weitgehend unbewusst. Was wir erfahren, was uns z.B. plötzlich in den Sinn kommt, ist das Ergebnis eines komplexen unbewussten Prozesses und geht dem Bewusstwerden voraus. Es gibt eine Wahrnehmung und „Aufmerksamkeit", welche in unserem Gehirn weitgehend außerhalb der bewussten Sphäre stattfindet und von einem durchaus regen emotionalen und kognitiven „Untergrund" abhängig ist. Die Möglichkeit bewusstseinsunterschwelliger Reklame zeigt dies übrigens auch. Auch die unbewussten Reaktionen, welche die Psychoanalyse so viel beschäftigt haben, sind durchaus z.T. auf diese Weise zu verstehen; es werden eben bei einer unbewussten Reaktion – man denke etwa an eine der berühmten Freudschen Fehlleistungen in Gestalt eines „Versprechers" – Informationen aus dem Gedächtnisspeicher angeregt und durch den Filter bestimmter Schemata direkt, unter völliger Umgehung des Bewusstseins aktiviert; die Reaktion verläuft unterbewusst und zeigt u.U. erst auf diese Weise – so die These der Psychoanalyse – was im Unterbewussten stattgefunden hat bzw. vorliegt und normalerweise gar nicht ins Bewusstsein kommt. Solche „unbewussten" Reaktionen können unter Umständen gerade das aufdecken, was untergründig im Unterbewusstsein oder in der „versteckten" Persönlichkeit als „Einstellung" wirkte. Auch „Wahrnehmung", in diesem Sinne: halb oder ganz unterbewusst, ist also durchaus auch möglich, ohne ins Bewusstsein zu gelangen. Die Filterung vollzieht sich weitgehend außerhalb des Bewusstseins. Wir können eigentlich niemals direkt wissen, welche Informationen unsere Schemata herausgefiltert haben, welche Schemata dieses leisten, weil wir von dem „Wirken des selektionierenden Filters" selber gar nichts merken (Goleman ebd. 107). Wir merken sozusagen nur die Eigenreaktion auf der „äußeren Bühne" des Bewusstseins und der bewusst werdenden Wirkungen, aber nicht das innere Tiefengeschehen und die Auslösung sowie Filterung. Das hier nur sehr grob skizzierte Modell lässt sich als eine Erkenntnistheorie der subjektiv-persönlichen Konstrukte auffassen, die in der kognitiven Psychologie eine bedeutsame Rolle spielt und zweifellos eine Auswirkung der kognitiven Wende in der Psychologie ist, die aber eine viel allgemeinere psychologische sowie erkenntnis- und handlungstheoretische und nicht eine nur erkenntnispsychologische Theorie wiedergibt, wie sie von George A. Kelly (1955) entwickelt worden ist. Die „Psychologie der persönlichen Konstrukte" versucht zu verstehen, auf welche Weise jeder einzelne von uns die Welt strukturiert, erfährt, deutet, versteht, erkennt. Sie ist bestrebt, unser Handeln und Verhalten zu analysieren in bezug auf die Verarbeitung und die Interpretation von Reizen. Es ist ja nicht so, dass wir „direkt" auf Reize reagieren, wie die Reiz-Reaktions-Psychologie das immer dargestellt hat, sondern wir reagieren auf das, als was wir Reize und Reizsituationen interpretieren. Wir sehen sie immer schon unter einem Muster, Schema oder einem bestimmten Erfassungskonstrukt. Dabei ist vor allem zu beachten, dass ein solches Konstrukt – ähnlich wie das Schema in bezug auf die kognitive Erkenntnis – kein bloß verbales Etikett darstellt, kein bloßer sprachlicher Begriff ist, sondern diese Konstrukte werden zumeist auch vorsprachlich entwickelt (man denke etwa an Piagets Theorie der Phasenbildungen des operationalen Denkens). Die Konstrukte bilden sich auch in einer besonderen persönlichen Vernetzung aus; es gibt also – so die Modellinterpretation – Konstruktnetze, in denen solche Konstrukte gleichsam die „Welt" einer persönlichen Psyche, bzw. die Weltauffassung einer Person, aufspannen. Auch die Einstellung über unseren Umgang mit „Realitäten" ist natürlich in dieser Weise konstruktgeladen. Für Kelly (1977, hier zit. n. Bannister/Fransella 1981, 32) bedeutet bereits das Repräsentieren eines Ereignisses „mit einem Konstrukt" ein Hinausgehen „über das Augenscheinliche hinaus" oder „über das Bekannte". „Es bedeutet, das Ereignis auf eine Weise zu sehen, die sich möglicherweise wiederholen kann. Folglich können wir, indem wir Menschen und in der Lage sind zu konstruieren, mehr tun, als realistisch auf das zu verweisen, das in der Vergangenheit passiert ist; wir können in der Gegenwart dem 'die Bühne bereiten', was in der Zukunft eintreten mag – etwas, das sich vielleicht in mancher Weise sehr von allem bisherigen unterscheidet. Das bedeutet, dass wir über das Augenscheinliche hinausgehen. Indem wir konstruieren, gelangen wir über alles hinaus, was vordem bekannt war – sicher, oft vergeblich, aber manchmal mit beachtenswerter Voraussicht." „Über das Augenscheinliche hinausgehen", das sei eben nach Kelly das interpretative „Grundproblem des Menschen". Das ist m. E. in einfacher Sprache auf durchaus anspruchsvollem wissenschaftstheoretischem und analytischem Niveau geschrieben – und zwar avant la lettre: die Wissenschaftstheorie der Sozialwissenschaften war in der Zeit, als diese Worte geschrieben wurden, 1955, eigentlich noch nicht so weit entwickelt, um die konstitutionstheoretische und interpretationistische Ausrichtung der persönlichen hypothetischen Konstrukte der Kognitionen und Aktionen und ihrer Formierungen so deutlich herauszustellen! Diese Theorie der persönlichen Konstrukte macht gewisse philosophische Annahmen, die man in folgender Weise kurz zusammenraffen kann: Kelly geht davon aus (1970, hier zit. n. Bannister/Fransella 1981, 6), dass „die Ereignisse, die wir heute ins Auge fassen, Gegenstand eben so vieler Konstruktionen sind, wie unser Verstand uns zu erfinden erlaubt". Kelly ordnet die Entwicklung der Konstrukte auch in einen ständigen Prozess Überprüfens, des immer wieder Nachfragens, der Abänderung solcher Konstrukte ein. Die gesamte philosophische Grundhaltung nennt er einen „konstruktiven Alternativismus"; die Psychologie der persönlichen Konstrukte sieht somit in jeder Schematisierung und Strukturierung die Bereitstellung alternativer Konstrukte, die gegeneinander gestellt, überprüft, ausgearbeitet, einander und den ebenfalls konstruktgeprägten Daten angepasst werden. Ansammlungen von Fakten werden in Konstrukten integriert und diese Zusammenstellung sowie jedes Konstrukt wird jeweils – soweit zugänglich – wieder überprüft. Nicht passende Strukturierungen werden durch eine andere „alternative Konstruktion" ersetzt. „Alle Fakten" sind für Kelly „Gegenstand alternativer Konstruktionen" (ebd. 7). Es wird dabei klar, dass es sich hier um ein Vorgehen handelt, wie man es auch beim empirischen Wissenschaftler findet: Hypothesen- oder Theorieentwurf, Überprüfung und dann u.U. Abänderung. „Wir können nur Annahmen darüber machen, was die Wirklichkeit ist und dann fortfahren herauszufinden, wie brauchbar oder nutzlos diese Annahmen sind" (ebd.), wir haben keine Möglichkeit, unmittelbar mit einer interpretationsfreien Wirklichkeit in Kontakt zu treten. „Die Konstrukttheorie behandelt Forscher als Personen und Personen als Forscher" (ebd. 5). Diese letztere Einsicht (Hervorhebungen von mir) ist einer der Hauptsätze der Kellyschen Psychologie. Natürlich ist es klar, dass diese Psychologie zu verschiedenen empirischen Anwendungen dieser (Interpretations-)Konstrukte führt, die im einzelnen hier nicht aufgeführt werden können. Es gibt also eine Reihe von solchen persönlichen, aber durchaus typischen Konstruktbildungen, die der Handelnde und Erlebende sowie Erkennende im Alltag vornimmt und (meist implizit) anwendet und die der Psychologe zu rekonstruieren, nachzuzeichnen und zu (re)integrieren sucht. Diese Konstrukte werden in den Handlungssituationen (re)aktiviert und abgerufen; man kann sich das natürlich analog vorstellen wie die Aktivierung einer Reflexkette, nur dass eine Reflexverhaltenskette uns sozusagen „festverdrahtet" erblich eingeprägt ist (wie etwa der Patellarsehnen(knie)reflex). Wir können an der Reflexverbindung nichts verändern – und wenn der auslösende Reiz eingetreten/rezipiert ist, läuft die Reflexreaktion „automatisch" ab. Dagegen sind diese sog. „persönlichen" Konstruktbildungen und -verbindungen flexibler, erlernbar, veränderlich, obwohl sie eine ähnliche Funktion haben: Auch sie sind vereinfachend, generalisierend, werden aktiviert, aber sie können eben verändert werden, wenn auch u.U. mit erheblichem psychischen Aufwand. Insgesamt ist Kellys Ansatz voll in das methodologischen Konzept eines Interpretationskonstitutionismus und methodologischen Schemainterpretationismus einzubetten.

7. Motive und Motivationen als Interpretationskonstrukte

Die oben skizzierte interpretatuionstheoretische Analyse von Handlungen findet wie bereits erwähnt eine Stütze auch in der neueren Motivationsforschung — nach der sogenannten kognitiven Wende der Psychologie. Mehrere unterstützende Argumente können hier angeführt werden. So stellte schon Heckhausen (1977, 175) fest: „Handeln trägt seine Absichten nicht immer voll zur Schau. Gleiches Handeln kann verschiedene, und verschiedenes Handeln gleiche Gründe haben. Handeln ist instrumentell und schon deshalb bei gleicher Absicht vielfältig austauschbar. Handeln ist deshalb weniger nach seinen äußeren Erscheinungsweisen, als nach seiner Gerichtetheit auf bestimmte Ziele zu unterscheiden. Die unbegrenzt erscheinende Zahl möglicher Ziele hat man durch mancherlei Klassifikationssysteme auf eine erschöpfende Zahl von Inhaltsklassen zu reduzieren versucht und jeder Inhaltsklasse den Namen einer „Mo-

7. Motive und Motivationen als Interpretationskonstrukte

tivation" gegeben; z. B. der Inhaltsklasse von Leistungszielen den Namen „Leistungsmotivation."

Wenn somit Handlungen und ihre Motivation nicht nach deren „äußerer Erscheinungsweise", sondern erst nach Ziel- und Inhaltsklassen unterscheidbar und als Handlungen erfassbar sind, so sind sie (zumindest für den Wissenschaftler, den Beobachter) von der Zuordnung eines Zieles, der Konstruktion und Zuordnung von Ziel-, Inhalts- und Motivationsklassen abhängig, also von Interpretationen und Beschreibungen. Im einzelnen kann man den interpretatorischen Charakter der psychologischen Handlungsmotivationsanalyse und sogar der Konstitution und des Verständnisses von Handlungen als solchen im Lichte der Psychologie noch an folgenden Punkten belegen: ‚Motive' sind relativ konstante „Persönlichkeitspositionen", die „in individueller Ausprägung", „für jede Inhaltsklasse von Handlungen" den handelnden Personen *zugeschrieben* werden (Heckhausen 1977, 177): etwa das Leistungsmotiv, Machtmotiv, Aggressionsmotiv sowie jeweils motivationale Bedürfnisse nach sozialem Anschluss (Affiliation), Hilfe usw. Es handelt sich um Interpretationskonstrukte, die das Handeln erst zu erklären gestatten, ja, *als* Handeln „verständlich" und erfassbar machen — sozusagen Verhalten erst als spezifisches Handeln auszeichnen oder gar „definieren". Ohne Motiv oder wenigstens ohne Motivation (aktualisierte resultierende Handlungstendenz aus den thematischen Motiven, subjektiven Erwartungen und Wertungen) kein Handeln, also ohne Motivzuschreibung keine Handlung. Die Feststellung, jemand führe diese oder jene Handlung aus, ist also ohne Zuschreibungen, ohne Beschreibungen nicht zu treffen. Dabei ist freilich, wie Melden (1961, 73-82) nachwies, eine Handlung nicht als eine Körperbewegung (bodily movement, bodily happening) „plus" einem internen Ereignis, genannt „Motiv" (oder „bewusster Beweggrund") aufzufassen (ebd. 75 f.); eine Handlung besteht nicht aus zwei Ereignissen — einem äußeren und einem inneren; und ein Motiv (jedenfalls im Sinne der Psychologie) ist kein Ereignis. Wenn aber „zweifellos *etwas* das Hochgehen (rising) meines Armes zu dem Hochheben (raising) meines Armes macht, aber dieses *Etwas* nicht ein anderes, vom bloßen körperlichen Geschehen verschiedenes Ereignis sein kann" (ebd. 80), so muss und kann dieses Etwas eben kein Objekt, keine Entität, keine auftretende Eigenschaft der Bewegung sein, sondern es kann dann etwa Aspektcharakter haben, Resultat keines Geschehens, sondern einer Interpretation sein. Das ‚Plus' in der von Melden untersuchten und kritisierten Formel „Handlung ist (Körper-)Bewegung plus Motiv" bezieht sich nicht auf gleichartige oder auch nur auf gleicher semantischer Ebene zu behandelnde Entitäten. Ersetzt man in der Formel den Ausdruck ‚Motiv' durch ‚Motivatio" oder besser: ‚Motiva-tionszuschreibung', so mag die Formel in erster Annäherung (die erwähnten Zuschreibungen zum Akteur sowie zu Situation, Kontext usw. wären noch aus der Motivationszuschreibung auszugliedern) stehen bleiben und die motivationstheoretischen mit den beschreibungstheoretischen Aspekten verbinden. Darauf ist nun noch näher einzugehen. Dabei braucht *Meldens* Lösung, dass Motive nicht nur keine Kausalerklärungen, sondern nicht einmal überhaupt „Warum"-Erklärungen liefern, sondern nur verdeutlichen, „*was* die fragliche Handlung ist" (ebd. 90), und dass sie durch Kontextzuordnung das Verständnis der Handlung und des Handelnden verbessern (ebd. 102), hier weder übernommen noch weiter diskutiert zu werden. Es gibt „persönlichkeitsspezifische" sowie

„situationsspezifische" Determinanten der Motivation, die deutlich machen, dass sowohl die beobachtende wie die „teilnehmende" Handlungsanalyse und auch die Handlungskonstitution des Akteurs von (eben situationalen und subjektiven) Interpretationen abhängen: Zunächst ist „entsprechend der individuellen Ausprägung der einzelnen Motive ... bereits die Wahrnehmung und Auffassung (Interpretation) der Aufforderungsgehalte der Situation motivspezifisch determiniert" *(*Heckhausen 1977, 181): Ein in hohem Maße Leistungsmotivierter wird signifikant dazu neigen, Situationen leistungsthematisch aufzufassen und entsprechende Handlungsorientierungen zu gestalten.

Entsprechendes gilt für den Misserfolgsängstlichen mit vorwiegendem Misserfolgsmeidungsmotiv. Bei einer verfeinerten Sicht werden zunächst nicht nur die dominierenden Motive solche Einflüsse ausüben, sondern auch andere: Die Einflüsse sind nach „motivspezifischen Wertungsgewichten", nach „Aufforderungs"- und „Meidungstendenzen" (ein Misserfolg hat für einen Misserfolgsängstlichen einen stärkeren „negativen Anreiz als Erfolg einen positiven"), nach „motivspezifischen Normstandards" (etwa Selbstbewertung bezüglich der Diskrepanz zwischen Anspruchs- und Leistungsniveau) zu differenzieren — und schließlich auch nach den im folgenden zu skizzierenden kognitiven Verarbeitungen (Attribuierung) (ebd. 182). Diesen persönlichkeitsspezifischen Motivationsdeterminanten, die für den Wissenschaftler theoretische Konstrukte zur Interpretation und zur Identifikation von Handlungen (neben deren Erklärung) darstellen, stehen ebenso beschreibungsgeladene situationsspezifische (und gemischte) Determinanten gegenüber. Je nach Wahl der Bezugsnormen kann etwa eine Leistung ganz unterschiedlich beurteilt werden: Der Vergleich mit eigenen früheren Leistungsergebnissen („individuelle Bezugsnorm") kann zu einer anderen Beurteilung führen als der Vergleich zu anderen Konkurrenten („soziale Bezugsnorm") oder die Feststellung, wie die Aufgabe gelöst wurde („sachliche Bezugsnorm") (ebd. 178). Bezugsnormen solcher Art gehen in die Selbst- und Fremdbeurteilung von Handlungszielen und Handlungsergebnissen, also in die Deutung von Handlungen ein. Während diese aber — ähnlich wie die „zeitperspektivischen Zielstrukturierungen" — eher zu der differenzierenden Interpretation als zu der Identifikation und Konstitution von Handlungen beitragen, sind die aus dem „Aufforderungsgehalt der Situation" fließende „Handlungs-Ergebnis-Erwartung" und die „Ergebnis-Folge-Erwartung" (ebd. 180) wesentlich für die konstituierende, klassifizierende und identifizierende Deutung von Handlungen. Handlungsergebnis-Erwartungen werden üblicherweise in der Psychologie als subjektive Erfolgs- bzw. Misserfolgswahrscheinlichkeiten rekonstruiert und haben in den meisten Motivationsmodellen einen wesentlichen Einfluss, nicht nur auf die aktuelle Motivation, sondern auch auf das Zustandekommen der Handlung bzw. auf deren Unterlassung: Nach dem Risikowahl-Modell Atkinsons (1964) werden etwa subjektiv als absolut sicher zu erreichende Ziele von Leistungsmotivierten ebenso wenig mit merklicher Leistungsmotivation angestrebt wie unmögliche Ziele. „Ergebnis-Folge-Erwartungen", die ausdrücken, wie sehr man glaubt, „sich darauf verlassen" zu können, „dass ein erzieltes Handlungsergebnis erwünschte" bzw. „unerwünschte Folgen nach sich zieht (positive Instrumentalität) oder ausschließt

7. Motive und Motivationen als Interpretationskonstrukte

(negative Instrumentalität)" (Heckhausen 1977, 180), bestimmen die „Anreizgewichte" der entsprechenden Handlungsergebnisse und damit auch die Handlungsmotivation. Sie sind sogar in doppelter Weise subjektive Interpretationen: hinsichtlich der Erwartungswahrscheinlichkeiten und der Erwünschtheit (oder Unerwünschtheit) der Folgen. Die meisten heute vertretenen Motivationsmodelle sind „*Erwartung-mal-Wert*"-*Modelle* („Wahrscheinlichkeit-mal-Valenz"-Modelle), welche die Anreizwerte von Handlungsergebnissen (bzw. von deren Folgen) mit den subjektiven Erfolgs- bzw. Misserfolgswahrscheinlichkeiten gewichten. Die antizipierten subjektiven Erwartungen von Handlungsergebnissen und deren Folgen sowie deren zugeschriebene Valenz (Attraktivität, subjektive Priorität) spielen also eine entscheidende Rolle, nicht nur für den deutenden und erklärenden Wissenschaftler, sondern — nach der Sicht der Modelle — auch für das Zustandekommen und die Ausgestaltung der Handlung; denn die Handlungsmotivation ist ja die aus diesen Faktoren kombinierte (wahrscheinlichkeits)gewichtete „resultierende Handlungstendenz" (ebd. 184). Dabei sind Motive durchaus nicht als statische „Eigenschaftskonstrukt(e)", sondern als „dynamische System(e)" mit Selbststabilisierungsfunktion aufzufassen; Heckhausen etwa deutete das Konstrukt des Leistungsmotivs im Sinne eines solchen dynamischen „Selbstbekräftigungs-" bzw. „Selbstbewertungssystems" (ebd.). Eine solche Deutung macht natürlich einen interpretatorischen Ansatz in der Handlungstheorie unabweislich. Besonders bekannt wurde die kognitive Verarbeitung von Handlungsergebnissen (und zwar sowohl von erreichten als auch von erwarteteten) für die Motivation: die so genannte Kausalattribuierung *(*Weiner 1972, 1976). Sie vereinigt besonders deutlich situationsgebundene und persönlichkeitsspezifische Einflussfaktoren. Wird etwa bei einer leistungsthematischen Handlung der (erwartete oder erreichte) Erfolg eher „internalen" Faktoren der eigenen Fähigkeit oder der Anstrengung oder „externalen" Faktoren wieder Aufgabenschwierigkeit oder Glücks- bzw. Zufallsumständen zugerechnet? (Die beiden jeweils erstgenannten sind „stabile" im Gegensatz zu den jeweils an zweiter Stelle genannten „variablen" Faktoren.) „Die prospektive Attribuierung des möglichen Handlungsergebnisses" zu solchen Faktoren beeinflusst nicht nur die Handlungsergebnis-Erwartung *(*Heckhausen 1977, 178), sondern auch die Gesamtmotivationstendenz, die Handlungstendenz, und steht wohl auch in einer noch nicht genügend untersuchten Wechselwirkung mit dem System der Motive. Erfolgsmotivierte werden Erfolge, Misserfolgsmeidungsmotivierte Misserfolge eher internalen Faktoren (Fähigkeit, Anstrengungsaufwand) zurechnen als externalen. Erfolgsmotivierte werden Misserfolge eher externalisieren; Misserfolgsmeidungsmotivierte attribuieren typischer Weise eher Erfolge tendenziell den externalen Faktoren (etwa dem Zufall bzw. dem „Glück") Die Anreizwerte der Handlungen sind offenbar größer bei internaler Attribuierung (ebd. 182), die Attribuierung selbst ist „um so flexibler, je mehr variable als stabile Faktoren als Ursachen aufgenommen werden" (ebd. 178). Es ist klar, dass die Attribuierungsvorgänge — wie schon der Name sagt — eben *Zuschreibungen* sind und kognitive Interpretationen von Handlungen liefern, die i. d. R. wesentlich auf die Handlungstendenzen „rückwirken" bzw. antizipatorisch einwirken. Hier wird besonders deutlich, wie Abläufe, aber eben auch die für das Zustandekommen von Handlungen entscheidenden „resultierenden Handlungstendenzen" (Motivationen) von kognitiven „Beschreibungen" abhängen — sowohl von situationsgebundenen (Auffassung bzw. Aufforderungsgehalt der Situation, Erwartungswahrscheinlichkeiten) als auch von persönlichkeitsspezifischen (Ranghierarchie der Motivsysteme, dominierendes Motiv, Wertungsgewichte, Valenzen, individuelle Resistenzen gegenüber Leistungs-Anspruch-Diskrepanzen). Handlungsmotivationen, Handlungstendenzen, also auch Handlungen sind wesentlich von Auffassungs-(Beschreibungs)-Perspektiven und von Zuschreibungsinterpretationen abhängig, sind also Interpretationskonstrukte. Dies gilt sowohl für die Selbstdeutung des Handelnden (und für seine selbststabilisierende Motivdynamik) als auch für jegliche wissenschaftliche Systematisierung von Handlungen und Handlungssystemen durch Beobachter und übrigens ebenfalls für die sekundären Versuche zur wissenschaftlichen Erklärung der Selbstdeutung des Handelnden. (Schließlich führt auch die Berücksichtigung der „naiv-theoretischen" Auffassungen des Handelnden bei seiner Handlungsorientierung durch die — heute wieder kognitivistisch gewordene — Psychologie zu ganz ähnlichen Schlüssen.) Im Übrigen kann für die Vereinbarkeit der These über die soziale Imprägniertheit des Handelns und einer Theorie sozialen Handelns mit der konstituententheoretischen Sicht argumentiert werden: Mit der Ausrichtung des Handelns an Werten, Normen, Zielen ist diese Spezifik der Handlung(skennzeichnung) natürlich als Konstituente der jeweiligen Handlung(skette) aufzufassen; wie schon erörtert, ist eine Handlung meist nur durch eine solche Orientierung an Zielen, Werten, Normen usw. (er)fassbar, beschreibbar, ja, überhaupt erst konstituierbar und identifizierbar. Der interpretatorische Charakter der Handlung wird auch an dieser Beschreibung mit Hilfe von Elementen solcher selbst interpretativen Systeme deutlich.

8. Normative Interpretationskonstrukte des Handelns

Im Gegensatz zum Reflexverhalten, das in einem Gesamtablauf allein durch biologisch-physiologisch-neurologische Gesetze determiniert ist, kann das menschliche Handeln nicht als ausschließlich von solchen Gesetzen beherrschtes Verhalten (law-governed behaviour) verstanden werden, obwohl im gesamten Mikroablauf der zu einer Handlung gehörigen physiologisch-neurologisch oder biochemisch zu beschreibenden Prozesse natürlich die Gesetze der Neurophysiologie gelten und zur Erklärung der Mikroereignisfolgen herangezogen werden müssen. Einer Patellarsehnenreaktion kann ein gesunder Mensch nicht ausweichen, wenn einmal der Reiz gesetzt ist. Dies gilt bekanntlich beim Handeln nicht. Ich kann eine begonnene Handlung plötzlich abbrechen, von der Regel des Handlungsablaufs abweichen, Handlungs-Gesetze" und -Vorschriften brechen, eine Situation anders auffassen, aus einem Handlungszusammenhang (etwa einem geregelten Spiel) „aussteigen" usw. Kurz: ich kann als Handelnder meine Handlungen (wenigstens im Prinzip) kontrollieren. Handeln ist — soweit man seinen Ablauf, über die physiologische Mikroebene hinausgehend, im Gesamtverlauf, im Handlungskontext analysiert — kein ausschließlich von strikten (über die Quantenebene hinaus als deterministisch erscheinenden) Ablaufgesetzen beherrschtes Verhalten, sondern ein Verhalten, das als an *Regeln* orientiert verstanden werden muss (rule-conforming behaviour) (vgl. etwa Melden 1956; Toulmin 1969, 86 ff.). Wenn zum Handeln notwendig gehört, dass der Handelnde in gleichen Umständen anders

8. Normative Interpretationskonstrukte des Handelns

hätte handeln können (vgl. Danto 1973, 181), dann kann die Orientierung des Handelns an Regeln nicht strikte Gesetzesdetermination bedeuten. Die Orientierung an Regeln umfasst deren Befolgen sowie das (besonders etwa das absichtliche) Abweichen von ihnen. Regeln, von denen man absichtlich abweichen kann, die man brechen kann, sind Vorschriften für Standardverhaltensweisen, sind Normen, keine Verhaltensgesetze im naturwissenschaftlichen Sinne des Ausdrucks ‚Gesetz'. Normen sind wohl nahezu durchweg *sozial,* in Institutionen, durch gesellschaftliche Konventionen, durch kulturelle Standardisierung etabliert. Regeln dieser Art überlagern sich den biologischen Verhaltensgesetzlichkeiten der Mikroebene, stellen „einen zusätzlichen Ordnungstyp dar, jener natürlichen Ordnung überlagert (superimposed)", ohne mit der Ordnung der von Gesetzen beherrschten natürlichen Phänomene in Konflikt zu stehen (Toulmin 1969, 103). Normen sind stets institutionelle Regeln, als in Institutionen, soziale Zusammenhänge, „Lebensformen" — in Wittgensteins (1960, § 23 u. a.) Sinn — eingebettet zu betrachten, können nur in Bezug auf diese, auf soziale Festsetzungen, Konventionen, Sitten, Gebräuche usw. verstanden werden. Wenn und soweit das Handeln normenorientiertes, regelbefolgendes (oder regelbrechendes) Verhalten ist, kann es nur erfasst, verstanden, ja, konstituiert werden als ebenfalls in Institutionen eingebettetes oder auf institutionelle Erwartungen, traditionelle Standardabläufe bezogenes Verhalten. Die institutionelle Geprägtheit gilt selbst für die Ausführungsweisen von Handlungen, die natürlich-biologische Bedürfnisse befriedigen; auch diese sind kulturell geprägt. Mit ihrem Normenbezug, ihrem Normenanteil sind die Handlungen zugleich auf institutionelle und kulturelle Zusammenhänge bezogen. (Und darin besteht zum wesentlichen Teil die erwähnte Integration von Handlungen in Handlungssystemen.) Entsprechendes gilt für ihre (ebenfalls normengeleitete) Zielorientierung, zumindest soweit diese bewusst vollzogen wird. Kulturelle Variablen gehen notwendig in den Bezug des Handelns auf Institutionen und „Lebensformen" ein. Das Lernen von Handlungen ist nicht nur einfache Verhaltenskonditionierung (obwohl eine solche konditionierende Komponente eine Rolle dabei spielen mag), sondern darüber hinaus das Lernen, Erfassen- und Verstehenlernen, Verinnerlichen von Standards (Ziel-, Ausführungs-, Beurteilungsnormen usw.), das Erlernen einer von Normen geleiteten bzw. routinehaften oder zweckorientierten „Durchführung" (die Handlung läuft nicht lediglich automatisch an und ab, sondern der Handelnde *„führt sie durch"*) und das Erkennen und Erlernen von Abweichungen, Korrekturen, „Selbstkritik" (Toulmin 1969, 89). Dazu müssen Handlungen auch vom Handelnden selbst im Prinzip verstanden, d. h. begrifflich-sprachlich erfasst werden können. In vielerlei Weise — auch etwa, wenn andere dem Handelnden Normenabweichungen anzeigen — benötigt der Handelnde beim Erlernen einer Regel die Fähigkeiten zum Verständnis und zur Kommunikation. „Interindividuelle Kommunikation" muss beim Erlernen und Kontrollieren des Regelhandelns vorausgesetzt werden; „irgendein sprachtheoretischer Zugriff" erscheint „unverzichtbar" (ebd.) — selbst dann, wenn einzelne Handlungen selbst kein sprachliches oder direkt sprachbezogenes Element enthalten sollten. Wesentlich ist: Prinzipiell setzen in Handlungssysteme eingebettete und an institutionalisierten Regeln orientierte Handlungen „linguistische Elemente" voraus — zum Erfassen, Erlernen, Kontrollieren usw. Insoweit als bei Handlungen der „praktische Kontext gemeinsamer oder geteilter Praktiken" wesentlich ist, welcher „im Befolgen von Regeln, Anwenden von Kriterien, Beachten von Grundsätzen, Handeln aufgrund von Strategien (policies) usw. einbezogen ist" (Melden 1956), setzen diese Handlungen soziale und sprachliche Faktoren voraus, besser: sie umfassen diese als konstituierende Faktoren. (Dies gilt, obwohl Handlungen „eine gewisse Familie" von Fällen verschiedener Typen darstellen.) Melden (ebd. 40) schrieb schon vor fünf Jahrzehnten implizit in diesem interpretatorischen Sinne: „Ohne diese Praxis, einer Regel zu gehorchen, ist das, was wir sehen, bloße körperliche Bewegung. Mit ihr (der Praxis) sehen wir diese Bewegung *als* einen Zug beim Schach; denn wir *behandeln* die physische Bewegung *als* einen Zug in dem Spiel, welches stattfindet, und indem wir dies tun, *nimmt* die sich ereignende *physische Bewegung einen gänzlich neuen Aspekt an.* Dies geschieht, weil wir den praktischen Kontext der erworbenen geschickten Fähigkeit ergänzen, dass wir die beschreibenden Berichte jener verstehen können, die uns den Fortgang eines Spieles mitteilen; ohne diesen (Kontext) sind solche Berichte unverständlich." (Hervorhebungen und Klammern hinzugefügt, H. L.) Den praktischen Kontext, die Institution, die Regeln des Spiels benutzen wir in der Tat zur Deutung, etwa zur Decodierung einer Mitteilung über einen Spielzug. Die Erfassung einer Handlung (einer physischen Bewegung *als Handlung* oder einer symbolischen Notation (wie Anführungszeichen zur Bezeichnung bzw. Notierung *einer* Handlung) ist gebunden an diese Interpretation unter Bezug auf den Regel- und Handlungskontext, an die *Beschreibung* des Zuges als einer regelgemäßen Handlung. (Als regelmäßig bzw. regelgemäß oder als abweichend von einer Regel lässt sich ein Vorgang eben nur beschreiben in Bezug auf die Regelmenge, auf die Normen, also auf die Institution, zu der die Regeln gehören.) In seinem Buch *Free Action* hat Melden diese impliziten Hinweise auf einen interpretatorischen Ansatz dadurch ergänzt, dass er die Bedeutsamkeit des Situationskontextes für die Konstitution oder Definition einer körperlichen Bewegung *als* einer Handlung hervorhebt (1961, 210). Es gibt keinen Begriff einer Handlung und eines Handelnden an sich und als solchen (ebd. 195), sondern der Bezug auf den (prinzipiell meist sozialen) Kontext wird durch situationsmusterspezifisches „Training" (Einübung in Handlungsweisen und insbesondere deren Deutung *als* Handlungen) erworben (ebd. 196, 188 ff.). Man lernt eben durch Übung, „körperliche Bewegungen als Fälle von Handlungen zu sehen" (ebd. 187). Dieses „Sehen" von Handlungen ist ein „Einsehen", wie *Personen* handeln. Der Begriff der „Person" ist wesentlich „logisch" mit der Handlung verbunden (ebd. 213). Melden sagt allerdings nichts darüber aus, wie diese logische Verbindung detailliert expliziert werden kann — außer, dass kausale Verknüpfungen nicht zum Verständnis der „logischen" Verknüpfungen von Handlungsbegriffen mit Begriffen der Intention, des „Strebens", der „Person" usw. beitragen. (Doch Meldens „Logischer Intentionalismus" steht hier nicht zur Debatte.) Das Sehen von Vorgängen, Bewegungen *als* Handlungen soll nach Melden allerdings keine *Interpretation* darstellen (ebd. 186), da wir keine allgemeinen Überlegungen zur abgrenzenden Rechtfertigung solcher Interpretationen besitzen würden und nicht *alle* Bewegungen als Handlungen verstehen könnten. — Diese Argumentation ist natürlich keineswegs hinreichend. Man muss nicht alle Bewegungen als Handlungen interpretieren, um eine solche Interpretation fallweise durchführen zu können. Und wir können durchaus allgemeine Überlegungen anbringen dafür, wann eine solche Handlungsinterpretation einsetzen kann bzw. muss. Melden selbst verweist auf den sozialen Kontext, auf Personcharaktere, Zielumstände, Training in der Deutung usw. Es gibt keinen Grund, zu leugnen, dass, wenn wir einen

8. Normative Interpretationskonstrukte des Handelns

Vorgang *als* Handlung *sehen*, wir ihn als Handlung *interpretieren*. „Sehen als" ist nicht ohne Interpretation möglich; der Ausdruck „Sehen als" schon verweist darauf, dass man die Bewegung normalerweise auch *anders* „sehen" könnte[10]. An anderer Stelle betont Melden selbst (1965, 45 f.), dass wir verantwortliche Handelnde eben dadurch auszeichnen, dass wir ihnen erlernte Verhaltenspraktiken und Hinwendungspraktiken sowie „unsere gemeinsame moralische Lebensform" individuell *zurechnen, zuschreiben* (impute). Dies ist zweifellos zuweisende Deutung, Interpretation. Gerade bei und in der Zuordnung des praktischen und normativen Kontextes zu der Person in der betreffenden Situation besteht die Interpretation, die natürlich die Einnahme einer bestimmten Deutungsperspektive umfasst und den Aspektcharakter des Handelns verdeutlicht. Damit aber ist insgesamt deutlich, dass Handlungen im Prinzip nur mittels der Normenzuschreibung, des institutionellen oder kontextuellen Bezuges und damit wiederum der prinzipiell sprachlichen Kennzeichnung als „*Handlungen*" erfasst werden können. Handlungen sind daher nur *als* solche zu erfassen und zu verstehen, wenn sie prinzipiell als unter einer Beschreibung konstituiert gedacht bzw. erfasst werden. Der sehr plausible normentheoretische Ansatz zur Analyse von Handlungen mündet also ebenfalls in den beschreibungstheoretischen. Wenn Handlungen als normenorientiert gekennzeichnet werden, sind sie als prinzipiell interpretierte, als durch Interpretation konstituierte aufzufassen (vgl. Verf.-Maring 1998). Die „Bedeutung" sprachlicher Ausdrücke und die „Bedeutsamkeit" menschlicher Handlungen leiten sich „aus einer gemeinsamen Quelle her" (Toulmin 1969, 72, s. a. 75, 83, 85 ff.). Daher — und nicht lediglich, weil natürlich Sprechen auch Handeln ist und Sprachregeln auch Handlungsnormen sind — müssen Handlungstheorien und Bedeutungstheorien nicht nur in einem philosophischen konstitutiven Zusammenhang gesehen werden, sondern auch in interdisziplinären Ansätzen und, wenn möglich, in einer interdisziplinären Handlungstheorie verbunden werden — eine Tendenz, die sich in den Sprachwissenschaften, aber auch in den kulturhistorisch orientierten Handlungswissenschaften wie Kulturanthropologie, Soziologie, Sozialpsychologie usw. auch heute schon deutlich ausgeprägt. Eine Bemerkung zum Verständnis des interpretatorisch-beschreibungstheoretischen Ansatzes in bezug auf das Modell normengeregelten Handelns generell ist noch angebracht, und zwar hinsichtlich Toulmins „Aristotelismus" in der Handlungstheorie: „Im Gegensatz" zur Anwendung „platonistischer" idealisierter Modelle bei der Erklärung physischer Phänomene (etwa in den Naturwissenschaften) meint Toulmin (1969, 100), „*erlegen (impose)* wir dem menschlichen Verhalten nicht Muster oder ideale Formen als Instrumente innerhalb einer intellektuellen Untersuchung *auf; vielmehr erkennen* (recognize) wir solche allgemeinen Muster als operative Faktoren *im* menschlichen Verhalten." Toulmin verweist auf eine wichtige Unterscheidung, wichtig auch für eine inter-pretatorische Hand-

---

[10] In einzelnen Fällen könnte es auch nahezu unausweichliche Interpretationen geben. (Sollte Melden einer Konnotation von ,interpret' [= ‚übersetzen'] im Englischen erlegen sein? Sicherlich wird weder eine Bewegung noch ihre Bezeichnung oder Beschreibung schlechthin in eine Handlung bzw. in einen Handlungsnamen oder eine Handlungsbeschreibung „übersetzt", sondern die Interpretation ist ein komplizierter, von Hypothesenbildungen und praktischen Eingewöhnungen an soziale Kommunikation, an Institutionsregeln und „Lebensformen" abhängiger Prozess.) Was wird durch solch ein Training erlernt, erreicht, geübt? Doch gerade die Fähigkeit, wahrgenommene Bewegungen anderer, aber auch eigene, als Handlungen zu *interpretieren* und als solche zu verstehen.

lungstheorie. Doch sollte diese Unterscheidung nicht zu einem Gegensatz einander ausschließender methodologischer und ontologischer Konzeptionen hochstilisiert werden. Auch das Erkennen von Mustern im alltäglichen Leben geschieht anhand von Modellen, Common-sense-„Hypothesen", „naiven" Verhaltens-„Theorien" — ist in gewissem Sinne theoretische Deutung. Ohne auswählende Stilisierung und somit ohne eine gewisse „Idealisierung" *(Musterbildung)* ist eben keine Mustererkenntnis möglich. Mustererkenntnis als selektive Rezeption ist zugleich *nachzubildende* Musterrekonstruktion, Muster(re)konstitution, obwohl nicht beliebig dimensionierbar. Der Unterschied zwischen wissenschaftlich-theoretischem und alltags-„theoretischem" Erkennen (Erklären) ist nicht, wenigstens nicht in jeder Beziehung so groß, so qualitativ, wie viele meinen — wenigstens nicht in Hinsicht auf den begriffsbildenden, Hypothesen generierenden aktivistischen Zugriff des jeweiligen Musterbildners, so unterschiedlich jeweils die dominierende *Funktion* des theoretischen Konzepts auch sein mag (z. B. Orientierungssicherheit versus Maximierung des empirischen Gehalts bzw. Testbarkeit). Common-sense-Theorien haben gewisse Ähnlichkeiten mit wissenschaftlichen Theorien: Beide benötigen Ausdrucksmöglichkeiten, Begriffe, hypothetische Konstrukte mit Anspruch auf eine gewisse Allgemeinheit, einen gewissen systematischen Zusammenhang dieser Konstrukte usw. Der Weltzugriff ist in beiden Fällen hypothetisch, begriffsabhängig, konstitutiv — als „Zugriff" schon aktivistisch. Trotz unterschiedlicher Funktionen ergibt sich kein ontologischer und in *dieser* Hinsicht auch kein methodologischer Wesensunterschied. Der Unterschied ist eher modellrelativ, funktionsabhängig, jenseits der Notwendigkeit von Modellbildungen erst zu konstatieren. Auch der Mensch in der Lebenspraxis ist zum Teil, soweit er auf Orientierung, Wahrnehmung, (Muster-)Erkenntnis angewiesen ist, Theoretiker; theoretische konstruktive Faktoren durchziehen auch seine Welt(re)konstruktion. Das wird etwa durch Phänomene wie z.B. die Kontrastprofilierung in der lateralen Inhibition beim visuellen Wahrnehmungsprozess deutlich. Wahrnehmungsphysiologie und -psychologie zeigen, dass selbst die Per-zeptionsvorgänge konstruktiv-konstitutiv sind, aus dem Reizmaterial selektiv in aktiven Verarbeitungsprozessen erst herausgebildet werden. Wieviel mehr gilt das für alle Arten von Apperzeptionsprozessen! „Kognition ist Konstruktion!" (Neisser 1984, 360, 125 u. a.) . Toulmins Unterscheidung kann sich daher weniger auf die Art und erst recht nicht auf das tatsächliche Eintreten bzw. die Notwendigkeit *irgendeiner* Modellbildung beziehen, sondern nur auf die *Deutung* der Musterkonstrukte — eventuell auch auf die und in Abhängigkeit von deren Funktion. Wenn wir allgemeine Muster als operative Faktoren *im* menschlichen Handeln erkennen („recognize"), so *anerkennen* wir sie als solche (diese Bedeutung schwingt im „recognize" durchaus noch mit)[11]. Wir *unterstellen* die Muster als operative, ähnlich dem Unterschied zwischen einer „tatsächlich" geltenden Spielregel, nach der die Spielpartner sich richten, und einer Nachkonstruktion derselben durch den Wissenschaftler — in theoretischer Absicht. Konstruiert, stilisiert, modelliert, wird beidesmal. So kann der

---

[11] Nicht eine ontologisch andere Seinsweise kommt den Common-sense-Mustern zu; es handelt sich , wie bei wissenschaftlichen Theorien, um konstruierte, konstituierte, von Menschen gemachte Muster; nur sind sie weniger bewusst durch einzelne [wie Wissenschaftler] konzipiert, sondern eher kulturell geprägt, durch Sprachgebräuche implizit „gesetzt", tradiert und übernommen oder — wie eben teilweise in der Wahrnehmung — mit dem Menschen selbst [mit seinen Wahrnehmungs- und Informationsverarbeitungsorganen] entwickelt „worden".

Unterschied von Strukturen, die einmal vom Beobachter, zum anderen auch von den Systemteilnehmern konstruiert, modelliert werden, nicht als ontologischer Gegensatz zwischen Strukturen „*ante rem*" und „*in re*" etabliert werden. Terminologisch mag man den Unterschied beibehalten — und etwa in den Sozialwissenschaften wären saubere Unterscheidungen dieser verschiedenen Strukturbegriffe nützlich zur Vermeidung von Missdeutungen (Vf.. 1975, 203 f.). Auch werden die Strukturierungen durch Teilnehmer dadurch „operativ", dass das zugehörige ausgebildete Strukturimage — als Orientierungsfaktor — intentionale Handlungen mitprägen kann, eben im Sinne von oder im Zusammenhang mit Normen. Die Unterscheidung schrumpft also auf den nicht ontologischen, sondern (erst nach zugestandener Behauptung der Modellierungsthese zu treffenden) methodologischen, aber nichtsdestoweniger wichtigen Unterschied zwischen verschiedenen Anwendungen bzw. Verbreitungen von Interpretationen zusammen. In einem Falle interpretiert nur der Beobachter Strukturen in die Phänomene hinein, im anderen („operativen") nehmen auch die aktiven Teilnehmer des Systems, hier die Handelnden, Interpretationen aktiv strukturierend oder konstituierend vor. Konstruktiv und in einem gewissen Sinne („erfassungs"-)konstitutiv sind die Interpretationen in beiden Fällen, „operativ" nur im letzteren. Dieser Unterschied von bloßer Modellstruktur in der Erkenntnis und „operativem" Strukturimage unterscheidet eben methodologisch die Natur- und die Sozialwissenschaften (man denke an die bekannte Problematik der „self-fulfilling prophecies" in einem sozialen System) — aber nicht in dem Sinne, dass im zweiten Falle nur Strukturimages vorlägen, sondern eben nur in dem Sinne, dass diese nicht innerhalb der Objektsysteme der Naturwissenschaften vorkommen können (Gesetzeserklärungen und Beobachterinterpretationen sind auch in Sozialwissenschaften möglich). Die beiden Interpretationen sollte man sorgfältig unterscheiden, um ihre unterschiedlichen systembezogenen Funktionen zu verdeutlichen: Nur die Interpretationen der Handelnden selbst sind unmittelbar sozial wirksam, handlungsprägend, „operativ"[12].

Die hier verdeutlichte differenziertere Unterscheidung ist bisher dadurch eingeführt worden, dass zwischen den Interpretationen des Handelnden und denen eines Beobachters unterschieden wurde. Diese Trennung umfasst eine sich nun offenbarende idealtypische Vereinfachung. Im Schauspiel des Lebens lassen sich Bühne und Zuschauersaal nicht strikt trennen. Der Handelnde ist zugleich auch Beobachter des Systems, dem er angehört. Er interpretiert nicht nur „operativ". Andererseits kann das, was er beobachtend deutete, durch einen kaum merklichen Aspektwechsel „operativ" werden. Interpretationen beider funktionell unterschiedenen Arten treten auf, können vielleicht ineinander übergehen, jedenfalls durch Aspektwechsel einander ablösen — möglicherweise mehrfach. Eine interpretatorische Handlungstheorie muss die verschiedenen Interpretationsweisen (gerade auch bei möglicherweise ähnlichem Verlauf des Interpretationsvorganges selbst) klar unterscheiden und das Wechselspiel und die Kombination beider Arten berücksichtigen. Davon wird keineswegs berührt, *dass* beiderlei Arten von Interpretation eine Rolle in der Handlungstheo-

---

[12] Die Interpretation eines wissenschaftlichen Beobachters könnte erst mittelbar, sekundär dadurch operativ werden, dass sie als Systemelement in das beobachtete System eingeführt wird – etwa durch Veröffentlichung; bei sozialwissenschaftlichen Thesen [besonders bei wirtschaftswissenschaftlichen] ist das durchaus möglich, wie die bekannte Eigendynamik von Prognosen zeigt: Rezessionen, Krisen können durch „Prognose" herbeigeredet werden.

rie spielen müssen, dass die beobachtende Interpretation auch (aber nicht nur!) auf der metatheoretischen Ebene wichtig ist und dass gewisse Ähnlichkeiten (Verlaufs-, Modellierungsübereinstimmungen, u. U. auch *einige* Funktionsgemeinsamkeiten) bei den jeweils entsprechenden Rekonstruktionen festzustellen sind.

Die verschiedenen hier skizzierten Beispiele für die Anwendung eines beschreibungstheoretisch-interpretatorischen philosophisch-analytischen Ansatzes auf sozialwissenschaftliche Handlungskonzepte – und natürlich auch auf die normativen Interpretationskonstrukte – erweisen, dass auch in den sozialwissenschaftlichen Handlungstheorien Handlungen nicht als absolute, an sich existierende Phänomene aufgefasst werden können, sondern wesentlich von Interpretationen, Zuschreibungen und Beschreibungen, ja, auch von Normierungen und Institutionalisierungen sowie Regeln abhängen, und philosophisch gesehen durch derartige Deutungen erst konstituiert und somit erfassbar werden: Auch für die sozialwissenschaftlichen Handlungstheorien ist festzustellen: Handlungen sind (nur) als Interpretationskonstrukte erfassbar; Handlungsbegriffe unterliegen ähnlichen Bedingungen und strukturellen sowie semantischen Charakteristiken wie etwa theoretische Begriffe der Motivation oder Normen. Handlungsbegriffe müssen aus Gründen der Alltagsadäquatheit, der Zuordenbarkeit zu beobachtbaren Feldphänomenen und aus theoretisch-wissenschaftlichen sowie wissenschaftstheoretischen Gründen wenigstens als situations-, kontext- und institutionsabhängige, regelbezogene, normen-, wert- und/oder zielorientierte, systemhaft eingebettete Begriffe eines Verhaltens aufgefasst werden, das zumindest partiell ablaufkontrolliert und/oder teilbewusst oder motiviert ist und einem personalen oder kollektiven Akteur *zugeschrieben* wird — eben als ein von diesem durchgeführtes Handeln. Bewegungen eines Handelnden sind nicht von sich aus schon Handlungen, sondern werden vom Akteur bzw. von Beobachtern als solche *interpretiert*. Sozialwissenschaftliche Handlungsbegriffe müssen einer angestrebten Differenziertheit und der phänomenadäquaten Detailliertheit wegen solchen notwendigen Bedingungen genügen. Die vorstehenden Eigenschaften stellen nicht eine eigene Definition „des Handelns" dar – dies würde einen hier nicht eingenommenen essentialistischen Standpunkt voraussetzen –, sondern stellen Kriterien für die Adäquatheitsbeurteilung bzw. notwendige Bedingungen für Konstruktionen theoretischer Begriffe von Handlungen bereit, für sozialwissenschaftliche Theorien bzw. Begriffe der analytischen Handlungsphilosophie. Es mag sein, dass weitere notwendige Bedingungen erfüllt sein müssen, damit sich annehmbare hinreichende Bedingungen für die Konstruktion von Handlungsbegriffen ergeben. Sozialwissenschaftliche Begriffe der Handlung, des Handelns, des Handelnden sind somit von Beschreibungen, Zuschreibungen und Deutungen abhängig, weisen „semantischen" Charakter auf, sind sozusagen interpretatorische Phänomene, die erst auf einer metasprachlichen, über der unterstellten verhaltensgebundenen bzw. objektsprachlichen Ebene konstituiert werden: Handlungsbegriffe sind semantisch imprägniert. Das kurz skizzierte interpretatorische Modell erweist sich durch die in diesem Beitrag angedeuteten Anwendungen auf Beispiele als nützlich, vielleicht sogar unverzichtbar für die theoretischen Konzepte der Handlungswissenschaften, wie sich besonders anhand der Motivationspsychologie, aber auch an systemtheoretischen und normentheoretischen Ansätzen erwiesen haben dürfte. „Naivtheoretische" Verhaltenskonzepte können hiermit ebenfalls rein theoretisch erfasst werden, um in Theorien dann auf der Datenseite Berücksichtigung zu finden. Entsprechendes gilt für die mögliche Rückwirkung wissenschaftlicher Handlungskonzepte auf die so genannten „naiven" Handlungstheorien. – Das skizzierte beschreibungstheoretische Modell der Handlung als eines Interpretationskonstrukts stellt wegen der von ihm betonten Ähnlichkeiten zwischen den erwähnten „naivtheoretischen", den analytisch-philosophischen und den theoretisch-wissenschaftlichen Handlungsbegriffen und Theorieentwürfen anscheinend auch einen fruchtbaren Ansatz dar für die dringend benötigten (sozial)wissenschaftlichen Handlungstheorien und die zugehörige wissenschaftstheoretische Analyse. Ob daraus dereinst eine wirklich integrierte interdisziplinäre sozialwissenschaftliche Handlungstheorie erwachsen kann, steht noch offen. Eine solche wird jedoch an den Einsichten der analytischen Handlungsphilosophie und ihrer Auffassung der Handlungsbegriffe als perspektivischer Interpretationskonstrukte nicht vorbeigehen können.

9. Emotionen und Gefühle werden schemainterpretatorisch erfasst, sind aber biologisch-evolutionär verankert

Der Mensch ist nicht nur das rationale und soziale Wesen, wie die Tradition seit Aristoteles ihn versteht, er ist nicht nur das kulturelle Animal symbolicum (nach Cassirer) oder gar das metainterpretierende Wesen (*Animal metasymbolicum*, Verf. 1995 b), sondern wesentlich auch ein emotionales Wesen. Die herkömmlichen philosophischen und auch kognitiv-psychologischen Deutungen haben freilich die Emotionalität z. T. unterbewertet oder gar ignoriert, z. T. nur in kognitive oder soziale Konstruktionen aufgelöst, wie die weitverzweigten Schulen des sozialen Konstruktivismus zeigen. Das Thema ist allerdings in hohem Maße ein interdisziplinäres, dessen Bearbeitung nicht nur unterschiedliche Geistes- und Sozialwissenschaften, sondern auch biologisch-physiologische Disziplinen auf den Plan ruft und dementsprechend einer fakultätsübergreifenden Initiative bedarf. Es kann heute als unbezweifelt gelten, dass Emotionen, Affekte, Gefühlszustände, Gefühlserlebnisse ein biotisch-physi(ologi)sches und neuronales (neurologisches) und endokrines Fundament aufweisen, das von den entsprechenden neurobiologischen und neurophysiologischen Teildisziplinen bearbeitet wird. In der Tat spricht vieles dafür, dass emotionale Erregungszustände wie auch deren Ausdrucksweisen und z. T. gar Abreaktionen nicht nur biologisch-physiologisch (wenigstens grundlegend und großenteils) zu erfassen sind, sondern sich in der Stammesgeschichte des Menschen evolutionär entwickelt haben. Dies zeigen ethologische und soziobiologische Untersuchungen unserer nächsten Verwandten, z. B. der unterschiedlichen Schimpansenarten überdeutlich (u. a de Waal 1991). Man kann es bedauern, dass unsere Affekte, Emotionen und die entsprechenden Verhaltensweisen sich eher den „normalen" Schimpansenarten und deren Erregungsabläufen sowie Verhaltensweisen angleichen als den weitaus friedliche(re)n Bonobos, obwohl die genetische Übereinstimmung mit beiden uns nah verwandten Arten gleich groß ist. Schimpansen (die in drei Unterarten vorkommen: Pan troglodytes verus, pan troglodytes troglodytes, pan troglodytes schweinfurtii) zeigen ein ausgesprochenes von emotionalen Erregungen und Aggressionen sowie patriarchalischen Strukturen geprägtes Hordenverhalten mit Kriegszügen, Kannibalismus, „Machismo", Kindestötungen usw., während die kleineren Bonobos (seit 1929 als eigene Art pan paniscus erkannt) in ihrer matriarchalisch verfassten Lebensform das männliche

Konkurrenzverhalten in weitaus geringerem, ja verschwindendem, Maße zeigen (allenfalls bei wenigen territorialen Ansprüchen). Sie sind in der Lage aufbrechende Konflikte durch sexuelle Promiskuität bzw. auch symbolisch-sexuelle Versöhnungsgesten abzureagieren (de Waal 1995, 1998). Die neuere Forschung hat zweifelsfrei gezeigt, dass Basiserregungen affektiver Art allen emotionalen Erregungen und Gefühlszuständen zugrundeliegen, indem sie die energetisch-physiologische „Energie" und „Auslösung" bieten (Panksepp 1998, LeDoux 1998). (Selbst bei Kognitionen (Damasio 1994) lässt sich von emotional-affektiven Tönungen nicht mehr absehen.) Ciompi (1982, 1997) spricht sogar von einem funktionalen Primat der Affekte über die Kognition bzw. das Kognitive, das er von affektiv-emotionalen Grundzuständen abhängig sieht, die selbst bei höheren Schichten der Abstraktion und Kognition organisierend und reorganisierend bzw. integrierend mitwirken. In seiner „Affektlogik" unterscheidet Ciompi (1998, 248) zwischen differenzierten Teilsystemen emotionaler Erregungszustände wie der spezifischen „Angstlogik", „Wutlogik", „Traurigkeitslogik", „Logik der Lust und des Glücks", „Logik der Liebe", die offensichtlich in gewisser Weise teilautonome Subsysteme der Erregung und Verarbeitung darstellen und ihre eigene Färbung des emotionalen und auch bewussten Gefühlslebens aufweisen. Die neurophysiologische und neurobiochemische Ergänzung hierzu wird etwa durch die neueren Untersuchungen von Panksepp und LeDoux (beide 1998) ergänzt. Der letztere analysiert spezifisch das „Furchtsystem", das, zentriert um die Erregungen der im limbischen System zu findenden Mandelkerns (Amygdala) und deren Basalkernen sowie im Zentralkern, emotionale Aktionen und Reaktionen auslöst (etwa aufgrund eines entsprechend erregenden Reizes, der über den sensorischen Thalamus getriggert wird und die Mandelkernareale zur Hormonausschüttung veranlasst). Einerseits gibt es also eine gewisse neurophysiologisch basierte Teilautonomie der Auslösung und prozessualen Abläufe von affektiven und emotionalen Aktionen und Reaktionen, andererseits lassen sich keine kognitiven und höherstufigen Abläufe gänzlich von der emotionalen Erregungstönung bzw. -prozessualität ausnehmen. Diese beiden scheinbar gegenläufigen Tendenzen geben Anlass, den Begriff der „Emotion" bzw. des „Gefühls" und der entsprechenden Konzepte differenzierter – und zwar auch terminologisch und methodologisch – zu untersuchen. Griffiths geht in der wohl gewichtigsten philosophischen Arbeit über Emotionen (1997) sogar so weit, dass er den Begriff „Emotion" als einheitlichen Begriff aus dem Vokabular der Psychologie streichen möchte und durch drei unterschiedliche Teilsysteme wie das weitgehend physiogenetisch alte, informationell sich eher geschlossene und reflexartig agierende Affektprogramm von den höheren, eher kulturell geprägten Programmen wie dem Emotionskonzept des sozialen Konstruktivismus und der bewusst differenzierten „höheren kognitiven Emotion" unterscheidet. Die Fundierung, Auslösung und Prozessualität der verschiedenen Realisierungs- und Erscheinungsweisen dieser durchaus verschiedenartigen Prozesse und Formen von Emotionalität ließen sich nicht auf einen einheitlichen Nenner bringen – weder physiologisch noch psychologisch noch philosophisch-methodologisch. Die Frage ist natürlich, ob eine solche Totaldifferenzierung über die spezifische psychologische und neurophysiologische Sicht hinaus etwa im Alltag oder auch in der interdisziplinär verankerten wissenschaftlichen Bemühungen zur Affekt- und Emotionsproblematik möglich und nötig ist. Die Differenzierungen sind zweifellos sinnvoll und für die beteiligten Einzelwissenschaften wie auch für die interdisziplinäre Übersicht unerlässlich, jedoch können sie u. U. gerade auch in ein bestimmtes Konzept der begreifenden Beschreibung bzw. Erfassung von emotional und affektiv gefärbten Prozessen, Erlebnissen, Reaktionsweisen eingegliedert werden, ohne dass die Unterschiedlichkeit der teilautonomen Subsysteme aufgehoben würde. Diese teilautonomen Subsysteme sind eben nur eben teilautonom, d. h., sie hängen biologisch-dynamisch, erregungsphysiologisch und natürlich insbesondere auch phänomenal und psychologisch zusammen. Dies ergibt sich meines Erachtens auch aus der eher vereinheitlichenden ethologisch-evolutionären Perspektive wie auch aus soziobiologischen Aspekten. Hatte man früher noch Affekte, Emotionen und Gefühle im Wesentlichen ausschließlich im limbischen System und im „kleinen Säugetierhirn" (nach McLean und Paperz) im sog. „affektiven Gehirn" gesehen, so ist sowohl die These von den zwei stammesgeschichtlich „alten" Formationen des Gehirns (dem „reptilischen Gehirn" nach MacLean und dem „kleinen Säugetiergehirn) gegenüber dem Großhirn (triune-brain theory) inzwischen als überholt anzusehen (vgl. Roth 1996). Zudem zeigen neuere Ergebnisse (LeDoux 1998, 200), dass Teile des limbischen Systems auch an kognitiven Funktionen – gerade im Gedächtnis – wesentlich beteiligt sind, und nicht nur an Erregung, Vigilanz, Emotionalität. Die scheinbar sauberen Einteilungen der Tradition geraten ins Schwimmen. Dies hat freilich keinen wesentlichen Einfluss auf die stammesgeschichtlich entwickelten Grundreaktionsweisen der Affektivität und Emotionalität im erwähnten Sinne: Es wäre unsinnig zu leugnen, dass wir affektive und emotionale Grundzustände bzw. genetisch verankerte Erregungsreaktionen in uns tragen, die weitgehend auch unsere emotionales und Gefühlsleben beeinflussen. Die physiologische und evolutionäre Basis zumal der affektiven und erregungsbezogenen Reaktionen (aber auch die entsprechende Tönung von Kognitionen darüber hinaus) sind in der Tat ein entscheidendes Argument zur Widerlegung eines bloß soziologistischen Konstruktionismus (i. S. des social constructivism), wie sich aus den Untersuchungen von Griffiths (1997) zweifelsfrei ergibt. Damit aber ist keineswegs geleugnet, wie Griffiths auch sieht, dass kulturelle und soziale Konzepte bzw. Differenzierungen von Gefühlsroutinen und –reaktionen sowie deren Erfassungen und Differenzierungen zusätzlich wichtig und nötig sind – in dem Sinne, wie es die herkömmliche kognitive Emotionspsychologie (etwa nach Plutchik 1980 oder Scheele 1990 aufgrund von acht bzw. zwölf Basisemotionen) skizziert hatte. Freilich sind die eher rein kognitivistischen Zugangsweisen heutzutage als eher einseitig oder eingeschränkt zu beurteilen: sie beziehen sich mehr auf bewusste Differenzierungen emotionaler Gehalte, also im engeren Sinne auf erlebte Gefühle, die eher die feiner strukturierten Repräsentationen von spezifisch gefärbten oder gerichteten emotionalen Erregungen darstellen. Sie sind, wie ich früher (1994) in einer methodologisch-interpetationistischen Untersuchung er kognitiv-psychologischen Ansätze analysiert habe, unter schematheoretischen Aspekten zu behandeln. Der Psychologe Lantermann sprach sogar explizit von „Emotionsschemata". Dabei wird freilich die biotisch-physiologische, also neurobiologisch und neuropsycholoisch zu erörternde Basis von mir keineswegs außer Acht gelassen. Freilich habe ich damals vielleicht etwas zu einfach Emotionen bzw. bewusst erlebte Emotionen (also Gefühle) als Schemainterpretationskonstrukte aufgefasst, obwohl diese These sich nur auf deren differenzierte Erfassungen beziehen kann. Diese methodologische Differenzierung zwischen dem biotisch-physi(ologi)schen Basisgeschehen und der schemagebundenen differenzierenden Erfassung und Deutung der Emotionsreaktionsweisen ist zwar in dem damaligen Kapitel ausdrücklich enthalten (Verf. 1984, 140f, 159f), aber vielleicht nicht genügend in seiner Einschränkung auf die Erfassungsweisen generell hervorgehoben worden. Zwar wurde bereits damals betont (ebda. 160), dass kognitive Psychologen „nicht ins andere Extrem fallen und vor lauter Kognitionen etwa die physiologischen Verhaltensaspekte nicht mehr zu thematisieren versuchen" sollten. Das emotionale Grundgeschehen kann nicht mehr nur unter kognitivistischen Gesichtspunkten gesehen und erfasst werden. Freilich gilt nach wie vor, wie 1994 betont, dass erst unsere eingespielten Schemata, die als teils ererbte, teils erlernte Neuronenassemblies aufgefasst –oder als so fundiert bzw. „realisiert" gedacht – werden können (vgl. Verf. 1993, 1994, 1995), „die Differenziertheit der Emotionsreaktionsweisen" selber „interpretieren": „Obwohl die biologisch-dynamische Grundlage der Emotionen vorgegeben ist, werden diese immer erst (oder meist: Hinzufügung) aufgrund von bestimmten Deutungsmustern entsprechend der Situation spezifisch ausgelöst. Das heißt, die Reaktionsweisen auf bestimmte Auslöseparameter sind dann (zum Teil) konventionell, kulturell, Normen entsprechend, individuell oder habituell differenziert. Hier ist offensichtlich in starkem Maß die interpretative Anwendung von Schemaorientierungen beteiligt. Die Ausbildung und Anwendung, ja, insbesondere die kontinuierliche stabile Verwendungsweise von solchen Schemata hinsichtlich der emotionalen Reaktionsweisen muss in der Tat erlernt, „sozialisiert", „verinnerlicht" und differenziert werden. Das geschieht natürlich großenteils entsprechend den Reaktionsmustern und Verhaltensweisen, wie sie in einer bestimmten Kultur ausgeprägt, paradigmatisch vorausgesetzt und einem Kind nahegebracht werden, so dass das Kind diese Muster „verinnerlicht" ... Mit anderen Worten: Auf biologisch-dynamischer und erregungsphysiologischer Grundlage werden Reaktionsweisen und Schemata erst entsprechend den gängigen Mustern der emotionalen Handlungen und Verhaltensweisen bzw. Empfindungen und Erlebnissen differenzierend strukturiert. In diesem Sinne sind auch differenzierte Emotionen, wenigstens was die dazugehörigen Reaktionsweisen angeht", (nur mittels) Interpretationskonstrukten und den entsprechenden Schemaaktivierungen erfassbar, differenzierbar und bewusst repräsentierbar. Sie sind insoweit „abhängig von interpretativen Gepflogenheiten ... von bestimmten kulturellen Bedingungen, sozialen Bedingtheiten, Normierungen, Wertungen, Urteilen usw." (Verf. 1994, 140f). Insofern ist auch das bewusste Gefühlserleben als eben im Bewusstsein zu erfassende bzw. zu differenzierende emotionale Erregungsrepräsentation nicht nur der Erfassung nach schemageleitet, schemageprägt, sondern auch bei der differenzierenden Konstitutierung – wenn auch aufgrund der nicht zu bezweifelnden Basis der physiologisch-biologischen, großteils evolutionär verankerten Grundprozesse. Beschränkt man Gefühle auf bewusste bzw. bewusst erlebte Repräsentationen von emotionalen und affektiven Erregungszuständen, so gilt nach wie vor, dass diese differenzierend nur durch Reaktivierung von eingespielten Schemata bzw. in verzweigten begrifflichen Konstruktbildungen zu erfassen sind. Dies gilt sowohl für den Alltag als auch für die kognitive und emotive Psychologie. trotz aller sinnvollen und nötigen Differenzierungen scheint es nach wie vor unerlässlich – jedenfalls für die Alltagsverwendung –,

9. Emotionen sind schemainterpretatorisch, aber biologisch-evolutionär verankert

die Begriffe „Emotion" und „Gefühl(e)" (als bewusst gewordene und erlebte affektive und emotionale Erregungszustände) beizubehalten – trotz aller nötigen (von Griffiths hervorgehobenen) Differenzierungen zwischen den unterschiedlichen Basisprogrammen der Affekte, der konventionalisierten kulturellen Emotionen und der höheren kognitiven Emotionen. Auch für die kognitive Psychologie scheint mir Griffiths das Kind etwas mit dem Bade auszuschütten, wenn er auf den Begriff „Emotion" gänzlich verzichten will: Worin besteht dann überhaupt noch die Einheitlichkeit des Untersuchungsgebiets bzw., wie lassen sich dann die unterschiedlichen Teilprogramme unter einem einheitlichen Gesichtspunkt dennoch aufeinander beziehen und in eine übergeordnete theoretische Erfassungsweise bringen? Es scheint mir sinnvoll zu sein, die Oberbegriffe wie „Emotion" oder „emotionales Erleben" beizubehalten. (Dies ist ja durchaus auch den unterschiedlichen Teilprogrammen nach Griffiths nach wie vor gemeinsam, dass sie eben bewusst als gefühlsartige, emotionale Färbungen erfahren bzw. erlebt werden). Selbst für die kognitive Psychologie dürfte dies weiterhin sinnvoll sein. Dennoch wäre es in der Tat wichtig, differenzierende terminologische Unterscheidungen einzuführen – etwa zwischen dem emotionserregenden Grundgeschehen, den affektiv-emotiven Grundzuständen, den eher neurologisch-physiologisch zu kennzeichnenden Aktivierungen der limbischen und anderer Teilsysteme und im expliziten Sinne bewussten Gefühlserlebnissen (Emotionen i.e.S.) und zumal den kulturell-konventionellen oder höheren kognitiven Gefühlserlebnissen.

Die biologische Basis ist nicht zu bezweifeln und zu leugnen, sondern allenfalls differenziernd durch solche Begriffsbildungen zu überformen. Wir erfassen unsere Emotionen als bewusst erlebte Gefühle im Alltag aufgrund der eingespielten Schematisierungen (teils genetisch verankerter, teils habituell gelernter, teils kulturell und sozial konventionalisierter Provenienz) eben durch Schemataaktivierungen, die unser gesamtes bewusstes Gefühls- und Affektleben grundlegend prägen – durchaus i. S. der „Affektlogik" und ihrer Dynamik nach Ciompi (1982, 1997). Unsere bewusst repräsentierten Emotionen, also die Gefühle, lassen sich im Erleben und Beschreiben des Alltags in der Tat nur durch begriffliche und sprachliche Mittel aufgrund der eingespielten Schematisierungen differenzierend erfassen. Das Schematisieren differenziert sozusagen auch teilweise aktiv das Erfassungsgeschehen, indem etwa Differenzierungen höherer kognitiver Gefühle oder konventionell-kulturell geprägter Gefühlsdifferenzierungen und -identifizierungen erst aufgrund von begrifflichen Unterscheidungen und somit Repräsentationen von Schematisierungen möglich werden. (Dabei sind emotionale Erregungszustände, die man traditionell für ununterscheidbar hielt, was die Aktivierung angeht, insoweit ausgeschlossen, als sie Basisreaktionen z.B. des autonomen Nervensystems oder der spezifischen emotionalen Teilsysteme (z.B. Furchtsystem) usw. betreffen.[13] In deutlicher differenzierender Sprechweise ist generell zu betonen: Emotionen per se sind im allgemeinen (mit Ausnahme der kulturell-konventionalisierten und höherstufigen Emotionsprogramme nach Griffiths) nicht an sich „Interpretationskonstruk-

---

[13] Neuere Untersuchungen (etwa Ekman, Levenson und Friesen (1983), Levenson 1992, LeDoux 1998, wie auch Ciompis Teilautonomiethese zeigen, daß auch neurophysiologische Unterscheidungen zwischen unterschiedlichen einzelnen Emotionen (die man bisher erregungsphysiologisch für ununterscheidbar hielt) in gewissem Maße möglich sind.

te", sondern sie sind durch entsprechende Schematisierungen und Interpretationen erst differenziert (d. h. in Absetzung und Abgrenzung von anderen) erfassbar, repräsentierbar, bewusst erlebbar in eben spezifisch repräsentierter Form. Schematisierungen und Interpretationskonstrukte dienen zur Differenzierung unseres bewussten Gefühlslebens. Dies gilt nicht nur für die Wiedergabe, sondern auch zum großen Teil für die Konstitution der feinstrukturellen Erfassungsweisen und die genauere Abgrenzung der kulturellkonventionell überformten bzw. geprägten und der höherstufigen kognitiven Gefühle. Insoweit sind in der Tat Emotionen nur durch und als Interpretationskonstrukte aufgrund der eingespielten Schemata und deren (Re-)Aktivierungen erfassbar und repräsentierbar. Entsprechendes gilt auch für die wissenschaftliche Erfassung. Jede Theorie – gerade auch in der Psychologie – benutzt begriffliche und sprachliche Konstrukte – also Interpretationskonstrukte, um die Phänomene beschreibend zu erfassen, zu differenzieren und in theoretische Relationen zu bringen. Dies gilt auch für die Emotionspsychologie und ihre theoretischen Begriffe und Hypothesen. Hierbei spielen generalisierende Konzepte wie „Emotion", „Gefühle", „Affekte" usw. natürlich eine übergreifende und bereichsidentifizierende Rolle, selbst dann, wenn es sich als nötig erweist, spezifischere, feinere Verzweigungen wie die Unterscheidung zwischen affektuellen und emotiven Erregungszuständen einerseits und differenzierten bewussten Gefühlen, kulturellkonventionellen (sozial „konstruierten") Emotionen und höheren „kognitiven" Gefühlen andererseits zu unterscheiden. Die schemainterpretationistische Vorgehensweise – sei es als unbewusste Einspielung und Aktivierung von Schemata, sei es als bewusste Begriffs- und Hypothesenbildung – ist in beiden Fällen gegeben, kann auf abstrakterer, höherer Ebene als ein umfassender methodologischer Gesichtspunkt in einer aktivistischen Erkenntnistheorie interpretationskonstruktionistischer Provenienz gesehen werden. Dabei ist durchaus ein Realismus des biotisch-physischen Grundgeschehens mit diesem konstruktionistischen Zugang vereinbar, ja, gerade die Voraussetzung für die neurowissenschaftlich zu verstehende Bildung und Stabilisierung von Schemata. Die wissenschaftliche, zumal die interdisziplinäre – Forschung (und heute ist diese interdisziplinäre Untersuchung in Bezug auf Emotionen dringlich notwendig) – und die entsprechende Erfassung hat sich realistischerweise zwischen den traditionellen, bloß und allzu sehr rein kognitivistischen psychologischen Generalisierungen einerseits und den total-biologistischen Reduktionen auf physiologische Prozesse bestützten Ansätzen andererseits hindurch zu lavieren: Weder ist die evolutionäre Basis noch die physiologische Erregungszuständlichkeit zu ignorieren noch die sozio-kulturelle Überformung von vielen Gefühlsreaktionen. Emotionsforschung muss heute und künftig interdisziplinär vorgehen und undogmatisch naturwissenschaftliche, neurowissenschaftliche und kultur- sowie geisteswissenschaftliche Ansätze mit epistemologisch-methodologischen Gesichtspunkten verbinden. Denn: Gefühl(sgetönt) ist alles – aber (keineswegs) Name(n) Schall und Rauch!

II. Zur gegenwärtigen Philosophie des Mentalen und des Bewusstseins

1. „Bewusstsein" – „Bewussthaben" und Qualia als Anfühlungsweisen

Aristoteles sah in der „Seele" die „Form", das Formprinzip des Wahrnehmens, vernünftigen Denkens und Strebens, innerhalb eines materiellen organischen belebten und selbst beweglichen „Körpers" (*De Anima* 415b ff., 429a, 431b, 433b); heute würden wir eher von der Funktion oder Funktionalität des „Bewusstseins", besser: der „Bewusstheit" oder der bewusstseinsfähigen Prozesse und Gehalte, sprechen. Doch ansonsten ist der eher empiriefähige Ansatz des ersten wissenschaftlichen Psychologen dem ontologischen Dualismus seines Lehrers Platon durchaus vorzuziehen – jedenfalls von einer methodisch orientierten Psychologie aus gesehen.

Schopenhauer behauptete bekanntlich, das Leib-Seele-Problem sei und bleibe ein „Geheimnis", ein „Weltknotenproblem" der Philosophie, und er meinte damit natürlich insbesondere auch das Problem des Bewusstseins. Das Bewusstsein scheint uns ja das allerbekannteste und vertrauteste innerste (weil „geistige" oder „geistesartige") Phänomen, aber es ist zugleich z. T. oder in mancher Hinsicht unverständlich; insbesondere bleibt die große Frage offen: Wie lässt sich das Phänomen des Bewusstseins, des Habens von Bewusstsein oder der Zustand der Bewusstheit einordnen in eine Welt, die im Wesentlichen durch physische (physikalisch-chemisch bzw. physiologisch-biologisch zu beschreibenden) Bedingungen charakterisiert ist? Das ist jedenfalls auch nach Kims Auffassung die Hauptfrage der Philosophie des Geistes und der Problematik im Zusammenhang mit dem „Mysterium des Bewusstseins", wie er im Anschluss an McGinn (1989) sagt. Was meinen wir, wenn wir von „Bewusstsein" reden? Insbesondere ist auch der Umstand, dass die Bewusstheit substantiviert wird zu einem Etwas, „dem Bewusstsein", neuzeitlich – wohl von Christian Wolff eingeführt – und war und bleibt in der Tat ontologisch wie methodologisch bzw. sprachanalytisch sehr fragwürdig. Das Wort selber ist erst seit rund dreihundert Jahren im Schwange. Zumal ist der so genannte *in*transitive Gebrauch des individualistischen Bewusstseins, das Bewusstsein als *Eigenschaft* von Organismen, Subjekten, Personen, eine relativ neue Weise des Gebrauchs. Die sog. „transitive" Bedeutung, dass wir überhaupt bewusste Vorstellungen *von* etwas Anderem haben, dass ein Etwas uns bewusst wird bzw. ist, gibt es natürlich seit Urzeiten. Viele höhere Tiere – z. B. wohl alle Säuger – weisen diese Bewusstseinsart auch auf. Das ist also nicht das Problem. Aber der *intransitive* Gebrauch von „bewusst" *ist* ein Problem. Die Frage ist etwa schon: Worauf beziehen wir uns, wenn wir von „bewusst" sprechen, also mit dem Adjektiv ‚bewusst' etwas näher charakterisieren? Wir beziehen uns dabei auf Organismen, Personen, Zustände, Prozesse, Verhaltensweisen, Absichten, Pläne oder Handlungen. Vielfach werden ja (nur) bewusste Verhaltensweisen oder bewusstes Verhalten per se als „Handlung" interpretiert. Das ist geradezu eine Art von Mehrdeutigkeit, die u. a. in dem alltagssprachlichen Begriff vorhanden ist und mit der man sinnvoll umgehen muss, die man freilich in der philosophischen Analyse zu klären und zu differenzieren hat.

Man kann sicherlich nicht sagen, wie es Brentano und Husserl taten, dass das Bewusstsein *immer* „bewusst von Etwas" bedeutet, Bewustheit von einem Etwas (einem vorgestellten, bezeichneten, ausgewählten Gegenstand): Solche sog. „intentionalen Objekte" sind zwar in vielen bewussten Zuständen involviert, aber bei weitem nicht bei *allen*! Das heisst, das *transitive* Bewusstsein *von* Etwas kann nicht das einzige charakteristische Merkmal von allen bewussten Phänomenen sein.

Zumindest wenn man die erwähnte Mehrdeutigkeit der Anwendung in Bezug auf die Relata (die ausgezeichneten, gemeinten Bezugsglieder) einbezieht, dann muss man die Ausdrücke ‚bewusst' ‚Bewusstsein' ‚Bewustheit' u. ä. auf bestimmte Zustände oder Prozesse einschränken, die Bewusstsein *von* etwas sein können. Es sei denn, man bliebe noch ungenauer und differenzierte nicht einmal zwischen dem *Genitivus objectivus* und dem *Genitivus subjectivus*: Das Bewusstsein in letzterem Sinne ist natürlich den *Personen* zugeschrieben. Aber das Bewusstsein einer Sache oder eines Gegenstandes ist durch einen Genitivus objectivus ausgedrückt. Beides muss man natürlich deutlich unterscheiden. Deshalb ist es sicherlich sinnvoll und richtig, wenn auch nicht ganz hinreichend, wenn Kim (1998, 175 f.) zwischen „Subjektbewusstsein" einerseits und „Zustandsbewusstsein" andererseits unterscheidet. Wichtig sei es besonders, die Beziehungen herauszuarbeiten, die zwischen beiden bestehen. Er fragt also z. B., ob der Zustand „von etwas" „bewusst" ist oder ein Zustand generell genau dann bewusst ist, wenn eine Person diesen Zustand des „Bewusstseins *von*" oder Gewahrseins aufweist, also ihr dieser Zustand „gewahr" wird oder ist. Wenn ein solcher Zustand der Person bewusst ist, dann „hätte" sie „Bewusstsein": Doch das sind bereits Qualifizierungen, die m. E. problematisch sind. Denn zunächst muss man überlegen, dass es durchaus auch etwas gibt, was nicht völlig, nicht *ganz* bewusst ist, sozusagen nicht explizit im Zentrum (Fokus) des Bewusstseins steht, sondern gleichsam in dem Gewahrsein als am Rande befindlich, abgeschattet oder als halb bewusst, halb unbewusst mit auftritt. Das alles sind ja bekannte Phänomene. Es wäre die Frage, ob man für diese halbbewussten Erscheinungen das Wort „Bewusstsein" (von Zuständen) ablehnen oder „abschaffen" oder abwandeln bzw. abschwächen müsste. Weiterhin sind propriozeptive „Gewahrsamkeiten", also kinästhetische Gefühle über die innere Befindlichkeit, über Muskelstellungen und Ähnliches keineswegs bewusst, obwohl sie uns irgendwie im Gewahrsein oder im Mit-Gewahrsein (zumindest potentiell) „gegeben" sind. Sie sind unter Umständen – wenigstens teilweise – „bewusstwerdungsfähig", so könnte man sprachlich etwas unschön sagen, oder „bewusstseinsfähig" bzw. „bewusstheitsfähig": Wir haben ja z. B. einen besonderen Muskeltonus bei einer besonderen Stellung etwa eines Gliedes. Wenn wir auf jenen, bzw. diese besonders achten, dann kann die Haltung einer Extremität ins *fokussierte* Bewusstsein kommen, also ins Zentrum dessen, wovon man explizit weiss. Das heisst, man weiss nun um einen Sachverhalt, dessen man gewahr wird. Dabei gibt es in gewisser Weise ein unter Umständen eher unterbewusstes oder halb- bzw. teilbewusstes Wissen, das eher als eine Art von Disposition zur Bewusstwerdung zu beschreiben wäre. Doch dies macht natürlich insbesondere den vor- oder halbbewussten Sachverhalt, wenn es sich denn um eine solche intentionale Bewustheit von bestimmten Sachverhalten handelt, noch nicht automatisch zu einem bewussten Zustand. Das heisst also, man sollte sich vielleicht differenzierend beziehen auf bestimmte *Arten* des

1. „Bewusstsein" – „Bewussthaben" und Qualia als Anfühlungsweisen 65

Bewusstwerdens, des Bewusst-Seins und des „*Bewussthabens*". Das zu sagen ist vielleicht etwas weniger prätentiös, wenn wir uns eines Sachverhalts sozusagen graduell bewusst werden; denn das verweist eher auf den vorbewussten und die Übergänge zum bewussten Zustand, ohne das „Bewusstsein" nun schon irgendwie zu substantivieren, zu substanzialisieren oder gar zu reifizieren, wie es die Tradition etwas naiv immer wieder getan hat. Die neuzeitliche Bewusstseinsphilosophie war dazu geführt, „verführt" worden, das „Bewusstsein" als grundlegende Wesenheit, geradezu als Grund"*substanz*" insbesondere natürlich des Geistigen, z. B. bei Descartes, aufzufassen: Der Mensch, das Vernunftwesen par excellence, bestehe wirklich nur in Gestalt des Bewusstseins bzw. des bewussten Erlebens, mit dem wir uns als Subjekte bzw. Personen identifizieren. Das Bewusstsein ist hiernach etwas völlig Anderes als die materielle Substanz oder, wie es bei Descartes heißt, die „ausgedehnte Realität/Sache oder Welt" (*res extensa*): Beides muss so grundsätzlich unterschieden werden, dass man als Mensch gleichsam in zwei „Welten" lebt, zum einen in der materiellen und zum anderen in der vom Bewusstsein aufgespannten bzw. ausgestalteten – geistigen – Welt (*res cogitata sive cogitationum*), deren mentale Sachverhalte wir selber als *res cogitantes* (als denkende Wesen) erfassen. Man sollte also versuchen, dieses Problem des ontologischen Geist-Materie-Dualismus zu umgehen und sich einzuschränken, zu beschränken auf das sogenannte *phänomenale Bewusstsein* oder „Bewussthaben". Doch auch das ist ein schwieriges Problem, weil auch nicht alles Bewusste nun phänomenale Charakteristika hat.

Nicht alles „Bewusstsein" ist „qualiaartig", zeigt ein „Quale", weist „phänomenale Qualitäten" auf. (Die phänomenalen Qualitäten werden „Qualia" genannt – insbesondere natürlich bei den sensorischen Empfindungen, z.B. externen Wahrnehmungen, aber auch bei anderen emotionalen und affektiven Zuständen, etwa Schmerzen, Befindlichkeitsgefühlen usw.) Qualitative Empfindungszustände sind (oder präsentieren sich, so könnte man sagen), (als) von einer bestimmten Art – wie es in der neueren analytischen Philosophie immer wieder diskutiert wurde, insbesondere seit 1974, als Thomas Nagels berühmter Aufsatz „Wie es ist, eine Fledermaus zu sein" erschien: Er versuchte darin, in gewissem Sinne eine – ja, man könnte vielleicht sagen – quasi cartesianische Trennung in Bezug auf Erlebnisweisen hinsichtlich der phänomenalen bzw. der Eigenschaftszuschreibungen weiterzuführen. Das geschah im Gegenzug zur monistischen naturalistischen und physikalistischen Auffassung, die eigentlich die gängige These oder Theorie in den angelsächsischen Kreisen der analytischen Philosophie ist. Nagel versuchte das bewusste Erleben bzw. bewusste Organismen oder Träger von Bewusstsein zu kennzeichnen durch eine bestimmte, zugegebenermaßen eher vage Umschreibung, nämlich, „wie es ist, etwas zu sein". Zum Beispiel denken/unterstellen wir, dass es (für die Fledermaus) „*irgendwie ist*", „eine Fledermaus zu sein", aber wir wissen nicht, „wie" dies wirklich ist. Wir setzen voraus, dass das bewusste Erleben etwas Anfühlungsartiges voraussetzt, dass es sozusagen in einer eigentümlichen Weise gekennzeichnet ist als das, „wie" es eben „(irgendwie) ist". Man müsse eine spezifische Auffassungs- oder Empfindungsweise derart unterstellen, meint Nagel, dass es etwas Spezifisches gibt, das es eben *ausmacht*, dass das besondere, jeweils bestimmte Empfinden eben so ist, „wie es ist". Es existiert Etwas, das spezifisch für den Zustand ist, also eben kennzeichnet, wie es ist, in diesem Zustand zu sein. Also müsse es auch eine Art von Qualitätskriterium dessen geben, was bewusstes Erleben, bewusstes Verfahren oder Erfassen ausmacht und das erfüllt ist, wenn all dies vorhanden ist. Es sei dadurch gegeben, dass eben – vielleicht kann man es besser so beschreiben – eine gewisse Anfühlungsqualität erlebt wird, eine „*Anfühlungsgegebenheitsweise*", wie ich sagen möchte. Diese ist charakteristisch beispielsweise für die sinnlichen Qualitäten[14]. In der Tat scheint es eher um spezifische „anfühlungs"- oder empfindungsgetönte Qualia-Erlebnisse zu gehen. Das Qualiaerleben ist typisch nicht nur für sinnliche (phänomenale) Empfindungen, also Sinneswahrnehmungen; und nicht nur sie besitzen eine distinktive Anfühlungsqualität, also eine „Anfühlungsgegebenheitsweise" (wie ich doch lieber etwas umständlich, aber deutlicher sagen würde). Das gilt nicht nur für sinnliches Erleben, insbesondere für Hörwahrnehmungen oder Sehwahrnehmungen, sondern in gewissem Sinne auch für viele andere Empfindungen, zumal für Stimmungen, Gefühle, Emotionen, Affekte usw. Diese haben unbezweifelbar eine gewisse distinktive Anfühlungsqualität. Man kann sie unterscheiden: Eine depressive oder eine bloße melancholische Stimmung hat eine erkennbare Fühlungsqualität. Und zwar gilt das auch dann, wenn es sich nicht um eine Sachverhalte repräsentierende Empfindung handelt wie beispielsweise bei sinnlichen Wahrnehmungen eines Gegenstandes, der äußeren Welt oder der Beziehungen von Gegenständen, des Ablaufs von Prozessen usw. Wir sind z. B. in der Lage, Ärger und Freude durchaus klar zu unterscheiden, obwohl „Ärger" und „Freude" keinen sach(verhalts)repräsentationalen Gehalt haben. Bei Ärger und Wut ist es schon ein wenig schwieriger: Wenn man beispielsweise Neid und Eifersucht unterscheiden will, rein nach der Gefühlsempfindung bzw. der Erinnerung an die entsprechende Affekte und der Gefühle, dann ist das zumeist eine recht schwierige Angelegenheit, die kaum aufgrund der Anfühlungsqualität allein schon einwandfrei diese zu differenzieren und zu identifizieren gestattet, obwohl wir eigentlich stets davon ausgehen, dass das ohne Probleme möglich ist.

Wie steht es mit den eben erwähnten „sachverhaltsrepräsentationalen" Empfindungen, den so genannten „propositionalen Einstellungen"? Diese spielen eine prominente Rolle in der modernen analytischen Philosophie, schon seit Russell, Frege, Moore und anderen. Der Ausdruck bezeichnet diejenigen Einstellungen, die eine Art von Sachverhalt „meinen" und unter Umständen auf ein reales oder vorgestelltes *Faktum* „referieren" und auch auf mögliche Wahrheit oder Falschheit bezogen sind, wenn es sich beispielsweise um Überzeugungen handelt. Überzeugungen und Meinungen sind

---

[14] Wenn ich z. B. „Blau" sehe, dann „fühlt" sich das irgendwie an; ich sehe ein Blau, habe ein gewisses „Bläuegefühl" oder, besser, eine Blauempfindung: In diesem Fall ist das Erleben nicht notwendig *gefühls*artig, aber es ist jedenfalls eine andere Empfindung als etwa das Empfinden von Röte bzw. „Rot". Für bewusste Wesen sei es also charakteristisch, dass es etwas gibt, das kennzeichnet, „wie es ist", dieses Wesen zu sein, wie es sich anfühlt, beispielsweise eine Fledermaus zu sein, im Gegensatz zum Beispiel zu einem Stein, (bei) dem es nicht so ist, dass sein Steinsein oder seine „Steinigkeit" sich irgendwie „anfühlen" könnte. Das Erleben, das Empfinden selber muss man eben voraussetzen; dieses – und nur dies – könne kennzeichnen und identifizieren, „wie es ist", in diesem spezifischen Erlebens-Empfindungszustand „zu sein". Hier sieht man natürlich sofort, dass es sich um eine sehr vage Umschreibung des eigentlich Unbeschreibbaren handelt: Jede(r) kann zwar nachvollziehen, was es heißt, in einem bestimmten Bewusstseinszustand zu sein, aber man kann es offensichtlich nicht mit dem „Irgendwie" beschreiben. ‚Irgendwie' kennzeichnet nicht!

wahrheits- und „bewahrheitungsfähig" bzw. falsifizierbar oder falschheitsfähig. Anders ist das bei Wünschen, bei Bitten, Hoffnungen, bei Träumen oder beim Wunschdenken (*wishful thinking*). Auch hier haben wir einen Sachverhalt, der durch einen Erstsatz beschrieben wird, auf dem gleichsam ein Operator die propositionale Einstellung bzw. eine „Gegebenheitsweise", der Tönung nach qualifiziert; der Operator wird auf die Proposition (den entworfenen Sachverhalt bzw. dessen Erfassung) „angewendet". Ich hoffe, *dass* etwas der Fall sein werde; ich bitte darum, *dass* mein Wunsch erfüllt wird; ich bin der Meinung, *dass* das und das der Fall ist. (Das Letztere ist natürlich wieder bewahrheitungsfähig, aber Bitten, Wünsche Hoffnungen sind in diesem Sinne nicht direkt wahrheitsfähig – wie etwa deskriptive Meinungen, dass etwas der Fall ist, also solche Überzeugungen, die (quasi) logisch gesprochen, eine ähnliche Rolle spielen wie Behauptungen.) Diese propositionalen Einstellungen sind natürlich in gewissem Sinne von *mentaler Qualität*. Sie sind mentale Einstellungen, was immer man mit dem Ausdruck ‚mental' auch meinen mag. Aber wie sind sie im einzelnen zu verstehen? Sind sie längerfristige Dispositionen, die uns beispielsweise in die Lage versetzen, immer wieder zu behaupten, dass das Gemeinte einen Sachverhalt repräsentiert oder nicht? Oder sind sie in gewissem Sinne momentan aktivierte Empfindungen – dann, wenn wir in uns eine entsprechende propositionale Einstellung als „gegeben" erleben bzw. als in einem bestimmten Moment aktiviert vorstellen? Erleben wir eine Aktivierung oder haben wir eine Disponiertheit zum Aktiviertwerden? Ist diese propositionale Einstellung in gewissem Sinne tatsächlich ein mentales *Ereignis oder* ein eher mentaler *Zustand*, der aus einer Reihe von Ereignissen oder in der Erhaltung von Ereignissen über einen Zeitraum hinweg bestehen könnte? Die Frage ist: Wie sind alle diese phänomenalen Entitäten ausgezeichnet! Etwa durch „das Mentale", wie ich es bisher lose und weit zu umschreiben versucht habe? Sind nicht-sachverhaltspropositionale (keinen Sachverhalt bedeutende) Empfindungen, Schmerzempfindungen, die aber trotzdem natürlich sehr nachdrücklich empfunden werden (können), und propositionale Einstellungen und deren empfindungsmäßige Aktivierung jeweils durch ein gemeinsames Merkmal charakterisiert bzw. charakterisierbar? Gibt es etwas oder gar *ein* Etwas, welches „das Mentale" repräsentieren kann und als solches insbesondere etwa alles phänomenale Empfinden (über das sinnliche Empfinden hinausgehend) nun gemeinsam auszeichnet? Lässt sich ein gemeinsames Merkmal des Mentalen ausmachen? Lassen sich überhaupt propositionale Einstellungen dieser unterschiedlichen Arten wie Überzeugungen, Meinungen, Hoffnungen, Bitten, Wünsche usw. durch eine gemeinsame Erfassungsweise oder einen Grundvorgang nicht nur logisch auszeichnen, sondern werden sie eben dadurch auch „empfindungsfähig" gemacht? Gibt es ein einziges qualitatives oder kriteriales Merkmal, das alle propositionalen Einstellungen kennzeichnet? Existiert darüber hinaus ein qualitatives Merkmal, das alles mentale Empfinden, alles Bewusstwerden – auch das nichtpropositionale – kennzeichnet? Das alles scheint recht schwierig zu sein. Dennoch muss man wohl sagen, dass auch propositionale Einstellungen – in gewissem Sinne jedenfalls: wenn sie aktiviert werden oder momentan aktiviert sind und erlebt, „empfunden" werden, doch so etwas aufweisen wie eine Weise des Empfundenwerdens im Nagelschen Sinne oder gar eine „Anfühlungsqualität". Es „ist" schon „irgendwie", in einem Zustand des Hoffens oder Wünschens o.ä. zu sein. Erst recht gilt das bei anderen, nicht direkt sachverhaltsrepräsentationalen Zuständen wie beim notorisch bekannten Empfinden des Verliebtseins: Dieser Zustand ist in diesem Sinne natürlich durchaus „qualifiziert", geradezu „phänomenalisiert", „qualiafiziert" oder gar „qualiafixiert", wie ich sagen möchte, jedenfalls „phänomenal" – und das in mehrerlei Bedeutungen des Wortes! Das Gesagte bezieht sich ebenfalls auf die propositionalen Einstellungen. Es können auch propositionale Einstellungen sozusagen die Nuance oder „Färbung" (im übertragenen Sinne) haben, dass sie je (auf) eine bestimmte Art und Weise „sind" oder realisierend vermitteln, „wie" sie sich „anfühlen"; sie sind im bestimmten Sinne eben an Anfühlungsqualität gebunden. Natürlich ist die Frage, wie sich dann die entsprechenden spezifischen Untergruppen unterscheiden, wie beispielsweise die Überzeugungen oder Glaubenszustände, Wissens-, Zweifels-, Hoffnungs-, Wünschzustände, Meinungen sich voneinander qualiamäßig abheben bzw. abtrennen lassen, ohne dass man schon auf rein sprachliche (sekundäre) Fixierungen zurückzugreifen hätte. Existiert über das gemeinsame Charakteristikum hinaus, *dass* sie Sachverhalte repräsentieren, sozusagen idealiter ein evtl. abstrakter „Gegenstand" (*„fact, Faktum"*) in der Art eines intentionalen Objektes, wie Husserl sagen würde? Allerdings wäre hier das intentionale Objekt ein Sachverhalt. Gibt es darüber hinaus auch so etwas wie eine z. T. gemeinsame generelle „Qualiafixierung" dieser propositionalen Einstellungen? Und wie sind diese beispielsweise mit anderen Zuständen zu verknüpfen oder zusammenzuschließen? Gibt es hierbei etwa Verhältnisse der Über- und Unterordnung oder der Wechselbeziehung? Wie wäre gegebenenfalls das „Aufruhen" auf den im alltagssprachlichen Verständnis zugrunde liegenden physiologischen, neurologischen Prozessen zu denken?

Das alles sind natürlich Fragen, die großenteils empirisch-wissenschaftlich zu untersuchen sind und keineswegs nur philosophisch bedeutungsanalytisch. Kim beispielsweise meint, dass es mentale Zustände, Phänomene gibt, die ohne spezielle, phänomenale Charakterisierung gegeben sind, die aber dennoch Empfindungen darstellen. Es ist klar, dass nicht alle Emotionen oder Gefühle repräsentationalen Gehalt haben. Umgekehrt meint Kim (1998, 179 f.), dass auch nicht alle propositionalen Einstellungen nun Empfindungscharakteristika oder *„experience"*, also Erfahrungscharakter, aufweisen müssen, obwohl einige diese aufweisen können. Nach Kim führt das dazu, dass man eigentlich zwischen dem im engeren Sinne „*Phänomenalen*" der phänomenalen Qualitätsgegebenheit oder der „Anfühlungsqualität" und dem von Nagel postulierten Etwas, „wie es ist, dies zu sein", unterscheiden muss. Beides sei nicht dasselbe. Deswegen muss man zu bestimmten Einschätzungen und Einteilungen von mentalen Zuständen kommen, die sich abgrenzen lassen von den traditionellen cartesianischen, aber auch von den herkömmlichen phänomenologischen Unterscheidungen. Mentale Zustände, Prozesse, Phänomene können „bewusstheitsfähig" sein – das haben wir gesehen. Aber es gibt auch eine Reihe von mentalen Zuständen, Prozessen, Phänomenen, die halb oder kaum oder gar un(ter)bewusst, also jedenfalls nicht (i. e. S.) bewusst ablaufen, daher nicht bewusstseinspflichtig oder -fähig sind. „Bewusstseinsfähig" heisst dabei „momentan als im Sinne der Anfühlungsgegebenheitsqualität erfahrbar oder aktivierbar". Das sind nur alle diejenigen Phänomene, deren man (explizit) „gewahr" werden kann, die also in diesem engeren oder strengeren Sinne „bewusst" sind; aber selbst diese kann man wieder unterteilen in die phänomenal-"*quali(a)fizierten* oder „*qualiafixierten*", wie ich sie

1. „Bewusstsein" – „Bewusthaben" und Qualia als Anfühlungsweisen

gerne nenne, und die *nicht* phänomenal-"qualiafixierten", wie zum Beispiel die nicht quali(a)fizierten und nicht qualiahaften propositionalen Einstellungen. Es könnte sein, dass gewisse Überzeugungen – zum Beispiel, dass eine mathematische These richtig ist – oder entsprechende Aussagen eben nicht phänomenal qualifiziert sind, keine besondere qualitätsmäßige Empfindung haben, die ihnen unmittelbar notwendig verbunden wäre.

Bei den intentionalen Aussagen kann es sich durchaus auch gelegentlich um phänomenal-qualiafixierte handeln, wie ja Husserl und Brentano auch bereits gesehen haben – und nur leider viel zu allgemein dann mit dem Mentalen und dem Bewussten überhaupt identifizierten. Alles Bewusstsein ist für Brentano und Husserl intentional: Alles Bewusstsein ist Bewusstsein „*von*" etwas, ist transitives Bewusstsein: Das ist natürlich viel zu eng gesehen, wenn wir wissen, dass eben sehr Vieles beim Bearbeiten im Gehirn unterbewusst abläuft, dass das, was bewusst wird, sozusagen nur eine kleine Schicht – gleichsam an der „Oberfläche" – ist. Auch ist ja das Bewusstsein außerordentlich eng begrenzt: Es ist weithin bekannt, dass nur ein minimaler Bruchteil dessen, was im Hirn geschieht, eben auf die „Bühne des Bewusstseins" gelangt. Das gilt selbst für das Repräsentationsfähige, z. B. das vorbewusste inhaltlich Fixierbare. Wir könnten also sagen, dass dieses Bewusstsein in mancherlei Hinsicht viel weiter ist als das „Bewusstsein von", das transitive Bewusstsein. Darüber ist später noch einiges zu sagen, wenn es darum geht, bestimmte Bewusstseinsarten bzw. -bedeutungen des Ausdrucks „Bewusstsein" differenzierter und systematischer zu unterscheiden.

Zunächst sei die Kennzeichnung der Bewusstheit von erkenntnistheoretischer Zugangsweise her skizziert: „Das Subjektive" des Bewusstseins, die spezifische Art des Vorstellungsbewusstseins eines einzelnen Menschen, ist (nach Kim 1998) durch besondere Bedingungen gekennzeichnet sind, nämlich:

1. ein spezifischer und *unmittelbarer Zugang* zu den eigenen Bewusstseinsgehalten, direkte und unmittelbare Kenntnis meiner eigenen Bewusstseinsgehalte – das ist sozusagen die traditionelle Überzeugung der gesamten erkenntnistheoretischen Philosophie der Neuzeit, insbesondere natürlich auch bei Descartes. Alles was „*clare et distincte*" in meinem Bewusstsein ist, das ist für diesen Denker sogar „wahr", bedarf keiner weiteren, besseren oder wie immer zu überprüfenden Nachweise. Diese direkte und unmittelbare Gegebenheit („Evidenz") bei Bewusstseinserfahrungen und -erlebnissen ist das Kennzeichen der „privaten" Zugangsweise. Ein privater oder individuell (individualistisch) privilegierter erkenntnistheoretischer Zugang zu den eigenen Bewusstseins*erlebnissen* und – davon zu unterscheiden – zu den Bewusstseins*gehalten* muss vorausgesetzt werden.

2. Unser gegenwärtiges mentales Erleben, das im Augenblick aktivierte Erfahren, Empfinden mentaler Zustände ist auch deswegen in gewisser Weise besonders überzeugend, weil es *nicht bezweifelt* werden kann. Insbesondere ist es nicht von Anderen kontrollierbar, aber gerade auch nicht von mir selber. Bewusstsein ist eben Bewusthaben; dieses ist da oder nicht vorhanden; ich kann nicht bezweifeln, wenn ich ein bewusstes Erlebnis, eine bewusste Empfindung habe, dass ich es bzw. sie habe. Beides bestätigt sich sozusagen selbst, ist eine Art von selbstverstärkender oder sich selbst bestätigender Erlebnisform. Deswegen gilt sie als grundsätzlich *unkorrigierbar*. Der Gehalt kann ja

unter Umständen zweifelhaft sein, aber nicht, *dass* wir das Bewusstsein haben! Die qualiahafte Gegebenheit dieses Bewusstseinsgehalts ist nicht zu bezweifeln, kann auch nicht umgedeutet werden, so meint die Tradition. Ludwig Wittgenstein z. B. war hier anderer Meinung; er behauptet, dass eben „äußere Kriterien" gegeben sein müssen, damit man überhaupt und auch hier von Inkorrigierbarkeit Kontrollierbarkeit oder Korrigierbarkeit sprechen kann. Das Charakteristische sei es gerade, dass wir im gewissen Sinne – so könnte man also mit anderen Autoren (z. B. Perkins) Wittgensteins Faden weiterdenken – äußerlich gegebene Differenzierungen, z. B. sprachliche oder begriffliche Mittel, nach „innen" projiziert werden und dann erst geeignet sind, unsere Differenzierungen von Empfindungen nach Formen, Gegebenheitsweisen und Arten vorzunehmen. „Ein innerer Vorgang bedarf äußerer Kriterien" (Wittgenstein PU § 580).

3. Es gibt eine fundamentale Art von *Asymmetrie zwischen* der *ersten und dritten Person*, der Perspektive bzw. dem Wissen in der ersten und in der dritten grammatischen Person. Wir wissen in einer spezifischen Weise – eben zum Beispiel in der eben geschilderten direkten und inkorrigierbaren Weise – um unsere eigenen „inneren" Bewusstseinszustände und deren Gehalte.

4. Bewusstseinszustände werden übrigens – nebenbei bemerkt – sogar „gehaltsadressierbar" identifiziert. Wir unterscheiden sie nach den Gehalten, die wir nach „innen" projizieren, und nach denen wir sie, wie eben erwähnt, zu differenzieren versuchen. Wenn wir aber solches Wissen sozusagen aus der Beobachterperspektive, aus der Perspektive der dritten grammatischen Person repräsentieren wollen, dann ist das eher „abkünftig", sehr viel weniger direkt als das unmittelbare Erleben aus der Perspektive der ersten Person. Dieses „drittpersonale" Wissen ist immer nur indirekt zu erschließen, über bestimmte Interpretationen, Deutungen, Verständnisweisen, Analogien und Überzeugungen, dass das Wissen beim anderen genauso ist wie bei mir. Diese privatisierten Zugangs- und Begründungs- bzw. Absicherungsweisen des Subjektiven führten – so auch Kim – zu einer erkenntnistheoretischen Asymmetrie zwischen der ersten und dritten Person (grammatisch verstanden). Die Beschreibung des Wissenszustandes „von innen", aus der Sicht der ersten Person, ist völlig anders als diejenige aus jener der dritten grammatischen Person. Die Perspektive der ersten Person genießt sozusagen eine gewisse Immunität, eine gewisse Inkorrigierbarkeit, besitzt „Direktheit", hat eine besondere, „überzeugende" (weil nicht zu bezweifelnde) Autorität. Das gilt selbst dann – darauf legt z.B. Kim Wert –, wenn man die cartesianische These einer vollständigen „Durchsichtigkeit" („Transparenz") des Bewusstseins oder des Ich und seines Selbstbewusstseins vermeidet oder ablehnt. (Repräsentationale Bewusstseinserlebnisse beziehen sich gewöhnlich unmittelbar auf das „Gemeinte", den Bezugs"gegenstand". Wir erleben nicht den Vorgang, sondern richten uns durch diesen „hindurch" – eben „transparent" – direkt auf den Bewusstseinsinhalt.) Der spezifische, privilegierte, erkenntnistheoretische Zugang ist unabhängig von diesem cartesischen Transparenzprinzip.

Es muss sich irgendwie „anfühlen", dem Subjekt erscheinen nach Th. Nagel (1974), „*wie es ist*", *in diesem Zustand zu sein*. Meist wird das so interpretiert – und auch Nagel deutet das so –, dass diese Art von Bewusstseinshaftigkeit auch irgendwie „wahrgenommen", apprehendiert wird, in einem gewissen Sinne eben empfunden wird. Das aber bedeute, so meint Nagel, dass ein solcher Zustand eben ein Zustand „von etwas" sein muss. Dieses „von etwas sein" mache das eben dieses aus, dass es sich so anfühlt, in diesem Zustand zu sein. Im Gegensatz zu Nagels und Kims Auffassung, die Intentionalität *aller* mentalen Zustände sei ableitbar, halte ich aber dafür, dass nicht *jeder* Zustand ein intentionaler sein muss derart, dass er ein Zustand *von Etwas* sein *muss*, das es „ausmacht", „in diesem Zustand zu sein" – jedenfalls nicht in dem Sinne des „Von" nach dem *Genitivus objectivus*, wie es beim intentionalen Erkennen und Empfinden gemeint ist; aber zumindest ist das *möglich*. Mentale Zustände können von Etwas handeln, „über Etwas gehen", können sich auf Etwas beziehen, können, wie man vielleicht besser sagen sollte, „Etwas meinen", das heisst, auf ein Etwas „referieren". Sie haben einen Bezug auf einen Gegenstand oder Sachverhalt, doch nicht jeder mentale Zustand muss ein solches Etwas als Gegenstand haben. Ein Schmerz zum Beispiel, der undifferenziert empfunden wird, oder selbst auch ein spezifischer Kopfschmerz „meint" an sich nichts (keinen Gegenstand), sondern er wird empfunden.

Eine gefühlte Qualität der Bläue, des Erlebens von Dunkel und Hell, der entsprechenden Nuance des Blaus oder der Intensität der Farbe o.ä.: das vermittelt uns eher eine *bestimmte* Anfühlungsqualität. Sicher, auch das ist kein besonders schönes Wort, aber es ist besser als das allgemeine pauschale „Wie es ist, sich in dem Zustand des Erblickens eines Gemäldes von Yves Klein mit dem Yves-Klein-Blau zu befinden". Der bereits erwähnte philosophisch-technische Ausdruck dafür, für die entsprechende Eigenschaft, die Qualität, die man wahrnimmt, ist das „*Quale*". (Das Wort stammt von C. S. Lewis aus den 20er Jahren.) Die Mehrzahl „*Qualia*" ist bekannter, diese bedeutet also die phänomenalen Qualitäten, die Anfühlungsqualitäten, die man im phänomenalen Erleben aktual wahrnimmt. D. Chalmers (1996) spricht auch vom bewussten Erleben schlechthin, vom bewussten phänomenalen Erleben oder Qualia-Erfahren oder -Erleben. Deswegen kann man auch von *qualifiziertem Erleben im phänomenalen Sinne* sprechen oder, wenn man so will, mit einem Kunstausdruck, indem man dann von „*qualiafiziert*" spricht, aber das ist eher ironisch, nebenbei gemeint. („Qualiafizierung" kann allerdings auch zur Abkürzung benutzt werden.) Dieses phänomenale Qualia-Erleben ist offensichtlich für Chalmers das „schwierig(st)e" Problem, das insbesondere das Bewusstsein, genauer das phänomenale Bewusstsein, kennzeichnet. Er spricht immer nur von bewusstem Erleben oder einfach von Erleben, aber er meint eigentlich stets dieses Erleben phänomenaler Qualitäten. Nicht alles Erleben oder innere Verarbeiten ist ja z. B. in dem Sinne ausgesprochen oder explizit *phänomenal*. Wenn man z. B. eine Schlussfolgerung zieht, etwa eine mathematische Beweisführung, dann wird man dies nicht etwa qualitätsmäßig so erleben wie etwa die Wahrnehmung der Bläue bei dem Yves-Klein-Gemälde. Es sei denn, man hat gerade einen ganz neuen Beweis gefunden, dann ist die Freude natürlich groß; dann hat man unter Umständen gewisse Triumphgefühle, die auch *phänomenale* (Anfühlungs-) Qualität haben können, aber das ist natürlich ein Sonderfall. Aber schon, wenn man einen Beweis, der z. B. besonders schwierig ist, nachvollziehen kann, hat man natürlich gewisse *Erfolgserlebnisse*, und es wäre die Frage, ob Erfolgserlebnisse auch „qualiafiziert" sind. (Sie sind sicherlich „qualifiziert"... oder auch „qualifizierend".

Eine einflussreiche und systematisch ausgeführte und begründete, heutzutage sozusagen bereits die „neuklassische" Version gegen die klassische philosophische Auffassung der phänomenalen Qualitäten und gegen die Existenz der Qualia überhaupt hat D. Dennett (1988, 1994, Kap. 12) entwickelt. Dennett geht von einem objektivistisch-szientischen Ansatz hinsichtlich der Existenz von Entitäten aus, der sich einem naturwissenschaftlichen Ansatz aus der Beobachterposition unter Bedingungen der Kontrollierbarkeit in der dritten grammatischen Person verdankt, geradezu einem „*ontologischen Verifikationismus*" (Heckmann 2001, 447) gleichkommt. Dennett möchte nicht nur die Ungreifbarkeit, Unaussagbarkeit, Privatheit und unmittelbare Erfassbarkeit der phänomenalen bewussten Erlebnisgehalte widerlegen, so unabweisbar sie uns und auch ihm selber „*scheinen*": Er möchte die Qualia in der wissenschaftlichen und erkenntnis-philosophischen Sicht deswegen eliminieren, vertritt also einen eliminativen Qualia-Irrealismus. Entgegen aller scheinbaren Unvermeidlichkeit, Eindrücklichkeit und Unausweichlichkeit im Erleben und Erscheinen seien Qualia nichts Reales, keine ontologisch oder wissenschaftstheoretisch bzw. wissenschaftsphilosophisch ernstzunehmenden Entitäten, sondern Pseudoentitäten – trotz aller unserer gegenläufigen „Qualia-Intuitionen". Die Intuitionen und speziellen Farberlebnisse, die wir haben und die uns Qualia nahezulegen *scheinen*, leugnet Dennett dabei nicht, sondern nur (1988, 45), dass sie isolierte Entitäten sind und als eine über wissenschaftliche Erklärbarkeit hinausgehende „Residualeigenschaft" ernstgenommen werden dürften. Die traditionelle Qualiaauffassung charakterisiert Dennett durch die vier entscheidenden essentiellen Merkmale, dass Qualia Eigenschaften mentaler Zustände von Subjekten seien, die 1) unausdrückbar (oder unaussagbar: „ineffable"), 2) intrinsisch (nicht-relational), 3) privat (also nur dem Subjekt in der Ersten-Person-Perspektive zugänglich) und 4) direkt oder unmittelbar im Bewusstsein erfassbar („directly or immediately apprehensible in consciousness") sind (1988, 47). (Die Zugänglichkeit und das Wissen von Qualia sind nicht erst erschlossen („non-inferential"), also in diesem epistemischen Sinne „direkt", „unmittelbar gegeben oder erlebt bzw. erfassbar".)

Dennett argumentiert nun mit 15 unterschiedlichen raffinierten „intuition pumps" (vorgestellten Trickargumenten: „Intuitionsargumenten", Dennett 2001, 456 ff.) gegen die traditionelle paradoxale Auffassung der Qualia als solchen Entitäten mit den entsprechenden charakteristischen essentiellen Merkmalen. Er verwendet zumal das klassische, schon bei Locke 1690 erwähnte Argument des invertierten Spektrums bei Farbwahrnehmungen (z. B. Rot-Grün-Vertauschung, s.u.) über die interpersonelle Anwendung hinaus auch bei der *intra*subjektiven Erfahrung hinsichtlich des Sich-Erinnerns, z. B. auf meine Erinnerung an mein Farberleben von gestern oder früher: Zwischen einer realen Qualiainversion der entsprechenden visuellen Wahrnehmungen heute und gestern und einer Erinnerungstäuschung kann nicht systematisch unterschieden werden (1988, 51). Ebenso zeigt sein Beispiel der Kaffeegeschmacktester, die nach langer Zeit des lange als konstant angesehenen Kaffeegeschmacks überdrüssig werden, und entsprechend auch der Wein- oder Biertester, dass stufenweise kleinere Veränderungen der Geschmackserfassungen nicht systematisch getrennt werden können von der Änderung der Präferenzbewertungen (ebd. 57 ff.). Diese Argumente richten sich in erster Linie gegen die Eigenschaft der Qualia, intrinsisch (nicht-relational) zu sein, und gegen deren objektive Kontrollierbarkeit bzw. betonen die introspektive Ununterscheidbarkeit zwischen veränderter Wahrnehmung und veränderter Bewertung der Wahrnehmungen.

Dennett benutzt also „intrasubjektive Inversionsszenarien" dazu, um die *Erste-Person-Theorie* über Qualia in ein Dilemma zu stürzen (Heckmann 2001, 445), womit entweder die unmittelbare Zugänglichkeit der Qualia oder deren Nicht-Relationalität bedroht ist. Dennett neigt dazu, „beide essentiellen Qualiamerkmale aufzugeben" (ebd. 446).

Die Einordenbarkeit in Graduierungen, Dispositionszusammenhänge und in Informationszustände phänomenaler Art zeigt für Dennett, dass die eigenen phänomenalen Bewusstseinszustände weder unaussprechlich (also nicht mitteilbar) noch intrinsisch, privat noch unmittelbar bewusstseinszugänglich sind. Daraus schließt Dennett, dass Qualia nicht nur wissenschaftlich-objektiv unzugänglich sind, sondern gar nicht existent. Ganz abgesehen davon, dass hier ein sehr enger szientistisch-verifikationistischer Ansatz eines eliminativen Materialismus oder Physikalismus undiskutiert, also dogmatisch, vorausgesetzt wird, gibt es noch andere Argumente, die diese Folgerung als zu schnell oder kurzschlüssig erweisen.

Zweifellos ist es richtig, dass Qualia nicht allein isoliert und in absoluter Weise rein intrinsisch gesehen werden können, sondern in der Tat in dispositionale und repräsentationale Erfassungs- und Wahrnehmungssysteme eingebettet sind. Somit täuscht mit Sicherheit der „unmittelbare" („direkte") Zugang ohne jegliche Vermittlung und Vermittelbarkeit; denn es sind in der Tat Unterscheidungsfähigkeiten bzw. Strukturunterschiede in der Rezeption und Erfassungsweise (z. B. vom Farbunterschied zwischen Rot und Grün) involviert, wenn diese auch sicherlich keine begrifflich-sprachlichen oder logischen Folgerungen im üblichen Sinne darstellen oder auf solchen beruhen. Die angebliche „Unfehlbarkeit" der Qualiaerfahrung kann nach Dennett (1988, 55) nur aufrechterhalten werden, wenn man eine epistemologische Akzentverschiebung vornimmt und „Qualia als *logische Konstrukte* aus den Qualiaurteilen der Subjekte heraus" auffasst.

Durch die Aufzählung der essentiellen Qualiamerkmale ist eine sehr enge und m. E. zu weitgehende Beschränkung der phänomenalen Qualiaerlebnisse umrissen, so dass deren Ablehnung als eigener und gar objektiv feststellbarer und kontrollierbarer Entitäten geradezu trivial impliziert ist. Zu den einzelnen Merkmalen lassen sich variierende und modifizierende Kommentare geben. Zunächst ist die Nicht-Mitteilbarkeit bzw. Unaussprechlichkeit doch wohl keineswegs so zu verstehen, dass Qualia überhaupt nicht in einen intersubjektiven oder interpersonellen Diskurs eingebettet werden könnten, sondern so, dass die Nuancenfülle und -reichhaltigkeit der phänomenalen Erlebnisse nicht durch bloße Worte oder sprachliche Begriffe beschrieben werden kann. (Das bleibt zweifellos bestehen.) – Ferner ist der private Zugang im Sinne der Ersten grammatischen Person weiterhin nicht zu bezweifeln – nur ein streng objektivistisch-szientistischer Ansatz wird dies von vornherein als hinreichend zum Ablehnen solcher Erlebnisse und der entsprechenden Erfassungen („bloße Scheingehalte") ansehen. – Die Kritik an der Nicht-Relationalität ist zweifellos nachzuvollziehen: Qualia mögen zwar intrinsisch erscheinen, sind aber hinsichtlich ihrer Erfassbarkeit und Mitteilbarkeit einzubetten in Vergleichs- und Relationszusammenhänge (z. B. Nuancenvergleich anhand von Farbmustern). – Was die Unmittelbarkeit der direkten Bewusstseinserfassung phänomenaler Erlebnisgehalte angeht, so wurde schon erwähnt, dass diese durch Strukturiertheiten, die freilich nicht bewusst werden, vermittelt sind: Jede sinnliche Rezeption oder Wahrnehmungserfassung ist, wie wir gesehen haben, schematisiert, somit schon durch die relationale Vergleichbarkeit und Einbettung strukturiert und nicht mehr in jedem Sinne „unmittelbar". – Wie soll man nun doch noch ein „verdinglichender" Qualiarealist sein, der Qualia als eigene ontologische oder wenigstens epistemische Entitäten auffasst?

Wenn Dennett schließlich seine Ausgangsmerkmale der Qualia Revue passieren lässt (1988, 74), so stellt er fest, dass es nichts gibt, das die Erwartungen erfüllt („there's nothing to fill the bill"). Dies ist sicherlich hinsichtlich der Konjunktion aller dieser entsprechenden absoluten Merkmale richtig, reicht aber in keiner Weise hin, qualitatives Erleben als völlig unrealistisch oder auch nur als unkontrollierbar einzuordnen. Es könnte ja sein, dass lediglich das eine oder das andere Merkmal wie eben beschrieben zum Teil nicht erfüllt ist (z. B. die Nichtaussprechbarkeit bzw. Nichtmitteilbarkeit, Privatheit im Zugangssinne und die Direktheit der bewussten phänomenalen Gehalte). Dennetts (zu) scharfer Schuss beruht allerdings auf der *Konjunktion* aller dieser absoluten Merkmale und ist insofern nicht geeignet, die Unmöglichkeit aller qualitativen Erfassungs- und Erlebnisweisen nachzuweisen: Es könnte ja sein, dass nicht alle oder nur zwei der Merkmale nicht erfüllt werden können. Dennett schließt aus der Tatsache, dass sie nicht alle zusammen unter objektivistischen Gesichtspunkten erfüllt werden können, dass Qualia überhaupt nicht möglich seien (im Gegensatz übrigens selbst zu seiner eigenen Intuition). Dies ist sicherlich ein unzulässiger Schluss, der zu einer viel zu scharfen epistemologischen und ontologischen Folgerung führt. Er beruht auf der Unterstellung eines streng objektivistischen physikalistisch-epistemologischen Standpunkts, der nur objektiv und intersubjektiv etwas aus der Perspektive der dritten Person Kontrollierbares als real anerkennt, also dogmatisch einen Physikalismus bzw. (evtl. eliminativen) Materialismus zugrundelegt.

Nicht einmal die Wendung der Qualiainversion in die intrasubjektive Erinnerungsperspektive reicht nach Heckmann (2001, 450) aus, um die Qualiainversionen in diesem Sinne als hinreichenden Grund für die Ablehnung von Qualia zu legitimieren. Das gilt, selbst wenn man seine „*aktuellen* Qualia" benutzt, „um sie in invertierter Form in ein anderes Subjekt oder eben in ein „vergangenes Selbst" zu projizieren, das macht am Ende keinen Unterschied" (ebd.). Heckmann betont mit Recht: „Ich muss dazu allerdings meine aktuellen Qualia identifizieren, d. h. diskriminieren und voneinander unterscheiden können". Dies aber bedeutet, dass ich meine aktuellen wie auch die Projektion der etwa erinnerten Qualia als von vorneherein schematisiert und unterscheidbar unterstellen muss. Diese Projektionen und Unterscheidungsmöglichkeiten setzen allerdings keine irgendwie ontologisch zu verstehenden Qualiaentitäten als verdinglichter „Etwasse" voraus, sondern dies kann in Form von prozessualen Unterscheidungen und sogar in Bezug auf die Merkmale von Interpretations- und Imprägnationsprozessen geschehen. Qualia müssen nicht dingartige Entitäten oder (Quasi-)Objekte oder Pseudoentitäten sein, sondern sie können als interpretatorische Konstrukte von bestimmten Erfassungs- und Wahrnehmungs*prozessen* aufgefasst – und nur so erfasst, bzw. erfahren werden, also durch Aktualisierung (Aktivierung) eines Vermögens, das ich oben als Fähigkeit zur „Qualiafizierung" bezeichnet habe. Statt von Pseudoentitäten, von der Existenz von Qualia als Quasidingen zu sprechen, kann man die entsprechenden Deutungen und Interpretationsprozesse als eben „*qualiafizierende*" auffassen und hat dann durchaus die Möglichkeit, dies auch mit entsprechenden anderen („alternativen") physikalistischen Interpretationen bestimmter physiologischer Prozesse beim Wahrnehmen zu vereinen, ohne einen dogmatischen Einzigkeitsanspruch einer dieser Seiten durchboxen zu müssen.

Ein zweites Argument, das schon von Locke und Hume diskutiert und oben erwähnt worden ist, ist das Argument der sog. *invertierten Qualia*. Die Grundsituation ist: Man kann unter Umständen durchaus bei gleicher Verhaltensweise die Qualia-Empfindungen unterschiedlicher Personen verändern, und dies ist vorstellbar, ohne dass sich letztlich deren Verhalten ändert. Rot-grün-Blinde können sich an der Straßenkreuzung noch „normal" orientieren; sie können beispielsweise an den Ampeln feststellen, wann die obere (rote) Lampe beleuchtet ist. Ferner gibt es bestimmte Möglichkeiten der Überkreuzungen oder Veränderungen, der Invertierungen. So diskutiert Dennett (1994) gar, wie bzw. ob bei künstlichen neuro-chirurgischen Überkreuzungen neuronale Verdrahtungen zu Veränderungen von Qualia-Erlebnissen der Art führen (könnten), z. B. derart, dass beispielsweise Nerven des Sehsystems ans Hörsystem angeschlossen werden oder eben Rot-grün-Empfindungen vertauscht werden. (Allerdings passen sich möglicherweise die Reaktionen wohl wieder an – wie bei den Umkehrbrillen Kohlers.) Wird nun die neue Präsentation nur wie gewohnt gedeutet – oder ist die Anpassung dann bereits in der Präsentation erreicht? Es gibt keinen unabhängigen Blickwinkel, von dem aus dies eindeutig zu entscheiden wäre. Dieses notorische und „tückische" (Dennett 1994, 507) Argument der invertierten Qualia ist tatsächlich rein neuro-physiologisch nicht einfach aus der Welt zu schaffen. Das hat sich wiederholt gezeigt. Bei Hume trat nur das Problem der *abwesenden* Qualia auf, z. B. in der Gestalt, dass im Farbkreis eine bestimmte Blautönung fehlt. Kann man sie sozusagen in Gedanken ergänzen? Man *sieht* sie eben nicht. „*The missing shade of blue*" ist bei Hume (*Treatise* I, 1.1) ein entscheidendes Argument auch in seiner Erkenntnistheorie. Derartige Argumente zeigen – wie auch damit verwandte –, dass offensichtlich das phänomenale Qualia-Erleben des Bewusstseins in bestimmter Weise eine Art von Eigenfunktionalität hat, die nicht nur auf die physischen Grundlagen allein zurückgeführt werden kann, weil eben durch entsprechende Inversionen dennoch das Verhalten nicht verändert wird.

Es gibt noch eine Reihe von Autoren, die zu diesem Problem Stellung genommen haben, beispielsweise auch D. Chalmers (1995, 1996). Dieser schließt aufgrund der Problematik der „invertierten Qualia", die er dann noch ergänzt durch *wechselnde*, entweder *schwindende* oder gar hin und her „*tanzende Qualia*", es sei unwahrscheinlich, dass solche fehlenden und invertierten Qualia physikalistisch-funktionalistisch möglich sind. Man habe gute Gründe für die Annahme, dass ein „*Prinzip der strukturellen Invarianz*" zutrifft, d. h., wenn die Feinstrukturen von zwei empfindenden Organismen genau übereinstimmten, dann gelte das auch für die funktionale Organisation des bewussten Erlebens; diese würde dann auch hinsichtlich der Empfindungen notwendigerweise übereinstimmen. Chalmers kommt dann statt eines Reduktionismus zu einer Position, die er einen „*nichtreduktiven Funktionalismus*" nennt: Dieser behauptet, das bewusste Erleben werde durch die funktionale Organisation determiniert, ohne notwendigerweise auf die funktionale Organisation *reduzierbar* zu sein. Das ist in der Tat eine recht ähnliche Schlussweise zu jener, wie sie beispielsweise auch Van Gulick vertritt. Diese Ansicht hat viel für sich. Nur ist sie durchaus auch vereinbar mit einer funktionalistischen Auffassung, auch mit seiner physikalistischen Variante der Emergenzansätze, wie sie Achim Stephan (1999) behandelt und vertritt. Man muss nicht ein Hard-core-Physikalist sein, um einen Funktionalismus vertreten zu können, insbesondere einen Teleofunktionalismus, wie z. B. C. McGinn im Anschluss an R. G. Millikan. Ein ganz neues Argument dazu hat P. Lanz (1996) eingebracht: Er zeigte, dass für einzelne Sinnesqualitäten – also beispielsweise im Visuellen wiederum beim Farbkreis – bestimmte physikalische Reize, welche die entsprechenden Sinneseindrücke verursachen, in einer bestimmten Relation zueinander stehen, die nicht genau dem gleicht, was den phänomenalen Strukturen entspricht. Das ist in der Tat der Fall. (Man denke beispielsweise an Goethes Farbenlehre). Beim Farbkreis ist das offensichtlich. Dieser „geht" ja sozusagen geschlossen wieder in sich über in einer graduellen Abschattung, während die physikalische Grundlage der Frequenzen, die das Farbempfinden unseres Farbspektrums darstellen, nicht in sich zurücklaufen, nicht zyklisch sind. Das heisst, hier liegen zwei ganz unterschiedliche Strukturen vor. Das Phänomenale ist anders strukturiert als das Physische oder das rein physikalisch bzw. physiologisch zu Erfassende. Auf diese Weise haben die traditionell so genannten „sekundären" Qualitäten ihre eigene Struktur. Die Gehirne haben gleichsam eigene Codes entwickelt, die natürlich in bestimmter Weise zusammenhängen mit der Funktionalität, Überlebensrelevanz u. ä., aber nicht bloß unmittelbar Eigenschaften der physi(kali)schen Grundlagen und auch nicht notwendigerweise allein der Gegenstände der Umgebung sein müssen. Insofern ist dies ein Argument dafür, dass offensichtlich die phänomenalen Erlebnisqualitäten, die Qualia, doch eine eigene Struktur aufweisen, trotz ihrer Supervenienz über Physischem z. T. also eine gewisse Eigenidentifizierbarkeit darstellen, und zwar „oberhalb" der zugrunde liegenden physikalisch bzw. physiologisch zu beschreibenden Struktur der Trägerprozesse. Das würde natürlich für eine Art von Sonderrolle des phänomenalen Bewusstseins, des Qualia-Empfindens usw. sprechen. Das ist jedenfalls ein plausibles Argument.

Sind nun Qualia, wenn sie sozusagen eine eigene Struktur haben, „intrinsisch" in dem Sinne, dass sie eine eigene interne Existenz haben, obwohl sie unter Umständen nur extrinsisch, durch Bezug auf äußere Gegebenheiten, gekennzeichnet, spezifiziert oder qualifiziert werden können? Das ist eine Frage, die sich im Zusammenhang mit dem allgemeinen Qualia-Problem auch Kim stellt. Er meint (1998, 195 f.), dass es hier durchaus (nomologische), also gesetzesartige, naturgesetzartige Verknüpfungen gibt, die für einen Zusammenhang zwischen dem Physischen, der neurologischen Grundlage einerseits und dem Mental-Psychischen andererseits sprechen. Diese weisen aber nicht eine metaphysische Notwendigkeit auf, sondern sie sind abhängig von der „Verfasstheit" unserer Welt. Sie sind also nicht in allen Welten gleich und sind unter Umständen nur in Welten zu finden, die der unsrigen in der Hinsicht ähnlich sind, dass sie dieselben oder weitgehend entsprechende Naturgesetze aufweisen. Kim nennt das (ebd. 196), statt der allgemeinen logischen oder metaphysischen, treffend eine „nomologische Supervenienz", die „hinreichend" sei, um Qualia in der physischen Welt zu verorten (ebd. 197). Wenn also eine bestimmte neurologische Grundstruktur vorhanden ist, dann ergibt sich die Möglichkeit der entsprechenden psychischen oder mentalen Reaktion. Das bezieht sich aber im wesentlichen auf Eigenschaften, die den phänomenalen Charakter als intrinsische Eigenschaften darstellen, die aber unter Umständen eben nur durch Verweis auf äußere Kriterien oder äußere Gegenstände „herausgepickt" werden können – beispielsweise, wenn man sich an bestimmte Empfindungen erinnert oder sie bezeichnen will: Das hier riecht wie „faule Eier", oder wie Schwefelwasserstoff. Hier hat man eine extrinsische, eine unter Bezug auf äußere Gegenstände oder Arten charakterisierte Beschreibung eines aber intern qualifizierten oder qualiafixierten Empfindens. Nur so können wir in der Tat vorgehen. Letztlich ist es also häufig so, dass wir in der Tat Qualia als solche intrinsischen Eigenschaften verstehen, die erst durch Zugang zu äußeren Gegenständen, Vergleichserlebnissen, Empfindungen, erinnerten Ereignissen und natürlich unter Vermittlung durch sprachliche Mittel der Darstellung überhaupt gekennzeichnet, herausgehoben, als solche eben ausgezeichnet werden können. Aber wenn Qualia überhaupt intrinsische Eigenschaften sind, dann besteht wohl wenig Hoffnung – so sieht Kim heute selber ein (z. B. ebd. 196, 198 ff.; 2000) – auf eine physikalistische Reduktion dieser auf die bloßen neuronalen Grundlagen, seien es die berühmten 40-Hertz-Oszillationen der Neuronenassemblies, seien es C-Faser-Reizungen. Offensichtlich ist das *„Supervenieren"* der Qualia auf den physisch-neurologischen Grundlagen differenzierter zu sehen. Dass es aber ein solches Supervenieren gibt, ist wohl nicht zu bezweifeln. Es ist freilich ein nichtmetaphysisches, nichtlogisches, „abgeschwächtes" Supervenieren in einem nomologischen Sinne, aber doch in der Art, dass Unterschiede in der Empfindung (natur)notwendig auf Unterschieden auch in physiologischen oder physiologisch fassbaren Trägerprozessen beruhen. Das ist ja die Grundidee bei der „Supervenienz": Wenn das Physiologisch-Neuronale identisch ist, dann müssen auch die Empfindungen identisch sein. (Zur Supervenienz differenzierter vgl. Kim 1993.)

2. Vom Physikalismus zum Perspektivismus

Man kann und sollte sich auch weiterhin noch mit bestimmten Theorien auseinandersetzen, wie sie D. Rosenthal, oder Paul Churchland (1997) oder W. G. Lycan (1996), P. Carruthers (2000)) und R. G. Millikan (1984) entwickelt haben, denen zufolge Bewusstsein als *Metazustand* aufgefasst wird, sei es in der Gestalt, dass ein höherstufiger Gedanke ausgedrückt wird, dass ich mich in diesem Zustand befinde und dass dieses das Bewusstsein dieses Zustandes dann „ist" (wie Rosenthal und Carruthers meinen). Oder man mag – wie Churchland, Millikan, aber auch Armstrong, und neuerdings besonders Lycan – meinen, dass dieser höherstufige Zustand kein (bloßer) Gedanke ist, sondern eine innere Wahrnehmung, eine „Erfahrung" oder ein „Erlebnis" höherer Ordnung. Aufgrund des inneren Scanners oder Monitors nehmen wir danach unsere niederstufigen Zustände wahr, stellen aber keine Behauptungen darüber oder Gedanken auf, sondern wir haben eine Art von interner Empfindungsschichtung und untersuchen deren Struktur. „Wahrnehmung" ist dann allenfalls im Sinne der inneren Wahrnehmung zu verstehen, und das müsse auch so sein, meint D. Armstrong, der dieses „Wahrnehmen" eben mit dem inneren Scannen, inneren Monitoring gleichsetzen will. Lycan (1996, 2) behauptet, Bewusstsein sei „das Funktionieren" innerer *„Aufmerksamkeitsmechanismen* [...], die auf niederstufige psychische Zustände und Ereignisse gerichtet sind".

Physikalisten und Vertreter des eliminativen Materialismus neigen dazu, den scheinbaren „Entitätscharakter" von bestimmten interpretatorischen Erscheinungen höherer Stufe allzu einfach in die entsprechende Dingebene zu projizieren, also einen *Fehlschluss voreiliger Entitätisierung* vorzunehmen – oder einen solchen dem Gegner zu unterstellen. Der schemainterpretationistische Ansatz ist an derartige entitätisierende Fehlschlüsse und ontologisierende Herabprojektionen nicht gebunden, dürfte sich also auch aus methodologischen Gründen als ein flexiblerer, offener und wegen der Höherstufigkeit der Deutungen genereller anwendbarer Ansatz empfehlen. Der methodologische Schemainterpretationismus hat demgegenüber den Vorteil, dass er – aufgrund seiner methodologisch veranlassten Stufenbildung der Schematisierungen und Interpretationen – unterschiedliche Erfassungsweisen aus verschiedenen Disziplinen (etwa naturwissenschaftlicher oder eher subjektpsychologischer Art) unter dem Gesichtspunkt des Perspektivismus jeweils als Deutungsweisen „eigenen Rechts" zulässt, ohne dogmatisch einen Alleinvertretungs- oder absoluten Einzigkeitserklärungsanspruch erheben zu müssen. Die Frage nach der Existenz der Qualia an sich ist damit natürlich (nur) epistemologisch-methodologisch, sozusagen lediglich wittgensteinianisch aufgelöst: Es gibt keine eigene ont(olog)ische Ebene, auf der Qualia existieren – jedenfalls nicht im traditionellen ontologischen Sinne. Qualiaerlebnisse stehen eher unter dem Signum von perspektivisch und interpretatorisch zu verstehenden Erfassungsweisen. Ihr Vorhandensein kann zwar bio-teleo-funktionalistisch verstanden werden (z. B. evolutionsbiologisch erklärt werden), aber man kann sie eben auch als feiner zu unterscheidende Bewusstseinsgehalte im Sinne des phänomenalen differenzierten Erfassens verstehen oder als differenzierende Interpretationskonstrukte von entsprechenden Wahrnehmungs- und zugeordneten Deutungsprozessen.

D. Chalmers' Buch *The Conscious Mind* (1996), ist eine der umfassendsten und meines Erachtens auch besten Darstellungen des Bewusstseinsproblems. Chalmers hat im wesentlichen eine Grundidee, die er kritisch auf alle bisherigen Bewusstseinstheorien anwendet, insbesondere auf jene der letzten Jahrzehnte. Er unterscheidet zwischen dem *phänomenalen Zugang* und dem *psychologischen* Zugang und entsprechend auch einem „phänomenalen" und einem psychologischen Begriff des Bewusstseins (1996, 11 ff.). Seine Idee ist, dass die Arten der psychologischen Behandlung sich immer auf innere Informationsverarbeitung beziehen und dass solche Eigenschaften wie beispielsweise Wachheit, Introspektion, Berichtbarkeit, Mitteilbarkeit, Selbstbewusstheit, Aufmerksamkeit, willkürliche Steuerung des Bewusstseins und entsprechend auch Kontrolle sowie Wissen und Lernen, also Wissenserwerb, hauptsächlich unter dem Gesichtspunkt dieses intern-"psychologischen" Ansatzes diskutiert werden. Das ist sicherlich ein gewichtiger und zentraler Gesichtspunkt der meisten kognitiv-psychologischen Theoretiker und Ansätze, aber auch vieler philosophischer Analysen. Man denke an das innere Scannen, an internes Monitoring nach Armstrong und Lycan oder an die Idee, Bewusstheit bestehe darin, dass man mit einem phänomenalen Bewusstseinserlebnis einen Gedanken höherer Ordnung verbindet (Rosenthal), dass man eben diesen höherstufigen Bewusstseinszustand hat, in jenem (Meta-)Bewusstseinszustand ist usw. Alle kognitiven Ansätze, insbesondere natürlich die Informatikansätze der „starken" Künstlichen Intelligenz, gestützt auf die Computermetapher des Geistes usw., sind im Wesentlichen

2. Vom Physikalismus zum Perspektivismus

diesem psychologischen Erklärungsansatz verpflichtet. Dieser Erklärungsansatz, der nach Chalmers (nur) *eine* Art des Bewusstseins, nämlich das „psychologische Bewusstsein" umfasst, ist also eine Auffassung und Analyse unter dem Gesichtspunkt der möglichen Erklärung von bestimmten kognitiven Eigenschaften, Fähigkeiten, Ereignissen usw. Wie kommen Lernen, Wissen, Bewusstsein zustande – z. B. unter dem Gesichtspunkt der formalen Eigenschaften, des Formats, der kognitiven Verarbeitung insgesamt? Was ist dabei insbesondere jeweils die funktionale Rolle, die bestimmte Voraussetzungen und Faktoren beim Zustandekommen der entsprechenden Eigenschaften, Fähigkeiten, Ereignissen usw. spielen? Die Analyse von funktionalen Rollen, insbesondere beispielsweise auch des kausalen Zustandekommens von Bewusstseinserlebnissen, sind unter diesem Gesichtspunkt auch solche Spezialfälle des psychologischen Ansatzes der Bewusstseinsanalyse.

Das Problem ist folgendes: Diese Erklärungsvorhaben sind zwar schöne wissenschaftliche Skizzen und Programme, die auch erfolgversprechend sind, die man sicherlich in der nächsten Zeit – insbesondere unter Einbeziehung vieler neuro-biologischer, neuro-physiologischer Methoden, welche man jetzt oder künftig zur Verfügung hat, einschließlich auch der parallelen Benutzung oder Querverweisung (des *„cross checking"*) mit kognitiven psychologischen Verfahren – z. T. lösen oder wenigstens erfolgreich analysieren kann. Doch die eigentlich „harte" Problematik des *phänomenalen Bewusstseins*, nämlich des Qualia-Bewusstseins, wird dadurch nach Chalmers gar nicht gelöst, ja, nicht einmal berührt. Das kann man schon daran sehen, dass immer noch ein „Zombie-Argument" angeführt werden kann – und das ist ein beliebtes Argument, das Chalmers auch häufig benutzt (z. B. 1996, 180 ff). Die funktionale Organisation kann bei einem anderen Wesen oder System ganz gleich sein, vielleicht auf anderer struktureller Basis, aber man kann sich durchaus denken, dass dabei kein phänomenales Bewusstsein, nämlich ein tatsächliches Erleben von Bewusstheit im Sinne der „Anfühlungsqualität" bzw. der Anfühlungsgegebenheitsweisen, gegeben sei. Es kann stets einen funktional-äquivalenten „Zombie" geben, ohne Bewusstsein. Weder die psychologischen Theorien noch die neurobiologischen, noch die evolutionären können diese beiden Fälle (mit bzw. ohne Qualia-Bewusstsein) unterscheiden. Auch ein Funktionalismus, der ja immer nur bis auf Funktionsäquivalenz definiert ist, kann eigentlich nicht unterscheiden zwischen einem wirklich phänomenal *erlebten* Bewusstsein und der gleichen funktionalen Organisation des Systems, in der kein Bewusstsein herrscht. Chalmers' Idee ist also, dass die eigentlich „harten", metaphysischen Fragen sich immer wieder stellen, notorisch gerade angesichts der Phänomenalität des Bewusstsein. Was heisst nun dieses Erleben des Qualitativen, also das Bewusstsein im engeren Sinne – im Gegensatz beispielsweise zu der bloßen Verarbeitungsqualität der kognitiv-psychologischen und sonstigen neuro-biologisch physiologischen Modelle? Bewusstsein ist ja offensichtlich subjektiv etwas Qualitatives; verbunden mit diesem subjektiven Erleben ist es *„occurrent"*, das heisst, es ist *präsent*: Es entsteht im Augenblick oder ist (nur) jeweils in der Gegenwart vorhanden; es wird im Augenblick erlebt, ist ein mentales Erleben, das in gewissem Sinne perspektivisch ist, das zudem in spezifischer Weise qualitativ gefärbt ist (sozusagen „qualia-fiziert"), das u. U. intentional auf einen Gegenstand gerichtet ist, den „intentionalen Gegenstand" im Sinne von Husserl oder Brentano.

Das Bewusstseinserleben ist von einer bestimmten Anfühlungsqualität oder „Anfühlungsgegebenheitsweise", die nur in der ersten Person berichtet werden kann. Das geschieht in Gestalt eines Berichtes über einen „inneren", mentalen Zustand des Selbst, der eigenen Person, des eigenen Organismus. Das Bewusstseinserleben phänomenaler Provenienz scheint in der Weise „*transparent*" zu sein, dass das Bewusstsein allein auf seinen Gehalt konzentriert ist, aber eigentlich mehr nur das Medium ist, das selbst nicht unmittelbar aufscheint oder relevant ist. Das Bewusstseinserlebnis wird charakterisiert entweder durch den Gegenstand bzw. Gehalt; es zeigt sich also Inhalts- oder Objektadressiertheit der Bewusstseinserfassungsweisen. Oder es ist gekennzeichnet durch die bestimmte qualitative, eben qualiahafte Färbung der Phänomenalität. Insofern scheint das Bewusstsein in beiden Fällen im Erleben selber gar nicht auf. (Eine Ausnahme stellt etwa die These Rosenthals (1997) dar, mein Bewusstsein bestehe darin, dass ich in der Tat einen höherstufigen Gedanken zu einem Bewusstseinszustand niederstufiger Art oder einer phänomenalen Erlebnisqualität hinzufüge, sozusagen ein Metabewusstsein eines Bewusstseins habe.) Das Entscheidende sind die phänomenalen Qualia-Eigenschaften oder das, was man normalerweise eben „*das phänomenale Bewusstsein*" nennt, wobei dieses im Gegensatz zum „Zugriffsbewusstsein" steht (beispielsweise bei Block). Das Letztere ist eben zugriffs- oder verfahrensorientiert, nicht inhaltlich charakterisierbar, sondern es kann allenfalls (aber muss nicht notwendigerweise) erlebt werden. Gibt es einen besonderen metaphysischen Status oder eine besondere Aspekthaftigkeit dieses phänomenalen Bewusstseins, die ein solches Bewusstsein notwendigerweise unter einer bestimmten Bedingung in einem physischen System auftreten lassen?

Chalmers versucht zu widerlegen, dass es so etwas wie eine rein logische Supervenienz des phänomenalen Bewusstseins auf dem Physischen gibt. Statt dessen, meint er, können wir in dieser Weise keine Notwendigkeit in allen möglichen Welten behaupten, sondern wir könn(t)en allenfalls – und das tut er – eine *naturale* oder eine bloß *nomische Supervenienz* vertreten, d. h. also eine Gesetzesartigkeit nach bestimmten, in *unserer* Welt kontingent gültigen Naturgesetzen. Diese letzteren müssten nicht nur physikalischer Art sein, sondern können auch psychophysische Gesetze umfassen, die nicht auf physikalische Gesetze zurückgeführt werden können müssen. „Natürliche Supervenienz" (ebd. 88 f., 161, 299)) ist also dann gegeben, wenn beispielsweise das Mentale und dessen Eigenschaften, also die mentalen Eigenschaften, genau dieselbe Verteilung aufweisen, falls die zugrunde liegende physische Bedingungssituation die kennzeichnend durch die entsprechenden physischen, physikalisch-physiologisch beschreibbaren Eigenschaften dargestellt wird, dieselbe ist. Wenn die physikalische oder – besser – physische Basis dieselbe ist, dann ergibt sich notwendigerweise auch dieselbe mentale Erlebnishaftigkeit. Das ist naturale oder natürliche Supervenienz. Diese ist keine rein logische Beziehung, aber es ist ein Zusammenhang, von dem unterstellt wird, dass er in gewisser Weise *naturgesetzlich* (aus)geprägt ist, wobei „naturgesetzlich" hier durchaus in einem weiteren Sinne verstanden wird und nicht etwa nur physikalische Gesetze umfasst, sondern – wie schon erwähnt – eben auch psychophysische Zusammenhänge. Chalmers meint, dass wir gewisser Weise dem Physikalismus im scharfen Sinne ab-

2. Vom Physikalismus zum Perspektivismus

schwören müssten und stattdessen den Rahmen dessen, was „natürlich" ist, erweitern sollten. Er spricht von einem *„naturalistischen Dualismus"* (1996, 128, 168 ff.). (Das ist vielleicht terminologisch nicht so ganz geschickt, weil „Dualismus" eben den klassischen Substanzdualismus assoziiert, aber das ist hier nicht gemeint, sondern es wird ein „Dualismus" geschildert, der sich sozusagen auf die duale Zugangsweise zu entsprechenden Eigenschaften bezieht. Mentale psychische Eigenschaften sind nur anders erfassbar als physische im engeren Sinne.) Dieser „Dualismus" wird erläutert und sei auch durch Argumente zu stützen bzw. zu beweisen, beispielsweise durch solche, die sich gegen den Materialismus richten, wobei Chalmers aus einigen Prämissen folgert, dass der (physikalistische) Materialismus „falsch" sei. Das bedeute jedoch keineswegs, dass eine *naturalistische* Basis nicht möglich wäre, sondern es gibt nach Chalmers eine nicht-physikalistische „natürliche Basis" von natürlichen mentalen Phänomenen, die auf der Grundlage des Physischen durch die entsprechenden Aspekte, wie sie durch den phänomenal-mentalistischen Zugang gegeben sind, und mittels „Supervenienzgesetzen" (ebd. 127) supervenieren, entsprechend dem eben erwähnten und definierten Begriff der „natürlichen Supervenienz"[15].

Die vier Prämissen für seine Folgerung, sind: 1. Bewusstseinserfahrungen, Erlebnisse („conscious experience") „existieren"; 2. „Bewusste Erfahrung ist nicht logisch auf dem Physischen supervenient"; 3. „Wenn es Phänomene gibt, die nicht logisch auf den physischen Fakten supervenieren, dann ist der Materialismus falsch". 4. Die physikalische Welt, „der physikalische Bereich ist kausal geschlossen". – Schon aus den ersten drei Prämissen folge die „Falschheit" des Materialismus. Das bedeutet, dass ein naturalistischer Zugang allenfalls möglich ist, wenn man sich auf eine natürliche Supervenienz beschränkt und dass das Bewusstsein aus bestimmten physischen Grundlagen nach entsprechenden Naturgesetzen entsteht, selbst aber, so schließt Chalmers, „nicht physisch" ist, das heißt wohl: letztlich nicht physiologisch-physikalisch beschreibbar ist. Dieser Schluss, das Bewusstsein sei „nicht physisch", ist bei Chalmers freilich zu erratisch kurz geraten. Man kann durchaus sagen, dass es „natural" ist, aber nicht rein physiologisch-physikalisch beschreibbar, obwohl eine „naturale Supervenienz" auf dem zugrundegelegten Physischen vorliegt. Chalmers meint, es bleibe nur noch seine eigene Position übrig, nämlich der *„naturalistische Dualismus"* (1996, 128, 168 ff.), der alle diese genannten vier Prämissen akzeptiert, aber den Dualismus eben, wie gesagt, als *Eigenschafts*dualismus (ebd. 125, 168) bzw. als *Perspektiven*dualismus auffasst. Das Bewusstsein ist ein natürliches Phänomen, superveniert „natürlich" auf dem Physischen – in dem genannten Sinne, also unter Benutzung etwa von kontingenten psychophysischen Gesetzeszusammenhängen, aber es superveniert nicht *logisch*, nicht schon konzeptionell-logisch auf der entsprechenden materiellen Anordnung; es ist nicht be-

---

[15] Man kann natürlich darüber streiten, ob das Argument nun eine nicht-natürliche Begründung ist. Wenn „natürliche Supervenienz" von Eigenschaften vorhanden ist, dann sollte man das durchaus „natürlich" nennen (dürfen). Auf Natürlichem superveniert etwas – und das, was auf dem Natürlichen superveniert, ist nach wie vor dann natürlich auch in diesem Sinne „natürlich". Allerdings ist sicherlich richtig: Es muss nicht in jedem Sinne erfassbar sein. Wir hatten ja von der Unterscheidung zwischen *Erfassbarkeit* von einer bestimmten Erfassungsperspektive aus und anderen, beispielsweise ontologischen, Überlegungen schon gesprochen.

reits logisch mit den entsprechenden physischen Systemen verbunden und ist auch nicht metaphysisch notwendig. Diese Überlegung führt Chalmers zu der These, dass auf diese Weise (s)ein naturalistischer Dualismus begründet werden kann, der im Grunde so etwas ist wie ein „nicht-reduktiver Funktionalismus" (Chalmers 1995, 388; 1996, 249, 274 f.) – eine meines Erachtens durchaus interessante Position. (Die *Asymmetrie* überzeugt als bloßes Ausschlussverfahren nicht so ganz, da behauptet wird, dieser eigene Ansatz sei „der einzige ohne einen fatalen Fehler": bisher? Oder prinzipiell? Eine solche reine negative Aussage lässt sich nicht strikt für alle Zukunft begründen.)

Chalmers folgert also, dass der Materialismus und ein allumfassender Physikalismus (Materialismus) falsch seien, dass keine rein *logische* Supervenienz des Bewussten besteht, dass aber dennoch Bewusstseinsphänomene „natürliche Phänomene" sind, dass beispielsweise zwar „Zombies und auch invertierte Qualia-Spektra logisch und metaphysisch möglich sind", selbst wenn sie „natürlich" nicht auftreten, also in unserer natürlichen Welt nicht vorhanden sind. Das ist seine Hauptthese: „Bewusstsein kann nicht reduktiv (reduktionistisch, H. L.) erklärt werden, kann aber möglicherweise nichtreduktiv (nichtreduktionistisch, H. L.) mittels zusätzlicher Naturgesetze i. w. S. erklärt werden. Die „simple physikalische Weltsicht" sei „zu opfern, um das Bewusstsein erklären" zu können; keineswegs gelte, „dass alle Naturgesetze physikalische Gesetze sein müssen; den Materialismus abzulehnen, bedeutet nicht, den Naturalismus abzuleugnen" (ebd. 169 f). (Die Frage ist hier natürlich, ob Chalmers selber nun einen *Don't-have-a-clue naturalism* vertritt – ähnlich, wie er es den entsprechenden Materialisten bzw. Physikalisten zuvor als nicht zielführend vorgeworfen hat.) Man muss also nach Chalmers das phänomenale Bewusstsein als *natürliches* ("naturales") Phänomen ernst nehmen. Und wenn man das tut, dann bleibe der Eigenschaftsdualismus in dieser naturalistischen, nicht-reduktiven, funktionalistischen Auffassung als die einzige Option übrig. Man könne nicht sozusagen bloß „seinen materialistischen Kuchen haben und sein Bewusstsein gleichzeitig auch essen". Vielleicht sollte man das hier sprachlich etwas missglückte sprichwörtliche Bild eher umkehren. Ich kann nicht die Kuchensüße des Bewusstseins behalten und gleichzeitig den rein materialistischen Kuchen essen. Chalmers zufolge *muss* man damit „leben", dass man die beiden Zugänge – den „psychologischen" und den phänomenalen – zulässt. Der wissenschaftliche Zugang ist physikalisch und z. T. (kognitiv-)psychologisch, bezieht sich auf Psychologisches oder wissenschaftlich-verfahrensmäßig erfassbares Bewusstsein. Damit werde aber das *phänomenale* Bewusstsein im Wesentlichen nicht erfasst. Selbst für die Erklärung von Urteilen im Sinne der Kognitionspsychologie über Phänomenales spiele das Phänomenale selber allenfalls die Rolle einer Leerstelle, aber nicht die Rolle dessen, was spezifisch nach den entsprechenden Kennzeichen, Qualitäten und Eigenschaften darüber entscheidet, ob und wie mit den Entitäten umgegangen wird.

Ein Punkt ist noch zu erwähnen: Chalmers meint, man lande in der Tat mit der rein *kognitiven* Verfahrensweise in gewissem Sinne, wenn man den Erklärungsgesichtspunkt zugrunde legt, bei einer Art von Epiphänomenalismus. Für das Erklären spiele dann die spezifische Phänomenalität keine Rolle mehr. Chalmers erklärt, man müsse mit diesem Eigenschaftsdualismus und mit dieser Art von schwachem Epiphänomenalismus leben lernen. Erklären, Zurückführen auf wissenschaftliche Verfahren, Einbetten in bestimmte

2. Vom Physikalismus zum Perspektivismus

naturwissenschaftliche oder technikrelevante Verfahren ist etwas Anderes als das Verstehen und Darstellen der phänomenalen Eigenschaften.

Wichtig ist noch Chalmers' neueres Prinzip der *„Kohärenz"* zwischen Bewusstsein und Kognition, also eine These der Übereinstimmung der Struktur der kognitiv-psychologisch erfassbaren *„awareness"*, wie er sagt, also des kognitiv Erfassbaren beim Wahrnehmen und Empfinden und Bewusstseinserfahren einerseits mit der phänomenalen Struktur andererseits, die bestimmte Erlebnisse aufweisen. Das nennt er das „Prinzip der strukturellen Kohärenz" (1998, 242 ff.). Es besagt, dass es zwischen dem Phänomenalen und dem Psychologischen eine systematische Verbindung gibt, also Strukturentsprechungen, die man – stets oder fallweise? – aufweisen *kann*. (Freilich braucht offenbar nicht immer (also auch nicht natural notwendig) eine solche Strukturparallelität zu bestehen (Lanz 1996, s.o.).) Die Frage ist natürlich, ob man diese nicht doch in erklärender Weise ausnutzen könnte. In der Tat kann man das, aber ohne die spezifische Qualiahaftigkeit des Phänomenalen zu gewinnen bzw. abzudecken. Das Gewahrsein (die *awareness* also), die Aufmerksamkeit – oder eher gar das Gewahr*werden* – ist generell im wesentlichen dann vorhanden, wenn Bewusstsein vorhanden ist – und zwar notwendigerweise. Aber man kann umgekehrt etwas i. w. S. „gewahren", ohne dass man sich dessen wirklich bewusst ist: beispielsweise, indem man untergründig etwas mitversteht oder subliminale Werbung aufnimmt: ein Etwas-Gewahren, aber nicht in bewusster, distinguierter Weise. Dies zeigt, dass in gewissem Sinne dieses Gewahrwerden, so meint Chalmers im wesentlichen jedenfalls, so wie er das benutzt, auf die psychologische Seite gehört – und nicht auf die phänomenale.

Soweit dieser kurze Überblick über Chalmers' Ansatz. Wie gesagt, der entscheidende Gedanke ist, dass man, wenn man das phänomenale Bewusstsein ernst nehmen will, in der Tat dieses Phänomenale eben auch als von einer bestimmten eigenen „natürlichen" Wertigkeit oder Qualität ansehen muss – und nicht nur als funktionalistisch, kognitiv-psychologisch oder gar neuro-biologisch-physiologisch, sozusagen als ein bloßes Beiprodukt von Ereignissen zu erzeugen ansieht. Ich denke, dieser Ansatz stellt zumindest eine beachtliche Provokation für viele der gängigen, eher materialistischen Ansätze dar, insbesondere auch für einen nicht-reduktiven Physikalismus oder eliminativen Materialismus, aber natürlich erst recht für einen doch letztlich reduktiven Physikalismus wie denjenigen Kims. Darauf ist bereits eingegangen worden. Dennoch meine ich, dass hier einige Korrekturen anzubringen sind: Dieser Eigenschaftsdualismus ist letztlich doch kein wirklicher Dualismus, sondern eher als ein Perspektivismus der interpretatorischen Zugänge zu verstehen. Wenn ich erklären will und rein kognitiv-psychologisch einen Zugang erhalten will, dann gewinne ich Varianten des kognitiv-psychologischen Bewussthabens oder des Abarbeitens von Informationen im System. Wenn wir ein Erlebnis im Sinne der phänomenalen Qualiahaftigkeit beschreiben wollen, wenn wir unmittelbar das Phänomenale (nach Thomas Nagel) verstehen als Erleben dessen, „wie es ist", etwas zu denken, zu erfahren, zu empfinden, Qualia zu „haben", und wenn wir diese etwas fragwürdige Terminologie – for the sake of argument! – einmal übernehmen, obwohl sie ja bereits kritisiert wurde, so haben wir natürlich bereits eine andere Perspektive, nämlich eine phänomenologisch bzw. phänomenalistisch orientierte Zugangsweise. Diese jedoch gestattet es nicht, eine direkt „erklärende" Einbettung in naturwissenschaftliche Zusammenhänge zu geben. Insofern ist diese Unterscheidung zwischen dem „psychologischen" Bewusstsein im Sinne Chalmers' einerseits und dem phänomenalen Bewusstsein andererseits, wenn man diese Ausdrücke jetzt als Kurzformulierungen versteht, ganz in Ordnung. (Und sie trifft sich auch weitgehend mit Unterscheidungen anderer Theoretiker, beispielsweise mit der Unterscheidung zwischen dem Zugriffsbewusstsein (bei N. Block) und dem phänomenalen Bewusstsein im engeren Sinne. Auch bei M. Tye (1995) z. B. finden sich solche Unterscheidungen.) Chalmers' Ansatz erscheint mir deswegen besonders interessant, weil er an der Schwelle zum methodologischen Perspektivismus steht und mit unserem Schemainterpretationismus vereinbar ist. Dennoch geht Chalmers mit seinem „Naturalismus", der kein Physikalismus sei, nicht konsequent genug auf die methodologisch höhere Ebene der perspektivischen Interpretationen über: Er verbleibt noch bei einer Quasiontologisierung des „Natürlichen", kann aber dessen Status über das Physikalische hinaus nicht klären, wenn er seinen Ansatz nicht konsequent auf eine methodologisch-erkenntnistheoretische Sicht – oder Konditionalisierung – hin „trimmt".

Auch M. Pauens (1999, 13, 197) Ansatz zum Transfer von Erklärungen neurophysiologischer Erkenntnisse auf Fragen der Differenzierung und Erfassung von phänomenalen Bewusstseinserlebnissen durch Beanspruchung einer grundlegenden „Identität" typentheoretischer Provenienz kann natürlich mit einem methodologisch-interpretationistischen Ansatz direkt in Zusammenhang gebracht werden. Pauen fordert ausdrücklich auch eine Verlagerung der Identifizierungsfragen auf die „*epistemische* Ebene" (ebd. 14), also eine Strategie und Möglichkeit der Übertragung von Beschreibungen bzw. – etwas schwächer, so würde ich meinen – der (hinreichenden, wenn auch nicht notwendigen) funktionalen Korrelationen. – Die Pauensche Auffassung der Identitätstheorie erweist sich als eine *Identifikations-* bzw. *Interpretations*hypothese, die weitgehend auch mit dem hier vorliegenden allgemeineren schemainterpretationistischen Ansatz verbunden werden kann, zumindest mit diesem vereinbar ist. Dies gilt auch gerade für seinen Versuch, die phänomenale Differenz zwischen neuronalen und (aus dem Blickwinkel der grammatischen Ersten-Person-Perspektive erlebten) mentalen bzw. phänomenalen Eigenschaften zu deuten aufgrund der notwendigen Asymmetrie der wissenschaftlichen (aus der Perspektive der dritten Person gewonnenen) und der subjektiv-introspektiven Perspektive (ebd. 183 ff.). – Übrigens gehe ich auch mit seiner Kritik an der These der prinzipiellen Unerkennbarkeit der eigentlichen, Ding-an-sich-haften Realität hinter Geist und Gehirn einig. Der methodologische Perspektivismus und Schemainterpretationismus verlangt nicht, dass neben dem Insgesamt der entsprechenden perspektivischen Erfassungen eines realen (z. B. eines Hauses; Pauen, ebd. 193) noch ein „eigentliches ‚Haus an sich' jenseits dieser Perspektiven" geben müsse. Man erfasst, interpretiert, deutet, „buchstabiert" sozusagen die Realität notwendigerweise immer unter einer Perspektive, eben interpretatorisch. Dies erfordert nicht, dass es neben dem unterstellten realen Interpretierten, dem Referenten, noch ein davon völlig unerreichbares *anderes* ‚Reales an sich' getrennt geben müsste. Dies ist übrigens interessanterweise auch mit dem neuen Verständnis der Kantischen Erkenntnistheorie nach Hossenfelder (1978) und Röd (1991) vereinbar (vgl. o. und Verf. 2000 sowie 2003). Kants „Subsumtionstheorie" (so Röd), besser: „Interpretationstheorie", lässt sich in der

2. Vom Physikalismus zum Perspektivismus

Tat ohne Schwierigkeiten methodologisch- wie epistemologisch-interpretationistisch auffassen.

Eine der gegenwärtigen Hauptfragen der Philosophie des Geistes und Bewusstseins lautet: Wie und wodurch, durch welche verschiedenen Gehirnmodule kommt so etwas wie Bewusstsein zustande? Was ist die Funktion von bewussten mentalen Vorgängen, die ja weitgehend eben auf Gehirnprozessen „beruhen" und was meint dieses „Beruhen" genauer? Natürlich ist im Wesentlichen der so genannte Assoziationscortex, der somatosensorische Kortex, aber auch der motorische Assoziationscortex in allen Prozessen involviert, die mit dem Bewusstsein zusammenhängen. Roth (1994, 198) bezeichnete den Assoziationscortex als den „Ort des Bewusstseins", wenn er auch „nicht ... der alleinige Produzent" sei. Das ist natürlich ein wenig mehrdeutig ausgedrückt – und inzwischen hat Roth das aufgrund einer brieflichen Diskussion mit mir auch eingeschränkt (vgl. Lenk 2001 b). Die z. T. vom Stammhirn geleistete Versorgung des Bewusstseinsprozesses bzw. der neuronalen Vorgänge des bewussten (oder bewusst werdenden) Geschehens mit einer Art von Aktivierungsenergie, auch die quasi „wertende" Beteiligung der limbischen Strukturen unterhalb des Großhirns sind notwendig, damit Bewusstsein überhaupt zustande kommt. Das bedeutet aber, es gibt nicht sozusagen *den einen* Ort, an dem allein Bewusstsein im Gehirn realisiert ist. In der Tat ist Bewusstsein ein Phänomen, das auf einem sehr komplexen dynamischen Zusammenhang aufruht – es ist eher ein Aspektphänomen, wie man häufig gesagt hat -: z. B. hat der Gehirnforscher Young schon vor Jahrzehnten (1978, 1989) erkannt, dass es eine Dispositionseigenschaft darstellt oder realisiert. Es ist also ein Systemphänomen bzw. -resultat des Zusammenwirkens vieler Gehirnzentren, insbesondere der Neokortexzentren im Scheitellappen und auch im weiter ausgreifenden temporalen und präfrontalen Assoziationscortex. Aber das gilt natürlich auch für die Beteiligung der im Vorderhirn verorteten und vor dem somatisch-sensorischen Assoziationscortex sitzenden motorischen Zentren oder der prämotorischen Areale, das heisst für die Bereiche des Gehirns, die zur Vorbereitung der entsprechenden Handlungen oder Handlungsformen, Handlungsinitiativen dienen. Doch auch ohne die emotionale, emotive Speicherung aus dem limbischen System, ohne die Innervierung des Affektiven ist natürlich auch kein Bewusstsein möglich. Wenn man also mit Young (1989, 27) sagt, Bewusstsein sei „ein Aspekt der Funktionsweise des Gehirns", so ist das natürlich sehr oberflächlich formuliert; es handelt sich natürlich nicht *nur* um einen „Aspekt", sondern um das Prozessgeschehen und Ergebnis einer dynamischen Gesamtreaktion, die so etwas wie eine übergeordnete Systemeigenschaft darstellt. Auf jeden Fall lässt sich auch von einer auf der höheren Ebene „auftauchenden" Eigenschaft, einer „*Emergenz*" sprechen, die in der Tat erst entsteht aufgrund des sehr komplexen, differenzierten und nach Modulen (Funktionseinheiten) strukturierten Zusammenwirkens der entsprechenden neuronalen Prozesse und „Bauteile" – und zwar weitgehend und meistens eben in der Großhirnrinde, im Neokortex, doch, wie gesagt, unter der Beteiligung des Mittelhirns und sogar der Stammhirnzellen. Alle diese müssen beitragen, um überhaupt Bewusstsein, Wachbewusstsein möglich zu machen – zumal auch die limbischen Formationen, welche die Energie, die Affektion, die Emotivität „liefern". Und natürlich ist dazu auch das Gedächtnis, das weitgehend im Bezug auf entsprechende Unterteilungen (deklaratives oder prozedurales Gedächtnis im Hippocampus und Parahippocampus) zu „verorten" ist, von Wichtigkeit.

Was ist die Funktion oder was ist die wesentlich(st)e ermöglichende Eigenschaft, die dazu beiträgt, dass Bewusstsein nun in der Tat eine „Notwendigkeit" biologischer Art ist? Da sind sich auch die Wissenschaftler uneinig. E. Pöppel (1994) meint z. B., wie bereits erwähnt, das, was *mitteilungswert* ist, was der Mitteilung bedarf, das, was „Notwendig" kommuniziert werden muss, das gerät ins Bewusstsein. Andere meinen eher, die biologische *Überlebensfunktion* (für Individuum und Genpool) stehe im Zentrum: Für G. Roth (1994, 209, 213) z. B. sind – wie früher z. B. für H. Sachsse (1968, 238) – *Neuigkeit* und Überlebenswichtigkeit das Entscheidende, was zur Verknüpfung von Neuronen zu *neuen* Neuronenverbänden, also zu neuen Nervennetzen führt, die dann die Grundlage des Lernens sind. Je mehr Verknüpfungsaufwand wir treiben müssen angesichts von neuen Problemen, neuen Aufgaben, die zu bewältigen sind, desto „bewusster" (oder eher intensiver bewusst) wird ein Vorgang sein. Und je mehr vorgefertigte Netzwerke für ein bestimmtes Problem, z. B. eine kognitive oder eine motorische Aufgabe, in Anspruch genommen werden, desto „automatisierter", desto „unterbewusster" oder „unbewusster" erledigen wir diese Aufgabe. (Man kennt ja das Phänomen der Automatisierung von Bewegungsfolgen beim Klavierspielen oder auch im Sport. Es besteht darin, dass wir unser Voll-Bewusstsein entlasten von der Feinkontrolle über bestimmte Bewegungen – und uns dann eben mit deutlichem Bewusstsein auf *übergeordnete*, z. B. eben taktische, strategische oder ausdrucksgebundene Aufgaben konzentrieren können. Nur durch eine solche Entlastung des Bewusstseins ist so etwas wie eine Art von perfekter Beherrschung von solchen Aufgaben – zumal motorischen Leistungen – möglich.) Nach Roth steht hauptsächlich die Bewältigung eines *neuen Problems* im Zentrum: Das Bewusstsein sei sozusagen in diesen neuen Verknüpfungen, neuen Neuronennetzen, neuen Neuronenensembles, funktionalen Einheiten repräsentiert oder realisiert, die gleichsam ein „*Eigensignal*" des Gehirns (ebd. 1994, 213) für die Bewältigung eines neuen Problems erstellen bzw. darstellen. Ob das nun ein Wahrnehmungs-, ein Handlungs- oder ein internes Kontrollproblem ist – das spielt dabei keine wesentliche Rolle. Das Anlegen und das Funktionieren neuer Nervennetze sind die Reaktions(weisen) auf den Problemdruck, der durch die Neuigkeit und Wichtigkeit der Aufgabe und besonders etwa durch die Notwendigkeit der biologischen Fortpflanzung oder des Überlebens vorgegeben sind. – Man sieht, es sind relativ allgemeine und pauschale Aussagen, die man natürlich nicht in jeder Hinsicht so wörtlich nehmen muss bzw. darf: Wieso soll die Anlegung eines ganzen Nervennetzes oder das Nervennetz selber ein „Eigensignal" sein? Es handelt sich natürlich um einen ganzen Komplex von Funktionen, Erfordernissen und Prozessen, um diese Aufgabe der Bewältigung des Neuen und Überlebenswichtigen erfolgreich anzugehen.

Andere Gehirnforscher meinen, die biologische Organisation werde weitgehend auch durch Bewusstsein integriert, etwa organisiert. Die *Informationskontrolle* geschieht *unter Feedback*, und auf diese Weise kann die Information mit Rückblick auf bestimmte vergangene Stadien verbessert werden; kurz: eine ständige Revidierbarkeit alles mentalen Operierens sei im Grunde nur möglich durch solches bewusstes Repräsentieren. Dazu brauche man so etwas wie ein Arbeitszentrum, einen Arbeitsspeicher, in dem

2. Vom Physikalismus zum Perspektivismus

entsprechende Signale, Reize, Informationsvorgaben abgeglichen, verglichen, bearbeitet und weitergegeben werden. Es gibt sogar einen Psychologen (Baars 1988), der von einer „Global Workspace Theory", einer allgemeinen *Arbeitsspeicher*-Theorie des Bewusstseins, redet. Ferner gibt es die Psychologen, die sich mit *mentalen Modellen* befassen – wie z. B. P.N. Johnson-Laird (1983). Aber auch weitere Philosophen des Geistes oder Neurologen wie Morris, Kinsbourne (beide in Marcel-Bisiach 1988) und andere meinen in der Tat, dass Bewusstsein eine Integrationsfunktion dieser entsprechenden Informationsverarbeitungsnotwendigkeiten und der entsprechenden Prozesse „ist" bzw. dadurch leistet, dass auf höherer Ebene die entsprechenden Prozesse überformt oder strukturiert oder organisiert werden. Marcel (ebd. 1988) z. B. schreibt, dass es sich hierbei im wesentlichen um *biologische* Aufgaben handelt, nur eben von höherer Warte aus gesehen: Die Bewusstseinserlebnisse würden die Ausführung der untergeordneten Aktivierungsprogramme bzw. deren Strategien „organisieren". Also Bewusstsein bewirkt oder bildet eine Art von Software-Organisation von untergeordneten Strategien. Wie dem auch sei – die meisten dieser Autoren behaupten in der Tat, dass jeweils der von ihnen in den Vordergrund gestellte *eine Merkmalszug das Entscheidende* sei, also dasjenige, was das Bewusstsein gleichsam *definiert*. Das erscheint mir *zu einseitig*. Warum sollen nicht *mehrere* dieser Züge gleich wichtig sein und zugleich auftreten? Es ist ja keineswegs gesagt, dass der eine Zug, z. B. Überlebensrelevanz im biologischen Sinne, den anderen Zug, etwa Neugierverhalten oder Neugierde, ausschließt. Im Gegenteil, je komplexer die Musterbildung dieser entsprechenden Funktionen und Faktoren des Bewusstseins ist, desto deutlicher scheint mir die Realitätsnähe eines solchen Modells.

Viele Autoren haben Bewusstsein als so etwas wie ein inneres Scannen oder einen (Quasi-)Scanning-Prozess verstanden, wie z. B. Young, der von „Gehirn-Monitoring" spricht, oder Armstrong, ein materialistischer Philosoph des Geistes, der sich insbesondere an Lockes Theorie der Wahrnehmung anschließt: Eine innere Wahrnehmung sei gegeben, und das Bewusstsein bestehe darin, dass gleichsam das Gehirn sich nun „von innen" beobachtet, was sich eben in Gestalt des Bewusstseins ausdrückt. Lycan (z. B. 1987) übernimmt z. B. auch 1996 in seinem neueren Buch über *Consciousness and Experience* diese Grundtheorie von Locke und weitet sie aus, bezieht sie auf neue gehirnwissenschaftliche Ergebnisse.

Jedenfalls dürfte erst das Zusammenwirken vieler kognitiver Funktionen und Leistungen im Gehirn so etwas wie Bewusstheit ermöglichen, und umgekehrt besteht das Bewusstsein darin, dass in gewissem Sinne eine Art von Zusammenschaltung, Kombination von funktionalen Unter"abteilungen" oder Komponenten in der Weise stattfindet, dass eine Art von „Gesamtsicht" oder Interpretation entsteht. Selbst der erklärte „nichtreduktive" Physikalist Roth (1992, 1994) redet vom Gehirn als einem „interpretativen System". (Nicht das Gehirn jedoch „interpretiert" im eigentlichen Sinne, sondern nach unserer normalen Sprache interpretiert die *Person*. Dass das Gehirn dabei aktiv, „eingeschaltet" ist, ist sicherlich richtig, aber wenn wir die Tätigkeit oder Fähigkeit des Interpretierens, des Deutens, der Zusammenfügens, des Integrierens, des Kontrollierens dem Gehirn selber zuschreiben oder entsprechenden Unterabteilungen des Gehirn im assoziativen oder motorischen Neokortex, dann übertragen wir sozusagen die übliche menschliche Sprechweise, die wir im Alltag kennen, nun auf Gehirneinheiten. Und das ist eigentlich unzulässig. Wir müssten im Grunde über eine neue Sprache für die Selbstorganisation von Gehirnprozessen, der Vernetzungen verfügen. Und man müsste eine komplexe, dynamische systemintegrative Theorie besitzen, die das alles eben beschreiben bzw. leisten kann. Diese fehlt uns noch.)

Gazzaniga (z.B. 1989) fordert sogar einen „Interpreten" als einzigartiges Modul, einen inneren Akteur oder „Agenten" (bei Rechtshändern normalerweise in der linken Hirnhälfte verortet), der fähig ist, entsprechende sprachliche, verbale, reihende, also sukzessive, Operationen anzuordnen und zu strukturieren. Es handelt sich also im wesentlichen um eine *konstruktive, schematisierende und interpretatorische Aktivität*, die sich im Konzert der entsprechenden Gehirnmodule, der Netzwerke, der Neuronenensembles entwickelt und zu einer Kategorisierung, Einordnung in bestimmte Formen, Gestalten, Arten und zur Integration führt. *Schematisierung und Integration sind gewisse Hauptfunktionen des Bewusstseins*. Hierzu müssen also die Bedingungen im Gehirn gegeben sein, damit eine in Modulen, Funktionseinheiten ablaufende dynamische Strukturierung und Integration zustande kommt, die z. B. äußeres Geschehen irgendwie repräsentieren, wiedergeben, aber auch inneres Handeln und inneres Vorstellen strukturieren, planen, vorausentwerfen kann – in gewisser Weise eben geordnet nach entsprechenden Untereinheiten.

Zunächst ist es klar, dass der Ausdruck „Bewusstsein", wie auch „bewusst", eben in ziemlich allgemeiner Weise benutzt wird. Und es gibt recht viele Definitionen, eine z. B. von Chalmers. So definiert Chalmers (1996) Bewusstsein in der Nachfolge von Th. Nagel (1974) dadurch, dass er sagt, „bewusst" sei ein Organismus, wenn es sich „irgendwie anfühlt, dieser Organismus zu sein". Detaillierter: ein mentaler Zustand ist in diesem Sinne „bewusst", wenn es „sich irgendwie anfühlt, in diesem Zustand zu sein". Und Chalmers redet dann eben von bewusstem Erleben oder phänomenalem Erleben und möchte den Ausdruck „Bewusstsein" („consciousness"), oder „bewusst" („conscious"), einschränken auf diese Phänomene des bewussten, des phänomenalen Erlebens. Er möchte dagegen den weniger mit Nebenbedeutungen belasteten Ausdruck „Gewahrsein", „Gewahrwerden" („*awareness*") auf die funktionalen Verarbeitungen des repräsentierenden Gehirns beziehen. Damit jedoch haben wir schon ein Problem – nämlich, dass „Bewusstes" und „Bewusstsein" mehrere Unterbedeutungen zu haben scheinen, erstens als bloße Ausdrücke und zweitens auch hinsichtlich der Problemerfassungen. Funktionales Abarbeiten durch Gehirnprozesse, z. B. Unterscheiden, Identifizieren, Kontrollieren (oder was immer) oder gar Revidieren sind etwas Anderes als z. B. mein bewusstes phänomenales Farberleben, wenn ich etwa in einem bestimmten Augenblick eine ganz besondere Farbkombination erfahre oder bewusst erlebe, in gewissem Sinne eben „bewusst habe", bzw. wahrnehme. Dieses letztere Phänomen und Problem des bewussten Erlebens, der bewussten phänomenalen Erlebnisse von solchen Qualitäten, z. B. Farbqualitäten, das ist für Chalmers das Entscheidende. *Hier* besonders stellt sich, wie er sagt, das „harte", das schwierige, nahezu unlösbare Problem des Bewusstseins. Alle anderen Aktivitäten des funktionalen Verarbeitens, des Sich-Beziehens auf Gegenstände, des Kombinierens von Teilaspekten in einen größeren Zusammenhang, der Überlegungen hinsichtlich der biologischen Teilfunktionen und der Integration von entsprechenden Funktionseinheiten, den Gehirnmodulen, zu einer entsprechenden Gesamthandlung beispielsweise – das alles seien keine „harten Probleme". Sie könne man vermutlich letztlich und sogar in absehbarer Zukunft physiologisch, neurologisch oder sogar eben (physiologisch-)physikalisch lösen. Es wird hierbei immer von einem „Physikalismus" geredet und von einer physikalistischen Theorie. Das ist m. E. übertrieben und zum Teil eben aufgrund der schwierigen Sprachlage des Englischen entstanden. Das Englische kann freilich – wie schon erwähnt – nicht zwischen „physisch" und „physikalisch" unterscheiden: beides heißt „physical". Das macht eine terminologische Schwierigkeit aus. Es muss natürlich dann eigentlich um eine, sagen wir mal, physiologische oder neurophysiologische Theorie gehen – und nicht um eine „physikalische Theorie", wie meistens fälschlich übersetzt wird.

3. Arten und Typen von Bewusstsein

Zunächst nochmals zu dem Ausdruck „Bewusstsein" oder „bewusst". Was meinen wir, wenn wir davon reden, dass uns etwas „bewusst" ist?

	Bewusst sind
intransitiv	a) Lebewesen („creature consciousness" — Carruthers; „organism consciousness" — Lycan)
	b) mentale Zustände/Ereignisse/Prozesse („state consciousness" — Carruthers; „event consciousness" — Lycan)
intransitiv/transitiv	c) Inhalte (Gehalte) *Von*-Bewusstsein („of-consciousness" — Lycan)
transitiv	d) Objekte, Ziele, (Bewusstseins-)Erlebnisse, Eigenschaften
funktional	e) funktional verstandenes Aufnehmen, Gewahr(werd)en, Verarbeitungsweisen („awareness" — Chalmers)
	f) Informations*änderungen*
phänomenal	g) (Erlebnis-)Qualitäten, „Qualia", phänomenales Bewusstsein (<Anfühlungsqualitäten>)

Die Definition von Chalmers bezieht sich natürlich in erster Linie auf den Umstand, dass höhere Lebewesen oder Organismen „bewusst" sind. Carruthers, der das letzte sehr eingehende Buch über phänomenales Bewusstsein geschrieben hat, *Phenomenal Consciousness* (2000), redet von „*creature consciousness*", also von einer Lebewesen- oder Kreaturen-Bewusstheit; Lycan (1996) spricht von „*organism consiousness*", also von einer Organismen-Bewusstheit. Das ist beides zunächst unproblematisch. Wichtig ist es zu bemerken, dass das Wörtchen „bewusst" als Eigenschaftswort verwendet wird, sich als einstelliges Prädikat anwenden lässt auf einen Organismus oder ein Lebewesen – und nur auf Lebewesen höherer Art, die sich eben dadurch auszeichnen, dass sie eben im Normalfalle bewusst sind, dass man ihnen Zustände zuschreiben kann, in denen oder derer sie sich bewusst sind: im Unterschied zu anderen, in denen entsprechende Zustände nicht explizit bewusst sind, z. B. im traumlosen Schlaf. Jedenfalls ist hier eine *intransitive* Verwendung des Ausdrucks „bewusst" gegeben, das heisst, „bewusst" oder „nicht bewusst" ist jeweils als einstelliges Prädikat aufgefasst – und wird ja auch in der

Medizin so verwendet. (Zum Beispiel in der Narkose ist jemand eben nicht bewusst, obwohl es neuerdings ja auch Hinweise gibt, dass der Patient eben doch in der narkotisierten Zuständlichkeit viel mehr „mitbekommen" dürfte, als man gemeinhin glaubt.) Normalerweise bzw. in der Innenperspektive „*erlebt*" man sich in der Narkose eben nicht mehr, d. h., man ist eben zeitweilig ohne Bewusstsein.

Zunächst einmal wird das Prädikat „bewusst" angewandt auf bestimmte Lebewesen; natürlich sind nicht alle Lebewesen bewusst; den Pantoffeltierchen wird man kaum ein Bewusstsein zuschreiben können usw. Ferner ist der Ausdruck „bewusst" eben auch anwendbar auf mentale *Zustände*; und das wird auch bei Lycan und bei Chalmers hervorgehoben. Mir ist z. B. ein Schmerz bewusst; das ist ein mentaler Zustand, ein Erlebniszustand oder ein Ereignis bzw. ein Nervenprozess. Das heisst also: Nicht nur Lebewesen insgesamt, sondern *Teil*zustände, sogenannte mentale Zustände, die man eben „erlebt", die man sozusagen „bewusst hat", werden eben „bewusst" genannt. Bestimmte Ereignisse, bestimmte Gedanken, die instanzialisiert sind, bestimmte Prozesse, bestimmte Schlussfolgerungen oder Farberlebnisse werden als bewusst bezeichnet.

Mentale Zustände, Ereignisse, Prozesse, das Bewusstwerden aller dieser umfasst das, was Carruthers als „*state consciousness*", also „Zustandsbewustheit oder -bewusstsein" bezeichnet. Lycan nennt es entsprechend „*event consciousness*", also „Ereignisbewusstsein"; das heisst, wenn wir etwas erkennen oder handeln, dann haben wir entsprechende bewusste Reflexionen dieser mentalen Ereignisse, die uns widerfahren oder die wir gewollt herbeiführen und „erleben". Das ist auch eine intransitive Verwendung des Wörtchens „bewusst". Aber auch ein „Bewusstsein", „Bewussthaben", „Bewusstwerden" von Vorstellungen selber bzw. gar von deren Inhalten wird durch diese Ausdrucksweise beschrieben: Ein Inhalt, ein Gedanke, eine Vorstellung ist „bewusst" (geworden). Doch hier sieht man schon, dass eine solche intransitive Verbindung nur in einem uneigentlichen Sinne stattfinden kann, wie übrigens in den anderen Fällen letztlich auch, weil hier nämlich eigentlich meist ein „Bewusstsein *von* etwas" vorliegt oder instanziiert ist. „Bewusst" i. A. ist ein Lebewesen, das sich bestimmter Dinge, Ereignisse, Prozesse, Vorgänge oder Gehalte oder Inhalte bewusst ist oder sein bzw. werden kann. Deswegen wird auch gelegentlich von einem „intentionalen Bewusstsein" gesprochen, das auf etwas gerichtet ist, von „Intentionalität". Man kann einfach von „*consciouness of*" oder „of-consiousness" sprechen, wie Lycan das tut, also von dem „Von-Bewusstsein", „Bewusstsein *von* Etwas". Hier handelt es sich um keine intransitive Verwendung mehr, sondern eben um eine *transitive* – in dem Sinne, dass man „bewusst ist in Bezug auf etwas". Man ist sich eines Etwas bewusst, oder man hat Bewusstseinserlebnisse von etwas. Diese transitive Verwendung ist natürlich eigentlich diejenige, auf die wir normalerweise anspielen, weil wir ja alle unsere bewussten Erlebnisse und Phänomene als Gehalte, als Inhalte erleben; das gilt sowohl für Gegenstände, an die wir denken, als auch für Sachverhalte, sogenannte Propositionen, oder sogar auch für Farbqualitäten, unter Umständen auch für Schmerzen, z. B. bohrenden Zahnschmerz. Die transitive Verwendung des Wörtchens „bewusst" ist offensichtlich die grundlegende, die der uneigentlichen, eher abgeleiteten, intransitiven Verwendung zugrunde liegt. Wir können uns natürlich dann auch *bestimmter* Objekte, Ziele, Gegenstände, Eigenschaften usw. bewusst sein; dabei sind die Inhalte oft auch abstrakte(re) Objekte – unter Um-

3. Arten und Typen von Bewusstsein

ständen eben Sachverhalte oder Beziehungen. Dasselbe gilt natürlich entsprechend für Gegenstände usw., wenn die einzelnen Farbqualitäten („dieses Yves Klein-Blau"), die wir erleben, zum Beispiel unmittelbare Relata, also Bezugsglieder innerhalb dieser transitiven Bewusstseinsrelation wären.

Die *funktionale* Verwendung, die Chalmers als wichtig im Unterschied zu dem phänomenalen angeführt hat, ist eine eigene Fähigkeit bzw. Funktion. Das funktional verstandene Aufnehmen und das Verarbeiten – die Verarbeitungsweisen etwa durch rezeptive und verarbeitende Gehirnprozesse – werden normalerweise, freilich auch etwas missverständlich, durch „Gewahrsein" oder „Gewahrwerden" oder „Gewahren" gefasst („awareness"). (Ich bin deswegen nicht sehr glücklich über diesen Ausdruck, weil „awareness" oder „Gewahrsein" im Deutschen doch auch so etwas (mit)meint wie eine offensichtliche, eben explizite Bewusstheits-Komponente im phänomenalen Erlebenssinne.) Dieses „Gewahrsein" wird von Chalmers aufgefasst als *„direkte Verfügbarkeit für zentrale verhaltenskontrollierende kognitive Funktionen"* (1998, 242). Diese ist zu eng aufgefasst; denn das gilt natürlich nicht nur für kognitive Funktionen, sondern für alle anderen, insbesondere für aktive, handlungsorientierte Funktionen bzw. Steuerungen usw. auch. *Funktional* in diesem Sinne sind insbesondere – und das wird auch häufig als charakteristisch aufgefasst für diese Art von funktionaler bewusster Verarbeitung oder auch unterbewusster Verarbeitung – vor allem Informationsänderungen, Änderungen des Informationsgehaltes, z. B. der einfließenden Signale oder Informationsgehalte in Bezug auf bestimmte Dinge oder Situationen. Dies wird von vielen Autoren als ein entscheidendes funktionales Moment der bewussten Verarbeitung aufgefasst, das eben auch für das biologische Verstehen von Bewusstsein besonders wichtig sei. Wir brauchen so etwas wie eine (relativ gute) Widerspiegelung der äußeren Situation, um entsprechende Informationen ändern zu können oder als geändert erleben zu können, schnell reagieren zu können usw.; und dazu benötigen wir die Fähigkeit, den Unterschied feststellen zu können zwischen der Information, die einfließt, beispielsweise über den Gesichtssinn, und jener Information bei entsprechenden Abänderungen in einer Situation, in der etwa eine schnelle Reaktion erforderlich ist. Informationsänderungen sind also äußerst wichtig, und Informationsänderungen kann man wirklich nur differenziert verarbeiten und bearbeiten, wenn man Feedback-Möglichkeiten hat, wenn man etwas Aktuelles mit dem Vergangenen vergleichen kann, wenn man Einfluss nehmen kann auf bestimmte Situationsteile usw. Diese Art von verhaltensorientierter Änderungsmöglichkeit ist eben charakteristisch für das Funktionale, für die funktionale Seite des Bewusstseins und somit für das, was Chalmers die „leichten Probleme des Bewusstseins" nennt. Z. B. führt er an: die Fähigkeit, auf Umweltstimuli, also Umweltreize, zu reagieren, sie zu diskriminieren, zu unterscheiden, und zu kategorisieren, einzuordnen nach Arten, die Integration von Information durch ein kognitives System, die Fähigkeit, von mentalen Zuständen berichten zu können, also ausdrücken zu können, was man fühlt, und dies jemandem berichten zu können, die Fähigkeit eines Systems, auf seine eigene „interne" Zustände „zuzugreifen" sowie die eigenen „mentalen Zustände" verändern oder zumindest wahrnehmen zu können. Das alles erfordert gewisse Feedbacks. Der Fokus der Aufmerksamkeit und das Fokussieren des Bewusstseins, z. B. des bewussten Wahrnehmens im Visuellen, sind bekannt. Dasselbe gilt auch für andere Sinnesmedien, z. B. für das Hören: Man denke an das berühmte Beispiel, dass man nach dem vierten Glockenschlag plötzlich wahrnimmt, dass die Glocke geschlagen hat; wir können rück"hörend", obwohl wir sie vorher nicht direkt im Bewusstsein hatten, die Glockenschläge noch zählen. In dem augenblicklichen Kurzzeitgedächtnis ist etwas gespeichert, für das Bewusstsein zugänglich, was ursprünglich nicht explizit bewusst aufgenommen worden ist. Auch die intentionale Kontrolle von Verhalten, das Steuern des eigenen Handelns und Verhaltens, der Unterschied zwischen Schlaf und Wachsein sind für Chalmers „leichte Probleme" dieser funktionalen Seite der Bewusstseinserfassung, die in der Tat durch die neuronalen Mechanismen, zum Teil schon jetzt, etwa beim Wach-Schlaf-Unterschied, geklärt werden können oder gar auf bestimmte Computermodelle abgezogen werden können, gleichsam durch computationale, also rechnerische, Mechanismen oder Simulierungen in gewissem Sinne manipuliert, simuliert oder „erklärt" werden können, hinsichtlich beispielsweise der Programm-Struktur, der inneren Struktur, der Voraussagbarkeit. Das seien die „einfachen" Probleme des Bewusstseins-Erlebens bzw. der Gehirnverarbeitung von bewussten oder teilbewussten Zuständen. (Es gibt ja darunter auch Bewusstheits-Abschattungen.) Demgegenüber verbleibt noch gleichsam als „erratischer Block" das letzte von Chalmers angeführte, das phänomenale Bewusstsein oder der phänomenale Aspekt, der in der Tat in der erwähnte Erlebens- oder Anfühlungscharakteristik besteht, also das *Qualia*problem (s. u.).

Wir kommen also zu dem Ergebnis, dass die Unterscheidung zwischen den eher „funktionalen" Bewusstseins*typen* einerseits und der phänomenologischen (oder phänomenalen) Bewusstheit andererseits wichtig ist. In der Tat kann man sagen, dass das phänomenale, qualiahafte Anfühlen nicht durch bloß funktionale, wissenschaftliche, objektive Beschreibung zu erfassen ist, sondern dazu braucht man eben eine Art von innerer (introspektiver) Beschreibung des phänomenalen Bewusstseins bzw., terminologisch besser, des „*Bewussthabens*".

Ich möchte im Folgenden darauf aufbauend eine erste Übersicht von unterschiedlichen Bewusstseinsarten bzw. -typen entwerfen, welche die zuvor, etwa bei Chalmers, genannten Gesichtspunkte aufnehmen, aber sich insbesondere auch auf Autoren wie M. Tye, N. Block, und Rosenthal berufen. Somit möchte ich noch etwas genauer eingehen auf Unterscheidungen, die unterschiedliche Autoren wie Tye und Block vorgenommen haben, indem sie versuchen, in das Gemenge oder gar „Gewölk" der Bewusstseinsbegriffe doch differenzierende Charakterisierungen einzubringen, das heisst, Unterscheidungen vorzunehmen zwischen unterschiedlichen Arten des Bewusstseins oder des „Bewussthabens" bzw. Bewusstwerdens von entsprechenden Prozessen, Ereignissen, Zuständen, insbesondere natürlich auch intentionalen Entitäten.

Hier kann man sich zunächst Block (1990, bes. 1995) anschließen. Dieser meint, man müsse mindestens zwei funktionale Bewusstseinsbegriffe unterscheiden, nämlich einmal das, was er „*das phänomenale Bewusstsein*", sozusagen das *Bewusstsein im engeren Sinne*, nennen will, und zum anderen das „Zugriffsbewusstsein" („access consciousness"). Dieses letztere ist ein Bewusstsein, das den inneren „Zugang" („access") in gewisser Weise modelliert, wie beispielsweise das Abrufen aus der Erinnerung. Was aus der Erinnerung abrufbar ist, ist zugänglich. (Es mag aber sein, dass wir unter Umständen ein phänomenales Erleben gar nicht haben, obwohl uns ein entsprechender

3. Arten und Typen von Bewusstsein

Bewusstseinsgehalt zugänglich ist.) Das Zugriffsbewusstsein wäre im Sinne von Chalmers als funktional-psychologisch einzuordnen. Diese Unterscheidung zwischen Zugriffs- und Phänomenalbewusstsein, meint Block, sei charakteristisch für die entsprechenden unterschiedlichen Bewusstseinsarten, und diese seien dementsprechend zu berücksichtigen. (Block behauptet, der intransitive und transitive Gebrauch des Ausdrucks „Bewusstsein" (oder „bewusst") falle durchaus nicht mit diesen beiden Unterarten zusammen, sondern sei davon noch zu unterscheiden.) Die paradigmatischen „P-bewussten" (also „phänomenal bewussten") Zustände sind natürlich die Empfindungen, während die „Z-bewussten" (nur „zugangsbewussten") Zustände beispielsweise paradigmatisch durch propositionale Einstellungen gegeben sein können, die, wie wir gesehen haben, zum Teil unter Umständen keine besondere Qualität der „Anfühlungsgegebenheitsweise" haben, also nicht phänomenal sind, aber eben doch selektiv wirken und „zugänglich" sind in dem Sinne, dass sie bestimmte gemeinte Sachverhalte ausgrenzen können. Im Grunde kann man sagen, dass die beiden Seiten des unten folgenden Diagramms der Bewusstseinsarten und -typen (s. S. 97) – die funktionale und die phänomenale – gleichsam zusammen das Gesamtspektrum aufspannen.

In gewisser Weise ist allerdings in der Mitte ein *Zwischenbereich* zu finden, der eben durch diejenigen Fähigkeiten bezeichnet wird, durch die wir versuchen können, in unser bewusstes inneres Erleben, in unsere mentalen Erfassungsweisen und somit sozusagen „in uns selbst", in unseren „Geist" „hineinzusehen", also Introspektion, Hineinfühlen, aber auch Sich-Hineindenken, Sich-Hineinversetzen in Andere usw. Das Erfassen des eigenen inneren mentalen Zustandes ist sicherlich auf diese Weise *nicht nur rein funktional* zu erledigen; es ist aber auch zum Teil wiederum strukturiert, so dass es auch nicht *bloß* phänomenal ist, sondern es liegt in gewissem Sinne *zwischen* beiden Bereichen. Deswegen habe ich im mittleren Bereich des Diagramms das Introspektive oder das Sich-selbst-Erkennen durch Rückerinnerung (z. B. an Schmerz"tönungen"), durch „innere" Erfassung usw. gesondert aufgeführt. Diese Selbstkognition ist nicht nur funktional und sie ist auch nicht bloß phänomenal. Das lässt sich bis hin zu dem eigentlichen Selbstbewusstsein fortführen, also dem Bewusstsein, *dass* man ein eigenes Selbst, ein Subjekt, ein Organismus mit einem Personcharakter ist. Dieses Selbstbewusstsein (im philosophischen, nicht im alltäglichen Sinne: also das Bewusstsein seines eigenen Selbst) ist eigentlich nicht, wie noch in der traditionellen idealistischen Philosophie gesehen, als das Grundphänomen des bewussten Erlebens generell aufzufassen, aus dem sich alle Aufteilungen, alle Formen, Formationen des bewussten Verarbeitens und Erlebens durch Ableitung ergeben, sondern das Problem des Selbstbewusstseins und der Erhaltung des Selbst in der Zeit ist ein komplizierteres Problem, das einer eigenen Diskussion bedarf. Es betrifft auch nicht unmittelbar das Bewusstseinsproblem in dem etwas einfacheren, elementareren Sinne, wie wir es hier behandeln. Diese Bewusstseinsarten oder Weisen des Bewusstwerdens wären nun zunächst eigentlich genauer im einzelnen zu besprechen. Ich will jedoch nur auf einige näher eingehen, z. B. zuerst auf solche, die auf der linken Seite des Diagramms (s.u.) aufgeführt sind, wo wir die Erfassungsweisen funktionaler Art finden: Wir haben die Fähigkeit, etwas rezeptiv zu erfassen, was z. B. visuell, von außen auf uns zukommt: Wir können z. B. das „Yves-Klein-Blau" sehen, erkennen; wir können jemanden erkennen, der auf uns zukommt; wir haben die Fähigkeit, etwas visuell zu rezipieren, mehr oder minder bewusst. Entsprechendes gilt für andere Sinnesmodi. Es gibt auch untergründige, nicht direkt bewusste Wahrnehmung, sog. unterschwellige Wahrnehmung; man denke an die oben erwähnten Glockenschläge, die man aus der Rückerinnerung noch abzählen kann. Wir haben auch so etwas wie eine Art von „Reaktionsbewusstsein", wie Tye das nennt. Er unterscheidet mehrere Bewusstseinsarten, nämlich *Reaktionsbewusstsein*, *Kontrollbewusstsein*, *höherstufiges Bewusstsein*, *phänomenales Bewusstsein*. (Das ist m. E. noch ein wenig zu undifferenziert, wenn man eingehend an Unterscheidungen zwischen Bewusstseinsarten und -typen arbeitet.) Es kann vorkommen, dass ein P-Bewusstsein ohne diskriminatorisches (D-) oder Reaktions- (R-) bzw. Zugriffsbewusstsein (Z-) vorhanden ist. Beispiele liefern der „absent-minded driver" (ohne H-), zeitweilige Schmerzverdrängung, Nichtwahrnehmung von tatsächlich gesehenen Details (P- ohne D- und H-), Traumbewusstsein (ohne R- und evtl. H-) usw. Das *Reaktionsbewusstsein* (R-Bewusstsein) ist bei Tye eine der entscheidenden Formen. Wenn man morgens halb verschlafen aufwacht, noch „nicht ganz da" ist, dann ist das Reaktionsbewusstsein eingeschränkt. Das Reaktionsbewusstsein steht in Zusammenhang mit dem *Diskriminationsbewusstsein*. Neben dem normalen phänomenalen Qualitäten- oder Qualia-Bewusstsein (P-Bewusstsein wie bei Block) hebt Tye noch das „Bewusstsein höherer Ordnung" (H-Bewusstsein) hervor. (Tye (1995, 106 ff) unterscheidet von dem prototypischen phänomenalen Bewusstsein („P-Bewusstsein"), das Reaktionsbewusstsein (R-Bewusstsein"), das Diskriminationsbewusstsein („D-Bewusstsein") Unterschieds- oder Unterscheidungsbewusstsein, und das höherstufige Bewusstsein („H-Bewusstsein" nach Rosenthal: Bewusstwerden eines Bewusstseins(zustandes)).) Das *Diskriminationsbewusstsein* ist für Tye wichtig im Zusammenhang mit dem Kontroll- und Steuerungsbewusstsein. Wir haben die Fähigkeit, nicht nur planmäßig und bewusst zu reagieren: Wir sind reaktive, reagible Organismen; wir können reagieren, selbst wenn uns das unter Umständen selbst äußerlich nicht bewusst wird – man denke beispielsweise an reflektorische Reaktionen. Wieweit man es schon eine Art von *Bewusstsein* nennen kann, wenn wir bloß reagieren, ohne dass uns das Reizsignal oder die eigene Reaktion zentral wirklich bewusst werden, ist natürlich eine andere Frage. Aber wir können – und da wird es schon differenzierter – Unterscheidungen vornehmen, und wir *handeln* aufgrund von Unterscheidungen und Reizdifferenzierungen, die wir zum Teil äußerlich sensorisch wahrnehmen. Wenn man die heiße Herdplatte anfasst, dann merkt man schnell, ob sie zu heiß ist; ist dies der Fall, schrecken wir unbewusst bzw. zuckt die Hand reflexartig zurück. Dies geschieht weitestgehend unbewusst. Solche Unterscheidungen zwischen „heiß" und „nicht heiß" sind für Kinder aber nicht bereits „reflexartig" fixiert – und naheliegenderweise außerordentlich wichtig.

Das „Zugriffsbewusstsein" (Z-) (Block): Wir haben die Möglichkeit, etwas zu erfassen, ohne dass das notwendigerweise mit phänomenalen, „qualiafizierten" (s. o.) Erlebnissen verbunden ist. Dieses Zugriffsbewusstsein ist durchaus noch problematisch hinsichtlich der Einordnung, ob es sich nun um eine explizite Form des *Bewusstseins* i. e. S. handelt. Aber in der Tat gibt es derartige Erfahrungen, insbesondere pathologische Phänomene, bei denen ganz deutlich wird, dass es so etwas wie ein Zugriffsbewusstsein gibt – oder im spezifischen Krankheitsfalle gegebenenfalls nicht: Wir haben also die

Fähigkeit, auf bestimmte Gehalte, Gegenstände, Strukturunterschiede zuzugreifen, ohne dass diese nun explizit bewusst sind oder werden müssen. Man denke beispielsweise an gewisse oben erwähnte Versuche, die Gazzaniga mit Split-brain-Patienten durchgeführt hat, bei denen z. B. der Patient bzw. Proband nicht bewusst im *Sprach*sinne reden konnte, wobei er jedoch „richtig" reagierte, etwa durch rechtshemisphärische Tast- oder Sehentscheidungen. So konnte der Proband P. S. etwa die Berufswahl seiner rechten Hirnhälfte nicht verbal wiedergeben. Hier stellt sich natürlich die interessante Frage: Ist der in der rechten Hirnhälfte befindliche Gehalt nun bewusst oder nicht bewusst – z. B. das, was verbal nicht zugänglich ist, was aber zum Beispiel von manchen rechtshemisphärisch rudimentär sprachfähigen Patienten von Gazzaniga (1989) z. B. durch „Scrabbeln" (Buchstabenkombinieren) oder Schreiben mit der linken Hand ausdrückbar ist: Da würde man natürlich durchaus sagen: „Ja, in gewissem Sinne ist das bewusst; der Patient – P. S. – hat eben zwei Bewusstseine: eines in der rechten und eines in der linken Hirnhälfte." Ferner gibt es auch das berühmte Phänomen des sog. *Blindsehens*, das wohl von Pöppel entdeckt worden war und dann weitgehend von Weisskrantz experimentell erforscht wurde. Es zeigt, dass man u. U. in gewissem Sinne „Zugriff" hat auf Etwas, was man nicht bewusst sieht, aber eben doch im Verhalten bzw. in den entsprechenden experimentellen Reaktionsweisen in gewisser Weise übersignifikant gut treffen kann. Dafür gibt es Beispiele auch bei Tye (1987, 1995). Dieser bringt eine Reihe von Fällen, in denen z. B. ein „abgeschwächtes" Bewusstsein vorhanden bzw. das prototypische phänomenale Bewusstsein (P-) gestört ist – und dennoch eine Art von unterschiedlicher Diskriminationsreaktion oder Zugriffsfähigkeit besteht. Beispiele liefern etwa die aktuelle Blauerfahrung bei abschweifenden Gedanken (P- ohne D- und H- ja, manchmal sogar „beherrscht". Hier ist das Steuerungs- und Kontrollbewusstsein durchaus zusammen mit dem Blockschen „Zugriffsbewusstsein" verbunden und jedenfalls auch vorhanden. Das alles ist natürlich rein funktional im Sinne Chalmers' zu verstehen.

Das Kontroll- und Steuerungsbewusstsein ist, wie ich schon erwähnte, von Young an die Lockesche Idee, dass wir so etwas haben wie eine „innere Wahrnehmung" unseres eigenen Bewusstseins. Diese innere Wahrnehmung ist häufig mechanistisch (miss)verstanden worden, wird neuerdings aber verbunden mit dem Prozess des sog. „inneren Monitoring" von Autoren wie etwa Paul Churchland (z. B. 1997) oder Lycan (1996) oder, in Bezug auf das Visuelle, vom Hauptspezialisten der Bildbewusstseinsverarbeitung, Kosslyn (1994). Bewusstsein wird von diesen Autoren gleichsam als eine Art von innerem „Scanning"-mechanismus aufgefasst. Dadurch kommen wir in die Lage, so etwas wie eine „innere" *Repräsentation* von uns selbst, von unserer empirischen Ich-Erfahrung und von unserem Vorstellen zu entwickeln. Wir können auf bestimmte Gehalte oder Gegenstände oder innere Repräsentationen dadurch zugreifen, dass wir in einem inneren „Monitor" – metaphorisch gesprochen – einen „inneren Scanner" einschalten, der beispielsweise im visuellen System von einem Arbeitszentrum, einer *Central Processing Unit*, aus getätigt wird, das Kosslyn den „*visual buffer*" nennt. Dieser ist eine Art von visuellem Kurzzeitspeicher, in dem dieses „Scanning" und „Monitoring" operiert. Ein „Etwas", das dadurch erfasst werden kann, wenn ich innerlich quasi „scanne", kann auch in Sachverhalten bestehen, von denen man weiss, erkennt oder denkt, dass sie bestehen oder nicht bestehen, also auf propositionale Bewusstseinsgehalte: Man könnte geradezu vom „*propositionalen Bewusstsein*" sprechen, nämlich von dem Bewusstsein, *dass* etwas sich so und so verhält. Das wäre das Bewusstsein, das dann als Grundlage zu verstehen ist für das Wissen, *dass* etwas der Fall ist: „to know that", im Gegensatz zu dem berühmten „Know-how" oder was immer. Wir hätten somit auf diese funktionale Weise bereits einen Übergang vorgenommen (oder wenigstens begonnen) zu der Erfassung von etwas *als* (einem) Etwas, nämlich als Unterart einer Gattung oder was immer. Das bedeutet, die funktionalen Bewusstseinsfähigkeiten reichen relativ weit: Man könnte in der Tat, wie etwa Chalmers, meinen, dass neurophysiologisch und neuropsychologisch weitgehend das, was links in meinem Diagramm aufgeführt ist, eben *funktional* erfasst werden kann – etwa z. B. sogar auch Machtbewusstsein, im Gegensatz zum Raumbewusstsein, dafür gibt es Aktivierungen von speziellen Gehirnarealen und entsprechende physiologische Parameter, die den Unterschied festzustellen gestatten, unter Umständen später sogar höherstufige Repräsentationen, nämlich derart, dass ich weiss, *dass* ich etwas weiss bzw. mir dessen bewusst bin, *dass* mir etwas bewusst ist. Das heisst also, es gibt Schichten, die aufeinander aufbauen; und man kann ein *höherstufiges Bewusstsein* („higher-order consciousness") von einem niederstufigen Bewusstsein haben. Ich bin mir jetzt dessen bewusst, dass ich daran denken sollte, die getroffene Verabredung einzuhalten. Das ist sozusagen eine höherstufige Repräsentation („higher-order representation"). Die Höherstufigkeit von entsprechenden Bewusstseinserlebnissen bzw. -phänomenen ist das gängige Thema, das derzeit durchaus kontrovers in der Diskussion ist, z. B. bei Carruthers und Lycan, die weitgehend über diese Frage forschen. Höhere Ordnungen, Repräsentationsschichten oder Bezugnahmeschichten dürften zweifellos in unserem Bewusstseinserleben auftreten. Zumindest kann man sie methodologisch nach Schichthöhe differenzieren. Dabei ist die Frage, ob diese höheren Repräsentationen gedankenartig sind („higher-order thought theories", Theorien höherer Gedanken, HOT-Theorien), oder ob es sich um höhere Ordnungen in der Wahrnehmung („higher-order perception theories", HOP) handelt, oder, allgemeiner, oft als damit identisch angesehen, „higher-order experience theories" (Theorien höheren Erlebens oder Erfahrens, HOE). Eine solche wird z. B. von Lycan vertreten, während Carruthers (2000) eine „higher-order thought theory" vertritt, im Anschluss an denjenigen, der diese HOT-Theorien in den 80er Jahren zuerst entworfen hat, D. Rosenthal. (HOD steht für „*h*igher *o*rder linguistic *d*escription theories", nach Carruthers 2000, 22.)

3. Arten und Typen von Bewusstsein

Arten und Typen von Bewusstsein

Bewusstseinsarten

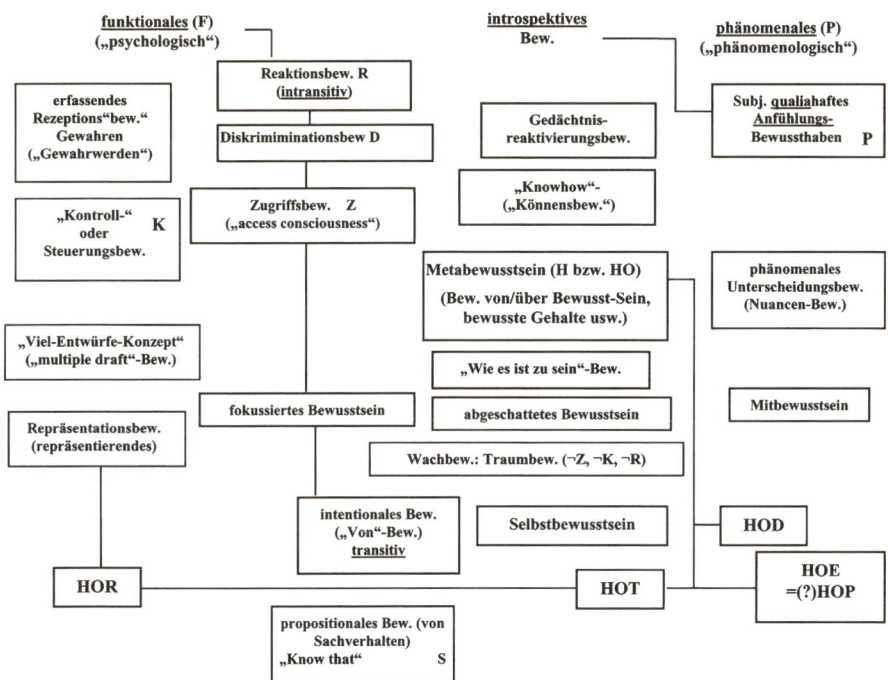

Einige erläuternde Bemerkungen zu dem Diagramm: Wir haben auf der linken Seite des Diagramms in der Tat die *„psychologischen"* oder *funktional* zu erfassenden Verfahren der Bewusstseinsaktivierung (nach Chalmers). Auf der rechten Seite finden wir dagegen zumal das besonders charakteristische *phänomenale* Bewusstsein. Dazwischen liegt die Haupttrennungslinie. (In der Mitte sehen wir aber einige eher „psychologische" Typen, die zum Teil funktional und phänomenal zugleich) sein können, – wie manche der psychologisch-mentalen Zugriffsweisen auch sozusagen „phänomenalisiert" werden können.) Ich kann z. B. (lediglich) Unterscheidungen vornehmen, wenigstens in bestimmtem (evtl. differenzierten) Sinne, indem ich Schemata anwende und nach Formen, Strukturen, Reizmerkmalen usw. diskriminiere: Ohne Reagieren kein Diskriminieren. Darunter steht im Diagramm das Zugriffsbewusstsein (Z-) nach Block. Block unterscheidet ja nur zwischen dem Zugriffsbewusstsein und dem phänomenalen (P-) Bewusstsein. Das Letztere spielt auch bei Tye eine Rolle als eine der vier erwähnten Formen, die er in den Vordergrund gestellt hat. Das Zugriffsbewusstsein ist natürlich auch ein (Unterfall für) „funktionales" Verfahrensbewusstsein.

Unterhalb des Zugriffsbewusstsein findet sich das fokussierte Bewusstsein, das die kognitiven Psychologen von der generellen Bewusstheit und der eher randständigen Erscheinung der Halbbewusstheit bzw. des Randbewusstseins abzuheben pflegen. „Fokussieren" heisst in das Zentrum der Aufmerksamkeit „stellen" oder „rücken". Das Fokussierbewusstsein geht, möglicherweise ohne *scharfe* Abgrenzung, über in ein *Ab-*

schattungs- oder Halbbewusstsein, das ja i. d. R. nicht fokussiert ist und i. A. auch nicht durch ein begrifflich-sprachlich-kognitives Verfahren zugänglich ist, sondern eben quasi-phänomenal lediglich *mit* auftaucht. In der Tat kann man solch ein randständiges Bewusstwerden wiederum eigens untersuchen oder in Zusammenhang stellen mit subliminalen (halb- oder gar unterbewussten) Unterscheidungen (i. S. des R-Bewusstseins). Man vermag im Bewusstsein u. U. auch zu unterscheiden bzw. zu bemerken, aber dann natürlich erst sekundär, dass man etwas im (Zentrum des) Bewusstsein(s) hat(te): Man kann sogar etwas ins Bewusstsein rufen, das vorher in der Abschattungszone des Halbbewussten (oder fast Unterbewussten) war. Hier gibt es Übergänge, übrigens auch in der Erinnerung. Wenn man sich wie beim früher erwähnten Beispiel nachträglich an eine Menge von Glockenschlägen erinnern kann und diese aus der Kurzzeiterinnerung im Nachhinein sogar abzuzählen vermag – Glockenschläge, die man bewusst vorher gar nicht im einzelnen gehört oder jedenfalls nicht gezählt hatte –, dann handelt es sich um solche Phänomene des Abgeschattetseins oder des randständigen Bewusstseins usw. und deren nachträgliche Fokussierung oder zentrierte Reaktivierung. Sie sind uns allen wohlbekannt.

Das Zugriffsbewusstsein und das fokussierte Bewusstsein sind zusammen zu sehen mit dem *Steuer-* oder *Kontrollbewusstsein* (K), das von Block erwähnt wird, aber von ihm nicht eigens diskutiert wird. (Aber von Lycan (1996, 2) wird es als „Steuerungs"- und Kontrollbewusstsein („*control consciousness*") in die Nähe von Blocks „Zugriffsbewusstsein" und Rosenthals (1991) „creature consciousness" gestellt; es vereint gleichsam die vielen willkürlich steuerbaren und kontrollierbaren Bewusstseinsarten im Gegensatz zu nichtsteuerbaren und nicht kontrollierbaren.) Dieses Kontrollbewusstsein ist dasjenige, das eigentlich von Armstrong (1980), Lycan (1987, 1996) und Paul Churchland (zuletzt 1997) und – vor allen Dingen in Bezug auf das Bild-Erkennen – von Kosslyn (1980) in den Vordergrund gerückt wird. Das ist natürlich ein Komplex, den man insbesondere durch das kontrollierte Zugreifen zu bildlichen oder quasibildlichen Vorstellungen, zu Bewusstseinsgehalten und durch das entsprechende Diskriminieren oder Fokussieren umschreiben kann. Es sind klarerweise Beispiele von verfahrensorientierten Bewusstseinserscheinungen oder -prozessen.

Ein Untertyp davon ist das *repräsentative* (oder *repräsentierende*) Bewusstsein, von Kosslyn – fälschlich, finde ich – direkt mit dem Zugriffsbewusstsein identifiziert. Dieses repräsentative Bewusstsein „repräsentiert" einen bestimmten Sachverhalt oder einen Gegenstand. Das ist eine Bewusstheit einer propositionalen Einstellung, also die bewusstseinsmäßige Darstellung eines Sachverhaltes: Sachverhaltsbewusstheit (S-) oder Tatbestandsbewusstsein. Dazu muss aber eigentlich auch noch ein äußeres Objekt oder mentales Objekt kommen, also O-Bewusstsein (oder MO-Bewusstsein). Dies ist natürlich der Fall einer Bewusstheit, die im klassischen Sinne ein Bewusstsein von Etwas ist, also das *intentionale* Bewusstsein oder „*Von-Bewusstsein*" (Lycan 1996, Carruthers 2000) im engeren, traditionellen Brentano-Husserlschen Sinne, das einen Gegenstand *meint*. Deswegen wird dieses Von-Bewusstsein oft – wie erwähnt – auch „*transitives Bewusstsein*" (Carruthers 2000, 10) genannt. Das transitive Bewusstsein im Von-Sinne müsste natürlich auch in den („psychologischen") Verfahrensbereich des psychologischen Bewusstseins im Chalmers'schen Sinne eingeordnet werden. (Husserl war ja der

3. Arten und Typen von Bewusstsein

Meinung, dass *jedes* Bewusstsein ein Bewusstsein *von etwas* sei. Das ist aber sicherlich falsch. Es gibt eine Reihe von bewusstseinsphänomenalen Ereignissen bzw. unterschiedlichen bewussten Erlebnissen, die nicht ein Etwas darstellen, z. B. bestimmte undefinierbare Schmerzen, (durchaus bewusste) Befindlichkeiten, Stimmungen oder so etwas. Diese Arten haben alle kein intentionales Objekt. Insofern kann Bewusstsein auch eben u. U. keinen Gegenstand haben.)

Ferner haben wir noch die Formen *höherstufiger Bewusstheiten* (H- oder HO-). Das sind z. B. natürlich die höheren Ordnungen der Gedanken (HOT, „higher-order thought") oder der höherstufigen Erlebnisse (HOE) oder Wahrnehmungen/Perzeptionen (HOP). Charakteristisch hierfür ist im ersten Fall nach Rosenthal (z. B. 1986), dass zu bestimmten Bewusstseinserlebnissen ein bestimmter höherstufiger Gedanke, eben der Gedanke, *dass* ich dieses Erlebnis habe, hinzukommen muss, damit dieses Erlebnis überhaupt als bewusstes relevant, präsent („occurrent") wird. Rosenthal These besagt, dass erst solche höherstufigen Phänomene sozusagen über Bewusstsein bzw. präsente Bewusstheit „entscheiden". Dabei gilt für Rosenthal – und das ist seine spezifische These –, dass eben ein *bestimmter Gedanke* (also nicht nur höherstufige Ereignisse oder Erlebnisse oder was immer), ein innerer (mentaler) Satz, in bewusstseinsmäßig repräsentierter Form hinzukommen muss, damit eine Erfahrung oder ein (mentales) Erlebnis als Das ist die spezielle Rosenthalsche These. Andere (z. B. auch Lycan, Churchland, vgl. Güzeldere 1995, 403 ff.) haben eine jeweilige Instanz dieser Art von Bewusstsein *nicht* als einen höherstufigen *Gedanken* (HOT-Bewusstsein) der niederstufigen Bewusstseinserlebnisse aufgefasst, sondern als eine höherstufige *Wahrnehmung* oder *Erfahrung* (HOE-Bewusstsein), als eine innere *Empfindung* oder Wahrnehmung (HOP-These) bzw. als höherstufige Erfahrung (HOE-These), also als ein mentales „*Erleben*", wodurch nach „innen" verlagert der Bewusstseinsgehalt quasi „wahrgenommen" bzw. „erfahren" wird. (Dieses höherstufige Wahrnehmungsbewusstsein ist nun wiederum bewusst bekannt und erkannt wird. Das heißt also, die höhere Ordnung ist stets nur als höherstufiger Gedanke realisiert, damit Bewusstheit überhaupt gewährleistet ist. eher im Phänomenalen zu verorten, zu erfassen und entsprechend zu beschreiben, aber diese Unterscheidungen sind natürlich eher grob – und auch problematisch.) Der Versuch Güzelderes (1995) sollte zeigen, dass eigentlich die Auffassung der höherstufigen Bewusstseinsphänomene als innerer höherstufiger Wahrnehmung (HOP) entweder eine Kluft übrig lässt oder auf das Modell höherstufigen Gedanken (HOT) zurückzuführen ist. Neuerdings hat besonders Carruthers (2000) eindrucksvoll und ausführlich die Theorie des Bewusstseins als das „Haben" (genauer: als dispositionales Verfügenkönnen) höherer Gedanken bzw. als gedankenförmige Metabewusstheit gegenüber den Thesen – etwa Lycans (1996) – verteidigt, Bewusstheit gründe sich eher auf höherstufige Vorstellungen bzw. innere Erfahrungen.

In dem gesamten Zusammenhang wären dann natürlich auch die Gedanken und die entsprechenden Schematisierungen nochmals zu diskutieren, die sich auf das Gedächtnis beziehen, das seinerseits Schemata speichert[16]: also das *Erinnerungs-* oder *Gedächt-*

---

[16] Wir wissen, dass Erfahrungen (auch sinnesrezeptorisch veranlasste) nur in Gestalt und durch Schemata erfasst und abgespeichert werden können, d. h. nach bestimmten Merkmalen im Gedächtnis gespeichert sind, und dann entsprechend auch wieder ausgewählt oder

nisbewusstsein in dem Sinne, dass ich (E-bewusst) weiss, *dass* (d-E-Bewusstheit) etwas bzw. *was* ich (w-E-bewusst) in der Erinnerung gespeichert habe, auf das ich dann auch zugreifen kann. Das ist natürlich relevant für die Gedächtnis- und Bewusstseinsphilosophie, obwohl diese weiteren Differenzierungen hier nicht eigens aufgeführt sind: Man könnte das freilich tun und sollte künftig gerade darüber auch genauer diskutieren.[17]

Generell gilt jedenfalls: Durch und in Schemata sind Erlebnisgehalte bis auf das Wesentliche oder durch Bezüge auf wesentliche Merkmale zusammengestutzt, strukturiert, in Beziehung gesetzt, gespeichert und (wieder-)abrufbar; die Gedächtnisinhalte sind also unter einer solchen Selektion oder Konzentration als merkmalsidentifizierbare abgespeichert. Das scheint in gewissem Sinne ein ganz interessantes Moment zu sein, das die bisherige Wissens- und Gedächtnisforschung noch zu wenig diskutiert hat. Erst neuerdings, im Zusammenhang mit konnektionistischen Modellen, kommt man darauf

(wieder) abgerufen werden. Es geht um den vieldiskutierten Retrieval-Prozess, der in der Weise stattfindet, dass früher einmal abgespeicherte und wahrgenommene oder vorher schon einmal wahrgenommene oder gehabte Erlebnisse und Erfahrungsinhalte eben durch (Wieder-)Aktivierung von entsprechenden Gedächtnisteilen bzw. von deren im Gedächtnis abgelagerten Schemata wiedererfasst, genauer: wiederaktiviert und wieder präsentiert werden.

Bartlett hob schon 1932 hervor, dass das Gedächtnis nicht *alle* Einzelheiten speichert, sondern nur die *wesentlichen* Grundzüge und u. U. wenige wichtige Merkmale, durch die man etwas wiedererkennen kann, das heißt, die wesentlichen Grundzüge sind dann eben durch eine bestimmte, vereinfachende Auswahl von geeigneten, durch diese Merkmalskombinationen charakterisierten Schemata gekennzeichnet. Durch ganz wenige Signale kann man ein ganzes Schema hervorrufen. Jeder kennt Beispiele: Das bekannte Babyschema oder eine Gesichtszeichnung, bei der man sofort sieht: Das ist ein Gesicht. Das ist biologisch gesehen wichtig auch für den Menschen, insofern er solche Strukturen sehr schnell aus wenigen Andeutungen herauslesen kann. Nur auf diese Weise, unter Aktivierung der zugeordneten strukturierten Schemata, kann man überhaupt etwas schnell erkennen. Man sieht hier, dass eine Art von Konzentration und Selektion stattfindet, auch eine Quasistrukturierung oder Rationalisierung, wie sie vielleicht von Kant gemeint war. Es gilt, dass viele Schemata verändert, erlernt, nicht nur geprüft und wieder abgerufen, sondern auch abgewandelt werden können, falls man wichtige Merkmale vergessen hat oder ein Schema auf eine gewisse Situation oder Handlungserfordernis nicht passt usw. Es gibt also nicht nur eine (u. U. veranlasste oder gar gezielte) Veränderung der Schemata.

[17] Man unterscheidet heutzutage recht viele *verschiedene Gedächtnissorten*: unmittelbares, deklaratives, propositionales, szenisches bzw. episodisches, prozedurales, ikonisches, sensorisches – etwa visuelles, auditives, taktiles usw. –, motorisches, semantisches Gedächtnis, Langzeit- und Kurzzeitgedächtnis sowie „Metagedächtnis" (Wissen über das eigene Gedächtnis) und weitere Formen. Was hier wichtig ist, bezieht sich natürlich auf *alle* diese Gedächtnisse mit unterschiedlichen Funktionen, die interessanterweise zum Teil auch in unterschiedlichen Teilen des Hippocampus bzw. auch des Parahippocampus abgespeichert werden und offensichtlich in gewisser Weise funktionell getrennt sind, auch teilweise getrennt arbeiten. So wurde von G. Fernández und Mitarbeitern (*Science* 285 (1995), 1582) durch funktionelle magnetische Resonanztomographien (fMRT) bestätigt, dass sich Gedächtnisbildungsprozesse auch den Gehirnarealen nach unterscheiden – je nachdem, ob es sich um länger haftend bleibende oder schnell(er) zu vergessende Gehalte handelt. (Bisher hatte man im Wesentlichen bloß funktional zwischen Kurzzeit- und Langzeitgedächtnis unterschieden.) Der Parahippocampus wird offenbar zuerst aktiviert, der Hippocampus danach – vor allem auch zur längeren Fixierung. Die genannten Forscher verfolgen derzeit auch die Hypothese, dass der Hippocampus für komplexe(re) Gedächtnisfixierungen zuständig ist, der Parahippocampus hingegen für einfache.

zurück. Offensichtlich zeigt das Wiederabgreifen des Gedächtnisses beim Menschen eine Zugreifbarkeit, die man in der Computerwissenschaft „Inhaltsadressierbarkeit" nennt. Man braucht nicht eine besondere Datei oder „Adresse", um den Gedächtnisinhalt wieder zugänglich zu machen, sondern der Inhalt selber ist die Datei; man kann ihn offenbar einfach *per* Inhaltsangabe wiederabrufen und identifizieren. Diese Fähigkeit scheint generell für unser Bewusstsein charakteristisch zu sein: Wir denken in Inhalten oder Gehalten. Das berührt die Theorie, die auch die traditionelle Philosophie vertreten hat, z. B. die Phänomenologie, etwa Husserls Ansatz der Bewusstseinsakte mit ihren intentionalen Gegenständen: Jedes Bewusstsein, jeder bewusste Gedanke bezieht sich (nach Brentano und Husserl) auf ein gemeintes „Objekt", auf einen ideellen oder materiellen Gegenstand, der „im" Bewusstsein „enthalten" ist oder *unmittelbar* (mit-)gemeint ist und entsprechend dann auch als Gehalt gespeichert und abgerufen werden kann.

Wir haben auch für (bloß) phänomenale Bewusstseinsgehalte ein Gedächtnis. Generell haben wir auch so etwas wie ein Gedächtnis, das für Bewusstseinserlebnisse relevant ist und zu entsprechenden *Gedächtnisbewusstseinserlebnissen* bzw. *-empfindungen* führt. Wir wissen, dass wir etwas im Gedächtnis darstellen können, und wir wissen oft höherstufig, wann und ob wir etwas im Gedächtnis haben. (Wir müssen oft aber erst danach suchen.) Insofern ist es durchaus möglich, das *Gedächtnisbewusstsein* als eine eigene Form – evtl. mit/als höherstufige Variante von HOT – aufzuführen, die mit den anderen Typen in einem systematischen Zusammenhang steht, insbesondere mit dem „Zugriffsbewusstsein" à la Block. Auch ist das Gedächtnisbewusstsein, nämlich insoweit es systematisch mit dem Zugriff verknüpft ist, natürlich auf die Seite der „psychologischen" Verfahrenstypen zu nehmen und nicht in erster Linie auf der phänomenalen Seite zu verorten, obwohl eben auch im Gedächtnis bestimmte phänomenale Erlebnisse eine Rolle spielen können. Was im „phänomenalen" Bereich zudem noch fehlt, sind insbesondere Distinktionen zwischen phänomenalen Erlebens- bzw. Erfahrensunterschieden. Sollte hier von „qualifizierend" oder gar „qualiafizierend" gesprochen werden? Es geht ja darum, dass hier Unterscheide in der Empfindungsqualität oder Qualiahaftigkeit gemacht werden können, ohne dass sie „psychologisch" (à la Chalmers) durch Verfahren kognitiver Art erfasst werden bzw. gefasst sind.

Eigens angeführt im „phänomenal(istisch)en" Bereich ist auch das *intransitive Bewusstsein* (z. B. Carruthers 2000, 9): Das phänomenale Bewusstsein ist z. T. intransitiv, ist dann zwar nicht das Bewusstsein von Etwas (z. B. intensives Schmerzempfinden), zeigt sich aber als Bewusstheit von bestimmter Qualiahaftigkeit (ein *intransitives phänomenales Bewusstsein* als Untertyp) – ein Bewusstwerden oder bewusstes Erleben, das eben nur eine bestimmte Erlebnis- oder Anfühlungsqualität darstellt, aktiviert oder wie immer zur deutlicheren Erfahrung oder zum merklichen Erleben bzw. zur innerlich „wahrgenommenen" Empfindung bringt. „Intransitiv" ist es in diesem Sinne: Es gibt dabei nicht einen Gegenstand, der repräsentiert würde oder der Gegenstand des Bewusstseins i. S. eines Genitivus objectivus wäre. (Diese Unterscheidung ist einfach nur das Gegenmoment zu dem transitiven Von-Bewusstsein.)

Ebenfalls haben wir noch das *Traum-* oder das *Schlafbewusstsein*. Diese Formen hängen natürlich auch mit der Möglichkeit der Abschattung von Bewusstheit (Tag- und

Halbträume) zusammen und sind meistens auch vor allem phänomenal geprägt, obwohl es natürlich ein intentionales Bewusthaben von Etwas beim Träumen gibt – und zwar prototypisch bzw. notorisch! Träume handeln sehr oft *von* etwas, wie jede(r) weiss: Nur so lassen sich Träume als solche identifizieren. Aber in gewissem Sinne kann man natürlich auch im Schlaf und im Traum *reagieren*, obwohl dabei eben auf bestimmte äußere Reize eben *nicht* reagiert wird. Es handelt sich also um eine besondere Form.

Zuletzt ist noch das *Ich-* und/oder *Selbst-Bewusstsein* aufgeführt, das auch von Block erwähnt wird, aber bei ihm als nicht spezifisch für die Bewusstseinsthematik in dem hier diskutierten Sinne gilt. Es wird aber bei vielen philosophischen Vertretern (nicht nur bei klassischen Autoren des Idealismus und Rationalismus) in einer zentrale Rolle gesehen. Heute wird es meist im Anschluss an William James diskutiert (z. B. von Dennett 1991, 1994).

Dennett vertritt ja die Theorie, dass es so etwas gibt wie eine Föderation der entsprechenden Entwürfe von Bewusstsein (*„multiple-draft theory of consciousness"*). Es konkurrieren evtl. viele unterbewusste mentale Prozesse, die eine Art von Vielfalt (multiple drafts) entwerfen, erzeugen und die dann in einer inneren quasi darwinistischen Konkurrenzentscheidung – wenn auch in einer sehr schnell, in Sekundenbruchteilen ablaufenden Konkurrenz und (quasi-automatischen) „Selektion"! – sozusagen um den Eintritt auf die „Bühne des Bewusstseins" kämpfen (Dennett kritisiert allerdings explizit die cartesische Bühnenmetapher („cartesisches Theater").): Es ist eine Art quasi-darwinistischer Konkurrenz, ein „Überlebenswettstreit" oder Vormachtkampf zwischen neuronalen Aktivitäten bzw. den entsprechenden Gehaltsentwürfen im Schnellverfahren: „Survival of the fittest"-Dynamik auch hier (freilich ohne Vererbung auf die nächste Generation). Und nur Weniges (ein sozusagen „siegender" Entwurf) erreicht, metaphorisch gesprochen, die „Bühne des Bewusstseins", während im „Untergrund" sehr viel mehr abläuft. Der Großteil unserer mentalen Prozesse und Aktivitäten verläuft ja in der Tat unterbewusst; nur ein winziger Bruchteil erlangt Bewusstseinsreife und gelangt gleichsam auf die „Bühne" des Bewusstseins, so dass manche Theoretiker, wie Sachsse, Roth und Pöppel, meinen, nur das, was *neu*, was *(über)lebensrelevant* oder besonders *mitteilenswert* (Pöppel) ist, also besonders wichtig ist, werde ins Bewusstsein gehoben. Was allbekannt, was zum Beispiel bereits ritualisiert oder automatisiert ist, erreicht die „Bühne" nicht, wird unterbewusst verarbeitet durch entsprechende unterbewusste – etwa instrumentell oder klassisch konditionierte – Lern- und Ausführungsverfahren usw.

Unser Diagramm der Bewusstseinsarten enthält im rechten Teil die Variante(n) des phänomenalen Bewusstseins, des eigentlichen subjektiv-phänomenalen Bewusstseins, das das nach Chalmers das entscheidende und schwierige („hard") Problem darstellt. In der Tat benutzen wir die Metapher einer introspektiven, „inneren Wahrnehmung" – übrigens ein teils funktionales, teils phänomenales Modell, wie es schon John Locke in den Vordergrund gestellt hatte. Es spielte eine große Rolle in der gesamten westlichen Philosophie – bis hin zu und über Kant hinaus. Es ist das sog. *introspektive Bewusstsein*. Besonders der selbstkritische Descartes hatte behauptet, dass wir innerlich mit absoluter Sicherheit wissen, was wir als Bewusstsein erleben, als Bewusstseinsgehalt erfahren. Das Denken, genauer: das „innere" Wahrnehmen – also Erleben, als Phänomen-

3. Arten und Typen von Bewusstsein

Erfahren – in Gestalt von Bewusstseinsinhalten, sei im Grunde wie ein Abstreichen der Gehalte durch ein inneres Auge, etwas wie ein introspektives (phänomenales?) Erfassen. Lange Zeit war ja auch die Psychologie im wesentlichen auf das Introspektive ausgerichtet. Das erweist sich aber als zu einfach. Man muss heute erhebliche Differenzierungen vornehmen. Zunächst sind manche Sachverhalte oder ist etwas, was dargestellt wird, nicht notwendig gegenständlich – im Sinne einer inneren „Erfassung" von „mentalen" Gegenständen, die analog erfasst werden könnten wie äußere Gegenstände (die werden ja auch „*in*" der Vorstellung repräsentiert), sondern es handelt sich häufig um abstrakte Gegenstände, zum Beispiel Sachverhalte – oder aber auch um phänomenale Gehalte oder Erlebnisweisen.

Lycan stützt sich in seinem Buch *Consciousness* (1987, 72) auf einen Autor namens Hill, der diese Art von Introspektion hinsichtlich dessen, was Lycan (mit Hill 1986) „basic awareness" nennt, beschrieben hat, das heißt: das grundlegende Gewahren oder Gewahrwerden. Diese „Gewahrung" oder „Gewahrsamkeit" sei im Wesentlichen passiv, aber subjektiv und tritt nach Lycan sogar natürlicherweise „notwendig" auf. Es ist jedenfalls etwas, was personal auftaucht, was wir selber erleiden und was dazu führt, dass wir durch Introspektion nicht nur unsere eigenen Zustände bewusst werden lassen können oder als bewusst erleben, sondern auch durch diese Introspektion aktiv erfassen und bewusst *machen* können. So können wir aktiv selektiv Gegenstände erfassen – und seien es abstrakte. Ferner bestehen ja charakteristischerweise unsere Bewusstseinsprozesse auch darin, dass wir im Grunde fast immer, wenn wir etwas denken oder erleben, ein „Bewusstsein von Etwas" haben (ein transitives oder intentionales Bewusstsein), d. h., diese Vorgänge bzw. Erfassungen münden darin, dass uns die Inhalte oder Gehalte, das Vorgestellte, die Gegenstände, deren wir uns bewusst sind, innerlich „vor Augen" sind, metaphorisch gesprochen. Das bedeutet, wir „sehen" *eigentlich durch dieses Bewusstsein hindurch* oder wir benutzen es in gewissem Sinne unmerklich; es ist „*transparent*", so dass wir Gegenstände, Gehalte, Inhalte „im" Bewusstsein haben oder bewusst erleben, und nicht die Bewusstseinszustände bzw. -prozesse im engeren Sinn selbst erfassen – mit Ausnahme gewisser Zustände wie zum Beispiel Schmerzen-Erleben.

Die Introspektion spielt nach Chalmers und Lycan generell passiv wie aktiv offensichtlich eine große Rolle. Man muss zwischen der eher *passiven* „basic awareness", also diesem eher bloß empfundenen Grundgewahren oder der Gewahrsamkeit bzw. des Diagramms zu stehen. Chalmers möchte die Ausdrücke „phänomenal" oder „*phänomenales Bewusstsein*" in diesem engeren Sinne verstehen, dass er dieses Qualitative oder Qualiabewusstsein, die „Anfühlungsqualitäten" zu Grunde legt und den Begriff „*Gewahrsein*" für alle anderen Bewusstseinsarten reserviert. Das ist unüblich und auch nicht empfehlenswert, weil die gesamten funktionalen Verwendungen, wie Kontrollbewusstsein, inneres Scannen, Diskriminieren usw. dann eben aus diesem phänomenalen Bewusstsein herausfallen würden, nur noch „gewahr" sein können, aber nicht mehr i. e. S. „*bewusst*". Deswegen halte ich diesen Sprachgebrauch für nicht sehr sinnvoll. Vielleicht sollte man in der Tat spezifischer reden von „*Qualiabewusstsein*" oder dem „*phänomenalen* Bewusstsein" im Sinne von qualitativem oder gar „qualiafiziertem" Bewusstsein. Carruthers (2000) etwa nennt phänomenal bewusste Ereignisse solche, für deren Eigenschaften wir introspektive Erkenntnisfähigkeiten haben oder die wir uns wenigstens durch Ähnlichkeit(serfahrung) klarmachen können: Phänomenal bewusste Ereignisse sind solche, die wir in uns selbst nicht erschlossen haben („non-inferentially"), sondern *direkt* erkennen können, die wir, metaphorisch gesprochen, mit dem „geistigen Auge" unmittelbar sehen, direkt „erfassen" in der Weise, wie sie uns eben zum „Anfühlen" kommen: „in virtue of the ways in which they ‚feel' to us or the ways in which they present themselves to us subjectively" (2000, 14), also auf die Art(en), wie wir sie uns *direkt* eben als *Qualitäten* vorstellen bzw. „erfahren". Es sind solche, die *per se* schon eine Art von „Anfühlungsqualität" besitzen. „Anfühlungsqualität", das ist sicherlich plastischer und viel klarer – soweit terminologische Klarheit da überhaupt zu erreichen ist – als etwa die Beschreibung „wie es ist, in diesem Zustand zu sein, oder ein solches Wesen zu sein, das solche Zustände hat". „Wie es ist, in diesem Zustand zu sein", das sagt eigentlich im Grunde überhaupt nichts (aus), das ist ja geradezu die Verweigerung eines direkten Beschreibungsversuchs. Und die Qualia sind dann eben im wesentlichen solche Eigenschaften von Dingen bzw. von wahrgenommenen oder erfassten Gegenständen oder Phänomenen, die in dieser Weise „*Anfühlungsqualität*" haben und innerlich als solche erlebt, „gesehen", „erfahren" oder „erfasst" werden, eben „ins" Bewusstsein kommen. Das scheint mir terminologisch besser zu sein als die übliche Redeweise nach Th. Nagel. Die rechte Seite des Diagramms der Bewusstseinsformen bezieht sich im Wesentlichen auf das phänomenale, das nur durch Anfühlungsqualitäten zu beschreibende Bewusstsein, das subjektiv erfasst werden kann, das eine Art von „*Qualiabewusstsein*" ist, also Qualia oder Qualitätseigenschaften umfasst und das praktisch und weitgehend nur indirekt mit der Sprache beschrieben werden kann, also eigentlich nur dem jeweiligen Einzelnen in der ersten grammatischen Person in einer Eigenerfahrung aktualisiert werden kann: Ich habe „rot" gesehen oder „blau" gesehen, und ich erleb(t)e das so. Was damit gemeint ist, kann der Einzelne oder die Einzelne jeweils immer nur nachvollziehen durch Rückgriff auf das eigene phänomenale Erleben. Dieses stellt nicht einen Gegenstand dar, sondern es ist eher wie eine Fähigkeit, die wir aktualisieren können, die wir direkt erlebt haben, auf die wir nur sehr indirekt, äußerlich (durch Appell an das Eigenerleben von Anderen) verweisen. Wenn wir uns eines bestimmten Sachverhalts, Gegenstands oder eines inneren Erlebnisses, z.B. eines Glücksgefühls, ohne die Von-Bewusstheit, also intransitiv, bewusst sind, dann könnten wir doch sagen, wir haben dieses (Glücks-)Erleben als ein Bewusstes. Es wäre noch besser von *bewusstem Erleben* zu sprechen, davon, etwas „bewusst zu haben". (Dieses „Haben" ist selber auch eine etwas schiefe Metapher, die eigentlich ein Besitzverhältnis anzeigt). Doch der Ausdruck „das Bewusst*sein*" im traditionellen Sinne ist in der Tat ebenfalls missverständlich, obwohl wir den Ausdruck ja in unsere üblichen Alltagssprache inkorporiert haben.) Phänomenales Bewusstsein im engeren Sinne ist also eine Art von bewusstwerdendem Erleben qualitativer Art, Erleben von Qualia, eine Gefärbtheit, eine Anfühlungsqualität – und das ist schon das Entscheidende. Das Alles lässt sich nun auch in der Sprache, rein objektiv, nur *andeuten* und nicht im Einzelnen direkt beschreiben. Auf die Fülle dieser Anfühlungsqualitäten oder -erlebnisse, die wir haben, wenn wir etwa ein Farberlebnis haben, können wir im konkreten Falle allenfalls verweisen durch Hinweisen, durch Mustervorgaben o. ä., durch Farbmuster, Tapeten-

3. Arten und Typen von Bewusstsein

muster oder was immer. So zeigen wir etwa an der Vorlage, welche Nuance wir meinen oder welche wir in unserer Vorstellung „haben". So kommen wir zur Nuancenbeschreibung[18]. Es ist auch deswegen wichtig, weil sich hierbei in gewisser Weise das Phänomenale wiederum innig mit dem Funktionalen verbindet, nämlich mit der Fähigkeit zu diskriminieren, zu unterscheiden, gewisse phänomenale Unterschiede festzustellen und anhand von Beispielen und Identifikationsmustern unter Umständen auch zu übermitteln. Das alles ist insoweit etwas, was sich recht gut anhand dieser differenzierten Einteilung der Bewusstseinsarten beschreiben lässt bzw. nachvollzogen werden könnte. Zumindest haben wir damit einen (wenn auch immer noch recht groben) Kategorisierungsrahmen, in dem wir uns die Bewusstseinsarten oder -typen relativ übersichtlich ordnen können. Und so lässt sich auch die Unterscheidung verstehen, die z. B. Chalmers macht; doch er übersieht bzw. übergeht den Zwischenbereich, in dem sich das (funktional-)psychologisch Erfassbare und das Phänomenale überlappen bzw. ineinander blenden.

Natürlich sollte diese Ausgangsaufstellung geeignet sein, entsprechend weitere Verfeinerungen oder auch gar Erklärungen vorzunehmen. Eine These Chalmers', Tyes u.A. ist z. B., dass aufgrund physiologisch-psychologischer Beschreibungen *funktionale* Erklärungen, etwa für das innere Scannen, Abtasten, für das Zugreifen oder für gewisse Unterscheidungen möglich sind, die zum Teil von Probanden gemacht werden (können), selbst wenn das unter Umständen nicht phänomenal bewusst wird, sondern wenn es sich z. B. um Unterscheidungen i.S. von nicht bewussten Reaktionen handelt. Es gibt beispielsweise – wie bereits erwähnt – Leute, die „blind sehen" können: Das bedeutet, die Zugriffsfähigkeit, Unterscheidungsfähigkeit der Menschen ist sehr viel größer als das, was sich in dem expliziten, fokussierten Bewusstsein darstellt. Wichtig ist aber: Darüber hinaus sind in der Tat auch *Abschattungen* des Bewusstseins möglich – zum Beispiel, wenn man aufwacht oder einschläft oder was immer; das kennt jeder von uns. Und so muss man wohl auch eine weitere Ebene unterscheiden, bzw. einfügen, die bei Chalmers nicht vorkommt, nämlich das fokussierte Bewusstsein gegenüber dem abgeschatteten Bewusstsein und dem bloßen Mitbewusstsein, Randbewusstsein. Wir wissen, dass häufig etwas randständig mitbewusst wird, was aber z. B nicht im Fokus, im Zentrum des Bewusstseins steht.

---

[18] Wenn wir Nuancen wirklich beschreiben wollen, dann müssen wir – z. B. zu bestimmten Mustern oder zu bestimmten Simplifikationen oder zu bestimmten Beispielen greifen und können so darauf hinweisen: „Dieses Blau meine ich – und nicht jenes"; das heißt, wir können Nuancen sehr viel feiner in der phänomenalen bewussten Wahrnehmung oder in dem phänomenalen Bewusstheben unterscheiden, als wir das sprachlich differenzieren könnten. Wir greifen dann zu äußeren Mitteln, um uns durch diese Tricks und diese Unterscheidungen deutlich zu machen, zu kontrollieren, zu identifizieren und z. B. jemand anderem mitzuteilen. Das ist ein wesentliches Vermögen, dieses *phänomenale Unterscheidungsbewusstsein für Nuancen*. Das bewusste Nuancengewahren erfordert natürlich eines, das die Diskrimination, die Unterscheidung unterschiedlicher Nuancen erfordert, also insofern eben auf die zuvor erwähnte funktionale und psychologische Weise auch zurückgreift – jedenfalls insoweit, als eben Unterscheidungen möglich und nötig sind. Das Diskriminationsbewusstsein oder das innere Scannen, das Kontrollbewusstsein oder Steuerungsbewusstsein ist natürlich dazu auch nötig, aber es reicht nicht hin, um die Nuancen wirklich *inhaltlich* hinsichtlich ihrer eigentlichen Charakteristik zu erfassen.

Ferner wäre natürlich zu fragen, wie es mit der Unterscheidung von Wach- und Traumbewusstsein steht. Man wird ja wohl sagen müssen – wie etwa auch Chalmers es tut –, dass man auch im Traum Bewusstseinserlebnisse hat. (Carruthers freilich lehnt das ab, im Traum sei man eben nicht bewusst, „bewusst" bedeute „im Wachbewusstsein". Nun ja, das ist allenfalls richtig im expliziten Sinne für das Steuern des eigenen Bewusstseins, was man natürlich auch nur in Grenzen kann. Wie jeder weiss, ist natürlich das Traumbewusstsein kein volles Bewusstsein, das man steuert, aber man erlebt es ja qualitativ (qualiahaft) oder in differenzierten Gehalten.). Es ist nicht zu bezweifeln, dass, wenn wir träumen, da „etwas abläuft", dass wir im Traum Bewusstseinserlebnisse haben, dass es dort auch geradezu typischerweise qualitative Bewusstseinserlebnisse, phänomenales Bewusstsein gibt, Farberlebnisse und Ähnliches; aber natürlich durchaus auch Sachverhaltserlebnisse oder Zugriffe auf bestimmte Szenen, Abläufe, Gegenstände, usw. Sogar höherstufige Traumerlebnisse kommen vor: Klarträume[19] sind möglich – oder auch andere Zugriffe auf das phänomenale Erleben, etwa durch eine Art von Beschreibung in sprachlicher Weise oder z. B. durch die gefühlsqualitative Bewertung von Bewusstseinserlebnissen selber, etwa Farberlebnissen.

---

[19] Man kann sogar im Traum auch träumen, *dass* man träumt. Das Phänomen ist von den Psychologen auch gut untersucht worden; es sind die so genannten „*Klarträume*", da träumt man sich im Traum als jemanden, der beim Träumen, in Träumen befangen ist. Man hat auch Versuche dazu angestellt. (Das ist natürlich schwierig, man muss die Leute ja rechtzeitig aufwecken und hoffen, dass sie die Träume behalten haben.) Es gibt wissenschaftliche Arbeiten über Klarträume, über so genannte „lucid dreams". Klarträume waren schon in der phänomenologischen Psychologie zu Anfang des vorigen Jahrhunderts in Deutschland entdeckt und auch diskutiert worden. Diese Klarträume, also Träume über Träume oder Träume, *dass* man träumt, zeigen doch deutlich, dass es so etwas wie ein bewusstes Erleben im Traume gibt. Das heißt also, in der Tat ist es wichtig festzuhalten: Es gibt so etwas wie ein „bewusstes" Erleben auch im Traum. Es ist zweifellos nicht so, wie zum Beispiel Chalmers meint, dass der Unterschied zwischen Wachen und Traum *nur funktional* sei. Eine Unterscheidung kann hier schon deswegen nicht rein funktional sein, weil eben das Kontrollbewusstsein im Träumen ausgeschaltet ist und eben auch das Zugriffsbewusstsein, wie Block sagt, z. T. nicht funktioniert. Insofern kann man zwar zum Beispiel feststellen: wenn jemand nicht im Zustand des Wachbewusstseins ist, dann muss sie oder er, wenn quasi bewusstes Erleben vorhanden ist, eben im Traum sein. Aber alles kann natürlich u. U. durchaus einhergehen mit einem phänomenalen Bewusstsein im Traume. Ferner ist offensichtlich bei diesen Klarträumen so etwas gegeben wie eine Stufenbildung, eine Stufung der Träume bzw. der Bewusstseinserlebnisse. Man hat ein Bewusstsein, dass man bewusst ist, und das haben wir ja normalerweise im Wachbewusstsein auch. Diese Fähigkeit, dass wir auf eine höhere Stufe steigen können, dass wir uns dessen bewusst sind, *dass* wir bewusst sind, bzw. dass wir uns bestimmter Gehalte oder innerer Vorgänge bewusst sind, die in unserem Bewusstsein vorkommen, zeigt, dass höherstufige Erlebnisweisen durchaus nicht nur funktional zugänglich, sondern eben auch in gewisser Weise *phänomenal* zugänglich sind. Ich kann mir auf einer höheren Stufe bewusst sein, dass ich etwas Phänomenales eben nur erlebe, zum Beispiel ein bestimmtes Farberlebnis habe. Ich kann ein höherstufiges Bewusstsein davon haben, ja, unter Umständen kann dieses Farberlebnis in mir bestimmte Gefühle auslösen: Ganze, psychologisch etwas umstrittene, Testbatterien sind ja mit den so genannten Gefühlsvalenzen von Farbqualitäten befasst. Es kann also auch auf der Stufe des Bewusstwerdens von Bewusstseinsprozessen so etwas auftreten wie eine phänomenale Anfühlungsqualität oder eine Gefühlsvalenz oder „-färbung" usw.

4. Bewusstsein höherer Ordnung: gedanken- oder erlebnisartig?

Oberhalb der unteren, objektsprachlich zu beschreibenden Stufe, haben wir die Möglichkeit, *höhere Stufen* des Bewusstseins, Bewusstseinserlebnisse über Bewusstseinsphänomen, zu entwickeln. Manche Autoren, z. B. Rosenthal und neuerdings Carruthers (2000, s. u.) haben daraus eine umfassendere Theorie des Bewusstseins gestaltet, nämlich derart, dass als spezifisch und charakteristisch für *Bewusstsein überhaupt* gilt, dass man unterscheidet zwischen solchen höherstufigen Gedankeninhalten bzw. Gedanken, die man eben auf Bewusstseinserlebnisse niederer Stufe bezieht – und jene erst würden diese explizit (eben als „bewusst") darzustellen, wiederzugeben, zu erklären gestatten. Rosenthal entwickelte in einer Reihe von Aufsätzen (z. B. 1986, 1993)) die These und eine „higher-order theory" des Bewusstseins, eine Theorie des *Bewusstseins höherer Ordnung*: Ein Bewusstseinserlebnis werde uns in der Tat nur dadurch wirklich bewusst, dass wir diesem Erlebnis, diesem mentalen Ereignis, einen Gedanken (oder gar Satz) zuordnen – und diesen auch aktivieren –, nämlich derart, *dass* wir in diesem mentalen Zustand sind bzw. das mentale Ereignis erleben. Bewusstsein entsteht danach durch einen höherstufigen Gedanken, nämlich jenen, dass wir dieses Erleben haben. Es wird mir nach Rosenthal erst dadurch bewusst, dass ich Blau sehe, wenn ich merke: „Dies ist blau", das heißt, wenn ich explizit den Satz oder Gedanken habe bzw. instanziiere, der ja wahr oder falsch sein kann: „Dies ist blau". Und so stellt sich Rosenthal vor, dass im Inneren des Gehirns bzw. innerhalb der Hierarchie der unterschiedlichen Abläufe, der Bewusstseinsabläufe oder der Gewahrseinsabläufe bzw. der mentalen Ereignisse, so etwas auftritt wie eine sekundäre, höherstufige (metastufliche) Feststellung durch den Gedanken. Und der Gedanke ist immer etwas Theoretisch-Begriffliches: „Dies ist rot" oder „Dieses bewusste Erleben habe ich". Das Konzept nennt er eine „*h*igher *o*rder *t*heory" oder, abgekürzt, HOT, – (k)eine „heiße" Theorie des Bewusstseins eher eine derzeit heiß umstrittene. Wichtig ist hier also die *h*igher *o*rder *r*epresentation (HOR-theories): Die Tatsache, dass man höhere Ordnungen repräsentieren kann, ist als eine funktionale Beschreibung gemeint. (Dass man etwa Gedanken (statt etwa innerer „Wahrnehmungen" oder „Erlebnisse") höherer Ordnung hat, ist schon etwas Anderes. Dabei mag man sich schon auf das Inhaltliche beziehen, das alles kann aber in der Tat auch noch funktional benannt werden, weil eben es nur darum geht, dass man etwas Höherstufiges (metastuflich zu Verstehendes) in Bezug auf Bewusstseinserlebnisse hat.) Lycan vertritt demgegenüber – und das ist gegenwärtig die spannende Diskussion in den Repräsentationstheorien von Bewusstsein – eine *h*igher *o*rder *e*xperience theory (HOE); das heißt, für Lycan sind diese höheren Ordnungen der Erlebnisweisen, die zu den niederstufigen Erlebnissen zugeordnet werden, nicht Gedanken oder gleichsam Sätze, die wir uns vorstellen, sondern eben ihrerseits *Erlebnis*repräsentationen, etwa im Sinne einer „*inneren Wahrnehmung*", zum Beispiel des traditionellen Lockeschen oder gar des antiken Modells des inneren Auges, der inneren Wahrnehmung, des durch diese Metapher hypostasierten „inneren Organs", durch das wir eben in der Lage seien, so etwas wie Bewusstseinserlebnisse eben auch quasi „visuell" („mit den Augen des Geistes" sozusagen) zu erfassen. Das ist dann die „*h*igher-*o*rder experience theory" in Gestalt hier etwa eben einer „*h*igher-*o*rder *p*erception theory" (HOP), also einer Wahrnehmungstheorie im Sinne einer Theorie der inneren quasi inner-sensorischen Wahrnehmung höherer Ordnung (Wahrnehmung von Wahrnehmung). Wir nehmen unser bewusstes Farberleben eben innerlich wahr, dadurch erleben wir es – und dadurch wird es uns dann eben „bewusst". – Auch Kant sprach ja immer wieder von „innerer Wahrnehmung" oder der Ordnung im Sinne eines „inneren" sinnlichen oder sinnesförmigen Erlebens („innerer Sinn"!). Ob das nun „Wahrnehmung" genannt wird oder nicht, ist ihm in gewissem Sinne nicht so wichtig. Das „innere" Wahrnehmen ist ja in der Tat bloß die Anwendung einer sprachlichen Metapher, nämlich des Bildes vom äußeren Wahrnehmen.

Es gibt höherstufiges Bewusstsein. (Auch dieses ist wahrscheinlich – wie wir sahen – nicht satz- oder gedankenförmig (i. e. vergegenständlichten Sinn), sondern eine „higher-order experience" (eher nach Lycans als nach Rosenthals oder Carruthers' Modell). Bewusstsein ist kein Gegenstand, Ding oder Satz, sondern eher (Ausfluss oder Ergebnis) eine(r) Erfahrungs- oder Erlebensweise, eine dynamisch „verkörperte" emergente Funktionsgegebenheit, die auch als höherstufig erlebt, erfasst, erfahren werden kann: „Ich bin mir dessen bewusst, dass ich bewusst an etwas denke oder etwas wahrnehme." Das Denken wie das Bewusstwerden verhalten sich dabei gleichsam als in höhere Schichten aufsteigend: d. h. stufenkumulativ. Diese Fähigkeit ist charakteristisch für den Menschen; denn das metasprachliche und metatheoretische „Aufsteigen" können Tiere nicht – oder nur in engsten Grenzen – leisten; sie können nicht ihre z. T. durchaus vorhandenen symbolischen Tätigkeiten bzw. ihr Bewusstsein abstraktiv wiederum zum Gegenstand einer Analyse oder Interpretation machen. Das Philosophieren ist aber nun insbesondere ein solches höherstufiges Interpretieren, ein Metainterpretieren. Das Denken über das Interpretieren ist dann eine Art von Denken: nicht nur über die Möglichkeit von Schemabildungen unterbewusster Art oder von primären Interpretationen, sondern eben ein Denken auch über das bewusste Erleben und Erfahren, über das Bewusstwerden, das Denken und dessen Formen und Gehalte. Dass Interpretation i. e. S. immer Interpretation *von etwas* ist, von einem gewissen Vor-wurf, von Vorgegebenem ausgeht (obwohl dies „Gegebene" nicht notwendig „verdinglicht" gedacht werden darf und u. U. erst selber konstituiert werden muss), hatten wir eingesehen. Dass Denken immer Denken von etwas ist, von einem Gehalt, ist ebenso zu verstehen und zu vertreten, wie beispielsweise auch die These von Husserl, dass Intentionalität als charakteristische Eigenschaft des Bewusstseins oder vieler bewusster Zustände oder Prozesse zu verstehen ist (Husserl müsste diese These nur einschränken. Es gibt nichtintentionale mentale Zustände – wie z. B. Befindlichkeiten oder etwa Schmerzen –, nicht-intentionale Halbbewusstheit, Bewusstseinsabschatt-ung, halb- (oder kaum) bewusste Stimmungen.). Auch Searle hatte ja festgestellt, dass man sich auch bewusst sein kann, *dass* man hochgestimmt oder niedergeschlagen ist, ohne nun eine Richtung oder Gerichtetheit dieses Bewusstseinserlebnisses oder dieser Bewusstseinsgestimmtheit auf einen „intentionalen Gegenstand" ausmachen zu können. Auf diese Weise hat er m. E. zu Recht die Husserlsche und auch Brentanosche Gleichsetzung von Intentionalität und Bewusstsein kritisiert. Ich denke jedoch, dass diese seine Kritik eigentlich noch zu vordergründig bleibt; denn das Entscheidende für das *repräsentierende* Bewusstsein ist natürlich die Intentionalität. Diese besteht nach wie vor darin, dass das Bewusstsein ein bewusstes

Erlebnis, eine intentionaler Zustand ist, der *über* etwas, von etwas „handelt", sich auf einen (ebenfalls irgendwie repräsentierten und zu repräsentierenden) intentionalen Gegenstand „ausrichtet", der freilich nur als Interpretationskonstrukt erfasst wird. *Repräsentierende intentionale Zustände* sind bewusste Zustände, und bewusste Zustände sind repräsentierende intentionale Zustände, die diese Gerichtetheit, die Brentano in psychologischer Hinsicht und Husserl in transzendentaler Hinsicht interessierten, aufweisen. Sie sind durch diese Intentionalität als über oder von *etwas* gekennzeichnet. (Doch das „Etwas" muss nicht „verdinglicht" gedacht werden, sondern kann eher als abstraktes intentionales Interpretat, als Resultat oder „emergente" Eigenschaft eines dynamischen Prozesses aufgefasst werden.) Intentionale Zustände bzw. Bewusstheiten weisen eine interpretatorisch und funktionalistisch zu verstehende oder/und nicht rein physiologisch-dynamisch zu (re)aktivierende Gehalthaftigkeit und Inhaltsadressierbarkeit auf. (Gehalts- bzw. Inhaltsadressierbarkeit besagt, dass bewusste Gedanken (nur) durch ihren Gehalt (Inhalt) identifizierbar, abgrenzbar und wiederabrufbar (erinnerbar) sind. Gedanken, bewusste Repräsentationen werden durch ihre Gehalte „individuiert". In der Debatte um Künstliche Intelligenz und konnektionistische Modellierungen des Denkens und Lernen spielt die Frage der Inhaltsadressierbarkeit (Adressierbarkeit ohne Dateinamen) einen wichtige Rolle.) Das Denken, das Bewusstsein, das Interpretieren jeweils von *etwas* ist im Grunde eine Art von erkenntnistheoretisch-interpretativem Konzept, das wir uns machen. *Auch der intentionale Gegenstand ist ein interpretatorisches Konstrukt.* Insbesondere gilt das m. E. ganz deutlich für den Husserlschen Begriff des entworfenen Sachverhalts, den er „Noema" nennt. Dieses ist das ideale (oder ideelle) Konstrukt, das sich aus den Denkprozessen, die er „Noesis" nennt (oder pluralisch „Noesen") ergibt. Es handelt sich in der Tat um schematisierte Interpretationskonstrukte. Das „Gemeinte" ist nur als (in) Konstrukt(en) erfassbar.

Interpretationskonstrukte dieser Art sind in dreifacher Weise zu verstehen (ähnlich wie übrigens Symbole, das kann man sich auch an E. Cassirers Theorie der symbolischen Formen klarmachen): *Erstens*: Schematisierungsprozesse und deren Strukturen, (Schema-)Interpretationskonstrukte, sind zunächst *erkenntnistheoretische* Modellvorstellungen, die zur Beschreibung dieser Verhältnisse dienen (z. B. beim Intentionalitätsproblem zur Beschreibung dessen, wie sich ein intentionaler Zustand auf einen Gegenstand bezieht, wie sich eine „Absicht" darauf bezieht, dass ein bestimmter Sachverhalt, der in der Absicht als Ziel ausgedrückt ist, erfüllt werden soll). *Zweitens* fungiert ein solches Interpretationskonstrukt oder beispielsweise die Bezugnahme auf einen intentionalen Gegenstand als hypothetisches Modellkonstrukt, als Instrument der Bezugnahme auf diesen Gegenstand oder des Umgehens mit Gedanken, mit den Gehalten des Gedankens. *Drittens* wird durch ein solches Interpretationskonstrukt (in seiner Verwendung als eine Art von Standard) erst so etwas wie eine Möglichkeit der Strukturschematisierung konstituiert. Das Interpretationskonstrukt konstituiert und strukturiert als Standard den entsprechenden repräsentationalen und phänomenalen Gehalt – oft eher prozesshaft: Die Erlebnisformen, die wir in den höheren Kognitionen, aber auch schon in den Wahrnehmungen, die wir in Abhängigkeit von der Welt (man denke an die Wort-(Geist-)zu-Welt-Zuordnungen) haben, werden durch die entsprechenden Konstruktformen, die als Standards verwendet werden bzw. fungieren, strukturiert. Insofern kann man fast sagen, dass auch die Humesche These, die er die Abbildthese oder die man die Copy-These nennt – nämlich, dass unsere höheren Ideen, Vorstellungen letztlich und grundsätzlich von derselben Art sind wie Wahrnehmungen und nur schwache Abbilder von den Wahrnehmungseindrücken (etwa visueller Art) darstellen, doch eine Art von Restwahrheit behält (vgl. auch Herneggers (1995) Ansatz). Höhere Kognitionen sind offensichtlich den Wahrnehmungserlebnissen in gewisser Weise ähnlich. Sie sind funktional einmal durch Wahrnehmungen eingespielt wurden, lassen sich nun aber auch unabhängig von Vorliegen eines Wahrnehmungsgegenstandes (re)aktivieren und evtl. in Grenzen modifizieren. Sie werden in jenen Gehirnzentren integriert, die Repräsentationen verschiedener Sinnesmodalitäten zusammenfassen: Das ist z. B. bei der Gegenstandswahrnehmung der Fall, wo u. U. beispielsweise taktile und visuelle Verarbeitungen schließlich in einem polymodalen Zentrum zusammengefasst werden und dann in einem supramodalen Interpretations- oder Synthesezentrum integriert werden zu einer Gesamtauffassung des Gegenstandes. Die *Handlungsgebundenheit* muss natürlich hinzukommen. Mit anderen Worten: aus verschiedenen Einzelbahnen der sensuellen Übertragung (Reizung und Übertragung) wird so etwas wie ein einheitliches Bild *integriert* und i. w. S. (i. a. nicht bewusstseinspflichtig) *konstruiert*. Wahrnehmen ist ein *konstruktiver* Prozess. Doch das gilt auch insbesondere für Erinnerungsbilder, mentale Modelle usw.

Die *höheren* Kognitionen und Bewusstseinsprozesse sowie -gehalte sind genauso zu verstehen, was die Integrationsabhängigkeit angeht, sie sind eben auch i. w. S. Konstrukte, die in bestimmten Zentren des Gehirns unter Rückgriff teils auf Wahrnehmungen, teils auf Erinnerungsbilder wahrnehmungsähnlicher Art, aber auch unter Rückgriff auf bestimmte Modellkonstrukte, mentale Modelle oder andere Strukturierungen entstehen. Es handelt sich hier also um eine Schematisierungs- und Strukturierungsaktivität, die wir als die Stabilisierung von Schemata, kognitiven Schemata, von entsprechenden Einspielungen von Schemastrukturierungen zu verstehen suchten, deren Einspielung oder Stabilisierung in zweierlei Weise verstanden werden kann, nämlich einmal neurophysiologisch-biologisch[20]. Zum anderen kann man die Stabilisierung von sehr vielen solcher Schemata (denen ab der Schicht IS_3) auch durch externe soziale Stabilisierung, durch Regeln, durch Normen, durch „Einspielungen" via sog. sozialen Kontrollen verstehen. Beides spielt offensichtlich eine große Rolle, wenn es z. B. um repräsentierende Darstellungen, um höherstufiges Bewusstwerden, metastufige Erfassungen – etwa im Sinne von sprachlichen Wiedergaben oder äußeren, zu sozialen Reaktionen führenden Repräsentationen – geht. Wir sahen, dass die interne und die externe Stabilisierung in gewissem Sinne aufeinander angewiesen sind; sie müssen *beide* stattfinden. Die interne quasikausal veranlasste Stabilisierung ist abhängig auch von der Vorgabe äußerer Reize,

---

[20] Sogar die Neurobiologen sprechen heutzutage von „Hirnkonstrukten" (Singer, 1990) und versuchen, das Stabilisieren solcher Konstrukte i. w. S. schließlich bis auf bestimmte Häufigkeits- und Kontiguitätsstabilisierungen etwa (nach Hebb) beim synaptischen Spalt oder auf eine gefügeartige Zusammenschaltung von ungeheuer vielen Einspielungen von entsprechenden verstärkten synaptischen Übertragungen in kohärent oszillierenden plastischen Neuroenassemblies (nach v. der Malsburg) oder „flexiblen oder dynamischen Kerngefügen" (Edelman – Tononi 2002) zurückzuführen. Es handelt sich also um eine interne Stabilisierung neurophysiologischer Art – und natürlich auch entsprechend um die neurophysiologische Fundierung der strukturellen Zusammenfügung.

4. Bewusstsein höherer Ordnung: gedanken- oder erlebnisartig?

von der Wiederholung, Wiederholbarkeit und einer Art von Hebbschen Lerneffekt, der in gewisser Weise als Einschwingprozess verstanden werden kann (zumal nach dem neurophysiologischen Modell nach D. Hebb.)

Auf der anderen Seite ist natürlich die Stabilisierung im sozialen Sinne weitestgehend in Abhängigkeit von Sprachkonventionen und sozialen Kontrollen zu verstehen, in Abhängigkeit von Reaktion(sform)en auf Handlungen und Verhaltensweisen, die nun äußerlich in einem sozialen Kontext zu verstehen und zu beschreiben und „verstehend" aufzufassen sind. Beide Arten von Verstärkungen oder Kontrollen spielen bei einer solchen Schemastabilisierung eine Rolle; sie sind beide wichtig. Es geht um die Verflochtenheit dieser verschiedenen Schemataeinspielungen mit den äußeren Handlungen und den (Wahrnehmungs-) Reizen aus den Situationen und den Kontrollen, die aus der Situation in Bezug auf die entsprechenden Einstellungen, Erwartungshaltungen, Dispositionen, Handlungen und Reaktionen des handelnden Individuums entstehen. Es muss also stets Wiederholung möglich, Wiederholbarkeit gegeben sein. Ein Lernen am Erfolg kann sowohl einerseits neurophysiologisch eingespielt werden als auch andererseits sozial verstanden werden. (Und *muss* auch so verstanden werden.) Eine Zuordnung von internen Schematisierungen zu externen sozialen Normen und Normentsprechungen, dem Befolgen bestimmter Regeln, zumal grammatischer Sprachregeln, muss zusammengehen. Weder ein reiner Internalismus, noch ein reiner oder starker Externalismus – etwa im erläuterten Sinne nach McGinn – kann dieses allein erklären, sondern es geht um eine gefügeartige Wechselwirkungsstabilisierung, um eine wechselseitige dynamische und ständig zu reaktivierende Stabilisierung der Beziehung von Innen und Außen, von inneren Einspielungen, von (re)aktivierten Schemata und deren Stabilisierungen – etwa nach dem Muster, wie Eckhorn, Singer, Gray u. a. das modellierten: Man denke z. B. an das Erkennen von einem Dreieck in einer Menge von flackernden Lämpchen. (Edelman und Tononi sprechen von „*Reentry*-Prozessen").

Hinzu kommen und hinein spielen die äußeren Auffassungsregeln im Sinne von sozialen Standardisierungen, von Sprachformen, geregelten Anwendungen von bestimmten Zeichen. Dies alles ist in einem dynamischen, lebendigen, funktionalen Zusammenhang zu verstehen, auf ständige Aktivierung und Reaktivierung gestützt. Wir haben es also mit solchen Interpretationskonstrukten zu tun, die dynamisch eingespielte kognitive bzw. normierende Schemata sind; sie werden stabilisiert sowohl durch interne als auch durch externe, durch natürliche *und* soziale Bedingungen und Kontrollen; sie sind als „lebendige", funktional erzeugte und stabilisierte Prozessformen eher denn als Konstanten zu verstehen. Stabilisierung setzt jedoch bestimmte – und seien es prozessuale – Gleichförmigkeiten, Ähnlichkeiten, Identifizierbarkeiten sowie Wiederholbarkeit und Wiederbeziehbarkeit voraus. Aber diese Ähnlichkeiten oder Wiederbeziehbarkeiten werden ebenfalls erst *als relevant*, herausselektiert, herausgesondert, gefiltert oder – wie man sagen kann – konstituiert bzw. rekonstruiert oder reidentifiziert. Die Ähnlichkeiten sind nicht als Ähnlichkeiten an sich generell interpretationsfrei gegeben, obwohl irgendwie eine Grundlage vorhanden sein muss, sondern sie werden als relevante, wichtige Ähnlichkeiten erst herausgefiltert, als solche „interpretiert" und dann erst funktional wichtig. Alles hängt hier also von Relevanzkriterien ab. Wir hatten ja im Zusammenhang mit dem Kausalfunktionalismus, der Supervenienz und der Intentionalität sowie der jeweiligen Zuordnung darüber diskutiert, dass nicht die kausale Gehaltskonstitution allein, ohne die Bedeutungszuordnung und sozio-kulturelle Einbettung, für die Etablierung von Bedeutung und Intentionalität ausreichen kann. Stattdessen muss man wohl eine Art von teleologisch-funktionaler Sichtweise einführen, wie es etwa Millikan (1984) getan hat. Man erinnere sich an ihren „letzten Adaptor", den distalen intentionalen Gegenstand: so wie etwa beim Bienentanz die Entfernung und Richtung (im Verhältnis des Winkels zur Sonne usw.) des Nektars durch die entsprechenden Bewegungsformen der Biene dargestellt werden. Doch die *bloß* funktional-teleologische Sicht wird wiederum von Fodor mit gewissem Recht kritisiert. Auch sie allein kann nicht ausreichen, denn die Funktion kann fehlgehen, es kann Missweisungen geben. Missweisungen sind also nicht systematisch auszuschalten, wenn man etwa nur den funktionalen Gesichtspunkt der Überlebensrelevanz einbezieht.

Hinzu kommt auch noch, dass nach Fodor die Bedeutung für ein Subjekt gegenüber den unterschiedlichen Signalauslösungen „*robust*" sein muss (man denke an die Beispiele derart, dass ein Büffel auch ein *Kuh*token auslösen kann und dass das Froschauge auch auf Schrotkugeln wie auf Fliegen reagiert.). Die Signal- und Informationsvariabilität der Muster, wie wir sie in der Umgebung finden, muss vereinbar sein mit der Robustheit der Bedeutung gegenüber variierenden Merkmalen in der Umgebung. Kann nun die asymmetrische Abhängigkeit, die Fodor einführte, das Problem lösen? Es gilt z. B., dass das Auslösen von Kuhtokens durch Büffel systematisch asymmetrisch abhängig ist von der Zuordnung der Kuhtokens zu den Kühen *im Regelfall*. Löst *diese* Regel-Abhängigkeit das Fodorsche Disjunktionsproblem? Auch dieses Moment kann nicht *allein* bedeutungsrelevant werden; denn Bedeutung ist *mehr* als die bloße asymmetrische kausale Abhängigkeit, wie wir gesehen haben. Es kann nämlich sein, dass manche kausalen Effekte diese asymmetrische Abhängigkeit nicht überspringen: Worte können z. B. Erröten hervorrufen; das ist aber nicht Teil der Bedeutung des entsprechenden Wortes. Es gilt also, dass die Bedeutung eine gewisse Auszeichnung, z. T. zweckfunktionaler, nämlich relevanzkriterialer Art, also semantische Faktoren, Bedeutungshaltigkeit schon *voraussetzt* und dass die asymmetrische Abhängigkeit bei Fodor offenbar gar nicht unabhängig von einer gewissen Relevanzfilterungsaufgabe, die gelöst werden muss, verstanden werden kann. Auch die asymmetrische Abhängigkeit im Sinne von Fodor, der sein Konzept als ein rein atomistische kausale oder physikalistische Theorie versteht, setzt im Grunde gewisse Relevanzkriterien schon voraus. Daraus folgt, dass es nicht möglich ist, Bedeutung und Gehalt bloß auf kausale Mechanismen und physikalistische Faktoren, also auf materiale Konkretisierungen und formale Symbole oder auf die physikalische äußere Gestalt der Symbole *allein* zu stützen. Die Einbettung in sozikulturelle Regelkontexte muss hinzukommen. Das gilt zumindest auch für das höherstufige Bewusstsein/Bewusstwerden.

Bewusst werdende Bedeutung hat im wesentlichen einen *Gehalt*, der erst „lebendig" werden muss in der Funktion oder in der entsprechenden Rolle. Bedeutung ist wie auch Intentionalität Sache einer interpretatorischen Zuschreibung, ist per se und unerlässlich interpretativ verfasst, interpretations- und schematisierungsgebunden. Interpretationen und Schematisierungen aber sind funktional und dynamisch zu establieren und zu stabilisieren, „leben" nur im „Funktionieren", im (Re-)Aktiviertwerden. Man braucht eine (funktionalistische) Gebrauchstheorie, eine dynamische Aktivierungstheorie für Schemata, Schematisierungen und Schemainterpretationen. Repräsentationen, und zwar sowohl interne („mentale") als auch externe, *fungieren* eben als gehaltvoll oder bedeutungsvoll, als bewusste oder bewusstwerdende; das ist aber letztlich nur aufgrund einer Interpretationszuweisung, aufgrund einer Zuschreibung zu verstehen. Bewusstseinsgehalte und Bedeutungen sind schematisierte Interpretationskonstrukte, die ihrerseits nur in der Funktion „leben", erkennbar sind, stabilisiert werden können, sozial konventionell kontrolliert werden können. Sie sind in der Tat stets abhängig von Schematisierungen, (Schema-)Interpretationen und interpretatorisch-schematisierenden Aktivitäten. Kurz und gut – und zusammenraffend: Bewusstseinsgehalte, Bewusstseinsprozesse und Bedeutungen werden erst in interpretatorisch-schematisierenden Aktivitäten, in Funktionen und Schematazusammenhängen, also funktional und repräsentational konstituiert und aktualisiert. Dabei sind, wie wir begründeten, die Konstituierung und Aktualisierung von Schemata, deren Aktivierungen und Reaktivierungen jeweils miteinander eng verwandt. Sie sind einander ähnlich: Das Wiederabrufen, Wiederaktualisieren von Schemata ist gebunden an dieselben Merkmale und Prozesse wie das Konstituieren, das (erste) Bilden von kognitiven Schemata. Stabilisiert und kontrolliert werden sie, identifizierbar gemacht, eingespielt, repräsentiert unter gewissen Gesichtspunkten der Ähnlichkeit und der Wiederanwendbarkeit, einschließlich der Kontrollierbarkeit im Zusammenhang des sozialen Kontextes, der Regelgeleitetheit, der Normierungen. Freilich kann eine Handlung geregelt sein oder sich als regelgemäß herausstellen, ohne dass diese nun *explizit* einer vorgegebenen Regel folgt, als singulär instantiierte „Anwendung" einer Regel in Frage kommt. In der Tat setzen viele soziale Regelhaftigkeiten nicht notwendig die explizite Verwendung einer Regel oder einer ausdrücklichen Norm voraus, sondern vieles spielt sich als „Gewohnheit" ein, als so etwas wie die Installierung von einer Interpretationspraxis im sozialen Zusammenhang. In der sozialen Praxis, in der eingespielten Disposition der entsprechenden Deutungsgepflogenheiten, in der Interpretationspraxis spielt sich ein habitualisiertes, fast „regelartiges" Verhalten ein, das dann eben zu einer Fortsetzung von gleichartigem Reagieren, von Begriffsverstehen, von Sprachverstehen, von der Zuordnung von Gehalten zu Worten und Denkprozessen bzw. zur Zuordnung von intentionalen Gegenständen zu intentionalen Akten und Zuständen führt – alles Strategien oder Gepflogenheiten des Fortfahrens, die *nicht* auf die Anwendung einer absoluten, ausnahmslosen Vorschrift hinauslaufen, die aber auch nicht auf eine beliebige totale Willkür dessen, was gemeint ist oder fortgesetzt wird, d. h., auf einen absoluten Hyperskeptizismus, hinführen. Mit anderen Worten: in der eingespielten Interpretationspraxis allein kann sich diese entsprechende geschilderte skepsisinfizierte Problematik der erkennbaren Geregeltheit bzw. Habitualisierung usw. lösen oder auflösen. Dafür ist ein interpretationskonstruktionistischer Ansatz wie der oben entwickelte recht gut geeignet. Wenn wir versuchen, die prozessual-dynamische Konzeption des methodologischen Schemainterpretationismus spezifischer auf die Phänomene des Bewusstseins anzuwenden, so ergibt sich, dass – wie wir sahen – Bewusstsein in unterschiedlichen Typen und Abschattungen auftritt. In der Tat ist Bewusstheit ein vielfältiges Phänomen von prozessual-dynamischer Provenienz oder Verfasstheit, wie sich aus unserer Diagrammübersicht (s. S. 97) bereits ergeben hat. Fast alle dieser Bewusstseins- oder Bewusstheitsarten und -typen erfordern einen dynamisch-prozessualen Ansatz: Bewusstsein ist in der Tat – wie auch viele Funktionalisten und Neurowissenschaftler sagen (z. B. Van Gulick und Edelman - Tononi 2002) weder ein Gegenstand, noch eine statische Struktur, sondern eine dynamisch etablierte, relativ stabilisierte Prozessgestalt mit einer strukturell höherstufigen Konstanz von Abläufen, was sich durch die Terminologie der oszillationssynchronisierten Neuronenassemblies bzw. der flexiblen dynamischen „Kerngefüge" terminologisch gut erfassen lässt. Kategorienphilosophisch gesehen handelt es sich um auf der Basis von prozessual verfassten und dynamisch über Zeit stabilisierten Prozessen um relativ konstante emergente Eigenschaften, die nur durch eine Art von Konstruktbeschreibung erfasst werden können bzw. auch bloß so „erfahren", „erlebt" oder mehr oder minder geplant gefasst werden können. Insoweit hat natürlich ein im weitesten Sinne teleo- und biofunktionalistischer Ansatz recht, der die Plastizität, Flexibilität und Anpassungseigenschaften dieses Phänomens betont. Dabei ist in der Tat davon auszugehen, dass Bewusstheit und alle Bewusstseinsprozesse in dieser dynamisch realisierten Prozessualität (nomologisch) notwendig an physiologische, neurophysiologische und (neuro)biologische Grundlagen gebunden sind. Insoweit hat die Auffassung natürlich zu Recht Bestand, dass Bewusstsein ein „natürliches" Phänomen ist, das durch die biologische Evolution bei bestimmten höherstufigen Wesen mit Nervensystemen, zumal bei Säugetieren und etwa Primaten, sich entwickelte. Die biologische Evolution und deren Selektion hat für die Entwicklung bewusster Fähigkeiten und entsprechender Repräsentationen und Reaktionsmöglichkeiten bei höherstufigen Lebewesen ursächlich gewirkt: Zumal bei Primaten und insbesondere in einzigartiger Weise bei den Menschen entwickelte sich auch eine *Metarepräsentations*fähigkeit mit unmittelbarer Reagibilität auch auf die als bewusst unterstellten Äußerungen und Reaktionen bei anderen Artgenossen – also, was man gelegentlich als eine so genannte „Theorie des Geistes" – etwa auch mit Blick auf Menschenaffen – bezeichnet. Ob diese Entwicklung eines reagiblen Repräsentationsmediums in Gestalt der Bewusstheit und des entsprechenden „inneren" Repräsentierens nun rein physikalistisch aufgefasst werden muss, ist damit nicht notwendig entschieden. Kein Zweifel besteht, dass Bewusstsein ein natürliches Phänomen mit „natürlichen" Eigenschaften ist: Dies selbst gilt für bestimmte Formen der Konzeptionsbildung, Klassifikationen, Ähnlichkeiten und entsprechende Diskriminationen auf den Interpretationsschichten IS_1 und IS_2 (vgl. o.). Die höherstufigen Formen der Repräsentation von bewussten Gehalten und Verarbeitungen „im Bewusstsein" selber sind freilich gebunden an entsprechende innere Normierungen und soziale Form(ierung)en bzw. Normen der Sprache und Kulturtradition. Insofern ist die variable und flexible Feinformung des höherstufigen Bewusstseins größtenteils auf den höheren Stufen (ab IS_3) zu verorten.

Vielfach hat sich in der gegenwärtigen Philosophie des Geistes wie auch in der Neurowissenschaft ein expliziter Physikalismus – und sei es ein nicht-reduktiver (z. B. bei Roth) – etabliert, der zum Teil einen explizit materialistischen Charakter aufweist, zum Teil eher funktionalistisch-physiologistisch-biologistisch zu verstehen ist. Hier sind einige kritische und reservierende Bemerkungen am Platze: Wenn auch Bewusstheit und Bewusstseinsprozesse auf natürlicher Basis des Nervengeschehens operieren, also in diesem Sinne „*physisch*" (fundiert) sind, so muss dies natürlich nicht notwendig im

4. Bewusstsein höherer Ordnung: gedanken- oder erlebnisartig?

engeren Sinne physikalisch oder physikalistisch verstanden werden (können) – in dem Sinne, dass alle eventuell höherstufigen Verfeinerungen und Formungen nun ausschließlich mit physikalisch-physiologischen Ansätzen bzw. Begriffen im Einzelnen vollständig erklärt und mit Bedeutung versehen werden könnten. Zwar ist ein ontologischer Dualismus abzulehnen und – wie wir einsahen (vgl. a. Lenk 1995, 1995 a, 2000, 2002) – ebenso ein physischer (aber indirektistischer) Realismus anzuerkennen, doch es handelt sich in der Tat um Phänomene, die einer auch fachdisziplinär differenzierteren Verortung bedürfen. Keineswegs sind die kulturellen Normen – in Gestalt von bedeutungsvollen Regeln, Gehalten, Gebrauchsweisen – als bloß physikalisch zu erklärende Grundereignisse und -phänomene zu verstehen.

Ein physikalistischer Imperialismus verbietet sich auch aus erkenntnistheoretischen Gründen generell (vgl. Lenk 2000, 2003). Strikte Physikalisten neigen zu sehr dazu, eine „Entitätisierung" oder „Verdinglichung" mentaler Ereignisse, mentaler Zustände, mentaler Konstrukte (einschließlich höherstufiger Funktionszusammenhänge), aller neurophilosophischen Untersuchungsgegenstände, auch höherer Kategorisierungen, zu verfolgen bzw. die höherstufigen Relationen, Interpretate und Konstruktionen in die Objektebene der physiologischen Prozesse und physikalischen Gegenstände herabzuprojizieren. Dabei wird auch meistens naiv (vielleicht aufgrund der Unmöglichkeit der englischen Sprache, zwischen „physikalisch" und „physisch" zu trennen) eine Unterscheidung zwischen den disziplinären Beschreibungen und dem natürlichen („physischen") Geschehen nicht geleistet: „*Physikalische*" Zustände oder Prozesse, die das Bewusstsein darstellen sollen, werden typischerweise einfach mit dem *physischen* Geschehen identifiziert. Jedoch ist auch die Physik eine theoretische Disziplin, die ihre eigenen Ansatzweisen hat (z. B. theoretische Entitäten, die nicht nur einfach mit den realen zugrundeliegenden Bezugs-"Gegenständen" oder -ereignissen identifiziert werden können). Physik kann zudem nicht – und will auch nicht mehr, jedenfalls nach Ansicht kreativ arbeitender Physiker selber – beanspruchen, alles zu erklären. Das gilt auch angesichts des Umstandes, dass ein ontologischer Dualismus falsch ist.[21]

Jede Fachdisziplin hat ihre eigenen Perspektiven und Interpretationsansätze sowie Integrationsweisen. Auch Bewusstseinsprozesse können von verschiedenen Fachdisziplinen aus in durchaus sinnvoller Weise erfasst werden. Das gilt insbesondere für die höherstufigen Formen, die sich dem bloß Physiologisch-Physikalischen schon durch die Höherstufigkeit der Interpretationen und durch die Bedeutungshaftigkeit der Gehalte verwehren. Gehalt, Semantik, Bewusstseinsqualitäten und -färbungen in ihrer Bedeutsamkeit entziehen sich schon methodologisch, aber auch semantisch-symboltheoretisch, sowie erkenntnistheoretisch dem bloß physikalistischen Zugriff, obwohl Bewusstheit in der Tat ein Differenzierungsprodukt auf physisch-natürlicher Basis ist, aber entsprechend durch höherstufige Symbolisierung, Repräsentation und innere Verarbeitung differenziert werden kann und muss.[22] Hierzu ist der Ansatz der Schematisierungen und

---

[21] Auch eine monistische Ontologie ist übrigens interpretationsgebunden, stellt, methodologisch gesehen, einen Deutungsansatz von einer Perspektive (oder Erkenntnistheorie) aus dar.
[22] Der allzu einfache entitätisierende Projektionsmechanismus bei strikten Physikalisten ist eine Art von „verdinglichender" Projektion, die höherstufige Eigenschaften und Differenzie-

der Interpretationskonstrukte ein sehr hilfreicher Entwurf, indem er die Bewusstseinsdifferenzierung, Bewusstseinsgehalte als durch schematisierende Differenzierung, also als Interpretationskonstrukte zustande gekommen und verfeinert auffasst. Die vielfältigen Bewusstseinsarten und -typen bzw. -funktionen und deren Strukturiertheiten sowie Schematisierungsformen stellen sich eben als unterschiedliche Schemainterpretationen und schematisierte Interpretate auf den oben entwickelten, mindestens sechs unterschiedlichen Stufen dar – und sind entsprechend differenziert zu behandeln. Was für das Bewusstsein als biologisch fundiertes physisches Phänomen gilt (das – insbesondere in seinen höherstufigen Formen – nur durch Konstruktbildungen und Schemainterpretationen zureichend erfasst werden kann und eine entsprechende hochdifferenzierte Plastizität und Kulturabhängigkeit der Schematisierungen aufweist), das gilt auch für die Einheit und Integration des Bewusstseins – nämlich, dass ähnlich wie „das Ich" oder „Selbst" oder die „Urheberschaft" des Handelns in der Person als ein Interpretationskonstrukt aufzufassen ist, wenn auch als ein *constructum interpretationale bene biologice fundatum, sed non totaliter reductivum*. Auch im neurobiologischen Sinne ist das höherstufige, zumal bedeutungshaltige und soziokulturell geprägte Gehaltvolle von Bewusstseinsprozessen und inneren Repräsentationen nicht physikalistisch reduzierbar.

Andererseits steht außer Frage, dass auch ein totaler reduktiver Kulturalismus oder Lingualismus der entsprechenden Prozesse (wenn auch nicht der soziokulturell differenzierten Gehalte) ebenso abzulehnen ist. Man sollte auch nicht einem ebenso dogmatischen Fachimperialismus geistes- und sozialwissenschaftlicher Provenienz huldigen, ohne auf die neurowissenschaftlichen Grundlagen und die neurobiologischen Grundprozesse einzugehen. Insofern ist Bewusstsein in allen seinen Verzweigungen (zumal den höherstufigen) in der Tat ein nur *interdisziplinär* zu analysierendes und zu verstehendes *Prozessphänomen*, das einen fachübergreifenden Ansatz erfordert. Der methodologische Schemainterpretationismus liefert dafür eine hinreichende methodische, aber auch erkenntnistheoretische Basis, die einen nicht-dualistischen indirektistischen Realismus mit den differenzierenden Strukturierungen und Einspielungen von kulturell geprägten und entwickelten Repräsentations- und Differenzierungsformen verbindet. (Der Preis dafür ist eine auch erkenntnistheoretische Beschränkung auf relative Abstraktheit und Höherstufigkeit sowie auf eine methodologisch zu verstehende und zu relativierende Perspektivität der Ergebnisse und Einsichten.) Soweit Bewusstsein höherstufig etabliert, differenziert und zumal integriert ist, kann dieses James'sche „Geschehen" in der Tat nur als ein kohärenzbildender differenzierter Prozess samt der Integration und Zuordnung von Bedeutungen und Bewusstseinsgehalten im Einbettungszusammenhang einer entsprechenden von Normen geprägten, zum großen Teil sprachlichen, jedenfalls soziokulturellen Gestalt und Prägung auf der Basis von Lernprozessen verstanden werden.

---

rungsformen einfach in die Grundebene der physikalisch beschreibbaren physischen Zustände (naiv vereinfacht „physikalischen" Zustände) herunterprojiziert und einen Eins-zu-Eins-Korrelationismus widerspiegelt. Die Plastizität der Deutungen und Differenzierungen von Bewusstseinsprozessen und insbesondere von deren Gehalten ist aber auf diese Weise nicht hinreichend differenziert und in ihrer Komplexität zu erfassen. Stattdessen muss der strikte methodologisch-erkenntnistheoretische Physikalismus entsprechend methodisch liberalisiert und eben *methodologisiert* werden (vgl. Verf. 1998, 2000, 2003).

Erst so werden die Flexibilität und Plastizität der entsprechenden Phänomene greifbar[23]. Ferner ist auch die höherstufige Beschreibung des höherstufigen Bewusstseins durch „higher-order thoughts" bei Carruthers keine eigentlich naturalistisch-physiologistische Erklärung (noch gar eine „physikalistische", wie der Autor selber fälschlich meint), sondern allenfalls eine Begründung der Differenziertheit von höherstufigen Bewusstseinserlebnissen und -prozessen sowie der notwendigen Schematisiertheit und Stufung dieser. Wie wir gesehen haben, sind durch das Hinzufügen höherstufiger Gedanken in der HOT-Theorie Carruthers' weder ein neuer phänomenaler Gehalt noch zusätzliche Eigenschaften oder Aspekte des entsprechenden höherstufigen Erlebens „erklärt", sondern allenfalls in der Stufungsfolge und Einbettung in eine höherstufige Theorie und Gesamtzusammenhänge plausibel geworden. Carruthers hat eher so etwas erklärt wie die *Beschreibbarkeit*, die Aussagbarkeit, die *Erfassbarkeit* (genauer: die begriffliche oder vorstellungsmäßige Erfassbarkeit) der Bewusstseinserlebnisse auf höheren Stufen. Doch weder hat er die *Existenz* des phänomenalen Bewusstseins an sich und als solchen, noch die Anfühlungsqualität und spezifische merkmalsbezogene Konstitution des phänomenalen Bewusstseins umfassend aufgeklärt. Zudem hat er selber – wie wir sahen – zugestanden, dass seine Theorie des phänomenalen Bewusstseins (als Konzeption höherstufiger Gedanken) eingeordnet werden könne und – was die Strukturbeschreibung angeht – auch eingeordnet werden *müsse* in eine Variante der „higher-order experience"-Theorie, wie sie sich etwa bei Lycan (1996) findet. Auch Carruthers hat das eigentliche Qualiaproblem insofern nicht gelöst, sondern nur in Bezug auf eine Teilfra-

---

[23] Selbst die Neurobiologen Edelman und Tononi (2002) sehen sich – ähnlich wie Chalmers (1996) – genötigt, beim „harten" Qualiaproblem über die bloße Eins-zu-Eins-Korrelation zu elementaren Neuronengeflechten hinauszugehen und die Bedeutungskonstitution (die „Semantik") erst mit der entsprechenden Einordnung in den größeren Kontext bzw. in den soziokulturell etablierten Informationszusammenhang einer konstituierten und erlernten Kultur zu „projizieren", besser: darin einzubetten (Edelman-Tononi 2002, 203ff, 215). Zumal das „Bewusstsein höherer Ordnung" (s. Diagramm ebd. 265) wird durch eine *neue* „reentrante Schleife" in Gestalt der Sprachentwicklung und -verwendung bzw. -beherrschung zur „Aneignung einer neuen, zunächst von semantischen Fähigkeiten und schließlich von Sprache geprägten Art von Gedächtnis" charakterisiert und somit „zu einer begrifflichen Expansion" oder gar „Explosion" führen, welche die begriffliche Erfassung für vergangene und künftige, irreale Situationen und somit überhaupt „eine ganz neue Welt" der Intentionalität, Kategorisierung und Diskrimination sowie Erinnerung ermöglicht (ebd. 266). Für die beiden Autoren sind „Qualia übergeordnete Kategorisierungen bewusster Erfahrungen des Ichs durch das Ich, die geleistet werden durch die Interaktion zwischen Werte-Kategorien-Gedächtnis und Wahrnehmung. Die Fähigkeit, verschiedene Qualia zu beschreiben und weiter ausbauen zu können, setzt das gleichzeitige Wirken von primärem Bewusstsein und Bewusstsein höherer Ordnung voraus" (ebd. 271 f.). Diese terminologisch etwas ungewöhnliche höherstufige, abstrakte Auffassung bzw. Definition von Qualia unterscheidet sich von der üblichen über die „Anfühlungsqualitäten" (s. o.). Dennoch ist die Einbettungskonzeption zweifellos nachzuvollziehen und plausibel – für die Gehaltsgenerierung von Bewusstheit und Bewusstseinsprozessen generell. Durch diese Kontextualisierung und Höherstufigkeit haben Edelman und Tononi freilich das eigentliche Qualiaproblem der Anfühlungsqualitäten natürlich noch *nicht* gelöst: Sie beanspruchen auch durch die wissenschaftlich-physiologistische Beschreibung und Erklärung gar nicht, eine Ersetzung der subjektiven Erlebnisqualitäten selber zu erbringen, sondern nur das Entstehen von Qualiaerlebnissen und Subjektivität als möglich einsehen zu können.

ge der gedanklichen Abstufung, Metastufenbildung und entsprechender hierarchischer Differenzierung zum guten Teil erörtert. Die Idee der Schematisierungsinterpretation kann beide Ansätze aufnehmen und erweitern, indem das Schematisieren nicht nur auf Gedankenstrukturierung und innere Repräsentation, sondern auch auf Handlungen, aktive Erfassungen und Strukturierungen sowie innere Modularisierungen und Quasi-Scanprozesse bezogen werden kann. Soweit Bewusstheit überhaupt strukturelle und differenzierte Merkmale aufweist, ist jedes solches Geschehen stets schematisiert, nur als, in, durch Schemata zu erfassen (sowohl auf der aktiven als auch auf der beschreibenden und erklärenden Ebene). Alle Strukturiertheiten und Differenzierungen sind stets schemagebunden, seien sie durch aktive Schematisierung konstruiert oder konstituiert (z. B. „produziert" wie im Sozialen, etwa bei Normen) oder seien sie von außen veranlasst, „schemaimprägniert" (wie bei Hell-dunkel-Kontrasten, vgl. Verf. 1995 a).

Unsere Theorie der gestuften Schemainterpretationen kann in der Tat bislang am besten die Flexibilität und Variabilität der entsprechenden Bewusstseinsdifferenzierungen, wie sie im obigen Diagramm (vgl. S. 97) dargestellt werden und durch die Modifizierbarkeit der entsprechenden Bewusstseinsprozesse und -gehalte gespiegelt werden, wiedergeben. Dies gilt sowohl für Varianten des Zugangsbewusstseins nach Ned Block bzw. des propositionalen Bewusstseins wie auch für das strukturierte phänomenale Bewusstsein und für die Überlappungs- und Zwischenbereiche. Der Vorteil einer solchen Sicht ist auch, dass nicht nur die Beschreibbarkeit und der wissenschaftskonforme Erklärungsaspekt der entsprechenden Prozesse und auch der Gehaltszuordnungen im Mittelpunkt stehen, sondern dass auch eine Möglichkeit gegeben ist, die innere Erlebnisstrukturierung durch Variation der Dispositionen, Prozesselemente und inhaltlichen Elemente in gleicher Weise differenziert (und differenzierend) zu erfassen. Das gilt nicht nur für das Erkennen, sondern auch für die Strukturierung des bewussten Planens, z. B. des Handlungsvorsatzes, der Willensbildung usw. Im Schemainterpretationismus wird also ein methodologisch höherstufiger Integrationsgesichtspunkt gewonnen, der zu einer abstrakteren Vereinheitlichung und Systematisierung der entsprechenden disziplinären Ansätze und Beschreibungen bzw. Erklärungen führt und das Erkennen, Handeln, Denken mit dem entsprechenden physiologischen Grundgeschehen in einem relativ konsistenten Funktionseinheitszusammenhang bündelt. Ein Preis für diese Deutung von Bewusstseinsphänomenen und -prozessen (als schematisierten) ist natürlich, dass nicht nur eine einzelne disziplinäre Grundlage des Ansatzes einschlägig sein kann, sondern dass eine abstraktere allgemeine methodologische Ebene die entsprechenden disziplinären Ansätze überformt und jeweils in deren entsprechende disziplinäre Teilaufgabe „einweist". Es handelt sich also eher um eine übergreifende methodologisch-strukturelle Zugangsweise; sie hat aber den Vorteil, dass sie sowohl die aktiven Eigenkonstitutionen und subjektiv-personalen Erlebnisse wie auch die wissenschaftlichen Beschreibungen und semantisch-philosophischen Deutungen in einen einheitlichen Deutungszusammenhang zu bringen erlaubt. Ja, sogar die überfällige Vereinheitlichung von Handeln und Erkennen selber (Lenk 2000, 2003) ist auf diese Weise eine geradezu zwingende Konsequenz eines solchen umfassenderen perspektivischen Ansatzes des gestuften Schemainterpretationismus. Strukturell differenziertes – und zumal auch phänomenales – Bewusstsein wird wie bereits betont erst durch Schematisierungen und

Schemainterpretationen höherer Ordnung ermöglicht bzw. in eine entsprechende Kontextstruktur und Hierarchie eingeordnet.

5. Exkurs: Wille und Willensfreiheit als Deutung und Disposition

Der bekannte Satz des Neurologen Sherrington „Der Gedanke geht der Tat voraus, wie der Blitz dem Donner" gilt nach der traditionellen Auffassung nicht nur für den Gedanken, sondern insbesondere für den Willen: „Der Wille geht der Handlung voraus..." Wenigstens das scheint unproblematisch zu sein! Wirklich? Zu viele Vorurteile erwiesen sich durch Untersuchungen tiefenpsychologischer und neurowissenschaftlicher Entwicklungen als Vor-Urteile, die zu revidieren sind. „Es gibt keine Willensfreiheit, sie ist nur eine infantile Erfindung der Selbstidealisierung." So ähnlich erklären heutige Hirnforscher wie Singer und Roth die Willensfreiheit zu einer „Illusion". Ich meine, es gibt (begrenzte) Willensfreiheit, aber als höherstufige Zuschreibung, als dispositionelle, nicht bloß als „illusionär" abzuqualifizierende Deutung: als Interpretationskonstrukt.

Die Philosophen waren früh darauf aufmerksam geworden, dass offenbar Widersprüche bestehen zwischen einem deterministischen naturwissenschaftlich orientierten Weltbild einerseits und der Auffassung von einer Freiheit der Handlungsentscheidung und insbesondere auch der „willkürlichen" Willensbildung, der Willensfreiheit, andererseits. Man hat es immer als eine Art von Vexierproblem oder als Skandalon verstanden, dass man nicht in der Lage war, im Rahmen eines deterministischen naturwissenschaftlichen Weltbildes so etwas wie Handlungsfreiheit und Willensfreiheit zu erklären. Das könnte man ja noch hinnehmen. Doch das Hauptproblem war bzw. ist noch: Ist überhaupt Platz dafür zu haben? Es erschien besonders dramatisch und nur im Sinne der Negierung der Willensfreiheit überhaupt zu lösen – gegen alle eigene Alltagserfahrung. Das gilt zumindest seit Laplace' Konzept eines deterministischen Dämons, der bei Kenntnis der Gesamtzustände der Welt, der gesamten Größen von entscheidenen physikalischen Variablen und Parametern, in der Lage sein sollte, den Gesamtzustand der Welt zu irgendeinem beliebigen anderen Zeitpunkt zu berechnen, vorauszuberechnen. Das hat sich inzwischen als eine übertriebene utopische Annahme erwiesen – auch in der Naturwissenschaft. Man merkte zum einen, dass ein solches total deterministisches Weltbild nicht durchführbar ist. Manch einer versuchte gar, die Willensfreiheit aus der Unvorhersagbarkeit der individuellen Quantenreaktionen zu erklären. Dieses etwas obskure und kuriose Unternehmen ist und war zum Scheitern verurteilt; es leidet – wie viele streng deterministische Auffassungen und auch die entgegengesetzten – daran, dass man gewisse Unterscheidungen nicht macht: Zum Beispiel wird oft nicht unterschieden zwischen einem erkenntnistheoretisch-wissenschaftstheoretischen Determinismus des an naturnotwendige Gesetze gebundenen Erkennens einerseits und einem ontologischen Determinismus des Verursachens durch faktische Ereignisse andererseits, die als Ursacheereignisse die entsprechenden Wirkereignisse deterministisch erzeugen. Zwar kann man sagen, dass der ontologische Determinismus einen epistemologischen Determinismus zur Folge hat, aber das Umgekehrte braucht keineswegs zu gelten. Außerdem zeigte sich, dass ein totaler Zufall und insbesondere auch die quantenmechanische Unvorhersagbarkeit das Problem der Willensfreiheit und der Handlungsvorhersage von Einzelereignissen nicht lösen können. Arbeiten über Willensfreiheit und Vereinbarkeit der Willensfreiheit mit der Quantenmechanik von Hobart wiesen schon 1934 nach, dass man keineswegs die Quantenunbestimmtheit zur Verteidigung der Willensfreiheit ausnutzen kann, dass ein Determinismus ebensowenig mit einer Willensfreiheit vereinbar ist wie ein totaler Zufallsansatz. Ein echter Zufall erlaubt ebensowenig Handlungs- und Willensfreiheit wie ein totaler Determinismus. Handlungsfreiheit ist nicht totale Zufälligkeit, sondern durchaus von Regeln eingegrenzt bzw. mitbestimmt, die eben Spielräume offenlassen.

Das traditionelle Verständnis der Handlungs- und Willensfreiheit geht letztlich auf Kants Annahme zurück, dass der Mensch sich einerseits als Naturwesen in einer determinierten Naturwelt verstehen muss und andererseits gleichsam in einer „zweiten Welt der Freiheit" in der Lage ist, Kausalprozesse „von selbst" anzufangen. Dies sei charakteristisch für die sogenannte „Kausalität aus Freiheit", die nicht mehr nur Kausalität aufgrund von Naturverursachung allein sei. Bei Kant besteht diese Freiheit, neue Handlungsketten anzufangen – insbesondere im Zusammenhang mit der Übernahme der Verantwortung darin, dass der Mensch in der Lage ist, sich aufgrund von allgemeinen Prinzipien, z. B. dem Sittengesetz, selber seine Zwecke vorzugeben. Er kann sich allein aus „Achtung vor dem Gesetz" – das ist bei Kant eine bekannte Formulierung – zum Handeln im Sinne der Sittlichkeit, der allgemeinen Repräsentativität des Wollens und Handelns, bestimmen; er folgt also nicht bloßer Willkür, sondern der Wille als „reiner" bewusster und autonomer *moralischer* oder *„praktischer" Wille* ist ein Bestimmungsmoment der Handlungen unter dem Gesichtspunkt dieses Kategorischen Imperativs, der im wesentlichen besagt, dass man eben allgemein-repräsentativ handeln soll und nicht egoistisch: Man soll nicht (bloß) seinen Neigungen folgen, sondern man soll allgemeinvertretbar, repräsentativ so, wie es jeder wollen können müsste, (auch) zu handeln. Die Idee ist also, dass man letztlich einen *reinen moralischen Willen* postuliert, um die Verantwortungsmöglichkeit überhaupt verstehen oder die bewusste Übernahme von Verantwortung überhaupt ermöglichen zu können. Der Mensch kann sich nur dann als sittliches Wesen auffassen, wenn er sich als freies Wesen so versteht -derart, dass er nicht nur handlungsfrei ist, sondern eben auch willensfrei, d. h., er kann auch sich und seine Absichten, seine Handlungsintentionen „frei" (prinzipiell autonom) selber bestimmen – etwa im Moralischen unter den Gesichtspunkten des Kategorischen Imperativs. Dies als eine Zwei-Welten-Theorie zu deuten, ist fragwürdig. Der ganze Apparat wird geradezu postuliert, um dem Menschen als sittlichem Wesen seine Verantwortlichkeit zu retten. Viele dieser Überlegungen sind bis heute ungeklärt geblieben. Ich glaube auch, dass die Gegenüberstellung „Determinismus" einerseits und „Willensfreiheit" andererseits in dieser Totalpolarisierung einfach utopisch und in gewissem Sinne falsch ist: Es handelt sich um eine irreführende Fragestellung, eine falsche Ausgangsposition.

Die analytische Philosophie entwickelte einige interessante Versuche, die verschiedenen Formen der Handlungs- und Willensfreiheit zu differenzieren. Harry Frankfurt versuchte 1971 einige Begriffe (allerdings eher sprachanalytisch) präziser zu behandeln und eine Theorie der menschlichen Person und der Willens- und Handlungsfreiheit miteinander zu verbinden. Eine Person bzw. ein Mensch sei im Wesentlichen dadurch gekennzeichnet, dass sie nicht nur grundständige, zielorientierte Wünsche und Interes-

5. Exkurs: Wille und Willensfreiheit als Deutung und Disposition 121

sen, sondern auch *Wünsche zweiter Stufe* hat: Sie kann auch wünschen, bestimmte Wünsche und Interessen, Motivationen oder Zielsetzungen zu haben, hat die Fähigkeit, sich über die eigenen Wunschbildungen hinaus eine Meta-Stufe höher zu erheben und die Wunschbildungen selber zum Gegenstand des Wünschens und des Planens und des Wollens zu machen. Der Mensch erzeugt eben Willensbildungen, Wünsche zweiter Stufe, die bewertungs- und handlungsleitend, handlungswirksam, werden können. Der Wille ist für ihn ein handlungseffektiver, handlungsleitend werdender Wunsch bzw. Interesse oder Neigung. Für Frankfurt bedeutet, einen Willen zu beschreiben, Wünsche anzugeben, die uns zum Handeln bewegen (können). Der Wille wird also als *Dispositionsbegriff* in Bezug auf solche Wünsche angesehen, die ihrerseits in der Lage sind, Wünsche handlungseffektiv einzusetzen, handlungsleitend zu machen. Der Mensch ist nach Frankfurt also ein Wesen, das charakteristischerweise sekundäre Willensbildungen aufweist, Zielsetzungen, Planungen, Wünsche auswählt, also selber wieder einem Bewertungs- oder Selektionsprozess unterwerfen kann; der Mensch ist das sekundär wollende Wesen, das Wünsche wünschen und über (niederstufige) Wünsche entscheiden kann. Mit anderen Worten: die Handlungsfreiheit alleine wäre nicht hinreichend für den freien Willen, die Willensfreiheit muss als Willens- oder Wunschfreiheit zweiter Stufe verstanden werden, als Freiheit, seine Wünsche erster Stufe zu entwickeln, zu selektieren und entsprechend einzusetzen. Die Willensfreiheit besteht nach Frankfurt darin, dass der Wille benutzt wird, um die Wünsche zu regulieren, zu beherrschen, zu kontrollieren. So könnte man eine Art von Dispositionsmöglichkeit über Volitionen zweiter Stufe als Kennzeichen oder Merkmal für diese Willensfreiheit auffassen, die auch unter der Bedingung stehen, dass man sich hätte *einen anderen Willen bilden* können. Man kann das im Zusammenhang mit der Eigenverantwortlichkeit für die eigene Persönlichkeitsentwicklung, für die Ausbildung von Talenten verstehen, wie es auch schon Kant sah. Der Mensch ist normalerweise, wenn er z. B. nicht drogenabhängig oder wie immer in einer äußeren Zwangslage ist, in der Lage, seinen *eigenen Willen zu bilden, auszubilden* und in Grenzen auch *über seine Willensbildungen und Volitionen durch eine Art von Selbstkonditionierung*, die natürlich auch in einer sozialen Umgebung stattfinden muss, *zu verfügen* – in Grenzen, wie gesagt. Jemand, der frei ist zu tun, was er möchte, braucht darum noch nicht in der Lage zu sein, den Willen zu haben, den er haben möchte. Aber dies Letztere, den Willen zu haben, den er haben möchte, den er z. B. vor sich selber und vor seiner Selbstachtung vertreten kann, das ist ein Ziel, das offenbar Kant vorgeschwebt hat. Die erwähnte Differenzierung zwischen Handlungs- und Willensfreiheit ergibt so etwas wie die Möglichkeit einer analytischen Unterscheidung zwischen dem „reinen Willen" im Kantischen Sinne und dem tatsächlichen Ablauf von Wünschen, Wuscherzeugungen und Willensbildungen.

Das ist alles schön und gut. Doch heutzutage hat nun neuerdings die Neurowissenschaft, nachdem zuerst die Physik versucht hatte, die Willensfreiheit zu erschlagen, ihrerseits „zugeschlagen". Um 1965 hat der bis vor kurzem in Ulm lehrende Neurowissenschaftler Kornhuber mit anderen Mitarbeitern, z. B. Deecke, anhand von Potentialabgriffen an der Kopfhaut, insbesondere lokalisiert in Bezug auf die darunter liegenden Gehirngebiete, entdeckt, dass sich sogenannte *Bereitschaftspotentiale* schon ca. eine Sekunde vor dem entsprechenden Beginn einer Bewegung (z. B. einer Willkürbewegung) zeigen. Er hat insbesondere das Fingerkrummmachen in Serien untersucht und die entsprechenden Störeffekte herausgemittelt. Man bestätigte empirisch: Diese Bereitschaftspotentiale treten bei Finger- und Handbewegungen, bei willkürlichen Augenbewegungen, aber auch beim Sprechen bereits *vor* dem Eintritt der Bewegung auf. Offensichtlich geht die Aktivierung der Bereitschaftspotentiale beispielsweise jener der motorischen Zentren, der Hinterlappen und besonders der motorischen Zentren im Vorderhirn dem Bewusstwerden der Handlung voraus. Der *vor*-bewusste Wille geht der Aktion und natürlich dem Bewusstwerden vorher! Deswegen kommt Kornhuber zu seiner These, der „Sitz des Willens" stecke in dieser prämotorischen Handlungsregion des Vorderhirns und nicht in den eigentlichen motorischen Zentren. Der hauptsächliche Unterschied zwischen den Primaten und dem Menschen sei nicht etwa die größere Rationalität oder die Fähigkeit, Symbole zu benutzen, sondern das unterscheidende Merkmal sei diese Willensbildung, die frontal-medial in den prämotorischen Handlungsfeldern variabel ist und für Kreativität in den gesamten Assoziationsarealen sorgt. Kornhuber spricht sogar von der gegenüber anderen Primaten charakteristischen, bei Menschen besonders „enormen Entwicklung des frontalen und medialen *Willenskortex*", des „Willenshirns", geradezu von einer „Willensfunktion der SMA" (der supplementärmotorischen Area). „Der Hauptunterschied (zu den Menschenaffen, H.L.) liegt also in der Kreativität, und deren Korrelat ist die Entwicklung des Assoziationskortex beim Menschen – wovon die Hälfte Willenskortex ist. Diese Hardware ist aber nur eine Möglichkeit: an der Software-Entwicklung des Willens muss jeder selbst arbeiten". Das alles ist recht plausibel: Einerseits spricht es für die wesentliche Rolle, die die Willensformierung beim Handeln spielt, andererseits ist auch in der Tat der größte Teil, mehr als die Hälfte des menschlichen Großhirns, mit Willlensbildungsprozessen, mit motorischen Vorplanungen beschäftigt; der entsprechende Teil scheint also stärker zu wirken und größer zu sein als diejenigen Bereiche, die eigentlich für die Ausführung ursächlich bzw. besonders relevant sind.

Viel bekannter wurden später jedoch die ergänzenden weiteren Untersuchungen, die ein amerikanischer Neuropsychologe, Benjamin Libet (1978,1985), durchgeführt hat, der diese Anordnung von Kornhuber und Deecke (1965) übernommen hatte. Er hat ebenfalls festgestellt, dass das Bereitschaftspotentialmittel im Mittel 550 ms *vor* der entsprechenden Muskelbewegung oder der entsprechenden Innervierung der Muskelbewegung auftritt. Die Handlung läuft quasi von Beginn des Bereitschaftspotentials an schon „irgendwie" ab – jedenfalls (in der Form) eine(r) Vorphase der Bereitschaftsinitiierung. Diese notwendige Vorphase, wenn auch nicht die Handlung selbst, ist schon gegeben, und danach erst setzt die bewusste Reflexion (Intention) ein. Das Bewusstsein kann also der Handlungsbereitschaft, der Initiierung der Handlungsbereitschaft, nicht vorhergehen, sondern ist eher bloß ein „Nachklapp-" oder gar ein Ausmittelungs-Effekt, der vielleicht eine Art von regulierender, harmonisierender, ja, rationalisierender Funktion hat, *aber es ist nicht die Ursache*, nicht das auslösende Moment, der Handlung, sondern im Grunde bloß ein Epiphänomen oder ein Begleitphänomen. Das ist nun eine recht seltsame Zeitfolge, welche die Vertreter der Handlungs- und Willensfreiheit und die Bewusstseinstheoretiker natürlich in Verlegenheit bringen muss. Zuzugeben ist: Es geht hier zunächst nur um die bloß zeitliche Abfolge: Wann aber können Bewusstseins-

5. Exkurs: Wille und Willensfreiheit als Deutung und Disposition

ereignisse eingreifen, und wie kann man noch ein rein kausal-ursächliches Modell der absichtlichen Handlungsverursachung durch einen Willen(sentschluss), also „mentales Verursachen" zugrundelegen? Hier handelt es sich zunächst nur um den einen Punkt, welcher die Feinphasendarstellung von bestimmten Bewegungshandlungen betrifft. Mir scheint, dass man sich dieses Ineinanderspielen von Bereitschaftspotentialen und zeitlichen Verhältnissen des Beginns von Intention und Handlung und die Rolle und Eintrittsphase dieses ausmittelnden Bewusstseins, des regulierenden, kontrollierenden Bewusstseins, metaphorisch vorstellen könnte wie eine Art von Bühne: Das Bewusstsein oder der Wille, das bewusst werdende Willenserlebnis, ist im Grunde ein Bühnenereignis oder findet auf einer Bühne statt, welche natürlich durch die Kulissen vieles dahinter verdeckt (vgl. a. Dennetts Theorie des Bewusstseins von 1981). In der Tat findet auch *hinter* einer Bühne immer vieles statt, was dem Zuschauer verborgen bleibt. Und so ist es gerade mit mentalen Vorgängen und den entsprechenden Gehirnprozessen. So scheint das bewusste Willenserlebnis im Sinne der Bühnenvorführung deutbar; dabei ist viel Wesentliches hinter den Kulissenwänden verborgen. Nun lässt sich diese Bühnen-Metapher, die man natürlich nicht überziehen darf, auch umdrehen: man kann ja auch von der Bühne aus Kulissen verschieben und versetzen und z.T. von neuem bestimmen, was bzw. wo die Kulisse ist. Mit anderen Worten: es ist durchaus *nicht gesagt, dass das willentliche Bewusstsein oder der bewusste Wille aufgrund eines solchen Bühneneffektes zu einem bloßen (passiven) Epiphänomen werden, sondern es kann durchaus im Sinne einer Wechselwirkung die Gesamtverhältnisse beeinflussen.* Diese Rolle des Bewusstseins als eines Begleitphänomens zwischen dem Auftauchen des Bereitschaftspotentials und der Bewegung ist durchaus nicht bloß passiv und epiphänomenalistisch zu sehen, sondern sie kann auch als eine Art wechselseitige Bestimmung der Begrenzung gedeutet werden. Das alles ist auch zu sehen im Lichte einer neueren Strömung in der Psychologie, die offensichtlich diese „volitionalen Phasen" und die Willensprozesse wiederentdeckt hat. Wie zu Beginn der kognitiven Wende in der Psychologie mal jemand meinte; es dürfe „wieder gedacht werden", so kann nun der Psychologe wieder sagen: „*Es darf wieder gewollt werden!*"

Zusammenfassend sollen zehn Thesen versuchen, die Problematik aufzugreifen und unter einem neuen Deutungsansatz darzustellen.
1. Man muss sehr sorgfältig zwischen dem Determinismus in erkenntnistheoretischer und ontologischer Hinsicht unterscheiden. Mit anderen Worten: die Faktoren der Verursachung in der realen Außenwelt, falls und wie wir sie überhaupt erkennen können, sind nicht dasselbe wie etwa bloße Vorhersagbarkeit.
2. Determinismus bzw. Determinierung und Freiheit sind keine Gegensätze in dem strikten Sinne, dass man eine Alles-oder-nichts-Dichotomie oder ein striktes Ausschlussverhältnis unterstellen könnte. Man neigt dazu, Determinierung und Handlungs- oder Willensfreiheit einander total gegenüberzustellen; etwas Drittes oder Mittleres gäbe es dann nicht. Der Determinismus wird in der Tat auch oft extrem als totale Bestimmung durch Faktoren, als strikt deduktive nomologische Voraussagbarkeit usw. verstanden.
3. Dasselbe gilt übrigens auch hinsichtlich der Begriffe des Willens und des Bewusstseins. Auch diese mentalen Ausdrücke bezeichnen keineswegs Alles-oder-nichts-

Phänomene in dem Sinne, dass eine Handlung oder ein Bewusstseinserlebnis entweder total präsent („occurrent") ist oder gar nicht vorhanden ist; hier gibt es offensichtlich, insbesondere hinsichtlich der Bewusstseinsprozesse, aber natürlich auch der willentlichen Regungen, graduelle Abstufungen.

4. Wie der *Begriff* der Motive bzw. der Motivation sind auch diese Volitions*begriffe* keineswegs einfach zu verobjektivieren, sondern es sind im wesentlichen zunächst einmal – und das sieht man am Modell der Handlungsphasenabfolge und der Rolle der Volitionen deutlich – *theoretische Konstrukte*, welche die Wissenschaftler sich bilden und im Grunde erst danach mit einem gewissen experimentellen oder inhaltlichen Gehalt erfüllen müssen. Begriffe des Willensprozesses sind ähnlich wie Motivationsbegriffe (nur) als Interpretationskonstrukte (fassbar). Eine solche Sammlung von Konstrukten im Sinne eines handlungs- oder willenstheoretischen Modells kann nun mehr oder weniger passend sein, mehr oder weniger empirisch gestützt werden, sprachlich sinnvoll sein usw. Das ist gar nicht zu bezweifeln – und das ist auch sehr hilfreich. Doch man kann das Bezeichnete nicht einfach verdinglichen, indem man diese theoretischen Konstrukte schlicht in die Realität projiziert und behauptet, diese theoretischen Konstrukte seien jetzt ihrerseits „verursachende" Prozesse oder Gegenstände, die das gesamte Erleben oder das Verhalten darstellten, das dem Handeln strikt isoliert vorhergehe oder es präge, sei es auf neurologischer, sei es auf psychologischer Ebene.

5. Das gilt auch für die neurowissenschaftlichen Modelle. Die neurologischen Modelle, wie sie etwa in den Bereitschaftspotentialen oder entsprechenden anderen Unterscheidungen zwischen diesen Bereitschaftspotentialen angedeutet sind und zu der Zeitphasenabfolge bei der Handlungs- oder Verhaltensauslösung führen, sind ebenfalls wissenschaftliche theoretische Konstrukte, meist tentative Entwürfe, mit denen sich die Wissenschaftler diese Prozesse zu verdeutlichen und der empirischen Überprüfung näher zu bringen versuchen.

6. Vermeiden muss man ontologische Versubstantialisierungen „des Willens"! Das ist schon länger bekannt, aber man muss sagen, dass viele der herkömmlichen, auch der philosophischen, Analysen, insbesondere in der Tradition bis hin zu Kant, mit ihrem psychologistischen Vokabular in gewisser Weise entweder selbst „den Willen" versubstantialisiert haben „der Wille" ist nicht eine dingliche oder substanzhafte Entität, die wirkt, sondern als ein Vermögen ist der Willensbegriff allenfalls ein *Dispositionsbegriff* – mit allen Problemen gerade auch der methodologischen Erfassung von Dispositionsbegriffen. Dasselbe gilt – mutatis mutandis – für den Begriff „Bewusstsein", für die Begriffe „Motiv", „Motivation" usw.; das heisst, es handelt sich auch hier um bestimmte erklärende Konstrukte, die zur Systematisierung, zur theoretischen Beherrschung konstruiert sind und die nicht gleichsam bestimmte zugrundeliegende Naturfaktoren so rein voneinander abtrennen, dass man genau sagen könnte, dieses ist „der Wille" oder da ist „der Wille" lokalisiert usw., sondern es sind eher übergreifende, zusammenfassende Konstrukte, die nicht als Substanzen aufgefasst werden dürfen, obwohl sie natürlich auf bestimmten natürlichen, physischen oder auch bestimmten physiologischen Grundprozessen aufruhen – wie es sich z. B. anhand dieser Bereitschaftspotentiale oder der entsprechenden Motorpotentiale verdeutlichen lässt, welche die Bewegung auslösen oder dokumentieren, dass die Bewegung ausgelöst worden ist. Es ist also ein

5. Exkurs: Wille und Willensfreiheit als Deutung und Disposition

intrikates Zusammenspiel zwischen unterstellten, auch wiederum in einer tieferen, etwa neurophysiologischen, Theorie unterstellten, Konstrukten einerseits und etwas oberflächlich oder überformend, übergreifend zusammenfassenden Konstrukten des Willens, des Bewusstseins, der Motivprozesse andererseits.

7. Wissenschaftstheoretisch und methodologisch gesehen ist ja auch der noch vertretbare makroskopische Determinismus nichts Anderes als ein beschränktes Modell der Erfassung. Es handelt sich bei ihm und anderen Modellen um theoretische Deutungen, um Interpretationsansätze, die eine große, aber bereichsmäßig beschränkte Fruchtbarkeit haben, als solche sinnvoll und wichtig sind. Wenn man die Phänomene im Sinne der methodologischen Schematisierungs- und Interpretationsansätze einer Philosophie der Interpretationskonstrukte auffasst, so lassen sich durchaus unterschiedliche Ansätze der Schemainterpretation für spezifische Zwecke auch im Zusammenhang der Erklärung und der Rechtfertigung von Handlungen oder Willensbildungsprozessen oder der Willensfreiheit benutzen.

8. Insofern sind die Willensfreiheit als solche und die Vorstellung, dass ich mir volitional vornehmen kann, bestimmte Interessen zu verfolgen, dass ich meinen Willen „bilden" kann, keine Alles-oder-nichts-Angelegenheit, sondern eben Sache einer solchen Schemaaktivierung unter einer entsprechenden interpretativen Perspektive. Man muss entsprechende Gesichtspunkte anbringen, um bestimmte Zusammenhänge in diesem Sinne unter dem Gesichtspunkt der Handlungs- oder der Willensfreiheit deuten, bilden, perpetuieren und erfassen sowie identifizieren zu können. Beim Handeln und beim Zuschreiben von Handlungen oder gar von Verantwortlichkeit und von willentlicher Verursachung handelt es sich ja sehr häufig um *normative* und im echten Sinne aktivierende Zuschreibungen bzw. Initiierungen – und nicht bloß um deskriptive Zuschreibungen. „Willensfreiheit", „Handlungsfreiheit" und insbesondere „Verantwortlichkeit" sind eben Begriffe mit normativen Konnotationen und Gehalten, die oft eine Zumutung bzw. häufig eine Bewertung umfassen und die dann eben in diesem Sinne aufgefasst werden müssten.

9. Ich denke, dass man hier von bestimmten Deutungs- oder Sprechweisen sprechen sollte, von einem interpretationsgebundenen Reden, das im Systemzusammenhang alle diese Phänomene eher indirekt beschreibt, als es eine direkte, im Sinne etwa einer Versubstanzialisierung oder einer Projizierungen verwendenden üblichen Redeweise täte. Insofern könnte man die Vorteile einer empirischen Wissenschaft, sei es der Psychologie oder der Neurowissenschaft, in Anspruch nehmen und andererseits doch eine eher „indirektistische" Redeweise im Sinne eines bestimmten, wenn auch durchaus realitätsgebundenen Konstruktionismus oder eines perspektivengebundenen realistischen Interpretationsansatzes verwenden: Man ist sich dann eben explizit seiner Schematisierung oder Interpretation bewusst; man weiß, dass man über Willensprozesse, über Bewusstseinsprozesse im Sinne eines theoretisch konstruierten Modells spricht; aber man verfällt dann nicht (so einfach) der Versuchung, die in dem Modell genannten Teilfaktoren für „*die* Realität" zu halten und einfach zu versubstantialisieren.

10. Willensfreiheit ist also keine absolute Entweder-Oder-Angelegenheit, sondern wesentlich von Interpretationsperspektiven, von Sichtweisen (mit)bedingt und eingebettet in bestimmte Diskussionszusammenhänge. Die Herausstellung einer einzelnen Position

wie der (klassisch-)physikalischen (bzw. rein physiologischen) als der *einzigen* ist Zeichen eines methodologisch naiven Physikalismus, eines erkenntnistheoretisch nicht mehr als allgemeine Option allein vertretbaren materialischen „Direktismus" (der z. B. eine soziale Institution wie *Geld nur* nach der Metall- oder Papierkonsistenz auffassen müsste), ja, geradezu eines physikalistischen „Imperialismus", der weder den sozialen noch den geistigen", mentalen oder psychischen Phänomenen gerecht werden kann, so unerlässlich die neurophhysiologisch zu analysierenden neuronalen Korrelate auch für alle Bewusstseinsprozesse sind.

III. Kreative Zündung, Chaos, Fraktale und Kreataphern

1. Kreativität als multipler Assoziationsprozess

Für Kreativität und kreative Personen ist zumal die Neigung charakteristisch, zwischen Originalität und der Übernahme von traditionellen Methoden hin und her zu springen, Spannung auszuhalten und einen „optimalen Mix" herzustellen zwischen „Ikonoklasmus und Traditionalismus" (Simonton 1988, 413). Das klingt geradezu paradox, aber es ist anscheinend doch eine notwendige Bedingung zur Aufrechterhaltung einer produktiven Originalitätsspannung, die offenbar vielfach unerlässlich und typisch ist. Meistens handelt es sich um die „*kleine* Kreativität" der kombinatorischen Entdeckungen, Transformationen, Umgestaltungen (Um- und Verwandlungen) von bereits Vorhandenem – jedenfalls der Tendenz oder Ausrichtung nach. Die Psychologie der Kreativität, der kreativen Prozesse und der kreativen Personen bzw. Phasen und Bedingungen in mittlerer Übersichtlichkeit ist hier also eher gefordert als eine Theorie der Genialität. Anverwandelndes kreatives Entwerfen könnte dann sozusagen den charakteristischen Phasen(merkmalen) der **10 „Is"** genügen. Das ist die Abfolge von der

Insinuierung (durch Anregung aus der Umwelt),
Induzierung („An"- oder „Einverwandlung"),
Inkubation(sphase),
(vorbereitete und aktuelle) *Intuition*,
(zündende) *Inspiration* und
Interpretation, sowie deren
Internalisierung – vor der (eigentlichen)
Intention, die nachfolgend zur
Implementierung und
Innovation (akzeptierte und evtl. verbreitete Neuerung) führen dürfte.

Diese verfeinerte Phasenbildung ist bislang in der Psychologie der Kreativität noch nicht durchgeführt worden, sondern meist nur recht grob durch das übliche Dreier- oder Vierer-Modell von *Inkubation*, Intuition und *Ins-Werk-Setzung (bzw. Innovation und Implementierung)* umrissen worden. Diese sehr einfachen Phasen und Anregungs- bzw. Übertragungsmodelle sind aber m. E. noch allzu grob, um eine eingehendere Psychologie des kreativen Prozesses gerade auch der „kleinen" Genialität oder Kreativität zu erreichen (vgl. Verf. 2000 a).

In seinem neuen Buch *Wisdom, Intelligence, Creativity Synthesized* (2003) versucht Robert Sternberg über seine vorletzte „Investmenttheorie kreativer Beiträge" hinausgehende neue Theorie der Typen von vorwärtstreibenden kreativen Beiträgen („The Propulsion Theory of Creative Contribution", ebd. 124 ff) zu entwickeln, die Gebrauch macht von interessanten, auch für die Entwicklungen in Technik und Wissenschaft fruchtbaren Typen der Kreativität, die kurz dargestellt werden sollen. Die Investmenttheorie (Sternberg / Lubart, 1991, 1995) bezog sich im Wesentlichen auf die Entscheidung *kreativer Personen*, kreativ zu sein bzw. zu werden, oder zu handeln, indem sie die Erzeugung von Ideen als gegen die Erwartung („Defy the crowd!") gerichtet deuten. Ferner handelt es sich um die entsprechende Bereitschaft, für die neuen ungewöhnlichen Ideen zu werben, dafür zu kämpfen, also diese sozial durchzusetzen: Sternberg möchte das Insgesamt von intellektuellen Fähigkeiten, Wissen, Denkstilen, Persönlichkeitsvariablen, die Risikobereitschaft und die Bereitschaft schulen, Hindernisse zu überwinden, Mehrdeutigkeiten auszuhalten, und Selbstwirksamkeit sowie intrinsische Motivation und eine kreativitätsförderliche Umgebung zu einem dynamischen Zusammenwirken bringen – mit bestimmten Schwellen und Interaktionen zwischen solchen Komponenten. Diese Theorie ist eher etwas traditionell, indem sie versucht aus herkömmlichen Fähigkeitstheorien, Intelligenztheorien und Persönlichkeitsmerkmalen sowie sozialer Faktorenabhängigkeit eine Art Gesamtkonstrukt zu bilden, das durch einzelne empirische Untersuchungen gestützt bzw. durch pädagogische Empfehlungen, zumal für Kinder, ergänzt wird: Kreative Ideen verkaufen sich nicht von selbst: „Sell them!", doch dies fördere angemessene Risikobereitschaft, Konfliktbereitschaft, (Fähigkeiten zum Ertragen von) Gratifikationsaufschub, Zeit für kreatives Denken und praktische Vorbilder sowie Wechselbefruchtung durch Querdenken usw. (Sternberg 2003, 106-123).

Die neuere „*Propulsionstheorie*" *kreativer Beiträge* dagegen geht differenzierter auf Anlässe, Verläufe und Strukturbedingungen typischer kreativer Beiträge ein, die in acht Typen kreativer Beiträge entwickelt werden. Dabei steht die Fortentwicklung eines Bereichs ("field") im Mittelpunkt, das durch den Beitrag eines kreativen bzw. schöpferischen Individuums weiterentwickelt bzw. einem ins Visier genommenen Zielzustand näher gebracht wird. (Der erste Fall der bloßen „*Replikation*" ist ein uneigentlicher, verändert den Bereich nicht.) Auch die „*Neudefinition*" eines Bereichs bzw. Problems bringt allenfalls eine neue Sichtweise, verändert das Feld aber nicht. Der dritte Typ der „*Vorwärtsverbesserung*" ("Forward Incrementation") ist typisch für das, was ich gelegentlich „*kleine* Kreativität" genannt habe, indem er kreative sinnvolle Lösungen erbringen kann, die sich der ohnehin bestehenden Bewegung des Feldes einordnen. Dagegen ist der vierte Typ („Advanced Forward Incrementation", „Accelerated Forward Motion") eine bewusste und merkliche Veränderung des Bereichs über den bislang verstandenen Stand hinaus: „The creator accelarates beyond where others in his or her field are ready to go – often 'skipping' a step, that others will need to take" (ebd. 134). Der fünfte Typ besteht in der Bereitstellung einer *neuen Richtung* ("Redirection") der Entwicklung von einem bisherigen Startpunkt aus, also im Abweichen von der bisherigen generellen Leitlinie. Der sechste *Rekonstruktions*typ ("Reconstruction/Redirection") besteht darin, dass der Kreative die bisherige Generalentwicklung kritisiert, aber dabei auch auf einen vorherigen Stand zurückgeht und nun *von dort aus* einen *neuen Zielzustand* anpeilt, also in der Erinnerung der generellen Richtlinie von einem früheren, nicht mehr vertretenen Standpunkt aus fortsetzt. (Wie zu allen Typen bringt Sternberg auch Fallbeispiele, zumeist aus der Intelligenz- und Fähigkeits- sowie Sozialpsychologie, aber auch aus Musik und Literatur). Der siebente Typ der „*Neuinszenierung*" („Reinitiation") stellt dagegen einen größeren „Paradigmenwechsel" ("a major paradigm shift") dar, in dem der kreative Beiträger einen ganz anderen Ansatz und Ausgangspunkt für einen entsprechenden Bereich oder Unterbereich wählt und einen Neuanfang in eine völlig andere Richtung setzt, bisherige Hypothesen und Annahmen kritisiert usw. (Spearman's Faktorenanalyse und die Zweifaktortheorie der Intelligenz – generelle versus spezifische Fähigkeiten – sowie Festingers Entwurf einer Theorie der kognitiven Dissonanz werden als neue paradigmatische Anfänge in der Psychologie, Duchamps „Quelle" und Cages „4'33''" als völlig neuartige Grundparadigmen – letztere in darstellender Kunst und Musik – präsentiert. Der letzte, achte (eigentlich siebente echte) Typ „*Integration*" besteht darin, dass der Schöpfer „zwei Typen von Ideen, die zuvor als nicht aufeinander bezogen oder gar als entgegengesetzt gesehen wurden, zusammenbringt" also bisher als getrennt oder unvereinbar Gesehenes vereint. (Eine neue theoretische Kombination von Quantentheorie und allgemeiner Relativitätstheorie würde diesem Typ entsprechen.)

Mit den Typen sollen natürlich auch die differenziellen Klärungsmöglichkeiten, Differenzierungen usw. besser in Modellform dargestellt werden und zumal die Durchsetzung besser verstanden werden können. Ebenfalls die Fragen, wieweit Kreativität bereichsspezifisch oder allgemein ist und wieweit kreative Initation, Initiatoren eher dem einen oder dem anderen Typ zuneigen. Die differenzielle Sicht erlaubt natürlich erhebliche Flexibilität hinsichtlich der Komponenten und der in der Realität einander möglicherweise überlappenden Typen, wobei die Einsicht deutlich ist, dass nicht nur ein einziges Verfahren oder der eine umfassende Typ „Kreativität" und gar in minderem oder größeren Maße charakterisieren kann. (Sternberg 2003, 124-143). Sternberg versucht diese „Antriebstheorie der Kreativität" noch mit psychologisch besser untersuchten Gesichtspunkten wie der Intelligenzforschung ("creative intelligence") in einer Komponententheorie expliziter und impliziter Faktoren von Intelligenz, Weisheit und Kreativität in eine Synthese (WICS: „Wisdom, Intelligence and Creativity Synthesized") zu kombinieren oder besser zusammenzuraffen. Dies bleibt allerdings sehr skizzenhaft und geht nicht über die Einsichten der traditionellen theoretischen Ansätze (z.B. seiner eigenen Investmenttheorie) hinaus, dass Kreativität mehr als nur kreative Intelligenz benötigt, sondern auch Wissen, bestimmte Denkstile, Persönlichkeitsmerkmale und Motivationseigenschaften erfordert: Wer kreativ intelligent ist, muss nicht notwendigerweise kreativ werden im „kleinen" oder gar „großen" Sinne. Kreative Intelligenz bezieht sich auch mehrere persönliche Eigenschaften – weitgehend unabhängig von der Beurteilung der Kreativität" im Sinne eines ganzen Bereichs (ebd. 182)[24]. Sternberg selber gibt zu, dass sein typologisches Modell nicht erschöpfend sein kann (ebd. 143), doch verbleibt er selber bei einem etwas integrationistisch verfassten und weitgehend einspurigen Modell. Man könnte ohne weiteres Fälle der Integration von *mehr als zwei* unterschiedlichen kreativen Ansätzen bzw. Theorien oder Beiträgen ins Auge fassen (wissenschaftstheoretisch gesehen etwa Verbindung von mehr als zwei Theorien in einen größeren, übergeordneten Gesamtzusammenhang: Beispiel etwa die kreative, weiterführende Vereinigung von Phäniomenologischer Wärmetheorie, Statistischer

---

[24] Bereits in seiner Investmenttheorie der Kreativität als einer Entscheidung unterscheidet Sternberg zwischen „creativity" und „Creativity" danach, ob die Leistung, bzw. der Beitrag nur im Blick auf einen selbst bzw. auch in Bezug auf den ganzen Bereich als kreativ eingeordnet wird (2003, 106).

Thermoynamik, kinetischer Gastheorie und Entropiekonzept sowie Zustandswahrscheinlichkeitsansätzen). Man könnte aber auch Modelle der differenzierenden und eher „kreativ *trennenden*" Weiterentwicklung, also einer differenzierenden Verfeinerung, Untergliederung, Komponententrennung von Faktoren als ein weiteres Modell ansehen oder gar den methodologischen Aufstieg *auf höhere* theoretische *Metaebenen* bzw. übergreifende interdiziplinäre Metatheorien, Metasprachen und Metagesichtspunkte, die zu Ebenen übergreifenden und höherstufigen neuen Perspektiven und Sichtweisen führen, wie ich sie in meinem Buche „Kreative Aufstiege" (2000 a, 59ff, 164ff) zu skizzieren versuchte. Dennoch sind solche, auch durch Diagramme und Bildchen untermalte und insofern eingängige typologische Unterscheidungen deswegen sinnvoll, weil sie erlauben, unterschiedliche Formen kreativer Weiterentwicklungen und Bereichsveränderungen bzw. Paradigmenwechsel oder inkrementale Fortschritte zu differenzieren und eventuell auch systematischer als bei Sternberg die Verbindungen zwischen solchen unterschiedlichen Modelltypen zu analysieren. (Selbstverständlich muss berücksichtigt werden, dass es sich hier um Modellvorstellungen handelt, die idealtypischen Charakter haben, also in der Realität entweder mehr oder minder klar abgegrenzt oder einander überlappend aufgespürt werden können bzw. hineingedeutet werden.)

Gerade für die Entwicklungen und Diskussionen der Kreativitätsmuster in der Technik, aber auch in differenzierten Nachzeichnungen künstlerischer Kreativitätsstile bzw. deren Änderung (etwa das Zitationsprinzip der Postmoderne![25]) lassen sich solche typologischen Ansätze in differenzierender Weise verfolgen und fruchtbar jeweils für die praxisnähere Diskussion nutzen. Wir wären also insgesamt (unter Ausschluss des bloßen Replikationsmodells ohne eigene Kreativität) dann bei 10 Typen der kreativen Beiträge angelangt – wobei die Liste natürlich wie schon Sternberg (2003, 143) feststellte, nicht erschöpfend ist, sondern als offen angesehen werden muss. Beispielsweise wären die bereichsübergreifenden Collagen, wie z.B. bei dem Duchamps'schen „Urinal-Kunstwerk", auch in anderen Beziehungen zwischen ganzen Lebensbereichen möglich und evtl. als „kreative" Beiträge oder Provokationen bzw. Veränderungen der Welt des Menschen zu deuten: Z.B. die Herstellung von Techno-Bio-Organismen. Prothetik mit Neuro-Implantaten oder die Verknüpfung virtueller Technologien mit realen Prozessen und Phänomenen (z.B. Virtual Reality, Künstliche-Intelligenz-Strukturen, Techno-Organische Hybridwesen, transgene Organismen, Neuromanipulationen durch Implantate oder Programmierungen), aber auch künstliche (virtuelle) Sozialrealitäten und deren Verzahnung mit Sozialprozessen im Sinne des soziologischen Thomas-Theorems[26] bzw. u.U. subliminale Änderungen, Massensuggestionen usw.) könnten als Beispiele für die Verkettung traditionell getrennter „Welten" und Weltrepräsentationen bzw. fiktiver und artifizieller Welt- und Selbstveränderungen des Menschen angesehen wer-

---

[25] Der Stil der postmodernen Aggregation und Collage bzw. Zitierung alter Grundstile und der quasi ironischen Distanzierung durch Verwendung scheinbar gegensätzlicher oder zeitlich überholter Stile könnte natürlich auch geradezu einen neuen aggregativen, „postmodernen", Typ der kreativen Beiträge darstellen.

[26] Sinngemäß: Wenn Personen eine Situation als „real" „definieren" oder auffassen, dann ist diese „real" in ihren sozialen Konsequenzen.

den – bis hin zur potenziellen künstlichen Selbstmanipulation und Veränderung des menschlichen Genoms!

Vor allem Beispiele missgeleiteter Kreativität wurden und werden uns ja durch unsere Medien bereits im Übermaß so präsentiert, dass für Kinder und Heranwachsende die Unterscheidung zwischen realer und virtueller Realität bereits verschwimmt. Kreative Hybridbildungen, Grenzen- und Bereichsüberschreitungen über traditionelle Trennungen hinweg, das bereits notorisch werdende Verschwimmen der „natürlichen", materiellen/materialen mit den virtuellen und sozialen Realitäten zu deuten und zu analysieren, das u.a. wird die große Herausforderung einer künftigen Philosophie der kreativen Entwicklungen, Schöpfungen und Prozesse sein. Whitehead redivivus? Whitehead virtualiter verlagert, verfeinert und – verfremdet? Spannende ontologische wie auch methodologische Fragen... (Die gegenwärtige Psychologie und Philosophie der Kreativität blieben diesen Zukunftsausblicken gegenüber noch etwas blässlich traditionell zurück.)

Darüber hinaus steht die mentale Kreuzbefruchtung zwischen verschiedenen Disziplinen besonders bei kreativen Neuentwicklungen im Vordergrund. Sie führt aber auch häufig dazu, dass die Kreativen in eine Art Randstellung („marginal position") in ihrer eigenen Disziplin geraten oder von einer solchen Randstellung aus kreativ werden, u. U. gar nicht oder erst spät entdeckt werden (man denke an Gregor Mendel oder Robert Mayer). Das heißt, die Spannung zwischen Traditionalismus, den etablierten Methoden und arrivierten Ansichten innerhalb einer Disziplin einerseits, und dem Bilderstürmerischen, dem radikal Neuen, dem Neuartigen, dem eventuell aus einem ganz anderen Gebiet Stammenden andererseits – diese Konfrontationstendenz ist offensichtlich charakteristisch für einen kreativen „Zusammenstoß", für die „Zündung". Kreativität entsteht also durchaus auch aufgrund von bestimmten kulturellen und sozialen Vorbedingungen; diese sind typischerweise nur notwendige Bedingungen, aber in keinem Sinne irgendwie hinreichend, insbesondere wenn es um die Leistungserklärung bei den „intuitiven" oder „analytischen Genies" geht. Simonton (1988) spricht davon, dass „der Zufall" an verschiedenen unterschiedlichen Punkten „interveniert": Die Zufälligkeit greift bereits wesentlich ein bei der Permutation der mentalen Elemente, bei der Gewinnung innovativer Ideen, beim vergleichenden Revuepassierenlassen der Konfigurationsrelationen, beim probabilistischen Zusammenspiel zwischen Quantität und Qualität des Outputs, schließlich bei der Chance der Übernahme (Akzeptanz) und, last but not least, auch in der historischen Entwicklung, etwa angesichts von Mehrfachentdeckungen und -erfindungen (Simonton, ebd. 415 ff.).

Simontons Theorie der Kreativität ist eher eine Theorie der *kombinatorischen*, normalen Kreativität, wozu zwar auch gehört, dass man der Stereotypisierung widersteht und die Ausschöpfungskombinationen frei permutiert und kombiniert, in Konfigurationen bringt und im Sinne des erwähnten reproduktiv-kreativen Typs durchführt, aber diese Theorie ist doch nicht in der Lage, die überragenden genialen Kreativitäten zu erfassen. Man kann allenfalls gewisse Elemente zur Kennzeichnung der Persönlichkeiten, der Produkte, der Anregungen, der Plätze, der Prozesse geben, und diese sind eher wissenschaftsgeschichtlich und kreativitätsmethodologisch als psychologisch. Aber die Psychologie mit ihrer Normalitätsorientierung der Methoden(-batterien) hat offensichtlich Grenzen. Psychologische Modelle und Tests sind schon aus methodologischen

Gründen (Anwendbarkeit auf den normal Intelligenten, Repetierbarkeit, statistische Reliabilität und Validität sowie Generalisierbarkeit) kaum in der Lage, die Kreativität der besonders Genialen wie z.B. Mozart (Gardner 1996, Hildesheimer 1977, Küster 1991) zu erfassen.[27]

Koestler vergleicht in seinem Buch *Der göttliche Funke* (1966) die kreativen Entdeckungen, sei es in der Wissenschaft, sei es in der Kunst oder in anderen kreativen Bereichen, mit dem Phänomen des Humors und des Witzes, indem er eine assoziative „Zündungs"-Theorie des Komischen aufstellt, und zwar unter dem Gesichtspunkt der Assoziation ("Bisoziation") von unterschiedlichen Ebenen oder artfremden Perspektiven aus unterschiedlichen Bereichen. Diese werden in einem Akt der plötzlichen Erhellung oder Eingebung im Sinne eines „Aha"-Erlebnisses verbunden, in einem überraschenden Einfall, der gleichsam geradezu in einem bestimmten „zündenden" und befreienden Explosionspunkt" kulminiert. Man hat beim Witz typischerweise mehrere Ebenen zu unterscheiden, die zusammenkommen, sich überschneiden Die komische Explosivwirkung beim Witz – oder allgemeiner beim Humor – beruht auf der Konfrontation, Verwechslung und Konfundierung (Zusammen„gießung", gar Konfusion?) von Spielregeln zweier unterschiedlicher Bezugsebenen, die sonst „berührungsfremd" sind, aber in dem Akte der Wechselassoziation („Bisoziation") – völlig überraschend beim Witz, lächelnd überlegend, sozusagen sanft verständnisinnig beim Humor – zusammengebracht werden: Es entsteht „ein *Zusammenstoß*, der im Lachen endet, oder eine *Verschmelzung* zu einer neuen geistigen Synthese oder eine *Gegenüberstellung* in einem ästhetischen Erlebnis. Alle Bisoziationen sind dreiwertig – das heißt, das gleiche Systempaar kann komische, tragische oder geistig anregende Wirkungen hervorbringen" (Koestler ebd. 36 ff.). Dabei ist beim Witz oft die von Bergson fälschlich als allein charakteristisch hervorgehobene „mechanische Verkrustung des Lebens" oder die Vermenschlichung des Automaten der Ansatzpunkt, dessen Konflikt oder Spannung sich in der Bisoziation als Komik entlädt. Bergson hat jedoch „erstaunlicherweise ... nicht erkannt, dass sich jedes der oben angeführten Beispiele aus einem komischen in ein tragisches oder rein intellektuelles Erlebnis verwandeln lässt, das auf dem gleichen logischen Muster beruht, also auf dem gleichen Paar bisoziierter Systeme, und zwar durch bloße Änderung des emotionalen Klimas".

Ähnlich wie beim Witz und Humor wirkt nun nach Koestler die Wechselassoziation bei der typischen Entdeckung von neuen Erkenntnissen: Auch diese entstehen zumeist durch Bisoziation unterschiedlicher Ebenen aller Perspektiven, die sonst unverbunden geblieben waren. Die „geistig" anregenden Wirkungen – statt der Komik oder Tragik – stehen hier im Mittelpunkt. Der Forscher und Denker sucht irgend etwas, um sein Problem zu präzisieren, um eine klare Frage zu finden und auf einer bestimmten Ebene E1

---

[27] Weisberg (1986, 1993) bezweifelt ja die Existenz genialer Persönlichkeiten ebenso wie die von Visionen und Heureka-Erlebnissen – er pocht auf die normale schrittweise Übernahme und Weiterentwicklung von bereits vorliegenden „Elementen". Er erkennt nur die kombinatorische Kreativität und die „kombinatorische Gymnastik" (Simonton) an, versucht dieses aber von zu wenigen Fällen (in der Wissenschaft etwa Darwin und Watson-Crick) ausgehend zu generalisieren. Ein Ramanujan hätte seine theoretische Beschränktheit gesprengt wie wohl eigentlich auch Mozart, den er – kaum überzeugend – in die kombinatorische Gymnastikschule einzuordnen sucht.

zu lösen – und plötzlich kommt aus einer Ebene E2, die gleichsam senkrecht zu E1 steht (eine *unabhängige* Dimension darstellt), durch eine Art von Interpolation (im Unterschied zu den exploratorischen Extrapolationen im bisherigen Bereich E1) eine zündende Bisoziation zustande, die Verbindung zweier eigentlich unterschiedlicher Ebenen oder „Erfahrungssysteme". Es ist in der Tat auch *der* oder *ein* Witz des Witzes, dass man den Überraschungseffekt erreicht, indem plötzlich in einer Ebene, in der man normale (Routine-)Antworten erwartet, eine ganz andere Interpretation aus einer anderen Ebene einschlägt – wie einen Blitz beim Witz: Dadurch entsteht der Überraschungseffekt und das Komische. Besonders der gute Witz weist als Charakteristika nämlich sechs oder sieben verschiedene Merkmale auf: Kürze, Knappheit, Sparsamkeit oder Überraschungseffekt, das Zusammenspiel von Elementen aus verschiedenen Ebenen oder verschiedener Interpretationen, und das würde hier auch ganz genauso zutreffen. Die „Bisoziation" oder das „zündende" Kreative, der Einfall in Witz und Humor verbindet bisher unverbundene „Erfahrungssysteme", -ebenen oder -symbole und führt dann eben im Schnittpunkt dieser beiden Ebenen zu einem Einfall bzw. zu einem Erlebnis des Lachens oder der Komik; es kann sich aber – wie Koestler sagt – auch eine „tragische oder eine geistig anregende Wirkung" mit der Bisoziation ergeben: Das Erleben subjektiver Art wird mit einem objektiven Bezugsrahmen in Verbindung gebracht, man setzt sich vom routinemäßigen Denken ab – und gewinnt im Erfolgsfalle doch eine Art von schöpferischer Kombination von zwei verschiedenartigen Dimensionen: daher „Bisoziation", also Wechselverknüpfung, Zweierassoziation. Man kann dem natürlich kritisch entgegenhalten, das Konzept sei sozusagen quantitativ und auch terminologisch viel zu beschränkt, um anstatt von Assoziation von Bisoziation sprechen zu können[28]. – Man darf diesen Ansatz in der Tat nicht auf bloß *zwei* Ebenen zusammenstreichen (wie das Wort „*Bi*-soziation" suggeriert). Wir müssen vielmehr davon ausgehen, dass hier eine *multiple* Kollision, Kollusion (ein „Zusammenspielen"), Konfundierung, Wechselwirkung und Anregung und nicht nur ein „Extrapolieren" in einer Ebene, ein „Interpolieren" von einer anderen Ebene aus und dann eine Art von „Transponieren" stattfindet. Diese Skizze vereinfacht zu stark. Es handelt sich statt dessen erstens um ein sehr vielfältiges, großenteils dem Oberflächenbewusstsein und damit der Bewusstseinsenge entzogenes Zusammenspiel. Es können nahezu beliebig viele Ebenen sein, die sich da schneiden und zu einem Lösungspunkt oder Zündungseinfall führen. Und zweitens ist

---

[28] Sybren Polet hat in seinem Buche *Der kreative Faktor* geschrieben (dt. 1993, 298), dass Koestler den Begriff der Assoziation nur gegen den der „Bisoziation" ausgetauscht habe und man ihm „besser nicht folgen" solle; denn der „Austausch der Begriffe" sei „nicht nur überflüssig, sondern auch unrichtig", da der Ausdruck „Bisoziation" in gewisser Weise vorspiegele, „dass es sich um ein einspuriges, 'digitales' Assoziieren" handele, wenn auch aus zwei verschiedenen Ebenen, während die tatsächlichen Abläufe von multipler Art und komplexparalleler Verschaltung seien, wie ja auch aus dem Zitat von James über den „Kessel mit den blubbernden Ideen" ersichtlich sei: dass es sich also gerade um ein *vielspuriges*, „*mehrspuriges*" Konfigurieren, Verarbeiten, Verknüpfen handle. Diese Aktivität führe zwar in gewissem Sinne dann durchaus zu einer Art von „eingleisiger Bewusstseinsenge", letztere sei aber nur die „Spitze des Eisberges": Im Untergrund, im Unterbewussten, Unbewussten gebe es sehr reiche Strukturen und eine teils „chaotische", teils hochverflochtene Fülle an Parallelverarbeitungen. Daran ist sicherlich etwas Richtiges, aber das von Polet Angesprochene ist m. E. durchaus in dem Koestlerschen Modell enthalten.

zu sagen, dass Koestler tatsächlich nicht die schöpferische Metaschichtenbildung berücksichtigt, die wir zu Anfang als besonders charakteristisch herausgestellt haben und die eine große Rolle bei intellektuellen Entdeckungen, zumal bei Verallgemeinerungen, spielen – neben den sozusagen horizontalen „Bisoziationen" unterschiedlicher Disziplinen und Perspektiven. Das Schichtenübersteigen, das transzendierende Interpretieren gibt neben dem von Koestler betonten „Extrapolieren", „Interpolieren", „Transponieren" und „Transformieren" eine entscheidende Charakteristik des Kreativen ab. Das „Höhersteigen" bedeutet das abstraktere (oder abstrahierende), das stufenübergreifende Zusammenfassen auf Metaschichten: Das Überblicken, Überformen von bestimmten Schichten ist dabei ganz besonders wichtig – wie wir gesehen haben: Man könnte hier von „Transzendieren" sprechen, also nicht nur vom Transponieren, sondern vom *Meta*transponieren, vom „Aufheben" auf höhere Schichten, vom Metainterpretieren unter höheren (höherstufigen) Perspektiven – und nicht nur aus verschiedenen Blickwinkeln derselben Ebene. Gerade die kreativen *Meta*interpretationen, die *Kreierung* von neuen Ebenen und Schichten ist besonders kreativ im Sinne der oben erwähnten „überkombinatorischen" Kreativität. Die Perspektiven sind ihrerseits geschichtet und u. U. hierarchisch verzweigt zu sehen, zu *bilden*. Deswegen ist es nicht nur nötig, in derselben Ebene eine „neue Denkmütze aufzusetzen", wie der Wissenschaftshistoriker Butterfield das genannt hat (zit. n. Koestler 1966, 255): Die „geistigen Transpositionen in den Gehirnen der Wissenschaftler" kommen in erster Linie „nicht durch neue Beobachtungen oder zusätzliche Daten zustande", sondern dadurch, dass das „Bündel" von vorhandenen „Daten zu einem neuen System wechselseitiger Beziehungen" geordnet wird, „indem man ihnen einen *neuen Rahmen* gibt; denn das bedeutet im Grunde genommen, dass man eine neue Denkmütze aufsetzen muss" (Hervorhebung hinzugefügt, H. L.). Diese „neue Denkmütze" kann aber manchmal auch einen Gesslerhut bedeuten oder zu einer Tiara hochstilisiert werden (ist dann freilich nicht mehr *neu*!). Es gibt auch trickreiche Vertreter der Kunst, die sich nur äußerlich einen neuen bunten, auffälligen Hut aufsetzen. Die Wissenschaftsentwicklung (oder eher -verwicklung) ist manchmal nicht bloß dadurch mitgeprägt, dass man einer neuen Denkmütze modischer Art seine Reverenz erweist, sondern zuweilen auch dadurch, dass man lediglich (s)einen alten Hut gegen einen neuen austauscht. Und oft bleibt es auch beim alten Hut – bloß mit neuer, manchmal fremder Feder. Die eigentlichen kreativen Fortschritte genügen freilich anderen Grundkriterien und Quasigesetzen, Anregungs-, Entstehungs- und Entwicklungsdynamiken. Auch die „Bisoziation", die von Koestler aus dem Bereich von Witz und Humor übernommen wird, ist in diesem Sinne zu verstehen. Es gibt ja auch Kabarettisten und professionelle Humoristen, die diese Tricks der komischen Explosionszündung fast mechanisch beherrschen, daraus eine stets einzupassende „Masche" zu machen vermögen. Sie sind bloß „reproduktive Kreative", allenfalls Kleinkünstler, manchmal Klein- und Scheingenies der maschenkombinierenden Pointengymnastik, aber nicht in dem eigentlichen Sinne fundamental Neues schaffende „intuitive Genies", die absolut überkombinatorisch Neuartiges aus der Fülle ihrer überquellenden, schichtenüberspringenden Phantasie schaffen.

Es ist also die entscheidende Idee, dass zwei unterschiedliche, bisher „unverbundene Erfahrungssysteme" (Koestler) plötzlich durch einen Einfall zusammengeschlossen werden und dass zwei Ebenen, die bisher unabhängig voneinander waren, gleichsam orthogonal zueinander standen, nun in einem bestimmten Punkt (oder einer Schnittgeraden) miteinander verbunden sind. Man sucht nach einer Problemlösung in einer dieser Ebenen, findet diese nicht – und plötzlich ereignet sich ein „Einfall" (im wörtlichen Sinne!) aus einer anderen Ebene; auf diese Weise kommt nach Koestler die Bisoziation von unterschiedlichen Erfahrungssystemen zustande. Dabei gilt, dass man eine solche Überschneidung und Übereinstimmung nie als bloß aufsummierendes Zusammenfügen von Werten oder Größen verstehen kann, sondern es ist eine wirkliche Integration, die auch innere Wechselwirkungen, ja, „Interferenzen" und wechselseitige „Befruchtungen" der Gesichtspunkte aufweist, also nicht nur additiv verstanden werden kann (ebd. 252). Das ist übrigens etwas, was man Koestler selber ins Stammbuch schreiben könnte, es kann auch beim „Bisoziieren" nicht darum gehen, dass man mechanisch (bloß) zwei unterschiedliche Ebenen nur zum Schneiden oder in Beziehung bringt, sondern die Verhältnisse sind meistens sehr viel komplexer und interessanter. Koestler hat aber sicherlich recht damit, dass offensichtlich die Gesichtspunkte aus verschiedenen Bereichen zu einer Art von „Zündung" führen; er spricht ja von einer „bisoziativen" Überraschung oder sogar von einem „bisoziativen Schock". Beides kommt ja auch im Witz vor – in der Weise, dass man eine gewisse „Originalität", „Emphase" und „Sparsamkeit" als Kennzeichen des Komischen (ebd. 78 ff.) dann eben mit einer solchen Bisoziation oder einer solchen Zusammenbindung von unterschiedlichen Gesichtspunkten verbindet: „Tatsächlich ist das Überschneiden zweier unabhängiger Kausalketten durch Koinzidenz oder Verwechslung ein eindeutiges Beispiel für bisoziierte Zusammenhänge beim Witz, aber auch bei der Forschung und in der Kunst" (ebd. 73 f.). Es ist eine von Koestlers Hauptthesen, dass in allen diesen kreativen Bereichen gleichsam eine Art von gleicher Verlaufsform der kreativen Prozesse und Phänomene, des Überraschenden und des Originellen, des Einfallsreichen gegeben ist. Dazu versucht Koestler gewisse typische Verhaltensformen, etwa am Beispiel des Witzes, zu beschreiben und typologisch zu entwickeln: die Verlagerung des Akzentes und des Gesichtspunktes, Koinzidenz, Zusammenfallen, Zusammenschalten, das Entwickeln von geradezu widerlogischen Gesichtspunkten oder dann die „Interpolation" in einer Ebene, die Ausdehnung einer bestimmten Reihe oder Kette, „Extrapolation", ebenfalls in derselben Ebene, die dann zu einer Art von „Transformation" gerade dann führt, wenn auf die andere Ebene übergegangen wird bzw. diese sich mit der ersten schneidet, berührt und in diese hineinwirkt. Versteckte Anspielungen, implizierte Gesichtspunkte und Informationen spielen eine große Rolle insbesondere bei geistreichen Witzen, aber ebenso bei tiefsinnigen Entdeckungen. Die Hintergründe, die jeweils impliziert werden und mitspielen, sind recht wichtig für den Begriff einer „tieferen" perspektivischen Transformation oder Interpretationszündung. Dabei spielen Metaphoriken (s.u.), analogische Begriffe, Vergleiche, Übertragungen, Kreuzvergleiche und alles mögliche Querdenken oder Querdeuten eine Rolle – und oft auch bestimmte Konflikte, die einerseits zwischen den inhaltlichen Gesichtspunkten auftreten können (das gilt insbesondere beim Witz), aber andererseits auch Konflikte, die sich bei den kreativen Persönlichkeiten selber einstellen, wie wir oben aus den psychologischen Untersuchungen entnehmen konnten. Das gilt insbesondere beim Forscher oder Künstler, der vor einer besonderen Aufgabe oder

Problemstellung steht und manchmal eine Art von „Blockierung" erlebt: Dann verstärkt sich die Anspannung, und eine Art von Kollision wird geradezu wahrscheinlich gemacht, vor- oder aufbereitet – also eine „Bisoziation", die dann eintritt, wenn die beiden Ebenen in einer bestimmten „Einfallssituation" zusammenkommen, wodurch der Konflikt gelöst wird. Man könnte geradezu von der Kollision von konfliktuösen Ausgangsgesichtspunkten sprechen sowie von einer *Kollusion*, einem Zusammenspielen, Wechselspiel, interaktivem Ineinandergreifen der entsprechenden Gesichtspunkte unterschiedlicher Erfahrungssysteme, die dann die bisoziative „Zündung" darstellen. Dabei kommen oft Codewechsel vor, die manchmal sogar bewusst werden. Fixierte Strategien werden flexibel gemacht. Man muss typischerweise zu anderen Bezugsrahmen übergehen. Das Wandeln und Abändern von solchen Bezugsrahmen selbst ist ganz wichtig.

Doch man kann die Lösung eines Multi- oder Bisoziierungsproblems im Grunde nicht voraussagen; sie ist nicht kombinatorisch-mechanistisch oder kausal-deduktivistisch erklärbar oder gar erzwingbar. Sie ist letztlich auch nicht durch bloße Anpassung erklärbar, sondern der Ansatz Koestlers liefert nur eine Art von eher phänomenologischem Versuch, dieses „Einbrechende", „Einfallende" zu beschreiben. Man kann Entdeckungen dieser Art nicht nur auf Kombinatorik oder auf kombinatorische Gymnastik zusammenstreichen – und dieses Modell selbst auch nicht (s. o. die kritischen Bemerkungen zu Simontons Modelltheorie). Das Bisoziieren ist zwar darauf abgestellt, dass es kombinatorisch vor- und aufbereitet wird insofern, als man versucht, verschiedene Erfahrungssysteme systematisch zu kombinieren. Häufig ist es jedoch ein wirklich zufälliges Zusammentreffen (wenn auch manchmal, typischerweise, ausgelöst durch äußere Zufallsumstände). Oft wirkt nach Robert K. Merton ein Anregungserlebnis aus der Umwelt „zündend" („Serendipität") . Man kann versuchen, diese Einfallserlebnisse innerlich zu modellieren, zu schärfen, die „Kollusion" wahrscheinlicher zu machen, indem man „virtuell" eine mentale Strategie des „geistigen Abtastens" einer subjektiven inneren Landkarte durchführt oder in einer „inneren Landschaft" herumwandert, wie Koestler für das „zweckgerichtete Denken" (ebd. 167) sagt, oder den „Brennstrahl der Bewusstheit" auf die „innere Umwelt" richtet und diese zu explorieren, auszuforschen versucht (ebd. 168). Aber das sind alles Metaphern, die sicherlich zur theoretischen Erfassung nicht ausreichend sind. Sie versuchen, etwas eigentlich Undarstellbares „von außen" her zu umschreiben, indem bestimmte Metaphern verwendet werden. Dabei spielen Bezugnahmen auf das Unbewusste, auf das Querdenken, Querdeuten, „Wegdenken" (ebd. 149 ff.) eine große Rolle. Das Entdecken von Analogien ist oft das Einbrechen unterbewusster Verarbeitungen oder unbewusster Vorgänge oder sedierter, abgesunkener Erfahrungen: Das Phänomen ist interessant und wird auch vielfach in der Literatur zitiert. – Es gibt gewisse indirekte Strategien zur Herbeiführung von Problemlösungen oder von Assoziationen. Das zeigt schon die Schilderung von Einfallserlebnissen gesehen, wie sie Poincaré berichtete. Die Verfahren sind indirekte; es sind Strategien des „Wegdenkens" oder Querdenkens, durch die man versucht die Einfallswahrscheinlichkeit zu erhöhen, die Inkubation zu fördern, die Auslösung herbeizuführen: „Das Glück trifft nur den vorbereiteten Geist", wie Pasteur gesagt hatte.

Souriau, ein französischer Philosoph, hat um 1880 – und das Wort ist auch von Nietzsche übernommen worden – gesagt, „um zu erfinden, muss man wegdenken":

1. Kreativität als multipler Assoziationsprozess

"Pour inventer il faut penser à côté" (Polet, 1993, spricht von „Danebendenken"). Im Deutschen haben wir den Ausdruck „Querdenken", der auch gerade hinsichtlich der Ebenenkonstruktion bei Koestlers Bisoziation oder bei allen Multi- und Meta-Assoziationen ganz sinnvoll zu sein scheint. Man sollte das Wort in diesem Zusammenhang (mehr) berücksichtigen. Kann man nun versuchen, die Wahrscheinlichkeit einer solchen Kollision und Kollusion, einer Bisoziation oder gar Multiassoziation planmäßig zu erhöhen? Sicherlich handelt es sich um Strategien, die bei bestimmten Entdeckungsbereichen, in denen man auf besondere Einfälle, auf Visionen angewiesen ist, sinnvoll sind – vor allem dann, wenn man seine Variationen der anregenden Umwelt oder die Auslösemerkmale selber innerlich erzeugen muss und nicht hoffen kann, dass aus der Außenwelt entsprechende Anregungen oder Provokationen im Sinne der zuvor diskutierten Serendipität auftreten. Aber charakteristisch ist, dass bei kreativen Akten und besonders fundamentalen Neuentdeckungen eine gleichzeitige Aktivität auf *mehreren* Ebenen häufig ist, dass eine Art von typischer Inkubations- oder Reifungszeit zu finden ist. Man muss dauernd mit dem Problem umgehen, „ringen", sich (nahezu) total engagieren und dieses Problem sowie den Konflikt und Problemdruck quasi im Unterbewusstsein arbeiten lassen. Es kommt noch hinzu, dass man eine offene Sensitivität, Empfänglichkeit, für die entsprechende Problemlage und für kleinste Zeichen oder Anzeichen eines Einfalls oder einer Anregung aus der Außenwelt haben muss oder pflegen sollte. Schließlich gilt natürlich, dass in gewisser Weise das rationale Denken, etwa beim Mathematiker, ebenso eine Rolle spielt wie der eher zufällige Einfall, von dem schon die Rede war. Man kann sagen, dass das unterbewusste Weiterarbeiten oder unbewusste Tendenzen und Dispositionen, die man vielleicht zu vereinfachend als „das Unbewusste" zu bezeichnen pflegt, die Funktion haben, das Problem untergründig gegenwärtig zu halten. Das Unterbewusste ist in diesem Sinne eine Art von Strategie, um gleichsam das Problem, den Konflikt, den Problemdruck „am Kochen" zu halten. Man fühlt sich an einen Druckkessel erinnert. Dann kann plötzlich wie ein „Ausbruch" eine spontane Intuition oder tatsächlich das Ereignis einer solchen Bisoziation eintreten, wie sie Koestler im Auge hat.

Wir hatten oben bereits diskutiert, dass diese Art von Kollision und Wechselbefruchtung oder -zündung im Allgemeinen nicht auf *zwei* Ebenen beschränkt werden kann, sondern dass sie genauso im Zusammenspiel vieler unterschiedlicher Perspektiven und Gesichtspunkte zu finden ist und dass eine Art von multipler Kollusion und Wechselwirkung eine Rolle spielt. Das Modell von Koestler ist also in dieser Hinsicht *zu einfach* gewählt. Er hat auch nicht gesehen und berücksichtigt, dass dieses Zusammenspiel u. U. von verschiedenen Schichten, Stufen und Ebenen aus gesehen und betrieben werden kann, dass es neben der *horizontalen Bisoziation* auch eine *vertikale* gibt, dass man aus einer höheren Perspektive, aus einer metatheoretischen bzw. metasprachlichen Perspektive bestimmte Gesichtspunkte der unteren, objektnaheren Ebenen eben anders sieht. Wir können auch vertikal kreativ assoziieren. Man könnte von Meta-Assoziation sprechen oder von einer Methode, Meta-Assoziationen zu kreieren. Koestler meint, dass offenbar alle Arten von kreativen Entwicklungen, insbesondere bei komplexeren Systemen und schöpferischen Prozessen komplexerer Art, Analogien in den entsprechenden Bereichen aufweisen. Er behauptet sogar, im Wesentlichen liefen kreative Prozesse, humane Kreationen jedenfalls, im Großen und Ganzen nach dem gleichen Schema ab; es unterschieden sich nur die Kriterien der Beurteilung, die bereits spezifischen Produkte selbst oder auch die Art und Weise, wie das Ergebnis des Kreationsprozesses im Einzelnen zustande kommt. Aber die von ihm hervorgehobenen Phasen der Variation, der Interpolation und Extrapolation, der Transposition bzw. Transformation, der Selektion, der Retention (Bewahrung, Stabilisierung) sind für ihn in den Bereichen überall die gleichen. Offensichtlich ist die Übernahme von bestimmten Risiken bei Neuentwicklungen dann ähnlich zu sehen wie der Sprung ins Unbekannte, der darin besteht, dass man sich wie Poincaré auf unbewusste Einfälle kapriziert oder gar verlässt oder von diesen „überwältigt" wird. Was für ein Kriterium letztlich die Beurteilung liefert, sei prozessual, phasenmethodologisch vielleicht gar nicht einmal so entscheidend. Und es gibt ja in der Tat auch Analogie-Zusammenhänge, etwa zwischen künstlerischen und z. B. mathematischen Intuitionen oder Visionen. Koestler hatte mehrfach darauf hingewiesen, dass Poincaré oder auch Hardy, die großen Mathematiker, behauptet haben, dass die Schönheit einer Struktur, einer Ableitung oder der Lösung eines Problems eine ganz wichtige heuristische und rechtfertigende Aufgabe in der Mathematik hat – wie auch in der Kunst. Das ist natürlich überraschend.[29] Was ist nun das Körnchen Wahrheit darin, die Motivation oder Rechtfertigung dahinter oder das Gemeinsame der Phänomenbereiche? Koestler meint (ebd. 366), „der schöpferische Prozess selbst läuft ... in allen Bereichen im Wesentlichen nach dem gleichen Schema ab. Aber die Kriterien, nach denen das Endprodukt zu beurteilen ist, sind natürlich je nach dem Medium verschieden". Mit anderen Worten: das Schöpferische ist in allen Bereichen von gleicher Struktur, und der Ablauf des kreativen Prozesses bzw. Aktes ist im Großen und Ganzen gleich – auch bei der Motivation des Schöpferischen ist etwas Gemeinsames.[30]

---

[29] Die Schönheit, sagt Poincaré an einer Stelle, ist in der Mathematik ebenso eine Führerin wie die Wahrheit. Ich hatte ja bereits Hardy zitiert, der sagte, dass ohne Schönheit in der Mathematik nichts wirklich existent und interessant wäre: Fast nur „das Schönheitsgefühl" führe „in der Mathematik zu Neuentdeckungen", und Mathematik lasse sich „nur als Kunstwerk rechtfertigen". So landete auch Koestler (ebd. 368) bei der alten platonischen Idee, dass Schönheit in gewissem Sinne „eine Funktion der Wahrheit" sei – und „Wahrheit eine Funktion der Schönheit". Zwar ließen sich beide analytisch trennen, „aber im wirklichen Erleben des schöpferischen Aktes wie im nachvollziehenden Erleben des Betrachters seien sie ebenso untrennbar wie Denken und Fühlen" (ebd. 368), man könnte auch sagen: wie Denken und Handeln, wie Erkennen und Handeln. Auch Platon hatte ja das Gute mit der Schönheit und der Wahrheit identifizieren wollen.

[30] Koestler greift dabei auch auf Freud zurück und behauptet, das „ozeanische Gefühl", das Freud als einen Höhepunkt der Zufriedenheit oder der Befriedigung des Menschen betont hat, sei „der sublimierteste Ausdruck des integrativen Strebens des Menschen- das den Wissenschaftler veranlasst, nach letzten Ursachen zu suchen", eben nach der Wahrheit, und das auch „den Künstler dazu drängt, die letzten Wirklichkeiten des Erfahrbaren aufzuspüren". „Das Gefühl wunderbarer Klarheit", der Schönheit und gleichzeitig der Wahrheit, „das Kepler berauschte, als er sein zweites Gesetz entdeckte" (ebd. 363), das findet sich ähnlich auch etwa bei Poincaré oder natürlich entsprechend bei schöpferischen Künstlern. Koestler (ebd. 187 ff.) analysiert zunächst auch den Traum und meint, das Bisoziationsschema sei besonders auch beim Träumen verwirklicht, und zwar „*ununterbrochen auf* passive Weise", indem „*optische Analogien*", die „*Verlagerung* der Aufmerksamkeit" und „*Konkretisierung* abstrakter Vorstellungen zu bestimmten Bildern" und z. T. „umgekehrt der Gebrauch von

1. Kreativität als multipler Assoziationsprozess

Neue Wahrheiten aber und neue Schönheiten sind „kreativ" – sind nur durch kreative Akte zu gewinnen und wirken ihrerseits „kreativierend". Die bahnbrechenden Neuerungen sind besonders wichtig. Es geht also um neue Entwicklungen und neue Erfahrungen. Die bloße Feststellung von Wahrheit oder Schönheit schon bekannter Art ist natürlich dann in diesem Sinne nicht kreativ, sondern allenfalls ein stellvertretendes Nacherleben früherer kreativer Schaffensprozesse. Die Neuentwicklungen, also auch die Originalität[31] muss natürlich hinzukommen, damit wirkliche Kreativität sich realisiert.

Solche grundsätzlich berechtigten Gesichtspunkte reichen aber meines Erachtens nicht aus. Hinzutreten müssen zumindest die folgenden Charakteristika und Beurteilungsgesichtspunkte, insbesondere bei kreativen Entwicklungen: 1. die prinzipielle Ausrichtung auf *Konfiguration, Ganzheit, Totalität* (wie generell bei besonders großer Kreativität, vgl. a. Polet, 1993, 93, 114); 2. die **prinzipielle Neuartigkeit**. Sie ist natürlich in der Forderung der Originalität enthalten, aber das ist noch zu allgemein; es muss m. E. die Entwicklung neuer Perspektiven, Darstellungsweisen und Gesichtspunkte hinzukommen. Die Originalität kann nicht elementar in dem Sinne sein, dass nur neue, jedoch kleine Erweiterungen vorgenommen und neue Kombinationen von schon Bekanntem erzeugt werden, sondern es müssen neue Grundlagen gesehen, ganz neue Sichtweisen geschaffen, neue Perspektiven, neue Schichten der Deutung entwickelt werden; es zählt also grundsätzlich eine *Multiperspektivität* oder ein *Neoperspektivismus,* heute oft geradezu instrumentell angeregt oder verstärkt durch Multimedia(litä)t. 3. Entsprechendes gilt sodann, wie wir es beim Geniebegriff Kants (KU § 46f.) einschlägig ist, für die *Schaffung neuer Regeln des Verständnisses und der Kreationen,* aber auch natürlich der Interpretationen. Diese neuen Regeln konstituieren unter Umständen nicht bloß eine neue „individuelle Spielregel" (Koestler 1966, 424), sondern eine ganz neue Kunstrichtung – man denke an den bereits erwähnten Übergang von der bildlichen Kunst zu einer Relief- oder Collagekunst, die ins Räumliche ausgreift, oder

---

konkreten Bildern als *Symbol*(en) unformulierter Gedanken im Augenblick ihres Entstehens" auftreten. Die „*Kondensation* mehrerer assoziativer Zusammenhänge im gleichen Bild; das Aufdecken verborgener Analogien; die Personifizierung und die Spaltung der (eigenen) Identität" (ebd. 188) – das alles ist vom Traum wohlvertraut – ebenfalls, dass grammatische und logische Regeln verletzt werden, dass die gelegentliche Umkehrungen von Kausalzusammenhängen vorkommt und dass eine Art von „Leichtgläubigkeit des Träumenden" (ebd.) typisch ist, indem dieser sich mit dem Geschehen identifiziert. Die Kritikfähigkeit ist weitgehend aufgehoben, in gewissem Sinne die Tätigkeit der linken Hirnhälfte reduziert gegenüber dem musterbildenden, visionären kreativen Schaffen der rechten – das ist natürlich alles bekannt.

[31] Das hat Koestler wiederholt auch für andere Bereiche betont, z. B. in Bezug auf den Humor und den Witz: Hier gilt, dass Originalität, Emphase und Sparsamkeit zusammenkommen müssen, damit eine Pointe „zündet". Das kann man natürlich leicht auch an der Kunst wiederfinden; denn Entsprechendes lässt sich traditionell auch für das Kennzeichnen und Beurteilen von ästhetischem Wert, zumal Schönheit, feststellen. Das Ideal der Einfachheit spielt natürlich auch in der Mathematik oder in der Wissenschaft eine große Rolle. Diese Charakteristika versuchte Koestler (1966, 369 ff.) auch an der Kunst und bei anderem kreativen Schaffen wieder aufzuweisen. Z. B. sticht die äußerste Sparsamkeit etwa an chinesischen Bildern oder japanischen Gedichten hervor, wo auf alles Überflüssige radikal verzichtet wird und größte Einfachheit der Darstellung und Sparsamkeit der Mittel zum Ausdruck kommen.

an die Zwölftonmusik. Das ist dann als das Setzen und Durchsetzen neuer Regeln oder auch neuer Regeln der Beurteilung zu verstehen und führt natürlich auch zu einem radikal neuen Stil. Das Genie setzt nach Kant ja selbst neue Regeln und schafft damit in der Frage auch neue Standards der Beurteilung: Diese Art von *Neoregularismus* oder *Neostandardismus*, könnte man sagen, müsste natürlich erfasst werden und sich auch auf die Schichtenbildungen beziehen, die ich oben genannt habe. 4. Damit greift das Phänomen des Kreativen über einzelne Gebiete hinweg und wird zu etwas Philosophischem, das eben darin zum Ausdruck kommt, dass man höhere Schichten der Entwicklung von Deutungen hat, die auf anderen Grundlagen und diese überhöhend aufbauen. Der *Metaperspektivismus* ermöglicht schichtenübergreifende Kreationen, sozusagen *Metakreativität*. Das könnte dazu führen, dass man die Koestlersche These der gemeinsamen, zumindest gleichphasigen und gleichartigen Struktur des Kreativen auf allen Gebieten zu einer Art von interdisziplinärer Zusammenschau in einer erst zu entwickelnden Philosophie der kreativen Tätigkeiten einmünden lassen könnte. Dabei ist die Auseinandersetzung mit den Zufallsmomenten oder dem traditionell so verstandenen Chaotischen – und auch unter Umständen den deterministischen komplexsystemaren chaotischen Entwicklungen in der nichtlinear verfassten Natur – wesentlich, also Phänomene, die etwa die fraktale Gomerie und die Chaostheorie heutzutage untersuchen.

2. Von der „Investmenttheorie" zur „Propulsionstheorie"

In seinem neuen Buch, *Wisdom, Intelligence, Creativity Synthesized* (2003) versucht Robert Sternberg über seine vorletzte „Investmenttheorie kreativer Beiträge" hinausgehendeine neue Theorie der Typen von vorwärtstreibenden kreativen Beiträgen („The Propulsion Theory of Creative Contribution", ebd. 124 ff.) zu entwickeln, die Gebrauch macht von interessanten, auch für die Entwicklungen in Technik und Wissenschaft fruchtbaren Typen der Kreativität, die kurz dargestellt werden sollen. Die „Investmenttheorie" (Sternberg / Lubart, 1991, 1995) bezog sich im Wesentlichen auf die Entscheidung *kreativer Personen*, kreativ zu sein bzw. zu werden oder zu handeln, indem sie die Erzeugung von Ideen als gegen die Erwartung („Defy the crowd!") und die entsprechende Bereitschaft, für die neuen ungewöhnlichen Ideen zu werben, dafür zu kämpfen, also diese sozial durchzusetzen sucht: Sternberg möchte das Insgesamt von intellektuellen Fähigkeiten, Wissen, Denkstilen, Persönlichkeitsvariablen, die Risikobereitschaft und die Bereitschaft schulen, Hindernisse zu überwinden, Mehrdeutigkeiten auszuhalten und Selbstwirksamkeit sowie intrinsische Motivation und Kreativitätsförderliche Umgebung zu einem dynamischen Zusammenwirken bringen – mit bestimmten Schwellen und Interaktionen zwischen solchen Komponenten. Diese Theorie ist eher etwas traditionell, indem sie versucht aus herkömmlichen Fähigkeitstheorien, Intelligenztheorien und Persönlichkeitsmerkmalen sowie sozialer Faktorenabhängigkeit eine Art Gesamtkonstrukt zu bilden, das durch einzelne empirische Untersuchungen gestützt bzw. durch pädagogische Empfehlungen, zumal für Kinder, ergänzt wird: Kreative Ideen verkaufen sich nicht von selbst: „Sell them!", doch dies fördere angemessene Risikobereitschaft, Konfliktbereitschaft, (Fähigkeiten zum Ertragen von) Gratifikationsaufschub, Zeit für

2. Von der „Investmenttheorie" zur „Propulsionstheorie"

kreatives Denken und praktische Vorbilder sowie Wechselbefruchtung durch Querdenken usw. (Sternberg 2003, 106-123).

Die neuere *„Propulsionstheorie" kreativer Beiträge* dagegen geht differenzierter auf Anlässe, Verläufe und Strukturbedingungen typischer kreativer Beiträge ein, die in acht Typen kreativer Beiträge entwickelt werden. Dabei steht die Fortentwicklung eines Bereichs („field") im Mittelpunkt, das durch den Beitrag eines kreativen bzw. schöpferischen Individuums weiterentwickelt bzw. einem ins Visier genommenen Zielzustand näher gebracht wird. (Der erste Fall der bloßen *„Replikation"* ist ein uneigentlicher, verändert den Bereich nicht.) Auch die *„Neudefinition"* eines Bereichs bzw. Problems bringt allenfalls eine neue Sichtweise, verändert das Feld aber nicht. Der dritte Typ der *„Vorwärtsverbesserung"* („Forward Incrementation") ist typisch für das, was ich gelegentlich *„kleine* Kreativität" genannt habe, indem er kreative sinnvolle Lösungen erbringen kann, die sich der ohnehin bestehenden Bewegung des Feldes einordnen. Dagegen ist der vierte Typ („Advanced Forward Incrementation", „Accelerated Forward Motion") eine bewusste und merkliche Veränderung des Bereichs über den bislang verstandenen Stand hinaus: „The creator accelarates beyond where others in his or her field are ready to go – often ‚skipping' a step, that others will need to take" (ebd. 134). Der fünfte Typ besteht in der Bereitstellung einer *neuen Richtung* („Redirection") der Entwicklung von einem bisherigen Startpunkt aus, also im Abweichen von der bisherigen generellen Leitlinie. Der sechste *Rekonstruktions*typ („Reconstruction/-Redirection") besteht darin, dass der Kreative die bisherige Generalentwicklung kritisiert, aber dabei auch auf einen vorherigen Stand zurückgeht und nun *von dort aus* einen *neuen Zielzustand* anpeilt, also in der Erinnerung der generellen Richtlinie von einem früheren, nicht mehr vertretenen Standpunkt aus fortsetzt. (Wie zu allen Typen bringt Sternberg auch Fallbeispiele, zumeist aus der Intelligenz- und Fähigkeits- sowie Sozialpsychologie, aber auch aus Musik und Literatur). Der siebente Typ der *„Neuinszenierung"* („Reinitiation") stellt dagegen einen größeren „Paradigmenwechsel" („a major paradigm shift") dar, in dem der kreative Beiträger einen ganz anderen Ansatz und Ausgangspunkt für einen entsprechenden Bereich oder Unterbereich wählt und einen Neuanfang in eine völlig andere Richtung setzt, bisherige Hypothesen und Annahmen kritisiert usw. (Spearmans Faktorenanalyse und die Zweifaktortheorie der Intelligenz – generelle versus spezifische Fähigkeiten – sowie Festingers Entwurf einer Theorie der kognitiven Dissonanz werden als neue paradigmatische Anfänge in der Psychologie, Duchamps „Quelle" und Cages „4'33''" als völlig neuartige Grundparadigmen – letztere in darstellender Kunst und Musik – präsentiert. Der letzte, achte (eigentlich siebente echte) Typ *„Integration"* besteht darin, dass der Schöpfer „zwei Typen von Ideen, die zuvor als nicht aufeinanwder bezogen oder gar als entgegengesetzt gesehen wurden, zusammenbringt" also bisher als getrennt oder unvereinbar Gesehenes vereint. (Eine neue theoretische Kombination von Quantentheorie und allgemeiner Relativitätstheorie würde diesem Typ entsprechen.) Mit den Typen sollen natürlich auch die differenziellen Klärungsmöglichkeiten, Differenzierungen usw. besser in Modellform dargestellt werden und zumal die Durchsetzung besser verstanden werden können. Ebenfalls die Fragen, wieweit Kreativität bereichsspezifisch oder allgemein ist und wieweit kreative Initation, Initiatoren eher dem einen oder dem anderen Typ zuneigen. Die differenzielle

Sicht erlaubt natürlich erhebliche Flexibilität hinsichtlich der Komponenten und der in der Realität einander möglicherweise überlappenden Typen, wobei die Einsicht deutlich ist, dass nicht nur ein einziges Verfahren oder der eine umfassende Typ „Kreativität" und gar in minderem oder größeren Maße charakterisieren kann. (Sternberg 2003, 124-143). Sternberg versucht diese „Antriebstheorie der Kreativität" noch mit psychologisch besser untersuchten Gesichtspunkten wie der Intelligenzforschung („creative intelligence") in einer Komponententheorie expliziter und impliziter Faktoren von Intelligenz, Weisheit und Kreativität in eine Synthese (WICS: „Wisdom, Intelligence and Creativity Synthesized") zu kombinieren oder besser zusammenzuraffen. Dies bleibt allerdings sehr skizzenhaft und geht nicht über die Einsichten der traditionellen theoretischen Ansätze (z.B. seiner eigenen Investmenttheorie) hinaus, dass Kreativität mehr als nur kreative Intelligenz benötigt, sondern auch Wissen, bestimmte Denkstile, Persönlichkeitsmerkmale und Motivationseigenschaften erfordert: Wer kreativ intelligent ist, muss nicht notwendigerweise kreativ werden im „kleinen" oder gar „großen" Sinne. Kreative Intelligenz bezieht sich auch mehrere persönliche Eigenschaften – weitgehend unabhängig von der Beurteilung der Kreativität" im Sinne eines ganzen Bereichs (ebd. 182)[32].

Sternberg selber gibt zu, dass sein typologisches Modell nicht erschöpfend sein kann (ebd. 143), doch verbleibt er selber bei einem etwas integrationistisch verfassten und weitgehend einspurigen Modell. Man könnte ohne weiteres Fälle der Integration von *mehr als zwei* unterschiedlichen kreativen Ansätzen bzw. Theorien oder Beiträgen ins Auge fassen (wissenschaftstheoretisch gesehen etwa Verbindung von mehr als zwei Theorien in einen größeren, übergeordneten Gesamtzusammenhang: Beispiel etwa die kreative, weiterführende Vereinigung von Phäniomenologischer Wärmetheorie, Statistischer Thermoynamik, kinetischer Gastheorie und Entropiekonzept sowie Zustandswahrscheinlichkeitsansätzen). Man könnte aber auch Modelle der differenzierenden und eher „kreativ *trennenden*" Weiterentwicklung, also einer differenzierenden Verfeinerung, Untergliederung, Komponententrennung von Faktoren als ein weiteres Modell ansehen oder gar den methodologischen Aufstieg *auf höhere* theoretische *Metaebenen* bzw. übergreifende interdisziplinäre Metatheorien, Metasprachen und Metagesichtspunkte, die zu Ebenen übergreifenden und höherstufigen neuen Perspektiven und Sichtweisen führen, wie ich sie in meinem Buche „Kreative Aufstiege" (2000 a, 59ff, 164ff) zu skizzieren versuchte. Dennoch sind solche, auch durch Diagramme und Bildchen untermalte und insofern eingängige typologische Unterscheidungen deswegen sinnvoll, weil sie erlauben unterschiedliche Formen kreativer Weiterentwicklungen und Bereichsveränderungen bzw. Paradigmenwechsel oder inkrementale Fortschritte zu differenzieren und eventuell auch systematischer als bei Sternberg die Verbindungen zwischen solchen unterschiedlichen Modelltypen zu analysieren. (Selbstverständlich muss berücksichtigt werden, dass es sich hier um Modellvorstellungen handelt, die idealtypischen Charakter haben, also in der Realität entweder mehr oder minder klar

---

[32] Bereits in seiner Investmenttheorie der Kreativität als einer Entscheidung unterscheidet Sternberg zwischen „creativity" und „Creativity" danach, ob die Leistung, bzw. der Beitrag nur im Blick auf einen selbst bzw. auch in Bezug auf den ganzen Bereich als kreativ eingeordnet wird (2003, 106).

2. Von der „Investmenttheorie" zur „Propulsionstheorie" 143

abgegrenzt oder einander überlappend aufgespürt werden können bzw. hineingedeutet werden.)

Gerade für die Entwicklungen und Diskussionen der Kreativitätsmuster in der Technik, aber auch in differenzierten Nachzeichnungen künstlerischer Kreativitätsstile bzw. deren Änderung (etwa das Zitationsprinzip der Postmoderne![33]) lassen sich solche typologischen Ansätze in differenzierender Weise verfolgen und fruchtbar jeweils für die praxisnähere Diskussion nutzen. Wir wären also insgesamt (unter Ausschluss des bloßen Replikationsmodells ohne eigene Kreativität) dann bei 10 Typen der kreativen Beiträge angelangt – wobei die Liste natürlich wie schon Sternberg (2003, 143) feststellte, nicht erschöpfend ist, sondern als offen angesehen werden muss. Beispielsweise wären die bereichsübergreifenden Collagen, wie z.B. bei dem Duchamps'schen „Urinal-Kunstwerk", auch in anderen Beziehungen zwischen ganzen Lebensbereichen möglich und evtl. als „kreative" Beiträge oder Provokationen bzw. Veränderungen der Welt des Menschen zu deuten: Z.B. die Herstellung von Techno-Bio-Organismen. Prothetik mit Neuro-Implantaten oder die Verknüpfung virtueller Technologien mit realen Prozessen und Phänomenen (z.B. Virtual Reality, Künstliche-Intelligenz-Strukturen, Techno-Organische Hybridwesen, transgene Organismen, Neuromanipulationen durch Implantate oder Programmierungen), aber auch künstliche (virtuelle) Sozialrealitäten und deren Verzahnung mit Sozialprozessen im Sinne des soziologischen Thomas-Theorems[34] bzw. u.U. subliminale Änderungen, Massensuggestionen usw.) könnten als Beispiele für die Verkettung traditionell getrennter „Welten" und Weltrepräsentationen bzw. fiktiver und artifizieller Welt- und Selbstveränderungen des Menschen angesehen werden – bis hin zur potenziellen künstlichen Selbstmanipulation und Veränderung des menschlichen Genoms!

Vor allem Beispiele missgeleiteter Kreativität wurden und werden uns ja durch unsere Medien bereits im Übermaß so präsentiert, dass für Kinder und Heranwachsende die Unterscheidung zwischen realer und virtueller Realität bereits verschwimmt. Kreative Hybridbildungen, Grenen- und Bereichsüberschreitungen über traditionelle Trennungen hinweg, das bereits notorisch werdende Verschwimmen der „natürlichen", materiellen/materialen mit den virtuellen und sozialen Realitäten zu deuten und zu analysieren, das u.a. wird die große Herausforderung einer künftigen Philosophie der kreativen Entwicklungen, Schöpfungen und Prozesse sein. Whitehead redivivus? Whitehead virtualiter verlagert, verfeinert und – verfremdet? Spannende ontologische wie auch methodologische Fragen... (Die gegenwärtige Psychologie und Philosophie der Kreativität blieben diesen Zukunftsausblicken gegenüber noch etwas blässlich traditionell zurück.) Künstliche Welt, Künstliches Leben, Künstliche Intelligenz – wie sind kreativitätstheoretische diese überkünstelten, sich am Horizont abzeichnenden Abweichungen von Plessners „künstlicher Natürlichkeit" des Menschen zu beurteilen und evtl. anthropolo-

---

[33] Der Stil der postmodernen Aggregation und Collage bzw. Zitierung alter Grundstile und der quasi ironischen Distanzierung durch Verwendung scheinbar gegensätzlicher oder zeitlich überholter Stile könnte natürlich auch geradezu einen neuen aggregativen, „postmodernen", Typ der kreativen Beiträge darstellen.

[34] Sinngemäß: Wenn Personen eine Situation als „real" „definieren" oder auffassen, dann ist diese „real" in ihren sozialen Konsequenzen.

gisch zu deuten? Kreativität wird in diesem Beitrag generell als multidimensionaler Assoziationsprozess verstanden. Für Kreativität und kreative Personen ist zumal die Neigung charakteristisch, zwischen Originalität und der Übernahme von traditionellen Methoden hin und her zu springen, Spannung auszuhalten sowie einen „optimalen Mix" herzustellen zwischen „Ikonoklasmus und Traditionalismus" (Simonton 1988). Darüber hinaus steht die mentale Kreuzbefruchtung zwischen verschiedenen Disziplinen besonders bei kreativen Neuentwicklungen im Vordergrund: Sie führt aber auch häufig dazu, dass die Kreativen in eine Art Randstellung ("marginal position") in ihrer eigenen Disziplin geraten oder erst von einer solchen Randstellung aus kreativ werden, u. U. gar nicht oder erst spät entdeckt werden können (man denke an Gregor Mendel oder Robert Mayer).

3. Fraktale und chaotische Kreativität?

Chaostheoretische, also mit der Theorie der komplexen dynamischen (bislang durchaus deterministischen!) Systeme beschriebene Analysen und modelltheoretische sowie tierexperimentelle Erfolge haben dazu geführt, dass man nun versucht, solche Modelle auf das menschliche Wahrnehmen, das Denken gar auszuweiten. Ein Philosoph in den Vereinigten Staaten, der gleichzeitig an der Duke University, am Institut für Radiologie, arbeitet und sich mit Neuronenradiologie beschäftigt, Earl MacCormac, untersuchte solche nichtlinearen dynamischen Algorithmen und Systeme, die auf chaotischer und Fraktalbasis existieren und die Plastizität des Gehirns darstellen sollen. Er hat in seinem Beitrag zum Deutschen Kongress für Philosophie von 1993 in Berlin (Lenk/ Poser 1995) eine kartographische Grundstruktur aufgezeigt, die zu der Theorie führt, dass man letztlich so etwas wie *perceptive images*, also „Wahrnehmungsbilder", in einer Art von computerähnlicher Verarbeitung, aber parallel verarbeitet und natürlich auf fraktaler Basis, als hauptsächliche Grundlage annehmen kann, um etwa das Denken, zunächst einmal das wahrnehmende Denken, darzustellen. Er spekulierte auch darüber, dass insbesondere das Denken über Denken solche Strukturen fraktaler Art, nämlich Selbstähnlichkeit und komplexe Darstellung, erlauben muss. Er stimmt zum Teil mit Edelman überein, meint aber, dass *nicht*lineare dynamische Algorithmen stärker berücksichtigt werden müssen, und er schließt sich an Flanagan an, der ja Bücher über *The Science of Mind* (1984, ²1992, s. a. ders. 1992) geschrieben hat und einen „konstruktiven Naturalismus" auf der Basis der genannten Strukturen neurologischer Art vertritt. MacCormac (1995, 215) erweitert das Modell zu einem – wie er das nennt – „*konstruktiven computerunterstützten Naturalismus*" und möchte gern den „Geist" („*mind*") mit „Mustern neuronaler Aktivität" identifizieren, „die mathematisch in nicht-linearen Systemen dargestellt werden können" (ebd. 216). Entsprechendes gilt auch für die Struktur des Bewusstseins, insbesondere für dessen Selbstreflexivität, die Fähigkeit, auf sich selbst Bezug zu nehmen (ebd.). Auch hier möchte er im Sinne dieser nichtlinearen Systemdynamik und Repräsentationsdynamik eine angenähert fraktale (Selbstähnlichkeiten verwendende) Theorie des Denkens und Darstellens liefern. Er hat zudem mehrere Aufsätze über „Images and Fuzzy Neural Networks", also über die Vorstellungsbildung, über Images und unscharfe Logik, geschrieben. In seinem Institut verwendete er zusammen mit den Radiologen und Medizinern die Positronenemissionstomographie (PET) und versucht, die Gesichtspunkte, die bisher der kognitionspsychologischen Schule der Parallel-distributed-Processing-Gruppe (McClelland, Rumelhart u. a.), also Parallelverarbeitung statt serieller Verarbeitung in Computern nach der von-Neumann-Architektur, zu Grunde liegen, zu erweitern in Richtung auf die Verwendung von *nichtlinearen dynamischen* Algorithmen, die in *computer images*, also in Bildvorstellungen, Musterdarstellungen entwickelt werden können und sich koevolutionär mit den entsprechenden Reizen und der Kulturentwicklung von außen entwickeln, beispielsweise in den Sprachformen und den internen quasi eigendynamischen und selbstorganisierten, auf fraktaler Geometrie und unscharfer Logik basierenden Modellen. Interessant ist, dass MacCormac dies auch auf mentale Gehalte anwendet. Er ist darüberhinaus ein international bekannter Theoretiker der Metaphernbildung. Er wendet die computerunterstützten nichtlinearen Fuzzy-Algorithmen auf die Entwicklung von Metaphern an, insbesondere auf die Bildung von neuen und auf die diesbezügliche „Kreativität" – und auf Selbstreferenz, die Selbstbezüglichkeit etwa bei Strukturen des Bewusstseins. Auch da ist zu erwarten, dass chaotische Erscheinungen auftreten. Es ist ja bekannt, dass wenn man beispielsweise eine Fernsehkamera auf den Videobildschirm richtet und sie das eigene Bild wieder aufnehmen lässt und das Aufgenommene zurückkoppelt, eine Art von Chaos entsteht. Die Selbstähnlichkeit, eingespeist mit der Rückkoppelung, führt dann zu einer positiven Rückkoppelung und somit zu einer Art von Bild-"Explosion". Eine ähnliche Verkoppelung kann natürlich sowohl bei epileptischen Anfällen zu Grunde liegen als auch beim selbstreflexiven „Denken über das Denken". MacCormac (1995 a und unpubl.) versucht, die Strukturen der unscharfen Logik, der *fuzzy logic*, für die Stabilisierung und Entwicklung von *computer images* zu verwenden und dann insbesondere auf die Bedeutung von Worten und die Entwicklung von Metaphern anzuwenden. Seine etwas ältere Theorie der Metapher (*A Cognitive Theory of Metaphor*, 1985) berührt natürlich auch maßgeblich die methodologischen Fragen der Kreativität. Interessant für uns hier ist nur, dass er glaubt, ein semantisches Netzwerk (das aufgefasst wird als ein Netz von Knoten, wo die Knoten selbst Fuzzy-Mengen sind) könne modellhaft eine rationale Rekonstruktion dafür darstellen, wie etwa der Geist (mind) neue Begriffe und insbesondere neue Metaphern, neue Begriffe in Metaphern bildet. Fuzzy- Mengen sind ja solche, für die keine ganz klare Mitgliedschaft, keine Element-Klassen-Relation scharf definiert ist, wo nur ein Objekt „mehr oder weniger" Element einer Menge ist. Es gibt zwar eine „Kernmenge", aber deren „Begrenzung" ist unscharf. Es bleibt ja auch „unscharf", wann jemand glatzköpfig ist und wann nicht: mit 50 Haaren: ja, mit Tausend: nein? In der Realität ist es offensichtlich so, dass scharfe eigenschaftsgesteuerte Unterscheidungen durch Mengengrenzen nicht so deutlich zu treffen sind, wie man das herkömmlicherweise in mathematischen und logischen Modellen annimmt, und dass man realistischerweise sehr viel stärker auf die komplexen Strukturen und Interaktionen mit unscharfen Grenzen eingehen muss. Wenn man also versucht, die Mittel der Fuzzy-Logik einerseits und der fraktalen Geometrie des Komplexen andererseits zur Darstellung zu verwenden, ist wohl wahrscheinlich, dass man auch sehr komplexen Prozessen der Kreation von Neuem irgendwie näherkommt. Die „konzeptuelle Macht der Fraktale" leite sich „aus unserer mentalen Fähigkeit" her, diese Fraktale zu „verbildlichen", virtuell zu visualisieren, leiste also gleichsam das, was heute die Computergrafik konkret abbilden kann.

Im Folgenden möchte ich besonders auf Chaotisches in der Kunst bzw. den fraktalen Charakter und die Selbstähnlichkeit in der Kunst sowie auf bestimmte Korrelationen, formale Übereinstimmungen bzw. Analogien oder Parallelitäten zum natürlichen Phänomen des Wachsens eingehen. John Briggs hat in seinem Buch *Chaos. Neue Expeditionen in fraktale Welten* (1992, dt. 1993) im Wesentlichen versucht, einen Ansatz zur Deutung der Kunst auf fraktaler und chaostheoretischer Basis aufzubauen; dasselbe gilt für Friedrich Cramer, der sich viel mit den Problemen der Evolution, der Ordnung und den chaotischen Phänomenen in der Natur sowie mit der Zeitstruktur des Erlebens und der Erfahrung befasst hat. Beginnen wir mit Cramers Entwurf.

Cramer geht davon aus (1994, 259),[35] dass das Schöne als eine „*Gratwanderung*" zwischen dem Geordneten einerseits und dem Chaotischen andererseits und insbesondere natürlich dem Geordneten im Sinne der fraktalen Geometrie verstanden wird, so dass also Beziehungen und Korrelationen bestehen zwischen der Physik der komplex-dynamischen Systeme mit fraktalen (chaotischen) Attraktoren einerseits und der Entwicklungsbiologie andererseits. Weil alle Entwicklungen immer vom jeweiligen Stand des evolvierenden Systems abhängen, entstehen hier natürlich unmittelbare formale Übereinstimmungen bzw. Analogien. Cramer meint, die Theorie des deterministischen Chaos lasse uns solche Übergänge zwischen Ordnung und Chaos besser verstehen und insbesondere auch das Erleben dieser Übergänge und dieser Oppositionen, solcher Unterschiede, die wir im Zusammenhang mit ästhetischem Erleben erfahren: „Schönheit entsteht überall dort, wo das Chaos in die Ordnung, wo Ordnung in Chaos mündet. Schönheit ist gleich der offenen, irrationalen Ordnung des Überganges, und so ist sie ihrem eigenen Prinzip nach vergänglich, fragil, gefährdet und je nur einmalig – wie das Leben selbst. Schönheit kann nur als *lebendige Schönheit* existieren" (ebd.). Das erinnert traditionell an Goethe, an die Schönheit, die sich nur realisieren kann als Gestalt, die lebt, sich entwickelt, sich stets verändern kann und erneut sich (re)konstituiert ("prägende Form, die lebend sich entwickelt") – oder an Schiller, der die Schönheit im Spiel ansiedeln will oder aus dem Spiel hervorgehen sieht.

Cramer meint, dass „die ,*fraktale Geometrie*' und die ,Chaosmathematik'", „welche die Schöne Form hervorbringt ..., die nicht-lineare Realität" auch der Natur „besser zu beschreiben" (1994, 261) gestattet, als das der Newtonische Ansatz vermag, der im Wesentlichen auf lineare Gleichungen und Überlagerungen von Zustandsgrößen in additiver, nämlich in linearer Hinsicht, hinausläuft. „Der spezifische Reiz", meint er, „der von den Naturformen ausgeht, dürfte darin zu suchen sein, dass sie ... im Regelfall *Prozessformen*" sind, Ergebnisse von Wachstums- und Entwicklungsprozessen. „Sie sind gleichsam stehengebliebene – in Wahrheit jedoch meist fortschreitende – Prozesse, die mit dem *Prozess* korrelieren, in dem der Beobachter selbst begriffen ist. Das Leben der Natur korreliert mit dem Leben des Betrachters. Wie dieses ist die Natur ein Wachstumsprozess" (ebd. 264), also die lebend sich entwickelnde Form oder Gestalt, die Goethe gesehen hat. Im übrigen macht Cramer (ebd. 265) auch eine Reihe von Anspielungen auf die Polarität in der Verfassung der Natur und der Welt – freilich, ohne hier

---

[35] Vgl. zum Folgenden auch Cramer/Kaempfer 1992.

3. Fraktale und chaotische Kreativität?

Goethe zu zitieren, der ja auch gemeint hat, dass die Grundstruktur des lebendigen Gestaltens eine Art von polarem Hin- und Herspielen zwischen Gegensätzen sei, woraus sich erst Strukturwachstum und Entwicklung ergäben – insbesondere natürlich auch differenzierte und vielfältige Entwicklung, zumal sichtbar im pflanzlichen Wachstum, aber auch in der antagonistischen Attraktion, Dissoziation, Fortpflanzung der Organismen. Entsprechendes könne man dann übertragen auf die Gestaltung und Beurteilung von schönen Formen, die sich ebenfalls gestalten, sich gleichsam selbstgestaltend entwickeln. Unsere Wahrnehmung ist vorwiegend auf das Erfassen „prozessualer Strukturen" und „auf das Erkennen der Schönen Form (als einer tendenziell *dynamischen* Form) 'programmiert'" (ebd. 268). Cramer sagt, die gewachsene Entwicklung und deren Struktur bilde somit die Voraussetzung für eine schöne Form. Man kann an einer Form, die als schön erlebt wird, den Prozess der Entstehung immer mitfinden, nicht verleugnen, nie ganz unterdrücken. Die Lebendigkeit einer schönen Form besteht gerade darin, dass man diese Art von Entstehungsprozess vermutet und nach- oder miterlebt und dass dann – und da kommen wir schon auf die rein ästhetische Konnotation – die Möglichkeit besteht, immer tiefer in die Schichten dieser entsprechenden Form, des entsprechenden Wachstumsprozesses und des zugrundegelegten dynamischen Entwicklungssystems einzutauchen oder gar einzudringen. Auf diese Weise entwickelt sich eine lebendige Aufnahme oder Erfahrung der Gestalt, weil immer neue Gesichtspunkte durch Tieferdringen, durch Verzweigungen usw. auftreten: Das ist eben das Kennzeichen der Schönheit an der Grenze zwischen Ordnung und Chaotischem, d. h. bei nicht im Einzelnen voraussagbaren Phänomenen. Natürlich findet man darüber hinaus auch in der Natur viele fraktale Gebilde, die Selbstähnlichkeit[36] der Teilstrukturen aufweisen – wir kennen z. B. die „Blumenkohlvariante", genannt „Romanesco", eine Kreuzung zwischen Brokkoli und normalem Blumenkohl. Dasselbe gilt natürlich für viele andere Strukturen, Wolken oder Farben, Blätter usw. Diese Naturstrukturen haben ja zweifellos einen beträchtlichen ästhetischen Reiz. Zunächst aber zu den Wachstumsprozessen. Wachstumsprozesse stellen im Grunde eine Weiterentwicklung des jeweiligen Entwicklungsstandes dar, der bereits erreicht wurde, ursprünglich ausgehend von einem Anfangsstadium, zu dem dann stets zusätzliche Elemente hinzukommen, die aber im Allgemeinen nicht die vorherigen Elemente nicht ganz verdrängen[37]. Es gibt – so sagt ein

---

[36] Auch das exponentielle Sich-Ändern geschieht ja jeweils selbstähnlich in den je unterschiedlichen Abmessungen.

[37] Man denke beispielsweise an die Entwicklung von zusätzlichen Ästen oder Zweigen bei Bäumen oder eben an die Entwicklung von Knöllchen oder Blümchen beim Blumenkohl, der dann mit jeder neu entstehenden Blümchenkorbschicht größer wird. Hier scheint offensichtlich so etwas zu Grunde zu liegen wie eine *Summation bei gleichzeitiger Konkurrenz*. Ein gleichförmiges Geschehen ist anscheinend auch im Gehirn zu finden, insbesondere bei der ersten frühkindlichen Entwicklung von Nervenverbindungen beispielsweise im Sehsystem, wo auch eine Art von Konkurrenz zwischen den nur grob erblich angelegten Verbindungsmustern in der Weise vorhanden ist, dass manche der Neuronen aktiviert und dadurch stabilisiert werden, schließlich das primäre Sehzentrum erreichen und dass andere, benachbarte Neuronen, die damit sozusagen in einer Wachstums- oder Entwicklungskonkurrenz stehen und nicht aktiviert werden, verkümmern. Das heißt, es tritt so etwas wie eine Art von Wachstumsprozess in der Konkurrenz oder eine, wie ich sagen möchte, *konkurrenzselektive Stabilisierung* auf. Das scheint auch bei solchen Wachstumsprozessen, wie etwa den Ent-

Biomathematiker der Universität von Calgary – Prusinkiewicz (zit. in Briggs 1993, 87; GEO 1990, 116) – „eine tiefe Beziehung zwischen Selbstähnlichkeit und Wachstumsregeln". Man kann nun versuchen, deren Grundformen zu analysieren. Dabei findet man mit Sicherheit selbstähnliche Formen. Es findet so etwas wie eine Überschichtung von nicht bloß linearer Additivität statt, im Sinne der erwähnten Entwicklungskonkurrenz, mit der dann jeweils eine Art von Stabilisierung mittels Rückkoppelung oder Rückspeisung der Information über das Erreichte verbunden ist. Prusinkiewicz konstatiert mit den Physikern, dass auch „Selbstähnlichkeit" eine Art von „Symmetrie" sei (in Bezug auf Skaleninvarianz) und dass man die Symmetrieformen als Leitmotiv der modernen Wissenschaft immer wieder finde – etwa bei den Wachstumsprozessen. Insbesondere bilden die entscheidenden Brüche, die „Symmetriebrüche", die Übergänge sozusagen von einer Ordnung zur anderen, von einer fraktalen Schicht zur anderen zum Beispiel, ein ganz besonders wichtiges Prinzip der Natur. Eben hierin könne, meint er, die Natur in ihrer Entwicklung und in ihren kontinuierlichen Wachstumsprozessen nachgeahmt werden, könnten die lebenden Formen sozusagen im sequentiellen Modell nacherzeugt werden – insbesondere unter Einschluss der entsprechenden Rückkoppelungen, um Veränderungen zu kontrollieren oder eben den Entwicklungsprozess und auch die jeweilige Grobform relativ zu stabilisieren. Insofern kann man sagen, dass Wachstumsprozesse in diesem Sinne eine Art von kontinuierlicher Entwicklung auf verschiedenen Schichten darstellen – insbesondere im Sinne einer Weiterentwicklung von fraktalen Teilformen. Wenn man versucht, das quantitativ nachzuvollziehen, so gelangt man nicht nur zu negativ (beschränkend) rückgekoppelten Prozessen, sondern u. U. zu einem Exponentialgesetz in positivem Sinne ("positive Rückkoppelung"), bei Bevölkerungszunahmen beispielsweise. Doch auch bei der Entwicklung der Blütenkörbe einer Sonnenblume gilt eine ähnliche rückgekoppelte Abhängigkeit vom bereits erreichten Entwicklungsstand, die sich z. B. in der spiraligen Anordnung der Kerne zeigt. Diese Zunahme hat einen ganz bestimmten Charakter, der normalerweise – und jetzt kommen wir der Ästhetik nahe – dem Goldenen Schnitt ähnelt[38].

wicklungen von Blumenkohlköpfchen oder -blümchen der Fall zu sein. Solche Wachstumsprozesse ähneln auch der Entwicklung bzw. dem „Aufbau" von bestimmten Formen, die auf dem gegenwärtigen Stand aufbauen, bei denen immer etwas hinzutritt, ohne dass das nur rein additiver Vorgang wäre, sondern es geschieht eine Art von Verzweigung – freilich im Sinne dieser konkurrenzstabilisierenden Selektion oder konkurrenzselektiven Stabilisierung.

[38] Der Goldene Schnitt besteht ja darin, dass ein Quotient von den bestimmten benachbarten Werten von Teilgrößen[38] der Entwicklung einem bestimmten Quotienten immer näher kommt. Das ist charakteristisch und wurde bereits am Ende des Mittelalters entdeckt – von dem Mathematiker Fibonacci: Die „Fibonacci-Reihe" entsteht daraus, dass man stets die beiden letzten Zahlen der Reihe miteinander addiert und das die nächste Zahl ergibt. Daraus ergibt sich eine bestimmte Folge von Zahlen, (1, 1, 2, 3, 5, 8, 13, 21, 34, 55, 89, 144 ...). Sie ist besonders interessant, da sie geeignet ist, die Verhältnisse des Wachstums und der Entwicklung des Goldenen Schnitts darzustellen; denn der Goldenen Schnitt erweist sich in gewissem Sinne als ein *Fibonacci-Phänomen*. Er ist nämlich genau der Grenzwert des Quotienten zwischen zwei benachbarten Gliedern dieser Fibonacci-Folge, d. h. also, wenn man immer eine Zahl durch die andere dividiert (5:3, 8:5 ...), allgemein ausgedrückt: n+1:n in der Fibonacci-Folge, dann erhält man die Zahl 1,618... Das ist eine irrationale Zahl, die man die Zahl des Goldenen Schnitts nennen kann oder „die Goldene Zahl" oder „Fibonacci- Limes-Zahl". Auf diese Weise kann man versuchen, gewisse Ordnungen in diesen Wachstumspro-

3. Fraktale und chaotische Kreativität?

Cramer meint nun, das alles sei auch in der Kunst so. Die „wirkliche Kunst" sei – wie „Schönheit" – „eine Flucht nach vorne. Sie entsteht, wenn ein dynamisches System gerade noch vor dem Chaos ausweichen kann; Schönheit ist eine Gratwanderung zwischen Chaos und Ordnung, zwischen Zerfall und Erstarrung" (ebd. 276). Und sie sei eben auch in diesem Sinne zu *verstehen*. Man kann das Gesagte übrigens auch auf die Entwicklung von Ideen übertragen. Die Grundstruktur gilt ja insbesondere in der neueren Gehirnforschung. Man denke an Edelmans Theorie der neuronalen Gruppenselektion im Sinne eines, wie er das nennt, neuralen oder neuronalen Darwinismus oder an Dennetts Auffassung, derzufolge viele Entwürfe von vielen verschiedenen Zentren im Gehirn um den Eintritt in das Bewusstseins geradezu konkurrieren, so dass auf diese Weise eine neue „Idee" oder Vorstellung erst als Ergebnis eines selektiven Konkurrenzprozesses auf die Bühne des Bewusstseins gelangt. Auch hier findet man dieselbe Grundstruktur. (Zwar hat man den Fibonacci-Charakter der Hirnprodukte in diesem Sinne noch nicht nachgewiesen, aber man könnte sich das leicht vorstellen.)

Vielleicht kann man sogar noch weiter gehen und sagen, wir leben in einer dynamisch immer und überall von Wachstumsprozessen geprägten Welt, die von Prozessen und formalen Strukturen beherrscht ist, welche sich daraus ergeben, dass aus etwas Vorhandenem durch Weiterbauen und interne Konkurrenz dann das nächste Produkt, der nächste Zustand, die nächste Wachstumsphase entsteht und so eine teils exponen-

zessen wiederzugeben – sehr abstrakt-modellmäßig natürlich. Man erkennt, dass die Fibonacci-Zahl als Grenzwert der Fibonacci-Folge zu den rationalen Zahlen einen weiteren Abstand einhält als alle anderen irrationalen Zahlen, die auch als Grenzwerte solcher Folgen auftreten, wie z. B. die Zahl p. (p ist auch nur relativ schwer anzunähern – im Gegensatz z. B. zu „e", der Basis des natürlichen Logarithmus.) Der Kettenbruch nähert sich also „in the long run" diesem Grenzwert, dieser Fibonacci-Zahl oder Zahl des Goldenen Schnitts. Wachstum geht also relativ langsam vonstatten. Man kann Fibonacci-Strukturen bzw. entsprechende Formen des Goldenen Schnitts in sehr vielen Naturprozessen wiederfinden. Z. B. in der sogenannten Logarithmischen Spirale, in allen Schneckenformen, aber eben auch in der Spiralenanordnung der Sonnenblumenkerne. Bei beiden Spiralen zeigt das Wachstum und die entsprechende Weiterentwicklung in Bezug auf die Winkel eine Folge von solchen Proportionen im Sinne des Goldenen Schnitts. Der „Fibonacci-Charakter" scheint ein Gesetz des Wachstums darzustellen, unter der Bedingung, dass schon etwas vorhanden ist, was nicht verdrängt werden kann, sondern an dem sozusagen weitergebaut wird. Es ist ein rückgekoppelter Wachstumsprozess mit nicht nur additivem oder linearem Charakter. Cramer stellt fest (ebd. 275), dass „der Fibonacci-Charakter oder der Goldene Schnitt ... unter allen Wachstumsbedingungen eingehalten wird" und „nicht abhängig (ist) von Größe, Länge oder Dicke der betreffenden Frucht oder Blüte". Das Gleiche gilt entsprechend bei spiraligen Teilformen der Schnecke. In der Tat scheint es, dass diese Wachstumsprozesse als eine Folge des erwähnten internen Konkurrenzphänomens aufgefasst werden können und die Entwicklung dieser Formen als Ergebnis einer je spezifischen, aber generell gleichförmigen internen konkurrenzselektiven Stabilisierung zustande kommen: Auch nach Cramer kann „jedes Wachstum als *internes* Konkurrenzphänomens aufgefasst werden" (ebd.). Dies ist anscheinend eine „Grundidee", die in der Natur vielfach verwirklicht ist und zu Formen führt, die wir auch als *schön* empfinden, an die wir uns sozusagen gewöhnt haben, die in unsere Wahrnehmung „einprogrammiert" sind. Das Grundverhältnis für rückgekoppelte Wachstumsprozesse, das auf den Goldenen Schnitt ausgerichtet ist, ist so gleichsam auf natürliche, naturwissenschaftliche Weise abbildbar – wenn nicht gar teilweise, jedenfalls formal, erklärbar.

tielle, teils spiralige, teils dem Goldenen Schnitt gehorchende Wachstumsentwicklung entsteht. Man könnte fast davon sprechen, dass wir in einer *Fibonacci-Welt* leben. (Das ist allerdings ein Ausdruck, den Cramer nicht benutzt.) Aber es scheint mir naheliegend, diese Bezeichnung zu wählen. Das Prozessuale einer Wachstumsentwicklung mit interner Konkurrenzstabilisierung – das ist die entscheidende Grundidee. (Allerdings sind die jeweiligen Schichtenübergänge bzw. Symmetriebrüche – auch bei der Selbstähnlichkeit – zu beachten: Letzteres besonders in der Kunst, s. u.) Cramer geht dann zur Kunst über und möchte die Kunst auch durch solche Entwicklungen und Nacherlebnisse dieser Wachstumsprozesse an der Grenze zwischen Chaos und Ordnung ansiedeln. „Ein Kunstwerk ist neu", sagt er (ebd. 280): „Neues entsteht beim Durchgang durch chaotische Zonen. Kunstschöpfung ist ein Akt in größtmöglicher Nähe zum ‚Gerade-noch-nicht-Chaos'." „Das in einer künstlerischen Gratwanderung" an der Chaosgrenze „erzeugte Werk enthält im wahrsten Sinne den Augenblick des Künstlers" – einen Höhepunkt, der immer wieder beschworen worden ist – z. B. auch von Lessing -, „und eben das macht es zum Kunstwerk, dass dieser Augenblick so festgehalten wurde, dass er seinen subtil gefährdeten Schöpfungsprozess nie mehr verleugnen kann" (ebd.). Der Prozess zeigt einerseits die Orientierung am regelmäßig Symmetrischen, aber andererseits auch „die kleine Abweichung" – und gewinnt beim Betrachten des Werks gleichsam einen Überblick über dessen Entstehung und eine Erkenntnis der abweichenden, überraschend neuen, originären, originalen Variation. Das ist für Cramer das Charakteristikum der Kunst. Er bringt (ebd. 277) das aus der Psychologie bekannte Beispiel, dass man ein Gesicht als langweilig empfindet, wenn man zwei symmetrische Hälften aneinanderheftet, und führt das am berühmten Selbstbildnis von Albrecht Dürer vor. Mit anderen Worten: erst die (kleine) Abweichung – etwa von der symmetrisch-regelmäßigen (oder auch der fraktalen Selbstähnlichkeit!) – verlebendigt das Kunstwerk[39].

Wenn wir nun die Ideen über Selbstähnlichkeit zu einer Ästhetik im Sinne des chaostheoretischen und fraktaltheoretischen Ansatzes entwickeln wollen, so müssten wir

---

[39] Es gibt ferner auch so etwas wie eine Phasenschönheit, eine Schönheit der Phasenentwicklung, besonders im Pflanzlichen, was ein englischer Autor, D'Arcy-Thompson, schon Anfang dieses Jahrhunderts, 1917, eindringlich festgehalten hat. Er hat ein berühmtes Buch geschrieben *Über Wachstum und Form*, das in zahlreichen Auflagen erschienen ist. Darin wird diese Art selektiver Stabilisierung durch fraktales konkurrierendes Phasenwachstum in gewisser Weise vorweggenommen; dasselbe haben dann häufiger Biomathematiker explizit gemacht, wie der schon zitierte Michael Barnsley, der über die fraktale Struktur der Farne gearbeitet und Farnstrukturen modellhaft aus fraktalen Grundelementen hergestellt hat, indem er von einfachen Initialgrundformen wie astartig verzweigt angeordneten Rechtecken ausging und diese immer wieder auf jede Einzelverzweigung anwendete, iterierte, und zwar beliebig oft (ohne vorab festgelegtes Ende). Er kam damit zu täuschend echten Farnstrukturen – in einem Zwischenstadium natürlich, da die Natur nicht beliebig viele Iterationen zu machen vermag, wie es prinzipiell der Computer kann – wenngleich auch hier nur in der Idee und nicht faktisch. Wenn man Millionen von Wiederholungen (Iterationen) hat, dann hat man eine sehr beeindruckende Zahl von Selbstähnlichkeiten auf den verschiedenen Schichten der Iterationen. Mit anderen Worten: die abstrakten Formen lassen sich ausnutzen, um gleichsam „natürliche" optimale Lösungen der Strukturentwicklungen nachzumodellieren. Und auch damit muss das ästhetische Nacherleben zusammenhängen.

zunächst fragen, worin eine solche Ästhetik bestehen kann. Wie ist eine solche Ästhetik zu erklären? Hängt sie davon ab, dass wir selbst in unserem Nacherleben solchen Strukturen biologisch gleichsam „vorprogrammiert" folgen, in dem Sinne, dass unsere neuronalen *Assemblies* oder neuronalen stabilisierten und plastischen Vernetzungen im Gehirn solchen Verzweigungen nachfolgen, ähnliche Einschwingungsprozesse wie solche dynamischen Systeme aufweisen, die freilich nicht isoliert funktionieren. Ganzheitliche Zusammenhänge und Rückkoppelung scheinen dabei eine Rolle zu spielen. Ich hatte ja bereits darauf hingewiesen, dass offensichtlich in den Gehirnmustern bestimmte sich wiederholende Muster von den Systemen eingespielt und angenähert werden. Man könnte direkt von Attraktoren und u. U. von fraktal strukturierten, d. h. „seltsamen", Attraktoren im Gehirn sprechen. Man hätte dann bereits ansatzweise so etwas wie eine fraktale Ästhetik, die auf der fraktalen Grundstruktur, auf dem Hintergrundchaos der Gehirnprozesse ruht und verständlich macht, warum wir solche quasi natürlichen, fraktalen, sehr verzweigten, nicht sehr übersichtlichen, dynamisch komplexen Strukturen genießen, als „schön" empfinden. „In der Kunst steckt immer mehr dahinter, als man sinnlich wahrnimmt. Wegen dieser Fähigkeit, Welten innerhalb von Welten anzudeuten, war die Kunst seit jeher fraktal. Die Chaosforschung trägt zu einem neuen Verständnis einer Ästhetik bei, die den sich wandelnden Kunstauffassungen verschiedener Zeiten, Kulturen und Schulen schon immer zugrunde lag" (1993, 28). Diese durch die fraktalen Formen neu entdeckten, aber faktisch altvertrauten Eigenschaften des Kunstwerks, „diese neue (und zugleich uralte) Ästhetik, die das Chaos ans Licht bringt", versucht Briggs in folgender Weise zu beschreiben (ebd. 30): „Sie ist holistisch – eine Harmonie, die davon ausgeht, dass alles von allem beeinflusst wird. Bei mathematischen wie bei natürlichen Fraktalen wird der Holismus in der Selbstähnlichkeit sichtbar, dem Beweis eines holistischen Rückkoppelungsprozesses. In der Kunst entsteht Selbstähnlichkeit, die in unendlich vielfältigen Formen vorkommen kann, nicht dadurch, dass man eine Form sklavisch in unterschiedlichen Maßstäben permutiert. Sie hat eher etwas mit der Selbstähnlichkeit zu tun, die wir entdecken, wenn wir die menschliche Hand mit dem Flügel eines Kolibris, mit der Finne eines Wals oder einem Ast an einem Baum vergleichen. Die Aufgabe des Künstlers besteht darin, diese auffällige Beziehung zwischen Formen und Qualitäten, die selbstähnlich und zugleich selbstverschieden sind, aufzuspüren und auszudrücken und so ein Kunstwerk zu schaffen, das uns eine Ahnung von der holistischen Natur unseres Universums und unseres Daseins in ihm vermittelt." „Die Resultate" sind oft, meint Briggs (1993, 30), „ein fraktales Dokument seiner Wechselwirkungen mit seinen Sujets, die in der Regel selber fraktale Objekte sind wie Farne, Vulkane oder turbulente Strömungen". Die Schönheit der komplexen, verzweigten Naturstrukturen wird auf diese Weise vom Kunstfotografen eingefangen oder jedenfalls ausschnittweise modellhaft verdeutlicht. Diese neue und alte Gesamtästhetik der Naturdarstellung ist in der Tat „holistisch". Sie zeigt eine Art von Harmonie, die in der Selbstähnlichkeit etwa vielfältiger Verzweigungen und Verschlungenheiten deutlich wird, die aber auch Dissonanzen und interne Konkurrenzen enthält, wie sie in der Selektivität des biotischen Wachstumsprozesses auftreten. Schließlich kommt es auch in der Natur vor, dass eine Form nicht „sklavisch" abgebildet, abgespiegelt, sondern abgewandelt wird; sie hat eher etwas mit der Selbstähnlichkeit zu tun, die wir entdecken, die jedoch immer wieder von der exakten skalenähnlichen Reduplikation *abweicht* – und also nicht genau bzw. ganz voraussagbar ist. Es gibt also bestimmte natürliche Entwicklungen, Rückkoppelungen, Abweichungen, die in der Tat im Ganzen wie auch im Einzelnen dieselbe Grundentwicklungslogik zeigen, ohne dass jedoch ein sklavisches Abbilden oder Wiederherstellen im Sinne einer isomorphen Iteration oder Reproduktion stattfindet. Die intermittierenden Faktoren, Zufallsumstände, Umgebungsvariationen, Einflusswirkungen sind zu komplex, dynamisch und nicht linear (nicht einander additiv überlagernd).

Clifford Pickover hat angesichts der heutigen Möglichkeit, fraktale Strukturen auf jedem Heimcomputer zu erzeugen, gefragt, „ob es die Künstler nicht stört, dass jeder Gymnasiast heutzutage Bilder erzeugen kann, die von den meisten Menschen als schön empfunden werden, während ihnen die 'wahre Kunst' gleichgültig ist" (zit. n. ebd. 170). Die Frage stellt sich natürlich: Hat echte, große, originäre und originale Kunst im Zeitalter der nahezu beliebigen Reproduzierbarkeit von fraktalen Gebilden und Farb-Form-Komplexen noch eine Zukunft?

4. Metaphern und Reflektaphern

Die entsprechenden, interessanteren Teilfragen lauten: Was macht den Unterschied zwischen den fraktalen computererzeugten Gebilden und eben Gebilden, Erzeugnissen echter, im höchsten Sinne kreativer Kunst aus? Was unterscheidet eine Grafik oder eine Serie von „Bildern" am Rande der Mandelbrotmenge von den bekannten, spiraligseepferdartigen Strukturen eines Picasso oder beispielsweise von einem Bild van Goghs oder Breughels? Briggs sagt, dass das geniale Gedicht, das große Gemälde „immer neu" sei, „immer wieder feine Überraschungen" berge und neue Tiefenperspektiven aufschließe. (Tun aber das Letztere nicht auch die Skalierungsaufschlüsse am Rande der Mandelbrotmenge?) Briggs verweist auf die Gehirnuntersuchungen von Freeman und Rapp, die zu zeigen scheinen, dass im menschlichen Gehirn ganz ähnliche Prozesse ablaufen. Nach Briggs gilt (ebd. 171 ff.) daher, dass die Darstellungsform eines zeitlosen Kunstwerks einerseits eingängig wirkt, einer Aufnahmefähigkeit des Gehirns entspricht, dass aber andererseits seine „Größe" gerade darin besteht, dass es dieser „Gewöhnungstendenz des Gehirns" immer wieder „widersteht" – indem es nämlich von dieser normalen Standardform, der Selbstähnlichkeit und der erwarteten Schichtenstruktur, mehr überraschend als systematisch abweicht. Stets scheint „ein großes Kunstwerk ... bei jeder (neuen) Begegnung im menschlichen Gehirn einen neuen, sehr seltsamen Attraktor hervorzurufen" (ebd. 174), so dass man ein solches immer wieder auf andere Weise als neu, als ein in der Rezeption variiertes und variierendes Gebilde erleben kann. Darin besteht das Besondere, die „Größe" eines großen Kunstwerks, nämlich in dieser „Mehrdeutigkeit", die einerseits zwar an „die künstlerische Selbstähnlichkeit" angegliedert ist, Ausdrucksform bzw. -instantiierung von dieser ist, oder an die auch ständig zu reproduzierende Muster- oder Strukturwiederholung, von der es, das Kunstwerk, aber doch andererseits immer wieder abweicht. So erregt und verstärkt es immer wieder in

4. Metaphern und Reflektaphern

typischer Weise eine Art neuerlicher ("reflektaphorischer"[40]) Spannung, die auf den tieferen Ebenen bzw. bei der Weiterentwicklung oder Neubegegnung sich stets von Neuem auftut. Große Kunstwerke benutzen zwar selbstähnliche Formen und Farben, aber sie variieren diese abweichend von der jeweiligen rhythmischen Regelmäßigkeit. Sie „widerstehen" strikter Wiederholung, sind nicht strenge Abspiegelungen derselben Teilstruktur, obwohl sie sozusagen „selbstbezüglich" immer wieder auf diese Muster zurückgreifen, diese „kreativ" variierend. Sie erzeugen eine immer neuartige Spannung, die anregende Mehrdeutigkeiten erzeugt, hervorruft, antönt. Eine solche neue Nuancierung ist etwa diejenige, wie sie in der abweichenden und jeweils neue Spannung erzeugenden Verwendung von Metaphern zu finden ist, die Briggs und Peat „Reflektaphern" (1993, 302) genannt haben. Es handelt sich um Metaphern oder metaphernähnliche Strukturen, die eine besondere Spannung im Zusammenspiel von Ähnlichkeit und Unterschiedlichkeit, von Harmonie und Dissonanz erzeugen; und diese „reflektatorische", oder „reflektaphorische", Spannung ist dynamisch, erzeugt immer wieder eine Art von Lebendigkeit, auch beim Erfahren, Erleben, beim Wahrnehmen. Man erlebt Verblüffung, unerwartete Sichtweisen usw. Briggs meint (ebd. 174): „Künstler müssen die richtige Distanz zwischen den Ausdrucksformen ihrer Reflektaphern finden, wenn sie ein Kunstwerk hervorbringen wollen – die richtige Balance zwischen Harmonie und Dissonanz, um die Spannung und die aufschlussreichen Mehrdeutigkeiten zu schaffen, die vom Kunstwerk ausgehen können. Diese richtige Balance überrumpelt die Denkprozesse und verhindert den Gewöhnungsprozess. Denn sie zwingt unseren Verstand dazu, die Worte oder Formen oder Tonfolgen so wahrzunehmen, als sei es das erste Mal, und zwar jedes Mal aufs Neue, gleichgültig, wie oft wir sie zuvor schon wahrgenommen hatten." Man könnte natürlich hier davon sprechen, dass es nicht nur um eine Balance auf gleicher Ebene geht, sondern auch um eine kontrastreiche Beziehung zwischen unterschiedlichen Schichten und Meta-Ebenen von Spannungsformen derart, dass Harmonie und Dissonanz auf unterschiedlichen Ebenen und natürlich auch die entsprechende Ebenen übergreifenden Gesichtspunkte eine Rolle spielen. Man könnte daher neben der Balance auf derselben Ebene aufsteigend und erweiternd von Metabalancierungsprozessen sprechen, wie wir eingangs von Metainterpretationen oder interpretativen Schichtenüberschreitungen gesprochen haben, die nur jetzt auf das reflektaphorische Spannungsspiel zwischen unterschiedlichen Funktionen des großen Kunstwerkes anzuwenden sind. Dazu noch einmal Briggs (ebd. 174): „Die reflektaphorische Harmonie finden die Künstler, indem sie die Distanz zwischen den selbstähnlichen Bedingungen zunächst in ihrem eigenen Verstand erproben. Ein Dichter, der ein Gedicht überarbeitet, liest es möglicherweise mehrere hundert Male durch. Wirkt die Metapher noch immer leicht überraschend, wenn man sie so oft gelesen hat? Trifft dies zu, so handelt es sich um eine Reflektapher: eine Nebeneinanderstellung von Ausdrucksformen, die

---

[40] Ein künstlerisches Nebeneinander mit vielen selbstähnlichen Formen, Mehrdeutigkeiten, dynamischen Spannungen, die auf mehreren Ebenen zu sehen, zu deuten sind, nennt Briggs (1993, 174) „Reflektapher": „Nicht nur Formen spiegeln sich selbstähnlich darin wider, sondern wie in der Metapher, auch eine Spannung von ähnlichen *und* unterschiedlichen Ausdrucksformen. Diese reflektaphorische Spannung erschüttert unseren Verstand mit einer Mischung aus Verwunderung, Ehrfurcht, Verblüffung und der Empfindung unerwarteter Wahrheit oder Schönheit."

sowohl selbstähnlich als auch verschiedenartig sind und deshalb eine Öffnung des Verstandes bewirken" (Hervorhebung hinzugefügt, H. L.). „Die einzelnen Teile gleichen sich zu sehr oder unterscheiden sich in einigen Fällen zu sehr voneinander, um jenes von Mehrdeutigkeiten erfüllte reflektaphorische Gewebe zu erzeugen, das ein großes Kunstwerk kennzeichnet. Kunst ist viel mehr als ein bloßes Austauschen ähnlicher Formen. Sie ist kreativ auf eine der Kreativität der Natur entsprechenden Weise: Jede Form, jede Geste in einem Kunstwerk besitzt Autonomie und wird doch zugleich in ihrer Selbstähnlichkeit in eine Interaktion mit anderen Formen und Gesten des Werkes einbezogen. So entsteht ein Umfeld, das uns ständig zu der Erkenntnis zwingt, dass das Werk lebendig und dynamisch ist ..."

Die Abweichung von der fraktalen Schichtenselbstähnlichkeit, wie sie sich in den üblichen „schönen" Fraktalstrukturen der Computergrafik bei Iterationen darstellt, beispielsweise bei den Bildern aus den Rändern der Mandelbrotmenge, zeigt also im Grunde so etwas wie eine ewige Wiederholung, welche die hervorgehobene reflektaphorische Spannung auf Dauer eben doch nicht tragen kann. Deswegen muss der Künstler eine Möglichkeit finden, Harmonie und Dissonanz aufrechtzuerhalten, die seltsamen Attraktoren in seinen Gebilden und auch in seinem eigenen Gehirn und in den Gehirnen der Zuhörer so zum Klingen und zum Einschwingen zu bringen, dass sie „der Gewöhnung widerstehen" (ebd. 176). „Es wäre ein Widerspruch in sich", genauer: eine *contradictio in adiecto*, „zu glauben", meint Briggs (ebd.), „dass ein mechanischer, wenn auch nicht nicht voraussagbarer Algorithmus diese außerordentlich komplizierte Aufgabe bewältigen könnte". Wenn man – wie beispielsweise zwei Schweizer Wissenschaftler das versucht haben – „mathematische Extrakte" der Fugen von Johann Sebastian Bach in fraktaler Abwandlung wiederholte, dann würde letztlich „eine zwar interessante, aber doch leblose Bach-Imitation entstehen" – und keineswegs „Bach-ähnliche Musik von vergleichbarer Qualität", wie die Kombinatorik-Komponisten behaupteten. Kurz und gut: Kreativität in ihrem eigentlichen Sinne ist nicht nur ein mechanischer Prozess, nicht bloß Anwendung eines Algorithmus, wie etwa Roger Schank (in Sternberg 1988) meinte.

Künstler, so Briggs, „sind vor allem deshalb Künstler, weil sie die Fähigkeit besitzen, Reflektaphern hervorzubringen, die ihre Sichtweise einfangen" – die eben diese Art von Spannung erzeugen und auf Dauer aufrechterhalten können: „Jedes große Kunstwerk ist eine Art von Mikrokosmos", der sozusagen das Universum spiegelt, das größere Ganze aber nicht in einer exakten Abbildung isomorph wiedergibt, sondern eben in einer gewissen Grenzübertretung, und zwar nicht ganz systematisch-formal die Beziehung zwischen Ordnung und chaotischen Phänomenen reflektieren muss, in bestimmtem Sinne also die geheimnisvolle Struktur, „das mysteriöse Chaos und die Ordnung des Lebens, der Naturprozesse und Lebensphänomene" *nicht* identisch wiedergibt, *variierend* reflektiert. Vielleicht könnte man besser sagen: „reflektaphiert" statt „reflektiert", weil es ja nicht nur um bloße Reflektion im traditionellen Sinne geht, jedenfalls nicht im Sinne der Abspiegelung, Widerspiegelung. Eine solche Beinahe-Widerspiegelung ist keine Wiederspiegelung! „Die Selbstähnlichkeit der Reflektaphern ist viel reicher als die Selbstähnlichkeit mathematischer Fraktale; sie ermöglicht es jedem Künstler jeder Ge neration und jeder Kultur, einen einzigartigen Ansatz zu entwickeln" (Briggs 1993, 177).

5. Kreative Metaphern und Kreataphern

In seinem Buch über eine kognitive Theorie der Metapher (*A Cognitive Theory of Metaphor*, 1985) hat Earl MacCormac manche umfassenden Überdehnungen der Sprachmetaphorik kritisiert, aber zugleich eine Ausdehnung metaphorischer Prozesse und Operationen auf das vorsprachliche Vorstellen und Denken durchgeführt, die von besonderer Bedeutung für das Verständnis kreativer Aktivitäten und Prozesse ist. Er behauptet, dass die Bildung und Verwendung von Metaphern als *Prozess* aufgefasst werden muss, der keineswegs nur auf der sprachlichen Ebene abläuft, sondern auf drei wechselseitig aufeinander bezogenen Ebenen: MacCormac unterscheidet Metaphern 1) als „Sprachprozess", 2) als „semantischen und syntaktischen Prozess" (im Sinne einer linguistischen oder sprachwissenschaftlichen Erklärung) und besonders 3) als einen „kognitiven Prozess, der in einen größeren Vorgang der Wissensentwicklung eingebettet ist" (1985, 42). Metaphernbildung wird also „nicht nur als ein semantischer Prozess erklärt, sondern als ein zugrundeliegender kognitiver Prozess, ohne den neues Wissen nicht möglich wäre" (ebd.). Er bringt Beispiele wie die Metapher des berühmten Gehirnphysiologen Charles Sherrington: „The brain is an enchanted loom where millions of flashing shuttles weave a dissolving pattern" ("Das Gehirn ist ein verzauberter Webstuhl, auf dem Millionen hin und her huschender Webschiffchen ein sich auflösendes Muster weben").

Die Funktion der Metaphern besteht nun darin, dass sie eine Spannung zwischen den beiden Beziehungsgliedern, den „Referenten" der Metapher, erzeugen, also diaphorische Qualität aufzeigen, die zu einer neuen Vorstellung, zu einer überraschenden Gegenüberstellung, jedenfalls zu einer Spannung in Bezug auf das gewohnte Schema bzw. die Erwartung führt und unter Umständen emotionale Unruhe erzeugt (Läusebeispiel). Diese Spannung entstehe eher aus „einer scheinbaren semantischen Anomalität ... als aus rein emotionalem Unbehagen": „Die psychologische Spannung entspringt einer semantischen Spannung" (MacCormac 1988, 85). MacCormac erklärt das Wechselspiel zwischen der epiphorischen und der diaphorischen Qualität des Beispiels von Sherrington wie folgt: „Hier haben wir eine Identifizierung des Gehirns mit einem verzauberten Webstuhl, doch bis wir den Webstuhl in Tätigkeit setzen, die Schiffchen, die ein sich auflösendes Muster weben, verstehen wir die Metapher nicht in ihrer ganzen Stärke. Die Identifizierung des 'Hirns' mit einem 'verzauberten Webstuhl' erschüttert unser semantisches Empfinden und schafft eine semantische Spannung, aber das Bild der huschenden Schiffchen, die ein sich auflösendes Muster *weben*, erzeugt weitere Spannung und Einsicht sowohl durch die Klärung der Semantik von 'verzauberter Webstuhl' als auch durch die verbale Aktion des 'Musterwebens'. Wie kann man auf einem Webstuhl ein Muster weben, das verschwindet? Man könnte einwenden, dass die Phase, die das Weben umfasst, lediglich den Bedeutungsrahmen einer Nomenmetapher klärt, die ‚Hirn' durch die Kopula ‚ist' mit einem ‚verzauberten Webstuhl' identifiziert ... Wie in der normalen Sprache stehen Syntax und Semantik vieler Metaphern in enger Beziehung zueinander ..., erfordern viele ... Metaphern ein Verständnis ihrer syntaktischen sowie auch ihrer semantischen Bedeutung, damit sie verständlich werden. Über den Versuch, die semantische mit der syntaktischen Bedeutung der Metaphern in Beziehung zu setzen, lässt sich kaum mehr sagen als über das ungelöste Problem, beides in zwei gegenwärtigen linguistischen Theorien wie der generativen Transformationsgrammatik und der generativen Semantik miteinander zu verbinden. Man darf jedoch nicht annehmen, dass eine Erklärung der semantischen Veränderung in den Referenten einer Metapher ausreichen wird, um die gesamte Bedeutung aller Metaphern zu erklären" (1988, 91 f.).

Verbreitet sich eine Metapher in der Sprachgemeinschaft, werden die Sprecher und Hörer immer vertrauter mit ihr, so verliert sie allmählich ihre semantische als auch ihre psychologische Spannung, kann beispielsweise zu einer neuen (Standard-) Bedeutungsvariante im Lexikon führen. So beginnen nach MacCormac „viele Metaphern ... ihr literarisches Leben weitgehend diaphorisch (obwohl sie immer auch eine epiphorische Qualität besitzen), werden dann weitgehend epiphorisch – indem sie eher eine Analogie ausdrücken als eine mögliche Bedeutung suggerieren – und treten schließlich als tote Metaphern in den Korpus der normalen Sprache ein. Metaphern sterben, wenn mindestens einer ihrer Referenten einem Wörterbucheintrag eine neue lexikalische Bedeutung hinzufügt" (MacCormac 1988, 86; 1971, 239 ff.; 1985, 56 ff. u. a.). MacCormacs Behauptung läuft darauf hinaus, dass Metaphern als Grundlage für die begrifflichen semantischen Anomalien durch die überraschende, mehr oder minder bewusste Gegenüberstellung der Beziehungsglieder (Referenten) erzeugt werden und dass „besonders die Identifizierung der Unähnlichkeiten die Möglichkeit der Umgestaltung (Transformation) dieser Unähnlichkeiten in Ähnlichkeiten gestattet, an die man zuvor nicht gedacht hat, wobei die Schaffung einer neuen Bedeutung etabliert wird" (ebd. 50). Kreativität liegt in der Auswahl geeigneter Referenten, die genug Ähnlichkeit für das Wiedererkennen sowie ausreichende und die richtige Art von Unähnlichkeit produzieren, um eine (neue, H.L.) hypothetische Möglichkeit zu erzeugen" (ebd. 148). Das gilt sowohl für die Erzeugung neuer Metaphern und Perspektiven in allen kreativen Bereichen der Assoziation und Vorstellung wie auch für das Bilden neuer wissenschaftlicher Grundideen. MacCormac bezieht sich auf Stephen Peppers bereits früher (1942) entwickelte Theorie der „root metaphors", der „Wurzelmetaphern", die neuen Philosophien, Weltsichten und Theorien zu Grunde liegen sollen – wie z. B. die pythagoreische Überzeugung, dass die Welt letztlich mathematisch sei. Ohne solche von MacCormac „Grundmetaphern" ("*basic* metaphors") genannten Vorstellungsverbindungen, die in der Tat Koestlers Bisoziationsmodell entsprechen, seien z. B. grundlegende wissenschaftliche Theorien, neue Sichtweisen in der Wissenschaft nicht möglich (ebd. 47 ff., 51 u. a.).[41]

Das Entscheidende ist, dass ohne Metaphern weder die kreative Bildung neuer wissenschaftlicher noch sonstiger Hypothesen und Vergleiche möglich wäre, dass semantische Veränderungen in der Sprache drastisch begrenzt wären, dass man „ohne irgendeinen Rückgriff auf die Metapher, das absichtliche begriffliche Bilden von semantischen Anomalien", kaum „über das Unbekannte in Abhängigkeit vom Bekannten" (ebd. 51) spekulieren könnte und erkennend oder erfassend in den Bereich des Unbekannten ausgreifen könnte: „Metaphern erfüllen die kognitive Funktion der Kreation neuer Bedeu-

---

[41] Pepper spricht von „basic analogy or root metaphor" (1942, 91).

5. Kreative Metaphern und Kreataphern

tungen, durch die Gegenüberstellung ihrer Referenten in der Sprache. Ohne sie würde die Menschheit nur sehr schwer ihr Wissen ins Unbekannte ausdehnen können, und die Sprache bliebe größtenteils statisch. Die Diaphora bietet die Möglichkeit, ein vertrautes Beziehungsglied zu nehmen und es zu verändern, indem es einem Referenten oder Beziehungsgliedern gegenübergestellt wird, der oder die normalerweise nicht mit dem vertrauten Referenten assoziiert werden. Die Kombination der Referenten, welche nun die semantische Anomalie produziert, zwingt den Hörer oder Leser einer Metapher dazu, die Ähnlichkeiten zwischen den Eigenschaften der Referenten wie auch die Unähnlichkeiten festzustellen. Nicht nur das Erkennen von zuvor nicht gesehenen Ähnlichkeiten erzeugt neue Einsichten oder neue Bedeutungen, sondern besonders die Feststellung von Unähnlichkeiten erlaubt die Möglichkeit der Transformation dieser Unähnlichkeiten in zuvor nicht bedachte Ähnlichkeiten, wodurch die Schaffung einer neuen Bedeutung etabliert wird" (ebd. 50). Hoch kreative Menschen scheinen charakterischerweise häufig Metaphern der Sprache und vor allem der Vorstellungen zu erzeugen, die auf kreative Tiefenprozesse zurückweisen. Der „Prozess der Metaphernbildung" ist also ein Vorgang neuer „kognitiver Assoziationen": „Mentale Konzepte, die normalerweise nicht miteinander verknüpft werden, werden zusammengestellt und auf ihre Bedeutung hin geprüft. Die kreativsten Formulierer von Metaphern dehnen die Vorstellungskraft am stärksten, indem sie die ungewöhnlichsten Kombinationen verwenden". „Der Erfinder einer Metapher ist gewöhnlich darum bemüht, eine neue Einsicht über die Welt oder seine Erfahrungen auszudrücken". Demgemäß gilt für MacCormac: „Die semantische und syntaktische Bedeutung einer Metapher kann nicht nur in einer grammatischen Tiefenstruktur entdeckt werden, sondern gleichermaßen in einem tiefen konzeptuellen Prozess, der zwischen den kreativen und originellen Erfindungen des Geistes eines einzelnen Dichters oder Wissenschaftlers und den etablierten, festgelegten kulturellen Formen wie den Mythen vermittelt" (1988, 92). Darin sowie in der Erkenntnis und der rechten Proportionierung von Ähnlichkeit und Unähnlichkeit besteht die Kreativität einer neuen Erkenntnis- oder Auffassungsweise durch eine Metapher: „Zwar scheint keine einzelne Regel den kreativen Prozess der Metaphernbildung zu beherrschen", irgendwie scheint es „ein geheimnisvolles Mysterium zu bleiben"; „wie der metaphorische Prozess des Geistes" funktioniert. „Wie diese lebendigen Verknüpfungen von Konzepten in Worten ausgedrückt werden, bleibt ein Geheimnis." (1988, 92f.).

Dies gilt natürlich nicht nur für den Drang des Sprachkreativen, des Dichters zur Erfassung neuer Synthesen, sondern auch für alle anderen kreativen Bereiche, für Vorstellungs- oder Konzeptverbindungen, für die Weiterentwicklung von Stilarten, Perspektiven, Erlebnisweisen usw. in Weltauffassung, Philosophie, technischen Erfindungen und wissenschaftlichen Entdeckungen, mentalen Bildern, Vorstellungen, besonders aber natürlich in der bildenden Kunst.. Alle kreativen Bereiche und Prozesse der oben erwähnten Bisoziationen (Koestler) und Multiassoziationen, der Entwicklung neuer Sichtweisen auch auf höheren Schichten, also der kreativen Aufstiege (nicht nur der Transpositionen auf der gleichen Ebene) entsprechen diesem Muster. Dabei können nach Brenda Beck (1978) (zit. n. MacCormac ebd. 93; 1985, 151 f.) solche Metaphern besonders aus dem Zusammenspiel unterschiedlicher Sinnesarten (also aus Synästhesie) entspringen, aber auch aus bildlichen Vorstellungen, wie Kosslyn, der berühmte imaginistische Psychologe, meint (1980).⁴² Generell scheint die Idee, dass metaphorische Prozesse die Grundlage kreativer Prozesse bilden und dass die Konzeption des Metaphorischen nicht nur auf die äußere Sprache bzw. die bloße syntaktisch-grammatische Gestalt beschränkt werden kann, zu greifen: Selbst wenn man nicht schlechthin Metaphern im engeren Sinne mit diesen kreativen Prozessen der multiassoziativen und tiefenpsychischen Prozesse identifizieren will, sondern z. B. einen neuen Ausdruck hierfür einführt – etwa Kreataphern (s. u.) – , ist die Auffassung kreativer kognitiver wie auch vergleicheschaffender Aktivitäten im Sinne der Verbindung gewöhnlich unassoziierter Begriffe durch Gegenüberstellung und Feststellung synthetisierender bzw. Ähnlichkeiten und Unähnlichkeiten feststellender Vergleichszüge, Eigenschaften, Erfahrungsweisen usw. offensichtlich notwendig zur dynamischen Entwicklung neuer Perspektiven in der kreativen Aktivität und Erkenntnis jeglicher Art. Statt des „metaphorischen Bewusstseins" des Jonathan Cohen könnte man spezifischer für kreative Menschen und Einstellungen geradezu von einem „*kreataphorischen Bewusstsein*" sprechen, einem Bewusstsein und einer lebendig-dynamischen Tendenz, stets neue spannungserzeugende Metaphern (Reflektaphern also, nach Briggs / Peat 1993) als Vehikel des Kreativen zu verwenden und zu sehen: Die ins Neue weiterführenden kreativen Metaphern sind kreative Reflektaphern und als solche eben *Kreataphern*, wie ich sagen möchte (s.u.). Es wäre natürlich eine interessante Aufgabe, die mentalen und psychischen Funktionen der Kreataphern, der kreativen Metaphern und Reflektaphern bei kreativer Tätigkeit – sei es des Künstlers oder Dichters, sei es des Wissenschaftlers, sei es des kreativen philosophischen Denkers – zu erkunden. Hierzu gibt es bislang nur wenige Pionierstudien.

Insgesamt dürfte deutlich geworden sein, dass die Entwicklung und Verwendung kreativer Metaphern in der Tat ein erklärendes, zumindest plausibel metaphorisch illustrierendes Licht auf die Entstehung und den Ablauf kreativer Prozesse bzw. auf die Auffassungsweisen kreativer Personen, seien sie Denker oder Künstler, werfen kann. Daher erscheint mir in der Tat MacCormacs Ausdehnung der ursprünglich eigentlich nur sprachlich verstandenen Metapherntheorie auf eine allgemeinere Kreativitätstheorie des metaphorischen Vorstellens und Denkens richtig zu sein. Sie müsste auch auf das kreative Handeln ausgedehnt werden. Man sollte und könnte sie aber terminologisch von den enger linguistischen Konnotationen abtrennen, indem man etwa den Ausdruck „Metapher im engeren Sinne" im sprachlichen Bereich belässt und in der allgemeineren Konzeption einer Theorie der kreativen Prozesse – und zwar nicht nur der kognitiven, sondern auch der handelnden, schaffenden: poietischen im weiteren Sinne – etwa von *Kreataphern*, d. h. dynamischen, weiterführenden kreativen Reflektaphern der Vorstellungen bzw. der Einbildungskraft im Sinne Kants, spricht.

Nach Mac Cormac (1985, 148) liegt „Kreativität [...] in der Auswahl der geeigneten Bezugsgegenstände, indem genügend Ähnlichkeit für das Wiedererkennen und genug

---

[42] Kosslyn benutzt (zit. n. MacCormac 1988, 94) sogar das geistige Auge metaphorisch als eine „Bildröhre": MacCormac fragt: „Kann man eine Metapher benutzen, um einen Prozess zu beschreiben, auf dem die Gestaltung vieler Metaphern beruht?" (ebd. 94). Theorien über Metaphern seien oft metaphorisch und auf Verwendung von Metaphern angewiesen, aber dies bedeute nicht, dass aller Sprachgebrauch metaphorisch sei (1985, 56).

Unähnlichkeit – und die richtige Art von Unähnlichkeit – erzeugt wird, um eine (neue, H. L.) hypothetische Möglichkeit hervorzubringen. Der Schöpfer einer Metapher wählt gerade jene Bezugsglieder aus, deren Gegenüberstellung die neue Möglichkeit insinuiert, die er oder sie vorschlagen möchte". Das heißt, MacCormac sieht in der Fähigkeit des Menschen, neue Metaphern mit hinreichenden Ähnlichkeiten, aber auch mit Unähnlichkeiten zu bilden, so etwas wie einen Grundstock auch für die Entwicklung neuer Theorien, Interdisziplinen, neuer Möglichkeiten der künstlerischen, wissenschaftlichen und philosophischen Darstellung, der Weltauffassung. Er sieht diese Fähigkeit als ein Charakteristikum des Menschen überhaupt an: Es ist ein Anthropologikum, gilt einzig für den Menschen, dass er nicht nur Analogien zu entdecken, sondern eben in Metaphern diese Analogien mit Disanalogien, also die Syntaphern oder Synphorien mit den Diaphorien und Diataphern zu verbinden vermag, um neue kreative Metaphern zu bilden, die unser Wissen in den Bereich des bisher Nichtgewussten weiterzutreiben erlauben. (Zu ergänzen wäre nach den hier dargelegten Einsichten, dass diese Fähigkeit auch auf beliebig viele höhere Darstellungs-, Symbolisierungs- und Abstraktionsschichten zu beziehen ist.) Es handelt sich um eine Art von S*piel mit Metaphern*, und zwar reflektaphorischen Metaphern oder kreativen reflektatorischen Metaphern, also mit *Kreataphern*. Man könnte sogar so weit gehen, dass man den Menschen als mit einem kreataphorischen Bewusstsein versehen ansieht, in Spezifizierung des erwähnten metaphorischen Bewusstseins à la Cohen, also den Menschen als das Wesen versteht, das fähig ist, Kreataphern zu schaffen: *das „kreataphorisierende" Wesen*. Das metainterpretierende Wesen ist das kreative, *kreataphorisierende Wesen*. Nur der Mensch ist in der Lage, Stufen, Schichten, Perspektiven immer wieder zu übersteigen. Dieser Drang, immer weiter zu schaffen, immer weiter Grenzen und Schichten symbolisch zu transzendieren, ist gerade für das Kreativsein charakteristisch, wie wir einsahen. Menschsein ist nur möglich, wenn man über Versteinerungen hinaus in ständiger Kreativität lebt oder diese übt, in der Lage ist, kreative Metaphern und Reflektaphern zu schaffen und zu verwenden. Der Mensch ist also das Kreataphern schaffende Wesen, man könnte fast von einem *Homo crea(ta)phoricus* sprechen, statt von einem *Homo metaphoricus*, wie es ansatzweise MacCormac tut.

6. Kreativspiele

Kreativspiele, im Sinne des spielerischen *„creare"*, des Kreierens, des kreativen Spielens und Etwas-Neues-*Schaffens* (nicht nur des *Erkennens*), sind eigentümlicher Weise nicht in Callois' berühmter Aufstellung der Spielarten (1958, dt. 1982) zu finden. Gerade das eigentlich Kreative, auch übrigens die Kreativspiele der Einbildungskraft à la Kant, ist hier nicht zu finden. Die Kreativspiele[43] müssten also mit einem anderen

---

[43] Sind etwa Wittgensteinsche *„Sprachspiele"* oder Spiele der Schematisierung, wie wir sie uns gleichsam in unseren Vorstellungen machen, also *Schemaspiele*, wie ich (1995) das in Verallgemeinerung der Wittgensteinschen Sprachspielkonzeption nenne, Kreativspiele? Oder repräsentieren sie wiederum eine weitere Form? Sie müssen ja nicht unbedingt kreativ, sondern können in der Regel äußerst konventionell sein. Wittgenstein sagt ja bekanntlich von seinem Ausdruck des „Spiels" (*Philosophische Untersuchungen*, § 71), dass dieser ein

Merkmal charakterisiert werden: „*creativitas*" ist allerdings kein klassischer Ausdruck im Lateinischen, sondern höchstens ein neuklassischer. „*Creans*", das Kreierende, könnte man anführen – und das ist natürlich zu unterscheiden von dem, was geschaffen ist, dem *creatum* (Whitehead).

Das Spiel generell ist offensichtlich ein sehr *umfassendes* Phänomen im menschlichen Leben. Häufig wird die Idee auch so verallgemeinert, dass das Spiel fast zum umfassendsten Phänomen überhaupt wird. Das gilt z. T. selbst für Naturwissenschaftler und technische Erfinder bzw. z.T. Entwickler. So haben etwa Manfred Eigen und Ruthild Winkler in ihrem Buch *Das Spiel* (1975, 17) geschrieben: „Das Spiel ist ein Naturphänomen, das von Anbeginn den Lauf der Welt gelenkt hat: die Gestaltung der Materie, ihre Organisation zu lebenden Strukturen wie auch das soziale Verhalten der Menschen" (i. O. kursiv). Eigen und Winkler meinen: „Zufall und Regel sind die Elemente des Spiels"; und es sei „nicht der Mensch, der das Spiel erfand", wohl aber war er es, der „das Spiel, nur das Spiel" betreibe, um zum „vollständigen Menschen" zu werden. (Hier zitieren sie Schiller.) Wenn man das Erste behauptet, dann ist natürlich der Spielbegriff schon sehr weitgehend *verallgemeinert* worden; es sind dann gar nicht zwei oder mehrere Spieler, die gegeneinander spielen, sondern es handelt sich um ein prozessuales regelmäßiges, ja, unter Umständen durchaus im ebenfalls erweiterten Sinne, kreatives Sich-Entwickeln von Elementen in einem strukturierten Gesamtprozess oder in einem komplexen Prozesszusammenhang. Und das geht natürlich weit über das Spielen im üblichen Sinne hinaus. Selbst Huizinga, der die berühmte Monographie *Homo ludens* (dt. 1956) geschrieben hat und die Kultur als Tochter, als Abkömmling des Spiels ansah, und das Spielerische als das Grundlegende, bezog das Spiel natürlich nicht auf Naturkreationen und auf die Prozesse der Selbstorganisation in der Natur. Eigen und Winkler (1975, 88) aber meinen, dass alle Gestaltbildung in der Natur, in der anorganischen wie auch in der lebenden, organischen Natur, im Grunde diesem Spielprinzip folgt, wobei „Gestalt" „auf Ordnung in Raum und Zeit" beruhe. Sie unterscheiden im Wesentlichen zwei Formen (ebd. 116, 89 ff., 110 ff.): nämlich erstens die konservative Form der Morphogenese oder das konservative energie- und kräfteerhaltende sowie durch Gleichheit der Kräfte und Nicht-Energieverbrauch nach außen charakterisierte Prinzip der Gestaltbildung – und zweitens, mit Prigogine, das dissipative Prinzip, bei dem immer Energie zugeführt werden muss, damit eine dynamische Ordnung entsteht. Diese Prinzipien sind unterschiedlich; doch insbesondere für lebendige Strukturen oder

---

sehr vager Ausdruck sei, der offene Begrenzungen, verschwommene Ränder hat. Man kann sehr „vieles" als „Spiel" bezeichnen – und es gibt keinen einheitlichen, durchgehenden Zug, meint Wittgenstein (ebd.). Um zuletzt anzuschließen an das, was im vorangehenden Kapitel diskutiert wurde: das Spiel an und mit den Grenzen des Chaos, der chaotischen Phänomene fehlt ebenfalls. Z. B. gerade auch angesichts der Diskussion darüber, ob fraktale Computergrafiken ästhetischen Wert haben, ob sie Kunst darstellen oder ob sich große Kunst fraktal- und chaostheoretisch (vollständig) erfassen lässt . „Chaosspiele" oder „Selbstorganisationsspiele" in diesem Sinne, Spiele an den Grenzen des Chaotischen, gehören vielleicht zu den Ordnungsspielen, sicherlich zählen sie aber nicht zum „Wettkampf", zu den „Zufallsspielen", zur *mimicry* oder zum Rauschhaften; also auch das Spielen am Rande des Chaos oder mit den Übergängen zum Chaos oder aus dem Chaos müsste man eigentlich noch als eine eigene Spielart anfügen.

für Kreatives im engeren Sinne stehen die dissipativen Formen der Gestaltbildung im Vordergrund. Hier gibt es eine Art von Abstammung, eine Art von Übersummenhaftigkeit und Übertragbarkeit („Transponierbarkeit") – das sind ja die Prinzipien der Gestaltpsychologen in Bezug auf Gestaltkriterien –, die eine entscheidende Rolle spielen und vermittelt werden durch einen Energiefluss bzw. Stoffwechsel, der überhaupt erst diese dynamischen, relativ stabilisierten Ordnungszustände, wie sie für das Lebendige charakteristisch sind, ermöglicht. Auch die dissipativen Strukturen, insbesondere am Lebendigen, „resultieren" – sagen Eigen und Winkler (ebd. 118) – „in Form räumlicher Muster – ähnlich wie stehende Wellen – aus der Überlagerung von Materietransport und synchronisierter, periodischer Umwandlung und sind als solche nicht in additiver Weise aus den Unterstrukturen zusammensetzbar"; sie sind „übersummenhaft", also nicht mehr linear. Gestaltbildung erfordert die „Kooperativität" der Entwicklung verschiedener Komponenten und ihrer „statistischen bzw. dynamischen Wechselwirkungen" und meistens, insbesondere natürlich im dissipativem Modell, auch autokatalytische Faktoren, die den Prozess in Gang halten, verstärken und in gewisser Weise überhaupt erst ermöglichen. Es gibt eine Reihe von weiteren strukturellen Gemeinsamkeiten mit der konservativen Gestaltbildung, etwa beim Anorganischen und eben beim Dissipativen, aber auch die *Unterschiede* werden hervorgehoben. Diese sind hier nur kurz zu nennen: In einem dissipativen Modell „entwickelt sich ein stationäres Muster, ohne dass die Materieteilchen reproduzierbar im Raum fixiert sind". „Die dissipative Form ist im Gegensatz zum konservativen Modell nicht allein durch die zwischen den materiellen Trägern wirksamen Wechselwirkungen bestimmt, sondern wird entscheidend von Randbedingungen, Begrenzungen des Systems beeinflusst", steht stets in Wechselwirkungen mit bzw. ist von anderen Umgebungssystemen abhängig usw. Dann das Entscheidende: eine ständige Zufuhr von Energie ist nötig, die die Energieverluste durch „die ständige Dissipation von Energie" ausgleicht, welche zur Aufrechterhaltung des Stoffwechsels des Systems, seines „Metabolismus", und auch der relativ stabilisierten Formen der Gestalten notwendig sind.– Zwar „verfügen" „konservative Strukturen ... über einen höheren Grad an 'absoluter' (das heißt von Nebenbedingungen unabhängiger) Stabilität, Reversibilität und Superponierbarkeit", also Überlagerbarkeit, aber „dissipative Muster können wegen ihrer Abhängigkeit von den Nebenbedingungen nicht unbeschränkt kombiniert bzw. einander überlagert werden" (ebd. 119). Mit anderen Worten: es ist also ein Muster, das geordnete, lebendige Strukturen in ihrer Entwicklungs- und Erhaltungsdynamik und in der relativen Stabilisierung ihrer Formen als eine Art von Spiel zu erfassen sucht, insbesondere auch im zeitlichen Ablauf, z. B. in der Generationen- und Artenbildung, deren Abwechslung und Veränderung usw. Es ist eine Art von natürlichem „Spiel" mit einfachen Grundelementen, die dann unter bestimmten Gesichtspunkten selektiert werden, im Darwinismus, aber nach Eigen auch schon auf der elementaren molekularen und prämolekularen Ebene. Symmetrie spielt dabei stets eine große Rolle; diese ist allerdings auch erst ein *nachträgliches* Produkt der Selektion und keineswegs von dieser vorausgesetzt. Das Gleiche gilt freilich (ebd. 151) für „*viele symmetrische Strukturen in der Biologie*", die „*ihren Vorteil effizienter zur Bildung zur Geltung bringen konnten*", weil sie sozusagen als symmetrische „*die Selektionskonkurrenz gewannen*" oder Symmetrie ausbildeten. Die Funktionalität ist also das Entscheidende und nicht die zu Grunde gelegte Symmetrie. Diese These gilt sicherlich nicht gleichermaßen für die rein physikalische Grundlage der Weltformierung. Bei den Elementarteilchen dürfte sich die Sachlage anders darstellen. Von Eigen und Winkler wird also eine Idee eingebracht, die das „Spiel" in einem sehr erweiterten Sinne als das Grundprinzip der Kreation von lebendigen Formen ansieht – fast in dem Goethischen Sinne: „geprägte Form, die lebend sich entwickelt": spielerische Kreationen als Produkte des Selektionsprinzips auf einer sehr verallgemeinerten Stufe.

Meines Erachtens muss man hier aber differenzierte Unterscheidungen vornehmen. Das Spiel zwischen unmittelbaren, bewussten menschlichen oder auch höheren tierischen Partnern ist etwas Anderes als dieses „Spiel" der Elemente in einem dissipativen, dynamischen System. Entsprechend steht es mit der Kreation als Selektion – und auch mit dem Begriff der Kreativität. Darauf komme ich noch zu sprechen. Beim Darwinismus, bei der Darwinschen Selektion handelt es sich ja um eine Reproduktion und bei den Arten, wie Darwin sagte, um *„descent with modification by natural selection"*, also um Abstammung mit Abänderung durch natürliche „Zuchtwahl" oder Auswahl, eben um Selektion im spezifisch naturbiologischen Sinne. Dabei tritt die Variation oder Modifikation jeweils zufällig ein – man kann wohl kaum wirklich sagen, dass sie vom Zufall „gesteuert" wird; und deswegen könnte man hier auch eher von *„Zufallsselektion"*, von *„random modification"* o. ä. sprechen. Dem gegenüber steht aber dann eine intentional-*produktive* strategische Kreation, die beispielsweise dem üblichen Begriff der „Kreativität" viel eher entspricht. Dabei findet nicht eine *„selection with random modification"* statt, sondern eine *„election with strategic modification"*, also eine Auswahl unter strategisch geplanten, intentionalen Variationen. Und diese Variantenerzeugung ist natürlich viel eher charakteristisch für die *künstlerische* Kreativität. Deswegen sollte man meiner Ansicht nach idealtypisch zwischen der *Zufallskreativität* im darwinistischen Sinne und einer *Designer-* oder *Designkreativität* unter diesen strategiegeleiteten Gesichtspunkten unterscheiden. Ich denke, es ist recht wichtig, die beiden Formen auseinander zu halten. Es handelt sich auch bei der Designerkreativität und den Kreativspielen mit Metaphern, und zwar bei sog. kreativen kreativen (MacCormac) oder reflektatorischen (Briggs-Peat) Metaphern, um *Kreataphern*. Man könnte sogar so weit gehen, dass man den Menschen selber als mit einem „kreataphorischen Bewusstsein" versehen ansieht, also den Menschen als das Wesen versteht, das fähig ist, Kreataphern zu schaffen: *das „kreataphorisierende" Wesen*. Das metainterpretierende Wesen ist das kreative, das *Kreataphern-Wesen*.

7. Kreatives Reflektieren

Auch philosophisches Re-flektieren ist stets auf neue Sichtweisen angewiesen, ist in diesem Sinne kreativ. Philosophieren ist nicht nur Widerspiegeln (im Sinne eines passiven Reflektierens), nicht nur Wiedergeben oder Abbilden von Vorgegebenem, sondern Philosophieren ist interpretierend, Perspektiven wandelnd aktiv, neue Sichtweisen und Grenz- wie Schichtenüberschreitungen schaffend. Wirkliches Philosophieren ist kreativ, kreatives schichten- und grenzenübersteigendes Interpretieren und begriffliches Entwerfen. *Philosophieren als transzendierendes Interpretieren sollte kreativ sein*. Philosophieren ist also in der Tat kreatives transzendierendes Interpretieren, Transinterpretieren und Metainterpretieren. Ähnlich wie in anderen kreativen Bereichen und bei anderen kreativen Wagnissen ist auch der Philosophierende auf kreative Entwürfe, auf kreative Aktivität und kreative Akte angewiesen. Wir sollten generell die Anregung von dem Metaphysiker und Whitehead-Schüler Paul Weiss aufnehmen und nach einem charakteristischen „einzigartigen" kreativen Impuls, der sich in jeglicher kreativen Aktivität verkörpert (Weiss 1992, 634) suchen – weit über die traditionell üblichen Bereiche des kreativen Schaffens (wie die Künste) hinaus. Der kreative Grundimpuls kann natürlich nur als Interpretationskonstrukt (Verf. 1993, 1995, 2000, 2000 a) erfasst und wohl nicht als ontologische Wirkentität an sich beschrieben werden. Es gilt, eine kreative Philosophie der Kreativität selbst zu entwickeln, die modernen methodologischen Gesichtspunkten Rechnung trägt, wie z. B. jenem von der konstruktiv-interpretatorischen Verfassung aller Erkenntnisse und Handlungsstrukturierungen, also aller „Erfassungen" (vgl. Verf. 1993, 1993a, 1995, 1995 a, 2000a).

Als Anregungs- und Ausgangspunkt kann man – wie z. T. auch in der Bionik (Nachtigall, Rechenberg) – die darwinistische Evolutionsmetapher aufnehmen und diese mit Schichtenüberschreitungen und symbolischen Metainterpretationen verbinden. Es gibt offensichtlich eine Strukturierungstendenz im Universum, wo sich Selbstorganisationsprozesse zu bestimmten Systemen mit emergenten Eigenschaften zusammenfinden, welche die Grundlage aller Struktur- und Formenbildungen sind, die auf Prozessen der Interaktionen und Entwicklungen sowie Zufallsbegegnungen und Einsprengseln beruhen. Insoweit kann Whiteheads Grundmuster – in darwinistischer Perspektive gesehen – durchaus aufrechterhalten werden, ohne dass hierfür bereits Kreativität in Anspruch genommen werden muss. Kreativität würde erst dann – so der terminologische Vorschlag – gegeben sein, wenn nicht nur eine gewisse zielgerichtete Aktivität von einem Kreator aufgenommen und durchgeführt, sondern wenn eben auch grundsätzlich Neues, eventuell nicht final Angestrebtes, im Sinne der prospektiven Exzellenzfaktoren und vor allem des Originalitätsprinzips Wirkendes (wie bei Weiss impliziert), involviert ist. Insofern ist Kreativität in der Tat eine Sache der *creative ventures* (kreativer Wagnisse). Es ist aber hinzuzufügen, dass es nicht nur um das Ausleben eines Kreativitätsimpulses, eines Schaffensdranges in Werken geht, sondern dass auch begriffliche Entwicklungen wie Theorien, neue Perspektiven, Ansätze und – last but not least – philosophische Entwürfe kreativ sein können. (Und dies gilt besonders auch für kreative Philosophen, die ständig weiterdenken, stets neue Probleme sehen und finden, als sie je lösen können, tiefere Fragen und Perspektiven eröffnen und zu höheren Interpretationsschichten bzw. Verallgemeinerungen aufsteigen.)

Der Mensch als das metainterpretierende, ständig symbolisch transzendierende Wesen ist *das kreative Wesen par excellence*. Menschliche Kreativität ist per se *semper creans*. Ausdrücke wie 'kreative Wagnisse' und 'kreative Aufstiege' zeigen dies. Kreativität ist gerade auch hier möglich und besonders wichtig im Überschreiten von Grenzen und Schichten der Perspektive. Das Kreative der Philosophie besteht im transzendierenden Metainterpretieren, wie oben vielfach betont wurde. Gerade das Schichtenüberschreiten ist nur durch Symbolisierung und Metaphernbildung bzw. -abwandlung möglich. Die ebenfalls behandelten Kreataphern als spannunngserhaltende, stets weiter anregende Metaphern sind Kreativitätszentren der kreativen Prozesse und Akte. Kreativität ist dabei nicht nur durch Neuigkeit, eventuell (aber nicht immer) Zielorientierung, (prospektives) Exzellieren und Originalität gekennzeichnet, sondern auch durch eine ständige exploratorische Aktivität des Dynamisch-Neugierigseins. Unter dieser generellen Deutung darf man natürlich die spezifische *Förderung* hoher Kreativität nicht vernachlässigen. Im Gegenteil: es gilt, gerade dem Kreativseinkönnen in unserer zu sehr von Institutionen und Vorschriften gegängelten und formierten Zeit eine Gasse zu bahnen, nein, Felder, Entwicklungsbereiche und Spielräume zu eröffnen und zu erhalten: *Homo semper interpretans, ludens, creans.*

Die *Kreativität ist im Prozess*, und sie wird notorisch dadurch getötet oder zumindest vermindert, dass Verfestigungen der entsprechenden Gestaltungen eintreten, die dann zu Fixierungen führen. Kreativität ist darauf angewiesen, ständig über alle Versteinerungen und Verstarrungen, über alle Fixierungen und Gestaltverfestigungen immer wieder hinauszudrängen. Das „Wie" und das „Weiter" scheint an ihr eigentlich auch das besonders Interessante zu sein. Dieses Weiterdrängen ist freilich etwas, was sowohl der Zufalls-Naturkreativität im darwinistischen Sinne als auch der künstlerischen Designerkreativität zukommt. Die „kreative" Entwicklung in der Natur im weiteren Sinne ist vielfältig, differenziert sich scheinbar bis ins Unendliche, ist jedenfalls „unglaublich". Entsprechendes gilt, so vermuten wir, für die Unerschöpfbarkeit bei der Kunstkreativität – zumal bei „großer Kunst". Es scheint ein oberstes Charakteristikum der Kreativität zu sein, dass sie immer über alle Verfestigungen und Fixierungen hinausdrängt. Das Kreative verlangt das ständige Kreieren, greift stets über sich – über den Status quo – hinweg. Das ist das Prinzip der kreativen Eigenaktivität: der ständige Drang zum weiteren Schöpferischsein, über alle Fixierungen hinaus. Das gilt für die Diversifizierung selektiver Art in der Natur, wenn man an die Evolution der Arten denkt, aber auch an die Ausgestaltung von Ökosystemen, an die Vielfalt und die exklusive Tendenz des Lebens, alle Öko-Nischen zu besetzen. Und das gilt ebenso für das Fortschreiten der durchaus strategisch ausprobierenden und unter dem Gesichtspunkt von Gewichtungen und Wertungen operierenden Kreativität in der Kunst oder in anderen kreativen Bereichen wie z. B. der Wissenschaft. Es ereignen sich Verzweigungen, chaostheoretisch gesprochen: „Bifurkationen" der Entwicklungsprozesse. Insofern hat die Kreativität durchaus einen solchen übergreifenden, wenigstens (aber insoweit auch lediglich) *strukturell* verständlichen Charakter. Und daher kann man durchaus im Sinne einer solchen Reflektapher, einer Metapher, die hin und her gelesen werden kann und die ständig Spannung aufbaut, von einem „kreativen Universum", von „kreativer Natur",[44] von „kreativen Prozessen" in der Natur sprechen, wie es Whitehead getan hat. Dabei muss man sich aber im Klaren sein, dass man den Ausdruck „Kreativität" hier in einem weiteren, unspezifischen Sinne benutzt – oder ihn eben bewusst als Metapher versteht, um Anregungen zu neuen Einsichten zu gewinnen. Ich denke, dass das zweite das fruchtbarere Verständnis ist – fruchtbarer für das Verständnis gerade der Kreativität.

---

[44] Wobei, wie Kanitscheider (1994, 16, vgl. 1993, 189 ff., 196 ff.) ausführt, es gerade „der kreative Aspekt des Chaos (ist), der die höheren Lebensformen der Natur betrifft" und diese Erweiterung des Kreativitätskonzepts rechtfertigt.

Wenn wir noch weitergehen und das hier in Bezug auf Kreativitätsperspektiven Gesagte auf das beziehen, was wir über das Schichtenaufsteigen bei kreativen Prozessen erarbeiteten (Verf. 2000 a), so können wir sagen, dass besonders *kreative* Reflektaphern darin bestehen, dass man Ähnlichkeiten und Unähnlichkeiten eben aus verschiedenen Perspektiven oder auf verschiedenen Ebenen und einander überformenden Schichten sieht. Wenn die Anregungen zu Neuentwicklungen gerade aus der Transposition auf andere Schichten oder in andere Perspektiven bestehen, dann handelt es sich um eine besonders kreativitätsanregende Reflektapher (Briggs-Peat 1993) oder „kreative Metapher" (MacCormac 1985, 1988). Ich hatte dafür ein neues Wort vorgeschlagen: „*Kreatapher*" (Verf. 2000 a, 280, 330). „Kreataphern" sind also perspektivenübergreifende, schichtenüberbrückende oder -überspringende spannungserzeugende und -erhaltende Metaphern, die anregungsreich zwischen Ähnlichkeiten (Homöotaphern, Syntaphern) und Unähnlichkeiten (Dia[ta]phern, Dissonanzen) spielen. Kreataphern konstituieren Kreativspiele – wie umgekehrt. Es ist also ein „kreataphierendes" Verfahren oder eine „kreataphorische" statt einer nur metaphorischen oder reflektaphorischen Aktivität, die hier zur Diskussion steht. Man könnte diese Fähigkeit, nicht nur Metaphern, sondern *kreative* Reflektaphern, also Kreataphern, zu schaffen, als eine besonders herausragende Eigenschaft des metainterpretierenden Wesens verstehen. Mit anderen Worten: das oben erarbeitete metainterpretatorische Moment ist es, das die besonderen Fähigkeiten des Menschen zur Repräsentation und schöpferischen Gestaltung kennzeichnet – im Gegensatz zur bloßen Symbolverwendung oder bloßen Deutung im Sinne einer bereits eingenommenen Perspektive. Es handelt sich also um die Fähigkeit, über einzelne Perspektiven hinauszusteigen – zu höheren Perspektiven, abstrakteren Interpretationsschichten-, auch um die Fähigkeit, den Gesichtspunkt auf derselben Ebene zu wechseln. Das alles lässt sich im Zusammenhang sehen mit dieser Fähigkeit, Kreataphern zu bilden und zu anderen symbolischen, reflektatorischen Beziehungen und Schichten überzugehen.

Kreativität ist zudem symbolische Eigenaktivität. Eine solche Philosophie des Kreativseins wäre zugleich eine Philosophie der erweiterten und durchaus auch als Reflektapher zu verwendenden „Eigenaktivität" aller möglichen Aktivitätszentren, seien es natürliche, seien es menschliche oder subjektive, seien es soziale, künstlich zustande gebrachte. Im Grunde ist eine Philosophie des Kreativseins oder der Kreataphern etwas, was ich schon seit zwei Jahrzehnten betreibe, zwar unter ganz anderen Gesichtspunkten, unter einem ganz anderen Terminus, nämlich unter dem Gesichtspunkt der Eigenaktivität, der „Eigenhandlung", der „Eigenleistung" (1989). Dies alles lässt sich einbetten in eine solche Philosophie der Kreativität. Kreativität ist das ständige Weiterschaffen, das Sich-selbst-Überholen der Kreataphern, die Fähigkeit und der Antrieb, über das ständige Risiko des Absterbens der Lebendigkeit von Metaphern und Reflektaphern hinauszugehen, indem man Kreativspiele mit diesen weiterspielt, variiert, kombiniert: *Semper creans, semper creativus – homo multicreans, metacreans*.

Ein früher christlicher Theologe, Gregor von Nazianz, hat einmal gesagt – wie ähnlich schon Heraklit -: „Der Logos" (er meint den göttlichen, erhabenen Logos), „er spielt. Mit buntesten Bildern schmückt er, wie 's ihm gefällt, auf jegliche Weise den Kosmos" (zit. n. GEO-Wissen 1990, 69). Dieses „Spielen" kann man ersetzen durch das

„Kreativspiel", indem man sagt: Der Logos kreativiert. Oder: der Mensch „kreataphorisiert" – d. h., er „reflektaphorisiert" bewusst, symbolisch, schichtenübergreifend und metaperspektivisch.

Liebe zur Kreativität und zur Kreataphernschaffung – das wäre vielleicht ein Wort, welches das zu statisch geratene Platonische Bekenntnis zur Ideenschau in der Philosophie ersetzen könnte. Der Philosoph wäre dann derjenige, der die Kreataphern begeistert analysiert, sich mit ihnen ständig befasst, neue schafft, also die Disziplin der Analyse oder die Wissenschaft der Kreataphernverwendung sowie die quasidichterische „Kunst" der Kreataphernbildung betreibt. (Die letzte Tätigkeit teilt er mit dem Dichter: Was kre(ativ)iert wird, stiften die Dichter ...) Der Philosoph bleibt insofern Metakreataphoriker, und zwar sowohl in Bezug auf kreative Prozesse in der Natur, in der Welt, im Kosmos wie auch hinsichtlich solcher Phänomene in der menschlichen, der symbolischen Welt, in der Kunst, in der Kultur, als er auf höheren theoretischen und sprachlichen Metastufen des „Erfassens" kreiert und argumentiert. Die Philosophie kann jedenfalls die Prozesse der Kreativität nicht länger vernachlässigen, wie sie es allzu lange traditionell getan hatte. Und sie hat auch keinerlei Veranlassung dazu, angesichts der Problematik, die entsteht, wenn man versucht, gewisse übergreifende formale Strukturen, Muster sowohl beim Zustandekommen der Naturprozesse als auch bei sozialen und kulturellen Gestaltungen sowie geschichtlichen Prozessen zu verstehen.

IV. Eigenleistung und Eigeninitiative

Zur Leistungsmotivation und Eigenhandlung

1. Einstimmung

"Encore quatre minutes!" Das Megaphon schallt über den See. Von den Kraterwänden hallt es dumpf zurück. Der olympische Endlauf steht bevor. Die Achter formieren sich an den Nachen. Flaues Gefühl im Magen: Zusammenreißen, jetzt oder nie „Partez!" Der Startruf durchschneidet die Stille, entfesselt ein hohes Getöse schriller Steuermannschreie, Knallen der Rollsitze, klatschender Startspritzer. Das große, das letzte Rennen ist unterwegs. Die Erinnerung greift zurück: Vier Jahre hat man sich diesem Ziel verschrieben – kaum Zeit für etwas anderes außer täglichem Training, Regattareisen, Rennzeiten, Trainingspensum, Bootstrimming, Formschwankungen, Ernährung, Taktik, Strategie. Vier Jahre lang war das Rudern fast 'die wichtigste Sache der Welt'. Der sportliche Mythos faszinierte die Motivation. Mitmachen, Dabeisein, Handeln – dies erschien das Abenteuer des aktiven Lebens. Ein Gemeinschaftswerk von Mannschaft und Trainer entstand, Höhepunkt und Erfüllung eines „mythischen" Traums. „Der Achter das ist die Mannschaft an sich" (Hagelstange). Tausend Meter. Hart bleiben. Zehn scharfe Schläge erwidern den Zwischenspurt. Dreiviertel Länge. Und noch 500 Meter, die letzten des letzten Rennens. Muskeln und Sehnen schmerzen im Zug, treten gegen wachsenden Widerstand. Luft, Keuchen, Arme, Beine, klobige Hindernisse. Blick aus dem Boot. Vancouver, der Gegner bleibt zurück. Eine Länge. Endspurt. „Noch 15!" Der Bootskörper springt noch einmal an. Alles in diesen Schlag und wieder in diesen. Schwärze, Brausen, rauchige Kehle. Die Schwere scheint schier unerträglich. 14, 15 – durch Fallen, Sinken, Luft, Dunkel, Lichtpunkte – Erschlaffen. „In Bewegung bleiben", allmähliches Weiterpaddeln, Schnappen, Keuchen. Dann taucht die Umwelt auf, die braunen Boote, die bunten Trikots, die brausende Tribüne. Das letzte, das größte Rennen. Soweit die Erinnerung an den olympischen Achterendlauf vor nunmehr über 40 Jahren, an eine persönliche Erfahrung. Ist das Leben ein Rennen, ein Leistungsspiel? Nicht ein Traum wie im Theater Calderons? Ein Traum war erfüllt. War ein Mythos Wirklichkeit geworden? „Die Struktur der Leistung ist auf allen Gebieten gleich" meinte unser unvergessener Trainer Karl Adam.

Was ist der Sinn solcher vordergründig scheinbar sinnloser Leistungen, die weder Brot noch Rente bringen? Warum fasziniert sie uns und andere so sehr? Der Mensch lebt nicht vom Brot allein – könnte man antworten. Und das ist – oberflächlich gesprochen – schon eine Teilantwort. Der Mensch ist das Wesen, dem das anscheinend Überflüssige zu einer Art Notwendigkeit wird, zur Kultur – meinte der spanische Lebensphilosoph Ortega y Gasset, ein viel umstrittener aristokratischer Feingeist, der übrigens auch eine provokative Philosophie des Sports entwickelt hat. Die Kultur sei die Tochter des Sports[45] und des freien überquellenden Spiels, glaubte er, nicht der Arbeit, wie man

---

[45] Ortega dehnte den Begriff des Sports auch viel zu weit aus. Alle Anstrengung um ihrer selbst willen oder aus Kraftüberschuss sei Sport – alle Kunst, alle Kultur würde zum Sport („Zerstreuung" ist ja eine sprachliche Wurzel des Begriffs). Das Leben selbst ist für ihn „meta-physische", über das Körperliche hinausgehende Anstrengung um ihrer selbst willen, Energieverströmung – also im letzten Grunde Sport. Ortega spricht vom sportlich-festlichen Sinne des Lebens. Aber: das Leben selber ist nicht Sport.

sonst immer deutete. Alles für die Kultur Wertvolle sei aus dem Überfluss der Lebensfreude, dem Kraftüberschuss, der Verschwendung nicht notwendiger Energie entstanden. Wir sind heute weit von solch einer Lebensphilosophie entfernt. Man kann wohl nicht alles Dürre, Zweckhafte, Mechanische pauschal mit der Arbeit gleichsetzen und im Kontrast dazu alles Lebendige, Interessante, Wertvolle, Kulturelle mit Sport und Spiel. War es nicht Beethoven, der im Kunstschaffen 5% Inspiration und 95% Transpiration sah? Sport ist vitales Leben, besteht aus Handlungen, Leistungen, die ein Mensch selbst zu vollbringen hat, die – außer durch Doping – nicht erschlichen, vorgetäuscht und letztlich nicht delegiert oder bloß (durch Erlasse etwa) organisiert werden können: also aus freiwillig erstrebten und erbrachten und als wertvoll beurteilten Eigenhandlungen und Eigenleistungen. Diese sind übrigens auch nicht zu kommandieren: Zum Marschieren kann man jemand zwingen, nicht zum Rekord im Marathonlauf. Sport ist ein exemplarischer Bereich für freiwillig erbrachte Eigenleistung, für persönliche, selbstmotivierte eigene Handlung, die unter Beurteilungsmaßstäben steht, als besser oder schlechter, als hervorragend oder misslungen gewertet wird – vom Handelnden selbst wie von anderen. Die sportliche Leistung kann im Idealfall, als Prototyp, als Vorbild der Eigenleistung gelten. Eigenleistungen können einzeln oder in Gruppen vollbracht oder versucht werden. Daher das Eingangsbeispiel des olympischen Achterfinales. Das Phänomen der Eigenleistung ist natürlich viel allgemeiner. Mit seiner für die Selbstdeutung des Menschen wichtigen Rolle, mit ihrer anthropologischen und sozialen Bedeutung möchte ich mich im folgenden näher befassen.

2. Über Leistungsmotive und Leistungsmotivation

Was treibt einen Sportler beim Rennen an, sich besonders anzustrengen? Warum strengt sich der besonders erfolgreiche Athlet bei einem Kreissportfest weniger an als im olympischen Endlauf? Warum nimmt der eine Schüler den Klassenaufsatz wesentlich ernster als ein anderer? Was beeinflusst die Leistungsbereitschaft, das Leistungsstreben, die Anstrengungsbereitschaft am wesentlichsten? Wie wirken sich Erfolg und Misserfolg auf die spätere Leistungsbereitschaft bei der gleichen Aufgabe aus? Gibt es Auswirkungen auf andersartige Handlungen? Alle diese Fragen spielen im Blickpunkt der Leistungsmotivationsforschung eine große Rolle. Sie sind schrittweise in der Entwicklung der Theorie immer genauer berücksichtigt worden. Motive wurden immer als Sammelbegriffe für Antriebe, Neigungen, Strebungen, Beweggründe, Bedürfnisse, Willensregungen oder „milde Zwanghaftigkeit", „überwertige Ideen" verstanden, die das Handeln ausrichten, leiten. Sie sind von der Situation in gewisser Weise abhängig, unterscheiden sich aber von Person zu Person und können durch verschiedenartige Auslöser wirksam werden. Motive sind also relativ dauerhafte kennzeichnende Neigungen einer Person, das Handeln immer wieder ähnlich auf das Motivziel hin auszurichten.

Von den Motiven, die einer Person recht zeitüberdauernd zukommen, wird die Motivation unterschieden. Motivation ist sozusagen das in und vor der wirklichen Handlung wirksam werdende Motiv. Sie „wird als ein Prozess gedacht, der zwischen verschiedenen Handlungsmöglichkeiten auswählt, das Handeln steuert" und auf bestimmte „Zielzustände richtet und auf dem Wege dahin in Gang hält". Motivation erklärt die Zielge-

2. Über Leistungsmotive und Leistungsmotivation

richtetheit des Handelns (Heckhausen 1980). Das *Motiv* ist also recht *konstant* für eine Person, die *Motivation veränderlich* je nach Situation, Handlungsart und -bewertung. Motiv bleibt, die Motivation wechselt, zeigt aber dennoch typische Verläufe. Beides sind wissenschaftliche Begriffe. Sie sind konstruiert, um das Handeln zu erklären.

Leistungshandeln ist immer durch die Orientierung an einem Tüchtigkeitsmaßstab gekennzeichnet. Dies gilt für das Leistungsmotiv wie für die Leistungsmotivation. Das *Leistungsmotiv* ist das für eine Person recht dauerhafte Bedürfnis (Motiv), sich hohe Ziele zu stecken und diese zu erreichen, sich selber anzuspornen, seine bisherigen Leistungen zu übertreffen. Kennzeichnend ist, dass die Handlungen auf einen Tüchtigkeitsmaßstab (Gütemaßstab oder Anstrengungsmaßstab) bezogen sind. Neben diesem spielen größere oder geringere Fähigkeiten sowie höhere oder niedrigere Ansprüche gegenüber sich selbst beim Wirksamwerden der Leistungsmotivation, also bei der als wirkend gedachten Leistungsbereitschaft, eine Rolle. Auch Züge der Situation, Selbstdeutungen, Bewertungen des eigenen Erfolgs oder Misserfolgs spielen deutlich mit. *Leistungsmotivation* kann also zusammenfassend als die Neigung beschrieben werden, nach einem bestimmten Ziel zu streben, wenn das Leistungsmotiv entscheidend mitwirkt. Eng hängt mit dem Leistungsmotiv das Geltungsmotiv zusammen: das Bestreben, die Wertschätzung oder die Geltung des eigenen Ich vor sich und anderen zu bestätigen oder zu erhöhen. Die Motive des Leistungshandelns gliedern sich auch in Teilbestrebungen – nämlich das Bedürfnis, Misserfolge zu vermeiden (*Misserfolgsmeidungsmotiv*), und die „Hoffnung auf Erfolg" (Heckhausen), das *Leistungsmotiv* im engeren Sinne.[46]

Der wichtigste Grundsatz (nach Atkinson und McClelland) lautet: *Die wirksame Leistungsmotivation hängt vom Leistungsmotiv ab, aber auch von der Wahrscheinlichkeit, mit der die Erreichung des Zieles erwartet wird, und von der Wertschätzung dieser Zielerreichung.* Erfolgswahrscheinlichkeit und Erfolgsattraktivität bestimmen zusammen mit dem Leistungsmotiv die Stärke der Leistungsmotivation. Multipliziert man die Erfolgswahrscheinlichkeit und den Wert des Erfolgs mit dem des Leistungsmotivs, erhält man den Wert der handlungsanregenden Leistungsbereitschaft (Leistungsmotivation). Ganz entsprechend wächst nach diesem Ansatz *die Neigung, mit Misserfolge zu vermeiden, mit der Stärke des Misserfolgsmeidungsmotivs sowie mit der Misserfolgswahrscheinlichkeit und dem Abschreckungswert des Misserfolgs*. Dies ist der zweite Grundsatz der ersten, sehr einfachen Leistungsmotivationstheorie (nach Atkinson). Je größer die Wahrscheinlichkeit des Erfolgs, desto kleiner die eines Misserfolgs. Man nahm außerdem an, dass der Abschreckungswert seiner Stärke nach der Erfolgswahr-

---

[46] Entscheidend für die Entwicklung der Leistungsmotivationstheorien (nach Atkinson und McClelland) war, dass man das Leistungsmotiv und das Misserfolgsmeidungsmotiv recht gut durch psychologische Verfahren (sogenannte projektive Tests – besonders den Thematischen Apperzeptions-Test (TAT) messen kann: Erfundene Geschichten (meist nach Bildvorlagen) gestatten, die Häufigkeit der Hinweise auf Leistungserlebnisse, auf Erfolg und Misserfolg festzustellen und auszuwerten. Auch verwendet man Vorlagen und ein entsprechendes Frage-Antwort-Gitter (Leistungsmotivgitter nach Schmalt). Der wichtigste Unterschied für die Theorie ist der zwischen *hoch Leistungsmotivierten* und *Misserfolgsmeidungsmotivierten* (eher „Ängstlichen"). Dieser Unterschied liegt den meisten Voraussagen der Theorie zugrunde. Die in einer Handlungssituation wirksame Leistungsmotivation wurde nicht unmittelbar gemessen, sondern aus Grundannahmen der Theorie berechnet.

scheinlichkeit entspricht, jedoch mit umgekehrten Vorzeichen: Bei besonders leichten Aufgaben ist die Scheu vor Misserfolgen und Blamagen größer! Jeder unterliegt *beiden* Motiven, dem Leistungsmotiv und dem Misserfolgsmeidungsmotiv – freilich unterschiedlich stark.

Der beide Motive zusammenfassende *Hauptsatz* der Leistungsmotivationstheorie besagt, dass die *Gesamtneigung, eine Aufgabe auszuführen, sich als Differenz aus der Leistungsmotivation und der Misserfolgsmeidungsmotivation zusammensetzt* – sowie aus andersartigen (sogenannten „externen") Motivationen. Berücksichtigt man dies und die zuvor angegebenen Annahmen, so ergibt sich: Die Gesamtneigung zu einer Leistungshandlung ist außer von den erwähnten andersartigen Motivationen abhängig von der Differenz zwischen „Hoffnung auf Erfolg" und „Furcht vor Misserfolg" (also von der personspezifischen „Nettohoffnung" nach Heckhausen) sowie von der Erfolgswahrscheinlichkeit.[47]

Nimmt man an, dass Erfolg die Erwartung weiterer Erfolge begünstigt, Misserfolg diese erniedrigt, so kann Misserfolg bei leichten wie Erfolg bei schweren Aufgaben hoch Leistungsmotivierte weiter motivieren. Erfolg bei leichten Aufgaben entmotiviert diese eher, während er eher Ängstliche motiviert. Misserfolg bei schweren Aufgaben entmotiviert Misserfolgsmeidungsmotivierte. Dies alles ist recht plausibel: Leichte Erfolge werden für hoch Leistungsmotivierte und besonders für Höchstleistungsmotivierte uninteressant. Für den Olympiasieger ist es wie gesagt nicht sehr attraktiv, bei einem Kreissportfest zu starten. Dementsprechend ist seine Leistung meist auch dort recht schwach. – Leichte Erfolge machen hingegen den Ängstlichen selbstbewusster: Der Ängstliche wagt sich nach erfolgreichen tastenden Schritten weiter vor. Aus dieser ersten Theorie leiten sich einfache Folgerungen ab, die sich zum guten Teil bestätigen ließen: Unter sonst gleichen Umständen (gleiche Erfolgswahrscheinlichkeit und -attraktivität) entscheidet die *Stärke des Leistungsmotivs über die Höhe der Leistungsmotivation* (entsprechend bei Misserfolgsmeidungsmotiv). Die höhere *Nettobilanz* zwischen Leistungs- und Misserfolgsmeidungsmotiv entscheidet entsprechend über die *Gesamtmotivation* zu einer Handlung (bei sonst gleichen Umständen und Abscheu von anderen Motiven).

---

[47] Der Zusammenhang stellt sich in einer „umgekehrten U-Kurve" dar: Bei mittlerer Erfolgswahrscheinlichkeit, wenn die Aufgabe nicht zu schwer und nicht zu leicht ist, ist die Leistungsmotivation bei vorwiegend Leistungsmotivierten am größten. Bei einfachen Geschicklichkeitsaufgaben, in denen man z. B. die Schwierigkeit der Aufgabe selbst wählen konnte, ergibt sich für Leistungsmotivierte eine Bevorzugung der mittleren Schwierigkeit: In Ringwurfspielen etwa werden mittlere Entfernungen zu den Zielen bevorzugt ausgewählt – nicht zu schwere Aufgaben (die zu selten Erfolg verheißen) aber auch nicht zu leichte Aufgaben (die einen sehr geringen Befriedigungswert haben). Gerade umgekehrt verläuft das Geschehen nach einer entsprechenden U-Kurve bei eher Ängstlichen: Die Misserfogsmeidungsmotivation ist bei Unsicherheit am größten; unsichere Aufgaben werden gemieden. Zusammen überlagern sich die Kurven: Die Gesamtneigung beider Verläufe ist sehr unterschiedlich, je nachdem, ob jemand vorwiegend erfolgsmotiviert (positive Nettohoffnung: Das Leistungsmotiv überwiegt das Misserfolgsmeidungsmotiv) oder eher ängstlich (negative Nettohoffnung) ist.

2. Über Leistungsmotive und Leistungsmotivation

Aufgaben unsicheren Ausgangs werden von Leistungsmotivierten bevorzugt, von eher Ängstlichen gemieden.[48] Der Anreiz hochgeschätzter Erfolge ist für Leistungsmotivierte größer als der geringerer Erfolge und stärker als für eher Ängstliche. Ein hochleistungsmotivierter Sportler strebt eher danach, in einer Nationalmannschaft zu kommen, als sich – Fähigkeit vorausgesetzt – mit einer Kreisauswahl zu begnügen. Und er tut dies eher als ein eher Ängstlicher. Die *Freude am Erfolg* ist bei höher Leistungsmotivierten größer – besonders in einer einheitlichen Gruppe von Leistungsmotivierten (die soziale Wertschätzung der Leistung stärkt den Anreizwert). *Leistungsmotivierte strengen sich* in einer leistungsbetonten Situation (Wettkampf) *stärker an* als in entspannter Atmosphäre und mehr als wenig Leistungsmotivierte. Durchschnittlich leisten sie in leistungsbetonten Situationen mehr als in entspannten. Höher Leistungsmotivierte sind – besonders bei Misserfolgen – anstrengungsfreudiger. Sie überschätzen sich gelegentlich ("Aufbauschung des Anspruchsniveaus"). Misserfolge motivieren höher Leistungsmotivierte besonders. *Gewöhnung* an Erfolg *wirkt langweilig*. Die Leistungsmotivierten setzen dann ihre Ansprüche höher (wie bereits die Anspruchsniveauforschung in den dreißiger Jahren ermittelte (Hoppe, Lewin)). Umgekehrt neigt man bei andauerndem Misserfolg, das Anspruchsniveau herunterzusetzen, „kleinere Brötchen zu backen".

Allgemein verlaufen – wie erwähnt – die Vorgänge bei Personen, die in erster Linie Misserfolge zu vermeiden suchen, umgekehrt. Erfolg, zumal motiviert, Misserfolge demotivieren vorwiegend Misserfolgsmeidungsmotivierte. Das entsprechend jeweils spiegelbildlich umgepolte Motivationsgeschehen gilt besonders für den Übergang zu anderen Aufgaben: Höher *Leistungsmotivierte* weisen bei Misserfolgen in leichten Aufgaben die *größere Beharrungstendenz*[49] auf.

Von wenigen Ausnahmen abgesehen – wie etwa im erwähnten paradoxen Fall –, konnte diese frühere Theorie der Leistungsmotivation recht befriedigend viele Abläufe des Leistungshandelns wiedergeben, insofern Wahlen der Aufgaben nach Schwierigkeiten betroffen sind. (Deswegen wird diese Theorie auch „das Risikowahlmodell" genannt). Als Vergleichstheorie des „Mehr oder Weniger" (hoch gegenüber niedrig Leistungsmotivierten) ist die Theorie recht brauchbar[50].

---

[48] Dies zeigte sich auch bei der ersten amerikanischen Mount-Everest-Mannschaft: Hochleistungsmotivierte neigten dazu, leichte (langweilige) Aufgaben zu meiden; sie wollten aber auch nicht das Unmögliche erreichen. Zudem ergab sich ein „Schub zum Risiko", zu risikoreicheren Entscheidungen der Gruppe, als sie die einzelnen Mitglieder getroffen hätte.

[49] Paradoxerweise kleben die eher Ängstlichen manchmal trotz Misserfolgen länger an schweren Aufgaben – vielleicht weil andere Aufgaben und der Übergang zu jenen ihnen noch drohender bevorstehen. Das Motiv, Misserfolge zu vermeiden, ist allerdings in sich noch aufzugliedern. Man konnte es z. B. auflösen in zwei weitgehend voneinander unabhängige Misserfolgsängstlichkeiten – nämlich die aufgrund eines mangelnden Selbstvertrauens in die eigene Fähigkeit und jene aufgrund der Furcht vor sozialen Folgen (Schmalt).

[50] Die Theorie geriet jedoch auch an Grenzen: Hoch Leistungsmotivierte setzen ihre Ansprüche höher, wählen nicht nur Aufgaben mittlerer Schwierigkeit (unsichere Erfolgserwartung), sondern sie neigen eher dazu, sich *schwerere* Ziele und Aufgaben zu setzen, als es dem Mittelwert (50 % Erfolgswahrscheinlichkeiten) der Theorie entspricht. Außerdem waren die Selbstdeutung des Handelnden, sein Wissen über die Motive und die Rückwirkung von Erfolg oder Misserfolg auf die nachfolgende Selbstdeutung und Leistungsbereitschaft noch nicht in der Theorie berücksichtigt worden. Der größten Wirksamkeit der Handlungs-

Weitere Entwicklungen der Theorie versuchten, die Rolle der Selbstdeutung, der Rückwirkung und der Zukunftsgerichtetheit wie den Wunsch nach richtiger Information über die eigene Begabung einzubeziehen. Besonders die Theorie der *Ursachen-Selbstzuschreibung (Kausalattribuierung* nach Weiner) führte die Selbstdeutung, die eigene Verarbeitung des Leistungsergebnisses durch den Handelnden selbst, als einen motivbestimmenden Faktor ein. Die Selbstdeutungen beeinflussen natürlich die gefühlsmäßige Verarbeitung und die Erfolgserwartung in bezug auf künftige und ähnliche Aufgaben. Insbesondere werden für Erfolg oder Misserfolg entweder äußere Umstände wie Glück, Pech, Schwierigkeit der Aufgabe oder innere Faktoren wie Fähigkeit oder Anstrengung verantwortlich gemacht. Der Handelnde neigt dazu, sich seinen Erfolg oder Misserfolg vorwiegend bestimmten unter diesen Faktoren zuzuschreiben. Entsprechend gestaltet sich seine Leistungsbereitschaft in der Zukunft. Hoch Leistungsmotivierte und eher Ängstliche unterscheiden sich wiederum charakteristisch nach dieser Art der Zuschreibung. Hoch Leistungsmotivierte schreiben ihren Erfolg vorrangig ihrer hohen Fähigkeit und besonderen Anstrengung zu, also inneren Faktoren. Eher Ängstliche schreiben ihren Erfolg häufig äußeren Umständen wie dem Glück, dem Zufall oder der Leichtigkeit der Aufgabe zu. Eigene Misserfolge führen sie vorrangig auf persönliches Versagen oder den Mangel an Fähigkeiten zurück. Manche dieser Faktoren – wie Begabung oder Aufgabenschwierigkeit – sind nicht subjektiv zu verändern, andere – Anstrengung oder Glücksumstände – sind variabel. Erfolgsmotivierte neigen beispielsweise dazu, Misserfolge der mangelnden Anstrengung zuzuordnen – und erhöhen dementsprechend die Anstrengung. Schreibt ein Ängstlicher den Misserfolg seiner mangelnden Begabung zu, so motiviert ihn das nicht stärker, denn die eigene Begabung ist für ihn nicht zu verändern. Innere Zuschreibungen wirken besonders auf die Gefühle: Habe ich mich bei einer wichtigen Aufgabe nicht genug angestrengt, so fühle ich Scham; ein Erfolg bei einer sehr anstrengenden Aufgabe erfüllt mich mit Stolz. Zuschreibungen zu stabilen, unveränderlichen Faktoren führen oft zu typischen Einstellungsänderungen: Der Ängstliche, der einen Misserfolg seiner mangelnden Begabung zuschreibt, wird Erwartungen und Ansprüche herunterschrauben. Für die persönliche Verarbeitung von Leistungserfolgen und -misserfolgen ergibt sich ein einfaches Vierfelderschema:

ausführung entspricht auch nicht die größte, sondern eine *optimale* Motivationsstärke, die hinter dem Höchstwert zurückbleibt und desto niedriger ist, je schwieriger und verwickelter die Anforderungen sind. Psychologen kennen die Leistungsbeeinträchtigung durch „Untermotivation" und „Übermotivation". Ein besonders übermotivierter, leistungsstarker Olympiaruderer konnte z. B. nur mit einer vorgeblichen Beruhigungstablette, die in Wirklichkeit bloß Traubenzucker war, zu einem Rennen starten. Er gewann mit dem Placebo später eine Goldmedaille. Im Unterschied zu solchen zu Verkrampfung neigenden Überleistern gibt es natürlich auch Unterleister, die nur in stark anregenden Leistungssituationen optimale Leistungswirksamkeit entfalten, unter Alltagsbedingungen aber weder besonders ausdauernd noch wirksam arbeiten/leisten.

Attribuierungen (Selbstzuschreibungen) von Leistung(sursach)en

		Personabhängigkeit der Zuschreibung	
		innerlich	äußerlich
zeitliche Veränderlichkeit:	unveränderlich	Begabung	Aufgabenschwierigkeit
	veränderlich	Anstrengung	Zufall

Für das Thema „Eigenleistung, Eigenhandeln" ist natürlich die Theorie der Ursachen-Selbstzuschreibung außerordentlich wichtig. Eigenhandeln ist wesentlich abhängig von der Selbstdeutung, von „wahrgenommenen" ebenso wie oder manchmal sogar eher als von „tatsächlichen" Ursachen (Weiner). Zur Eigenleistung, Eigenhandlung gehört die Eigendeutung. Dies gilt besonders für zeitlich länger andauernde Handlungsbereitschaften, für die Entwicklungsdynamik der Motivation. Die Selbstdeutung hängt von der eigenen Verarbeitung der Erfolgs- bzw. Misserfolgserlebnisse ab und beeinflusst wiederum die Erwartung von Erfolg bzw. Misserfolg und somit die Eigenleistungsbereitschaft. Es handelt sich um eine durchaus verwickelte Dynamik des Motivationsgeschehens, das hier nicht weiter behandelt werden kann (vgl. Weiner, Heckhausen 1980).

Heckhausen hat (1980, 1981) das Leistungsmotiv auch noch als ein Selbstbewertungssystem aufgefasst. Der Handelnde vergleicht sein Leistungsergebnis mit einem Standard, schreibt sich im Verhältnis zu diesem das Ergebnis selbstbewertend zu, erzeugt sozusagen „Zufriedenheit oder Unzufriedenheit mit sich selbst oder ... Stolz auf sich selbst oder Beschämung und Ärger über sich selbst". Er bekräftigt dadurch wiederum das Motiv im Sinne der positiven Selbstbewertung. Erfolgsmotivierte scheinen ihre Selbstbewertung in erster Linie aus Erfolgen zu gewinnen, da sie Erfolge mehr der eigenen Fähigkeit und Misserfolge eher „noch unzureichender Anstrengung" oder äußeren Ursachen zuschreiben. Sie bestätigen „durch ihre voreingenommene ... Selbstbewertung ihr bestehendes Motivsystem: d. h. ein System, in dem ... dem Erfolgsanreiz ... ein maßgebenderes Gewicht zukommt". Vorweggenommene Selbstbewertungen beeinflussen nach diesem Ansatz die Leistungsmotivation. Auf die Dauer entwickelt, wandelt und stabilisiert bzw. bestärkt oder gar verstärkt sich das Leistungsmotiv in der vergleichenden Selbstbewertung sozusagen eigenwirkend. Es kann tendenziell als selbstverstärkend gelten. Man schreibt sich selber das Ergebnis ursächlich zu und verstärkt dadurch das Motiv. Das Motiv ist ein dynamisches, sich selbst bekräftigendes und stabilisierendes System. Die „Selbstbewertung" ist hiernach „eine Kernkomponente des Motivsystems ..., die zu dessen Stabilität über Zeit beiträgt". Das Motivsystem erhält sich sozusagen selbst am Leben, zeugt und pflanzt sich selbst fort. Vorweggenommene Selbstbewertungen späterer Ergebnisse gehen als Verstärker in das Motivsystem selbst ein. das Prinzip Eigenleistung hat sozusagen selbstmotivierende Kraft.

3. Leistungsarten – Leistungsprinzipien

Von der gesellschaftlichen und ökonomischen Leistung ist die individuelle „Leistung" als produktive oder kontrollierende persönlich erbrachte, als nützlich oder beachtlich bewertete Handlung bzw. als das entsprechende Handlungsergebnis zu unterscheiden, das als Bemessungsgrundlage sozialer Chancenzuteilung und Entlohnung gilt. Leistung ist abhängig von Bewertung und Deutung, setzt – wie erwähnt – Tüchtigkeits-, Güte- und Schwierigkeitsmaßstäbe voraus sowie bestimmte förderliche individuelle und soziale Bedingungen (zum Beispiel ein individualistisches, Selbstverantwortlichkeit betonendes aktivistisches Lebensgrundgefühl und liberale Gesellschaftsstrukturen).

Leistung kann unter verschiedenen *Aspekten* beurteilt werden: etwa unter dem Ertrags-, Anstrengungs-, Aufwands-, Wettbewerbs-, Fähigkeits-, Konkurrenz-, Talent-, Kontroll-, Störungsfreiheits-, Sicherheitsaspekt. Leistungserfüllung kann sich als Markterfolg, Produktivität (Output:Input), Outputerhöhung, Inputminimierung, Pflicht- und Aufgabenerfüllung, individuelle Anstrengung, Überbietung anderer und als Ausschöpfung von Fähigkeiten (nach Talent und/oder Qualifikation) und Ressourcen darstellen. Ein durchgehend anwendbarer einheitlicher Maßstab der Leistungsbemessung lässt sich nicht erkennen, wie die im Diagramm (s. S. 176) aufgeführten Profile von leistungsbezogenen Handlungsarten im Vergleich illustrieren.

Das gesellschaftliche *Leistungsprinzip* erkennt materielle und soziale Belohnungen/Entschädigungen sowie Aufstiegs- und Lebens(verbesserungs)chancen nach der persönlichen Leistung (besonders der beruflichen) zu (Leistungsprinzip als soziales Zuteilungs- und Verteilungskriterium). Man hat freilich das mikro-ökonomische (Wirtschaftserfolg) vom sozial-psychologischen (Leistungsbereitschaft) und dem sozialen Leistungsprinzip (Zuteilungskriterium) zu unterscheiden. In unserer Gesellschaft gelten aber auch andere Gestaltungs- und Verteilungsprinzipien wie zum Beispiel Prinzipien der sozialen Unterstützung, Wahl, Repräsentation, Arbeitsauseinandersetzung usw. Der Grundgedanke des soziologischen *Leistungsprinzips* ist: Die Verteilung und Zuerkennung materieller und sozialer Belohnungen/Entschädigungen sowie der Aufstiegs- und Lebens(verbesserungs)chancen soll (ausschließlich) nach der persönlichen, individuell erbrachten Leistung (besonders jener in der Berufsarbeit) ausgerichtet und gewährleistet werden (Leistungsprinzip als soziales Zuteilungskriterium).

Definitionen des Leistungsprinzips in der Literatur: Heckhausen (1974): „Mit Leistungsprinzip (ist) eine Entschädigung für „geleistete" Arbeit gemeint, die der aufgewandten Dauer, Mühe und Qualifikation der Arbeitstätigkeit entspricht". – Offe (1970) formuliert: „Immer wenn und nur wenn nach einem objektiven (von der Person unabhängigen) Kriterium bestimmte „Leistungsstandards" von einem Individuum erfüllt werden, folgt eine formale Zulassung zu einer Berufsposition und/oder eine Veränderung seines Arbeitseinkommens und/oder eine Änderung seines Arbeitseinkommens und/oder eine Veränderung der Arbeitsaufgabe innerhalb derselben Organisation und/oder die Zuweisung von formaler Autorität".

3. Leistungsarten – Leistungsprinzipien

Profile von Leistungsbezogenen Handlungsarten	Anstrengungsbezogen	Bergmann	Marathonläufer	Kunstturner (Einzelwettkampf)	Chirurg
Fähigkeitsbezogen	Anstrengungsbezogen	anstrengungsbezogen	anstrengungsbezogen	eher fähigkeitsbezogen (Talent)	eher fähigkeitsbezogen (Qualifikation)
Eigenhandelnd (Aktionsleistung)	Darbietend ("Präsentationsleistung")	eigenhandelnd	eigenhandelnd	beides	eigenhandelnd
Aufgabenbezogen	Wettbewerbsbezogen	aufgabenbezogen	wettbewerbsbezogen	wettbewerbsbezogen	aufgabenbezogen
Eigenmotiviert	Fremdbestimmt	fremdmotiviert	eigenmotiviert	eigenmotiviert	eigenmotiviert
Kreativ	Routineartig	routineartig	routineartig	kreativ	eher routiniert
Lustvoll getönt; Freudebringend	Unlusterzeugend	unlusterzeugend	z.T. unlusterzeugend	eher lustvoll getönt	u. u. beides
Gruppenbezogen; (Kooperativ; Teamarbeit)	Individualistisch	neutral	Individualistisch	Individualistisch	Individualistisch
Prozessorientiert	Resultatorientiert	Resultatorientiert	beides	eher Prozessorientiert	beides
Äußerlich (physisch) handelnd oder herstellend	Geistig-symbolisch kontrollierend; disponierend	äußerlich-materiell	neutral	symbolisch kontrollierend	beides
Vorrangig eigenmotorisch; körperlich	Psychisch	körperlich (eigenmotorisch)	ständig eigenmotorisch	beides	eigen(fein-)motorisch
Langfristig disziplinierend	Kurzfristig konzentriert	langfristig disziplinierend	langfristig disziplinierend	kurzfristig konzentriert	kurzfristig konzentriert
Erblich programmiert	(Vollständig) erlernt	erlernt	beides	erlernt	

Ferner hat man folgende Ebenen zu unterscheiden (Széplábi 1974): das *(makro-) ökonomische* Leistungsprinzip, das Leistung und Leistungsfähigkeit im Sinne des Wirtschaftserfolgs und des Wirtschaftswachstums deutet, muss unterschieden werden vom *sozialpsychologischen* Leistungsprinzip der Leistungsbereitschaft und Leistungsmotivation sowie vom im engeren Sinne *soziologischen* Leistungsprinzip im Sinne eines sozialen Zuteilungs- und Gestaltungsprinzips. Diese verschiedenen Varianten müssen deutlich auseinandergehalten werden. Sie sind auch entsprechend ihrer sozialen Wirkung unterschiedlich zu beurteilen. Das *Leistungsprinzip* erkennt also materielle und soziale Belohnungen/Entschädigungen sowie Aufstiegs- und Lebens(verbesserungs)chancen nach der persönlichen Leistung (besonders der beruflichen) zu (Leistungsprinzip als soziales Zuteilungs- und Verteilungskriterium). Übrigens hat das soziale Zuteilungsprinzip „Leistung" als idealtypisch verstandene Orientierungsleitlinien in humanisierter Modifizierung und Mischung mit anderen Prinzipien seine gute relative Berechtigung.

Es setzt freilich ein Prinzip, wie das der Chancengleichheit (Chancengleichberechtigung, Chancengerechtigkeit), voraus – ebenfalls das Konkurrenzprinzip sowie Normen der Vergleichbarkeit und Feststellbarkeit der Leistungen. In unserer Gesellschaft gelten aber auch andere Gestaltungs- und Verteilungsprinzipien wie zum Beispiel Prinzipien der sozialen Unterstützung, Wahl, Repräsentation, Arbeitsauseinandersetzung usw. Ausgewählte *soziale Zuteilungs- und Gestaltungsprinzipien*, die konkurrierend oder gemischt mit bzw. neben dem Leistungsprinzip in unserer Gesellschaft gelten sind (erweitert nach Bolte, 1979):

1. Sozialprinzip,	11. Loyalitätsprinzip,
2. Subventionsprinzip,	12. Wahlprinzip,
3. parlamentarisches Prinzip politischer Entscheidung,	13. Repräsentationsprinzip,
4. Verhandlungs- und Arbeitskampfprinzip,	14. Gesundheitsprinzip (Piloten),
	15. Familienstandsprinzip,
5. Besitzprinzip,	16. Geschlechtsprinzip,
6. Vererbungsprinzip	17. Alimentationsprinzip ("klassisches" Beamtentum),
7. Abstammungsprinzip (Adelsprinzip),	18. Machtprinzip,
8. Lebensalterprinzip (Höchst-, Mindestalter),	19. Standesprinzip,
9. Ancienitätsprinzip (Senioritätsprinzip),	20. Besitzstandswahrungsprinzip,
	21. Präsentationsprinzip (Schönheit, Telegenität, publizistische Wirksamkeit usw.)
10. Zugehörigkeitsprinzip (Konfession, Partei, Volk),	

Da alle diese Prinzipien irgendwo in unserer Gesellschaft, zumeist zusammen mit anderen, eine Rolle spielen, findet sich in Wirklichkeit eine Vermischung dieser Prinzipien mit dem Leistungsprinzip. Die Gesellschaft ist nicht ausschließlich nach dem reinen Leistungsprinzip organisiert. Sie ist also keine totale, perfekte oder strikte Leistungsgesellschaft. Auch im Grundsatz der Bundesrepublik Deutschland heißt es in Art. 33: „Jeder Deutsche hat nach seiner Eignung, Befähigung und *fachlichen Leistung* den gleichen Zugang zu jedem öffentlichen Amt." (Bezugnahme auf das Leistungsprinzip im Grundgesetz.) Für die Vermischung des Leistungsprinzips mit anderen Prinzipien und die Ausgestaltung sowie Anwendung des Leistungsprinzips sind geschichtlich gewachsene kulturelle Werte, sozialphilosophische Grundüberzeugungen sowie sozialpo-

3. Leistungsarten – Leistungsprinzipien

litische Entscheidungen verantwortlich. Politische Momente spielen beispielsweise eine Rolle bei den Entscheidungen, ob 1. das Leistungsprinzip in unserer Gesellschaft überhaupt und in welchen Teilbereichen es gelten soll (GG Art. 33), 2. ob und in welcher Mischung es mit anderen Prinzipien anerkannt werden soll, 3. welchen Gesetzen der Leistungswettbewerb folgen soll (Kartellverbote usw.), 4. welche Handlungen als leistungsrelevant, als Leistungen anerkannt werden, 5. welche Leistungsmaßstäbe dem Leistungshandeln und dem Vergleich verschiedenartiger Leistungen zugrunde gelegt werden sollen, 6. welche Entlohnung bzw. Chancenzuteilung im Sinne persönlicher Zumessung bei der Anwendung der gewählten Leistungsmaßstäbe zuerkannt wird bzw. sich in der Gesellschaft ausprägt und 7. wie stark die Betonung der Leistungsorientierung und Leistungsbereitschaft im Erziehungsbereich sein soll (erweitert nach Bolte). Das soziologische Leistungsprinzip ist mit seiner intuitiv einsichtigen Gerechtigkeit, seiner Motivationswirkung sowie nach seinen erzieherischen Aufgaben noch keineswegs historisch erschöpft oder gar überholt. Freilich muss das Prinzip moderiert und sozial sinnvoll angewendet bzw. eingeschränkt werden. Abstrakte Leistungen und Leistungssteigerung an sich wären sozial sinnlos. Besonders die erzieherischen Möglichkeiten einer human sinnvoll und sozial verantwortlichen und kreativen Leistungsorientierung sollten dabei im Vordergrund stehen.

Eigenengagierte Leistung, selbstmotiviert und eigeninteressiert erbracht, nenne ich kurz „*Eigenleistung*". In meinem Buch „Eigenleistung: Plädoyer für eine positive Leistungskultur" (1983) wird der Unterschied zwischen eigenmotivierter und *fremd*bestimmter Leistung deutlich herausgearbeitet. Wenn Eigenleistung und Eigenhandeln wesentliche kreative Momente des Lebens sind, so müssen diese gerade in der Erziehung als unerlässlich gefördert und gefordert werden. Im Blick auf die vielfältigen Leistungsarten sollte das kreative Leistungsprinzip dabei nicht bloß ökonomistisch missdeutet werden. Eigenmotivation sollte dabei dem teilweise noch notwendigen Leistungszwang vorangehen. Jeder unnötige Leistungszwang sollte allmählich reduziert werden, sollte ideell der kreativen Eigenleistung weichen. Die Persönlichkeit entwickelt sich in ihren kreativen Eigenleistungen. Das Prinzip Eigenleistung ist kulturell, erzieherisch und gesellschaftlich unverzichtbar.

Eine *Leistungsgesellschaft*[51] kann im strikten Sinne als eine Gesellschaft verstanden werden, die soziale Ränge, Chancen, Positionen, Aufstieg, Entlohnung, Einfluss und

---

[51] Notwendig für eine *Leistungsgesellschaft* ist, dass
1. die meisten oder wenigstens viele Mitglieder dieser Gesellschaft Leistung schätzen und erstreben;
2. die Gesellschaft einen besonderen wirtschaftlichen Leistungsstand aufweist bzw. favorisiert;
3. ein Leistungsprinzip allgemein für die Zuteilung von sozialen und materiellen Chancen bzw. Entlohnungen zu den jeweiligen Leistungen des einzelnen sorgt;
4. das Effizienzprinzip gilt, wonach es als richtig gilt, gesetzte Ziele mit möglichst geringem Aufwand zu erreichen oder bei gegebenem Einsatz den Erfolg zu maximieren oder zu erhöhen;
5. der Konkurrenzkampf anerkannt wird;
6. Talente, Fähigkeiten und Qualifikationen zu Leistungen besonders betont, gefordert und gefördert werden;

Anerkennung allein nach der beruflichen individuellen Leistung bemisst und zuteilt. Unsere Gesellschaft ist in diesem Sinne keine strikte oder totale Leistungsgesellschaft, da – wie erwähnt – andere Prinzipien ebenfalls Zuteilungs- und Verteilungskriterien darstellen. Deshalb sollte man eher von einer Leistungsgesellschaft im weiteren Sinne sprechen, in der die Zuteilung nach Leistungsprinzip eine vorrangige, aber nicht ausschließliche Rolle spielt. Es hat sich in der nunmehr vierzig Jahre währenden Debatte um die Gesellschaftskritik am Leistungsprinzip und an der Leistungsgesellschaft gezeigt, dass auf Leistungsorientierung und -förderung nicht verzichtet werden kann und dass das Leistungsprinzip auch keineswegs einer humanen Gesellschaft entgegenstehen muss. Aber wichtig ist es, zwischen eigenmotivierter und fremdverordneter Leistung zu unterscheiden. Mit „Eigenleistung" meine ich in erster Linie die erstere, die eigenmotivierte, eigenengagierte, freiwillig erbrachte persönliche Leistung. Sie bezieht sich auch auf symbolische Leistungen und solche, die sich erst durch Deutung verwirklichen oder ausdrücken, auf Deutungen beruhen wie in der Kunst, der Wissenschaft und auch im Sport. Sie muss sich mit den genannten, anderen Charakteristika (und weiteren) kombinieren. Ein menschliches Leben ist vielleicht sogar im tiefsten Sinn zunächst Eigenleisten, bewertbares, kreatives personales Eigenhandeln; dieses ist das Element und Vehikel engagierten und „wirklichen" Lebens im ursprünglichen Handlungssinn. Im Handeln und im Leisten liegt der Sinn, im eigenbestimmten, eigengestalteten, zielorientierten Tätigsein. Die Persönlichkeit, wenigstens die der abendländischen Gesellschaft, spiegelt und bildet sich vorrangig in Ausdrücken, Werken und Handlungen des einzelnen – also in Leistungen im weitesten Sinne des Wortes. Darstellungsleistungen gehören hierzu ebenso wie insbesondere neuartige, einzigartige Handlungen, durch welche das Individuum sich auszeichnet – vor anderen, aber auch vor seinem eigenen Anspruch, über seine bisherigen Leistungen hinaus, durch die der einzelne sich selbst „beweisen", vor sich selbst und anderen bestätigen kann als jemand, der etwas Eigenes oder gar Besonderes vollbringt oder zu vollbringen fähig ist. Selbstverständlich spiegelt sich die Persönlichkeit nicht nur in Leistungshandlungen (alle Personen nur nach deren Leistung oder Leistungsfähigkeit zu bewerten, wäre inhuman), aber Leistungen bieten besondere Auszeichnungsmöglichkeiten, Wege der Selbstbildung, -entwicklung und -bestätigung. In einer zur Nivellierung tendierenden, keine tägliche Bedrohung setzenden und keine Notfallreserven erfordernden, daher zivilisatorisch manchmal allzu geglätteten Lebensweise gewinnen Handlungsmöglichkeiten und Anforderungen eine besondere Bedeutung, sofern sie über die Alltagsroutine hinausreichen, den Menschen, besonders den jugendlichen Erwachsenen, zu besonderen Aktivitäten motivieren. – In einer Gesellschaft jedenfalls, die „zu wenig Spannung", zu wenige Selbstbewährungsaufgaben bietet, sucht und schafft der Mensch „sich Spannung", indem er von sich selbst etwas verlangt: Er fordert von sich eine eigene persönliche Leistung. So sahen, sähen und sehen es wir Älteren und Erzieher gern bei der jüngeren Generation. Doch die Fakten, die waren lange Zeit nicht so...

7. das Ergebnis persönlicher Eigenleistung bzw. Leistungstalente, Leistungserwartungen und Leistungsbereitschaft die Beurteilung des einzelnen bedingen sowie
8. grundsätzlich eine ideale Chancengleichheits- oder Chancengerechtigkeitsregel für Leistungen und für die Leistungsschulung anerkannt ist.

3. Leistungsarten – Leistungsprinzipien

Nun zu den neueren Gesichtspunkten des Vergleichs zwischen fremdbestimmter und eigenmotivierter Leistung. Ich sprach davon, dass „Lust" gegenüber „Leistung" stets als eine Art von Gegensatz ohne eine Vermittlungsmöglichkeit gesehen wurde. Diese Gegensatzformulierung hat sich aber durch eine ausgesprochene Suggestivfrage in der Demoskopie ergeben.

Leben als Aufgabe – Leben genießen
Es unterhalten sich zwei Leute über das Leben.
Der erste sagt: „Ich betrachte mein Leben als eine Aufgabe, für die ich da bin und für die ich alle Kräfte einsetze. Ich möchte in meinem Leben etwas leisten, auch wenn das oft schwer und mühsam ist." – Der zweite sagt: „Ich möchte mein Leben genießen und mich nicht mehr abmühen als notwendig. Man lebt schließlich nur einmal, und die Hauptsache ist doch, dass man etwas von seinem Leben hat."

Seit der deutschen Vereinigung spalten sich die Diagramme auf. Während sich in den westdeutschen, alten Bundesländern der Trend erhält, ist in den ostdeutschen, neuen Bundesländern eine Art „Nachhol"-Entwicklung in der Lebenseinstellung zu den beiden genannten Fragen festzustellen: Die ostdeutschen Mitbürger beginnen offensichtlich mit der deutschen Vereinigung bei dem Einstellungsniveau, wie sie die deutsche Bevölkerung etwa in den 60er Jahren aufwies. Die westdeutsche Bevölkerung insgesamt – bzw. die befragte repräsentative Auswahl – nannte 1990 (wie schon 1982) zu 43 % das Leben als eine pflichtmäßige „Aufgabe"; 1996 waren es gleichbleibend 45%. Dagegen sahen 1992 62 % (!) der Ostdeutschen das Leben als eine Pflichtaufgabe (für die man „alle Kräfte" einzusetzen bestrebt ist). 1996 waren es schon 6 % weniger: 54 %! Die Pflicht- und Aufgabenorientierung in der Lebenseinstellung sinkt also. Dies zeigt sich auch umgekehrt im Ansteigen der Genussorientierung: Waren die Ostdeutschen 1990 zu 18% Vertreter des Lebensgenusses ("Leben genießen"), so waren es 1996 bereits 28 %. (Hingegen blieb die Genusseinstellung in der westdeutschen Bevölkerung 1990 bei 39 % und 1996 bei 34 %). Das Institut für Demoskopie in Allensbach hat die Frage seit langen Jahrzehnten nämlich so in unserer Bevölkerung gestellt und festgestellt, dass die jeweiligen Antworten auf die Frage, ob man das „Leben" als eine „Pflichtaufgabe" sieht oder als einen Genuss, sich immer mehr sich in der Weise verändert haben, dass das „Leben als Aufgabe", als „Pflicht" immer niedrigere Messwerte bekamen, also zurückgingen. „Das Leben Genießen" wurde immer stärker betont – insbesondere in der jungen Bevölkerung und zumal bei den Arbeitern. Es gibt also eine einschlägige Tendenz und lange wurde diese als ein 'Wertewandel' diskutiert.

In letzter Zeit haben sich die Akzente aber eigentlich wieder ein wenig geändert. Wir sagen und sehen es als Ältere und Erzieher natürlich gern, wenn jeder Mitarbeiter bzw. Schüler von sich selbst auch eine eigene Leistung fordert. Und wir sehen es natürlich ungern, wenn diese Art von Suggestivfrage in der Weise beantwortet wird, wie es hier geschehen ist. Die 13. Shell-Jugend-Studie (2000), hat bei 4544 Jugendlichen Fragen hinsichtlich ihrer wichtigsten Werte-Dimensionen und -Orientierungen gestellt. Die hier wiedergegebenen sind die acht Werte-Dimensionen, die einschlägig sind; die entsprechenden Daten wurden nach Clustermethode analysiert. Es ergab sich eben, dass acht verschiedene Werte-Dimensionen eine große Rolle spiel(t)en:

WERTEDIMENSIONEN

1. „AUTONOMIE – KREATIVITÄT UND KONFLIKTFÄHIGKEIT",
2. „MENSCHLICHKEIT – TOLERANZ UND HILFSBEREITSCHAFT",
3. „SELBSTMANAGEMENT – DISZIPLIN UND EINORDNUNGSVERMÖGEN",
4. „ATTRAKTIVITÄT – GUTES AUSSEHEN UND MATERIELLER ERFOLG",
5. „MODERNITÄT – TEILHABE AN POLITIK UND TECHNISCHEM FORTSCHRITT",
6. „AUTHENZITÄT – PERSÖNLICHE DENK- UND HANDLUNGSFREIHEIT",
7. „FAMILIENORIENTIERUNG – PARTNER, HEIM UND KINDER",
8. „BERUFSORIENTIERUNG – GUTE AUSBILDUNG UND INTERESSANTER JOB"

Für unsere Zwecke sind natürlich besonders die Werte-Dimensionen „Berufsorientierung", „Authentizität", und vor allen Dingen „Attraktivität" und „materieller Erfolg", „Selbstmanagement, Disziplin" wichtig.[52] Ich will hier nur die Erhebungsresultate erwähnen, die sich in Bezug auf die Leistungsorientierung und Leistungsdiskussion herausgestellt haben. Es wurden aufgrund dieser Wert-Dimensionen *fünf* verschiedene *Typen der Wertorientierung* bei den Jugendlichen festgestellt. (In Klammern findet man indem Diagramm die Prozentzahl, wie diese Typen sich auf die Bevölkerung der Jugendlichen in diesen repräsentativem Querschnitt von fast 4500 repräsentativ ausgewählten Befragten verteilen.) Da sind einerseits „die Distanzierten", die sich sozusagen auf sich selbst zurückziehen; offenbar gibt es in Großstädten davon recht viele. Es folgen die vorwiegend „Freizeitorientierten", auch stark vertreten in Großstädten. Dann, für uns besonders interessant, die „Vielseitigen", das sind jene, die in allen diesen Wert-Dimensionen besonders hohe Werte und Attraktivität finden und überall die Sozialaktiven, die persönlich Aktiven sind. Ferner „die Modernen", die stets „in" und eben „up-to-date", „modern" sein wollen, immerhin 22 Prozent. Und schließlich „die Traditionellen", 20 Prozent.

1. Die „Distanzierten" (Stichprobenanteil: 17%)
2. Die „Freizeitorientierten" (Stichprobenanteil: 16%)
3. Die „Vielseitigen" (Stichprobenanteil: 25%, *davon leistungsorientiert: 63%*)
4. Die „Modernen" (Stichprobenanteil: 22%(
5. Die „Traditionellen" (Stichprobenanteil: 20%, *davon leistungsorientiert: 68%*)

Es stellte sich heraus, dass *im wesentlichen die „Traditionellen" und die „Vielseitigen" am meisten leistungsorientiert sind*, je nach ihrem eigenen Verständnis natürlich; die *„Vielseitigen" zu 63 Prozent und die „Traditionellen" sogar zu 68 Prozent.* Hier

---

[52] Ich bin etwas skeptisch hinsichtlich der Einteilung [trotz der empirischen Grundlagen bei der Werte-Dimension]: „Attraktivität und gutes Aussehen" sowie „materieller Erfolg" sind meines Erachtens trotz der Cluster-Zusammenballung nicht *dieselbe* Dimension, sondern es sind *zwei* verschiedene Dimensionen. (Methodisch sind also zweifellos noch einige Fragen offen, die hier nicht zu diskutieren sind.)

haben wir doch eine ganz andere Sicht als in den bis dato vorherrschenden eher pessimistischen Analysen der Erhebungen vom Institut für Demoskopie in Allensbach. In der Totalen, also bei der Gesamterhebung, waren 52 Prozent leistungsorientiert, die sich selber so genannt haben. Die „Vielseitigen" und die „Traditionellen" unter den jüngeren Menschen liegen also weit darüber.[53] Wir haben hier also äußerst interessante neue Ergebnisse, die gegenüber den herkömmlichen vergleichbaren Antworten geradezu als eine Trendwende gedeutet werden können. Vorrangig ging es bei der Erhebung natürlich um die „Modernität", die „Lustorientierung", „Freizeitorientierung" und die genannte Typendifferenzierung. Aber immerhin haben wir doch so etwas wie ein deutliches Ergebnis oder einen Trend, dass Leistung offenbar doch wieder eine gewisse Rolle spielt – wenigstens in bestimmten typischen Untergruppen (der „Vielseitigen" und der „Traditionsbewussten"). Interessanterweise ergab sich in Ostdeutschland zum Teil bei weiblichen Befragten eine höhere Leistungsorientierung als bei den Männern. Generell zeigt sich, dass entsprechend der Allensbach-Fragestellung ("Leben als Aufgabe", „Leben als Genießen") hier eine gewisse Vergleichbarkeit möglich ist. Insofern kann man sagen, und das schließen die Autoren der 13. Shell-Jugendstudie auch, dass wir einen „soliden Anstieg in der Leistungsorientierung seit 1992" feststellen können: „Die älteren Jugendlichen bekunden öfter Leistungsorientierung als die jüngeren, die weiblichen öfter als die männlichen (! H.L.), die deutschen öfter als die ausländischen" (2000, 183).[54] Soweit also diese interessanten neuen Ergebnisse, welche die bisherigen recht „leistungsdefätistischen" Trends wenigstens in bestimmten „typischen" Untergruppen (zumal den „Vielseitigen" und „Traditionellen") konterkarieren.

4. Leistungskritik und Humanisierung

Die Arbeitsethik und der Leistungsgedanke sind seit drei Jahrzehnten ins gesellschaftliche Gerede geraten. Geht der Arbeitsgesellschaft die Arbeit, der Leistungsgesellschaft die Leistung aus? Schüler und Betriebsangehörige stöhn(t)en über „Leistungsdruck". Der Stress nimmt zu. Rationalisierung und Effizienzforderungen kanalisieren das Arbeitsleben, zerstückeln die Leistungsbereitschaft. Leistungsdruck sei inhuman, meinte die Sozialkritik in und noch Jahrzehnte nach der Studentenrebellion. Doch schüttete sie nicht das Kind mit dem Bade aus, wenn sie Leistung mit erzwungener Leistung, eigenmotivierte und fremdbestimmte Leistung einfach gleichsetzte? Das Leistungsprinzip sei in komplexen Produktionsprozessen nicht mehr anwendbar, weil nicht mehr auf Einzelleistungen zu beziehen; zugleich werde es aber zu perfekt durchgesetzt, gefordert, vorgeschoben: Es diene als Herrschafts- und Disziplinierungsinstrument, werde von den Herrschenden ideologisch missbraucht – so einst die Kritik der damaligen Neuen Linken: Je fortgeschrittener die Technisierung und gar Automatisierung, desto weniger

---

[53] Übrigens waren interessanterweise auch einige ausländische Jugendliche zwischen 22 und 24 Jahren mit 63 Prozent höher leistungsbestrebt als ihre Alterskollegen bei den Deutschen, die generell nur zu 56 Prozent Leistungsorientierung angaben.
[54] Allerdings gibt es hier die erwähnte Ausnahme der 22- bis 24-jährigen nicht- deutschen männlichen Jugendlichen, die nach dieser Erhebung erklären, „dass sie eher leistungs- denn genussorientiert" sind.

könne man Leistungen noch individuell erbringen oder der Person als eigene Leistung zuschreiben. Wenn es in der Produktion eher um den reibungsfreien Ablauf, um Ausschaltungen von Störungen geht, kann eine besonders hohe Einzelleistung sogar kontraproduktiv sein. Der Tendenz nach ist bei dieser Kritik einiges richtig beobachtet. Dennoch wurde das Kind mit dem Bade ausgeschüttet. Die Gesellschaft kann es sich nicht leisten, auf Leistung zu verzichten: Wenn wir es uns künftig leisten wollten, nichts mehr zu leisten oder nur noch Routinen abzuleisten, könnten wir uns bald gar nichts mehr leisten. (Insbesondere können und sollten wir uns nicht auf Dauer leisten, Leistungen zu beschränken, zu „deckeln" – durch Leistungs-Budgetierung oder gar durch die Prämiierung von Leistungsverzicht – wie besonders bei der aktuellen so genannten Gesundheitsreform: Wir sind auf die Erhaltung eines hohen Leistungsniveaus und einer beträchtlichen Leistungsbereitschaft angewiesen, wenn wir in der technischen, wirtschaftlichen, wissenschaftlichen Konkurrenz international bestehen wollen. Leistung ist unerlässlich. Das gilt auch für das Individuum – trotz allem modischen Gerede, trotz empirischer Erhebungen zum Verfall der sogenannten bürgerlichen Arbeits- und Leistungsethik. Diese ist übrigens – wie eine frühere EMNID-Untersuchung Mitte der achtziger Jahre ergab – bei den Selbständigen und Führungskräften durchaus ungebrochen.

Gibt es eine Zweiklassengesellschaft? Steht die Gruppe der Leistungsmotivierten einer wachsenden Schicht Arbeits- und Leistungsunwilliger gegenüber? Trotz aller pessimistischen Orakel aus Allensbach ergab eine Untersuchung in der Metallindustrie von Schmidtchen (1984, 1986), dass das Bild des deutschen Arbeitslebens doch nicht derart düster ist. Man leidet zwar unter manchen Unzuträglichkeiten wie Stress und Lärm und Staub, doch drei Viertel der Mitarbeiter sind durchaus mit ihrer Tätigkeit zufrieden, fühlen sich richtig eingesetzt. Freilich wachsen Qualifikationsanforderungen. Gilt heute schon die Regel, dass immer weniger immer mehr arbeiten müssen – insoweit sie es noch dürfen! –, damit immer mehr immer weniger arbeiten können? Zwar verzahnen sich die Probleme der strukturellen „Arbeitskräftefreisetzung" und der individuellen Leistungsunwilligkeit, doch koppeln sich höhere Qualifikationsanforderungen mit der Notwendigkeit von Leistungs-, Einsatz- und Verantwortungsbereitschaft. Persönliches Leistungsengagement gewinnt an Bedeutsamkeit. Die allzu pauschale neulinke Sicht vom „Leistungsterror" war ersichtlich falsch. Die Kritik betraf nur die vorwiegend *fremd*bestimmte Leistung, die falsche und übertriebene Anwendung des Leistungsprinzips in allen Lebensbereichen und die mit extremer Leistungsorientierung verbundene Inhumanität. (Leistung total wäre in der Tat ein Unding. Alte, Kranke, Behinderte und Geschwächte und vor allem auch Kinder sollte man nicht unter totalen Leistungsdruck setzen. Dies wäre wenig menschenfreundlich.) Doch auch Mitarbeiter in Leistungsfeldern wollen als Person gewürdigt werden, Leistung aus eigener Überzeugung erbringen. Eigenes Engagement entscheidet. Nicht Leistungsdruck, sondern Eigenleistung entscheidet. Die Kritik hatte sich einseitig auf die fremdbestimmte Leistungsmotivation gestürzt, hatte die Eigenleistung fälschlich vernachlässigt. Eigenleistung kann sogar zu einem wichtigen Selbstentfaltungswert werden, in dem sich die Persönlichkeit spiegelt und entwickelt. Besonders auch in unseren Eigenleistungen verwirklichen wir uns selbst. Insofern ist die Orientierung an Eigenleistung geradezu emanzipatorisch, worauf der führende deutsche Leistungspsychologe, Heinz Heckhau sen, immer wieder hingewiesen hat. Leistungsentlohnung wird zudem als relativ gerecht empfunden. Das Leistungsprinzip als allgemeine Leitlinie, Eigenleistung als grundsätzlicher Wert spielen für den einzelnen und die Gesellschaft nach wie vor eine wichtige Rolle. Dies gilt auch, wenn man Leistungsmessungen in komplexen Produktionsprozessen nicht mehr exakt vornehmen und das Ergebnis nicht dem Handelnden quantitativ zurechnen kann.

Einen einheitlichen, für alle Leistungsbereiche durchgängig anwendbaren Leistungsmaßstab gibt es nicht (s. o.). Die Leistung eines Marathonläufers ist mit der eines Jumbokapitäns oder eines Nobelpreisträgers nur sehr bedingt vergleichbar. Man muss auch makro- und mikroökonomische Leistungsprinzipien vom sozialen – Gehalt und Aufstiegschancen sollen nach der individuellen Leistung bemessen werden – und vom sozialpsychologischen „Prinzip Eigenleistung" unterscheiden (s. o.). Alle diese Leistungsprinzipien setzen jedoch eine gewisse Chancengleichheit, Regeln der Vergleichbarkeit und Feststellbarkeit der Leistung sowie zumeist das Wettbewerbsprinzip voraus. Auch geschichtlich gewachsene Kulturwerte sind wesentlich: Individualismus, Askese und Aktivismus: Solche z. T. christlichen Wurzeln des abendländischen Arbeitsethos müssen sich mit dem Interesse an Güter- und Vermögenserwerb, der Ausrichtung an Effizienz und Konkurrenz, an Rationalisierung und Investition, an Fortschrittsdenken in einer recht freiheitlichen Gesellschaftsordnung kombinieren. Wir leben – glücklicherweise – nicht in einer totalen Leistungsgesellschaft, sondern in einer Leistungsgesellschaft im weiteren Sinne: Leistungsprinzipien spielen eine wichtige Rolle – aber neben anderen Gesellschaftsprinzipien, die etwa auf sozialer Sicherung, Besitz, Wahl, Subvention oder gar Telegenität beruhen. Dies gilt nach wie vor – auch wenn in vielen Bereichen unsere *angebliche Leistungsgesellschaft* eher eine *Erfolgs*gesellschaft (u. a. auch häufig öffentlich bloß präsentierter, medien"gemachter" Erfolge oder Scheinerfolge, bzw. gar der „Schein"-Erfolge, wie Berechtigungs- und Seminarscheine usw.) geworden ist.

Die zentrale Frage der Erziehung und des betrieblichen Lebens ist nach wie vor, wie sich Leistungsprinzipien mit Grundsätzen der Humanität verbinden lassen. Eine Leistungsgesellschaft kann keine totale, sondern muss eine humane Leistungsgesellschaft sein. Es gibt ein humanisiertes Leistungsprinzip, das die Extreme der Leistungsfeindlichkeit und der totalen Leistungsorientierung vermeidet. Dies muss für die Erziehung und für Betriebe im Vordergrund stehen. Die eigenengagierte Leistung, die Eigenleistung, besonders die eigenengagierte, kreative Eigentätigkeit muss im Zentrum stehen. Eigenverantwortung, Größe des Dispositionsspielraums, persönliches Engagement – für Bildung und Betriebe sind sie wünschenswert und nützlich. Diese Humanisierung des Leistungsprinzips ist um so förderlicher, je mehr qualifiziert, verantwortungsreicher, kreativer künftige Tätigkeiten sich gestalten.

5. Motivationsstärkung: Sportleistung als Prototyp der Teamleistung

Kann man die Motivation zur Eigenleistung wirksam stärken? Höchste Eigenleistungen erbringen heutzutage die Wettkampfsportler – zumal jene in besonders trainingsintensiven, extrem den Kreislauf belastenden Sportarten. Wo kein geschäftliches Interesse (wie im Profisport) vorwaltet, muss die Einsatzbereitschaft und deren Lenkung besonders wirksam sein. Da die meisten Leistungen heute im Team erbracht werden, lassen sich typische Anregungen und Verläufe am besten an Mannschaftssportarten studieren. Aus der Gruppendynamik von Höchstleistungsmannschaften lassen sich Ansätze und Ergebnisse auf andere Leistungsgruppen – auch in Betrieben – *mutatis mutandis* übertragen. Zumindest sind Vergleiche am Extremfall interessant. Als Mitglied und später als Trainer von Höchstleistungsrudermannschaften – darunter einem Olympiasieger- und einem Weltmeisterachter habe ich die Mannschaftsdynamik von Spitzenachtern sozialpsychologisch untersucht. Die Wechselwirkung zwischen „Leistungsmotivation und Mannschaftsdynamik" wurde im gleichnamigen Buch (Schorndort 1977²) eingehend dargestellt. Zusammenhänge zwischen innerem Mannschaftsgefüge und äußerer Führung bzw. äußerer Situation, von Konkurrenz und Betreuung und der Leistungsmotivation springen ins Auge. Die Verstärkung der Leistungsmotivation und die Führung des Teams hängen sehr von allen diesen Faktoren ab. Konflikte und Spannungen im Team sowie mit der Trainingsleitung treten regelmäßig auf. Man muss mit ihnen rechnen: Konflikte lassen sich nicht ein für allemal lösen, sondern nur regeln, aber so auch ins Leistungsförderliche wenden. Nicht nur harmonische, konfliktfreie Mannschaften waren der Höchstleistungen fähig, wie die Sozialpsychologie früher meinte. Führungskonflikte, Gruppenkonflikte sind normal. Ein Weltmeisterachter (von 1962) wurde von einer Leistungsclique der vier vermeintlich Leistungsstärksten beherrscht, zerfiel im Folgejahr in zwei sich befehdende Cliquen mit je einer Führungsperson, nahm aber doch an Leistungsstärke zu[55]. Jeder musste sich gegen jeden und gleichstarke Ersatzleute im Einer immer wieder einmal bewähren – im Trainingsvergleich und auch im Rennen. Diese Binnenkonkurrenz machte die Selbst- und Fremdeinschätzung in der Mannschaft objektiver, war geeignet, manche Konflikte zu regeln und zu entspannen. Man hatte einen objektiven Vergleichsmaßstab, den alle anerkannten. Cliquenkonflikte, Führungskämpfe ließen sich aufgrund der sog. soziometrischen Untersuchungen voraussagen und von der Trainingsleitung leichter lenken. Die Fülle der Ergebnisse kann hier nicht referiert werden. Was aber kann man allgemein für den Zusammenhang zwischen Leistungsmotivation und Teamarbeit lernen? Innenzusammenhalt und Außenkonkurrenz variieren entgegengesetzt. Dabei sind Cliquenkonflikte nicht notwendig schädlich, sondern eher normal und können für die Lenkung der Gesamtgruppe leistungsförderlich genutzt werden, solange sie nicht so stark geworden sind, dass sie die Mannschaft sprengen. Der Erfolg des einzelnen ist unlösbar mit dem der Mannschaft verquickt: So kann selbst innere Leistungskonkurrenz der Gesamtleistung förderlich sein. Nicht nur harmonische Teams sind zu Höchstleistungen fähig. Oft sind, freilich nicht immer, spannungsvolle Mannschaften engagierter, innovativer, leistungsstärker. Leistungshochspannung drückt sich natürlich auch in den Beziehungen der Mannschaftsmitglieder untereinander aus. Die objektivierende Wirkung einer Binnenkonkurrenz oder – wo diese nicht möglich ist – einer offenen, internen Diskussion kann innere Konflikte wirksam regeln. Allgemein wirkt geregelte Binnenkonkurrenz leistungsfördernd. (Über das

---

[55] Freilich war der von mir begründete und trainierte Weltmeisterachter von 1966 – bis auf eine leichte Führungskonkurrenz („Führungsdual") zwischen zwei Ruderern sehr harmonisch und vollbrachte ebenfalls die weltbesten Leistungen.

japanische Modell der geschlossenen Gruppenleistungsmotivation ohne innere Konkurrenz, aber bei verschärfter äußerer, müsste gesondert besprochen werden: Jedenfalls ist das japanische Teammodell der nahezu totalen Gruppenidentifikation nicht einfach in den Westen übertragbar.) Die „demokratische" Selbstlenkung der Gruppe wird bei geregelter Binnenkonkurrenz leichter: Diese macht Leistungskonflikte sichtbar und regelbar. Man kann sie objektivierend entschärfen. Zugleich erhöht die Mitbestimmung bei der Trainingsstrategie die Identifikation mit der Mannschaft. Wer selber mitgeplant hat, identifiziert sich stärker mit der Leistung, kann angesichts erhöhten Eigenengagements unter Umständen gar Leistungsreserven mobilisieren, die mit normaler Motivation unter autoritärem Führungsstil unerreichbar bleiben. Interne objektivierende Leistungsvergleichsverfahren sind ungleich wirksamer als Leistungspredigten, als bloße Ermahnungen und Appelle. Das Prinzip Eigenleistung lässt sich auch durch Gruppenlenkung förderlich verstärken. Schließlich wirkt auch die selbstmotivierende Kraft der sich selbst belohnenden Tätigkeit, die auch bei höchstem Leistungseinsatz und Trainingsaufwand „Spaß macht", weil man sich mit ihr zutiefst identifiziert, verstärkend: Der Eigenleistungsdrang des sog. „Fließens" ("das Flow-Phänomen" nach Csikszentmihalyi) findet sich bei kreativen wie bei rhythmisch-routinehaften Tätigkeiten. Nicht nur bei Tänzern, sondern auch bei Bergsteigern, bei Chirurgen, Ruderern – bei Skilangläufern ließen sich gleichsam rauschhafte Trancezustände der sich selbst belohnenden Tätigkeit und eine entsprechende Selbstverstärkung der Motivation feststellen. Die Bereiche von Arbeit und Spiel verfließen an den Grenzen höchsten Eigenengagements.

Allgemein ist die Mannschaftssituation und deren Rückwirkung auf die Motivation bisher nicht genügend berücksichtigt worden. Gruppendynamische Wechselwirkungen lassen sich realistisch, praxisnah und wirksam zur Hochleistungsanregung und -förderung nutzen. Praktische Erfahrungen und Faustregeln aus dem Leistungssport lassen sich auf Hochleistungsteams im unternehmerischen wie im kreativen Bereich (z. B. in der wissenschaftlich-technischen Entwicklung) zum guten Teil übertragen, soweit auch hier mit hohem Eigenengagement und hoher Eigenmotivation geleistet wird. Die Leistungsdynamik ist gleich oder ähnlich. Praktische Hinweise für die Leitung und Motivierung von Teams lassen sich gewinnen und für die humane Gestaltung des Prinzips Eigenleistung einsetzen. Wie sagte der unvergessliche Rudertrainer Karl Adam, dem das westdeutsche Ruderwunder der sechziger Jahre zu verdanken ist, nur wenig überpointiert: „Die Struktur der Leistung ist auf allen Gebieten gleich."

6. Das eigenleistende Wesen

Die Tradition hat den Menschen als das denkende (Aristoteles, Descartes), als das handelnde (Schütz, Gehlen), als das symbolische (Cassirer), das sprechende, das arbeitende (Marx), das Werkzeuge herstellende (Franklin) Wesen zu bestimmen versucht. *Ein einziges* Kennzeichen zur Bestimmung des Menschen reicht aber keineswegs aus. Jede umfassende Lehre vom Menschen muss viele Perspektiven umfassen. Der Mensch ist nicht in einer Definitionsformel zu erfassen. Sein Wesen bestimmt sich nicht durch einen einzigen kennzeichnenden Zug. Jede Lehre vom Menschen, jede Anthropologie – besonders jede *philosophische* Anthropologie – muss heute viele Perspektiven umfassen, muss pluralistisch sein: „Was ist der Mensch?" – eine Frage, die nur eine komplexe, vielfältige Antwort zulässt. Eine philosophische Anthropologie kann heute nur Einheit in der Vielfalt suchen. Sie muss die Ergebnisse der Erfahrungswissenschaften vom Menschen (der Humanwissenschaften i. w. S., zumal – wie immer schon – der Medizin und Humanbiologie) berücksichtigen, sie kann sich aber dennoch nicht nur auf bloß beschreibende Zusammenfassung beschränken. Sie muss versuchen, übergreifendende Zentralideen, orientierende Leitlinien dessen, was der Mensch ist und auch was er seinem Selbstverständnis nach sein soll, modellhaft herauszuarbeiten und zu einer einheitlichen Zusammenschau zu bringen.[56]

Die Charakterisierung des Menschen durch das „Handeln" ist heute besonders beliebt. Doch das Handeln allein als Kennzeichen des Menschen scheint zu unspezifisch zu sein: Das Besondere am menschlichen Handeln ist, dass es sich der Möglichkeit nach um ein planmäßig verbesserndes, zielstrebiges Tätigsein handelt – also um Leistungshandeln im weiteren Sinn des Wortes. *Der Mensch ist das eigenleistende Wesen.* (In meinem Buche „Eigenleistung" (1983) habe ich dies ausführlich begründet und ausgearbeitet.) Der Mensch – und nur er – kann als ein Selbst und bewusst immer besser handeln, „eigenleisten", wie ich sagen möchte. Freiwilligkeit und Eigenmotivierung sind notwendige Bedingungen der eigenen, besonders der schöpferischen Leistung. Leistung kann so zu einem Ausdruck persönlicher Handlungsfreiheit werden. Die Eigenleistung, eigenmotiviert vollbracht, ist ein Ausdruck der aktiven und kreativen Persönlichkeit. Eigenleistung ist dementsprechend kein reines Naturprodukt von Anlage und auch Trieb, sondern weit mehr seelische, gesellschaftliche und kulturelle, ja, geistige Errungenschaft wenn auch auf biologischer Grundlage. Sie besitzt eine besondere erzieherische Bedeutung – gerade auch dann – wenn es sich um eine symbolische Leistung handelt, die ein biologisch und rein ökonomisch überflüssiges Ergebnis erzeugt. Das anscheinend Überflüssige ist in mancher Hinsicht besonders nötig – für die kulturelle Entwicklung und zumal für die Erziehung. Leben ist Bewegung, an Selbstbewegung gebunden: Eigenbewegung nur ist beseeltes Leben[57]; das Seelische – besonders in

---

[56] Philosophische Anthropologie: ein Zwitter zwischen Metaphysik und Erfahrungswissenschaft, zwischen wertendem Entwurf und beschreibender Erklärung, zwischen der Deutung des Menschen als eines Naturwesens und als eines Kulturwesens. Am Leib-Seele-Problem, am Zusammenspiel der körperlichen Existenz mit seelisch-geistigen Vorgängen und kulturellen Prägungen, an der psychisch-physischen Doppelnatur des Handelns, an der körperlichen Bewegung und ihrer Deutung wird dieses Wechselspiel zwischen Natur und Geist, zwischen Körper und Seele, zwischen Materiellem und Mentalem zum besonders beherrschenden Thema. Ein anthropologisches „Weltknoten"-Problem nannte Schopenhauer das Leib-Seele-Dilemma. Das Problem der menschlichen Bewegung, Handlung und Leistung ist mit dieser „Knoten"-Frage der Philosophie zutiefst verquickt. Obwohl in der Philosophie vielfach vernachlässigt, ist es ein Zentralproblem jeder Anthropologie. Auch die körperliche Leistung und Bewegung – die stets *psycho*physisch ist -, beispielhaft etwa vertreten im Sport, aber ebenso auch im Tanz, im Arbeitsverhalten – gehört wesentlich zum handelnden Leben des Menschen, prägt dessen Auseinandersetzung mit der Welt, dessen Stellung in der Lebenswelt und in bestimmter Weise auch dessen Individualität und Kreativität.

[57] „Ende der Bewegung, so Ende des Lebens", meinte schon Platon lakonisch (im „Phaidros" 245 c). Und Platon musste es schließlich wissen: Er war Ringer und nahm als Athlet an den Isthmischen Spielen teil. 'Platon' war wahrscheinlich sein Sportlername, mög-

seinen vernünftigen Teilen – steht bei Platon dem Körperlichen voran, weil es als Eigenbewegtes der Ideenwelt näher sei und sich auch den Körper forme. Trotz seiner fragwürdigen dualistischen Theorie vermittelt uns Platon am Anfang der anthropologischen Philosophie ein bemerkenswert realistisches Bild vom Wechselspiel körperlicher und geistiger Komponenten im Menschen. Doch der Mensch ist nicht nur das sich selbst bewegende Lebewesen. Auch alle Tiere haben für Platon Seele. Was zeichnet den Menschen – besonders hinsichtlich der Bewegung – weiterhin aus? In weiterer Bedeutung ist schon das Leben, das Bestehen im Leben selbst eine „Leistung" (man denke an Ortegas „metaphysische Anstrengung"), eine auf Verbesserung hinzielende systematisch zielorientierte und planvolle Handlungskette oder -einheit, ein spannungsvolles, geordnetes Handlungsgefüge. Auch der Leib – in seinem Doppelcharakter von „Leib haben" und „Leib sein" (Plessner) – ist nicht nur materieller Träger, sondern auch Aufgabe und Ergebnis von Bildungs*leistungen*. Man ist, zum Teil wenigstens, wozu man sich macht. „Es ist der Geist, der sich den Körper baut" (Schiller zu idealistisch), den Menschen formt. Zum Teil mindestens. Der Mensch ist sein Leib und verhält sich zu seinem Leibe und zu seiner eigenen Person wie zur physischen und sozialen Umwelt jeweils durch das Medium seines Leibes; dieser ist eine ständig anwesende Herausforderung und Aufgabe, der Person aufgegeben zur Erhaltung und Kultivierung. Die Person bildet sich als eine körperlich-seelische Wirkeinheit und erschließt sich die Auseinandersetzung mit der Welt und der eigenen Person unter maßgeblicher Beteiligung leiblicher Gesichtspunkte und Handlungen. Selbst die meisten psychischen Vorstellungen sind an äußeren, verbräumlichten Handlungsmustern „ausgerichtet", sind nur so zu „begreifen". Die menschliche Bewegungsleistung gewinnt so durch das Medium des Leibes eine grundlegende Bedeutsamkeit für die Vielfalt, in der sich die Person die Welt erschließt, aber sekundär auch für ihr praktisches und deutendes Verhältnis zu sich selbst. Die Vielfalt möglicher Bewegungsarten und ihrer kulturellen wie individuellen Abwandlungen ist eine wichtige Weise, den Nuancenreichtum der Weltzuwendung, Weltbewältigung und der persönlichen Selbsterfahrung zu gestalten, zu prägen und auszudrücken. Bewegungsvielfalt ist auch ein Ausdruck persönlicher Differenziertheit; aber sie ist auch sozial und kulturell bestimmt, wie z. B. der französische Sozialwissenschaftler Marcel Mauss an eindringlichen kulturhistorischen und phänomenologischen Bewegungsstudien in verschiedenen Kulturen belegt hat. Die soziale und kulturelle Geprägtheit lässt sich an fast allen alltäglichen Bewegungen aufzeigen: Selbst die Formen des Gehens, besonders aber die Schwimmstile sind geschichtlich und von der jeweiligen Kultur geformt, überformt.

Die Ergebnisse lassen sich unmittelbar auf den Sport und die sportliche Leistung sowie auf das Leistungshandeln allgemein beziehen – aber auch auf andere Bereiche kreativer Eigentätigkeit. Sportliche Bewegungen, Handlungen und Leistungen sind im Unterschied zu vielen Alltagsbewegungen nur in einem höheren Maß *bewusst schematisiert, standardisiert*, auf eine Zielaufgabe ausgerichtet und in bezug auf den Ablauf kontrolliert. Sie sind zwar Handlungen in der Normalwelt, aber künstlich geformt – sozusagen „Kunsthandlungen" mit eigener Bedeutung. Dennoch gilt auch für sie, dass

licherweise abgeleitet von seinen Ringerschultern („*platys*" – breit): eigentlich hieß er Aristokles. (Selbst den meisten Philosophen ist dieses unbekannt.)

die Person durch das Erlernen und Beherrschen schwieriger sportlicher Bewegungen sich die Welt und den eigenen Leib bewegungsmäßig erschließt, sich dadurch neue Möglichkeiten des Selbstausdrucks und der Selbstbewährung schafft. Ähnliches gilt für Eigenleistungen allgemein. Die meisten Leistungen basieren zwar auf natürlich-biologischen Vorgängen, sind aber nicht allein durch diese determiniert oder gekennzeichnet, sondern sie enthalten stets kulturelle Bestimmungsfaktoren, sind von Konventionen, von historischen Traditionen abhängig. Insofern muss man, wenn man Leistungen verstehen will, nicht nur von Naturgesetzlichkeit allein reden, sondern auch von einem Kulturmodell. Das Phänomen muss gedeutet werden unter hinzukommenden kulturellen Gesichtspunkten. So kann es selbst bei der sportlichen Leistung jedenfalls nicht allein um ein bloß naturgesetzliches Verständnis gehen. Sportbewegungen etwa muss man wie das Kind das Schwimmen *erlernen, sich „erleisten"*. Bei schwer zu lernenden und zu beherrschenden wird dies besonders deutlich. Sportbewegungen sind aktive Eigenleistungen, Ergebnis einer gezielten Selbstdisziplinierung, eines gezielten Lernvorgangs. Die Vielfalt der durch Regeln umschriebenen Formen differenziert und dokumentiert, untergliedert und stellt ihrerseits die Möglichkeiten des Bewegungsverhaltens dar und damit auch des persönlichen Ausdrucks, der Persönlichkeit in einem dynamischen Gefüge von Handlungen, Antrieben und Gewohnheiten. Viele sportliche Eigenleistungen und Handlungen erfordern einen psychophysisch umfassenden Gesamteinsatz der Person, sind notwendige Eigenhandlungen, dienen der Selbstvervollkommnung durch den äußerlichen Ausdruck persönlicher Leistung; sie werden nur erreicht durch Eigeneinsatz in systematischem Training. Die sportliche Leistung ist eine konventionell gesetzte, künstlich geformte und fortschreitend kultivierte, kulturell gedeutete Gestalt des Ergebnisses eines psychophysischen Einsatzes der ganzen Person, Ausdruck einer Eigenleistung im Vergleich mit dem Partner (dem sog. „Gegner") oder auch im Vergleich mit dem eigenen früheren Könnensstand. Im Hinblick auf diesen Vergleich ist der sportliche Lebensstil mit seinen Trainingsgewohnheiten eine selbstgewählte Askese, eine Lebensdisziplinierung. Es ist übrigens keineswegs zufällig, dass auch Ähnlichkeiten zwischen der Vorbereitung des Hochleistungssportlers auf einen Finalwettkampf und etwa der Vorbereitung eines Doktoranden auf seine Doktorprüfung zu finden sind, auch etwa hinsichtlich der lange vorher zu erbringenden „Trainings"-Arbeit. Da zeigen sich ganz gleichartige Strukturen, die man durchaus auch nutzen, zum Teil übertragen kann, ohne das natürlich sklavisch tun zu können, zu sollen, zu dürfen. Eine automatische Übertragung funktioniert nicht. Es scheint so zu sein – und man kann das anhand von Beispielen eindrucksvoll belegen –, dass die allgemeinen Erfahrungen im Bestehen von Hochleistungssituationen und deren Anspannung in unterschiedlichen Bereichen einander sehr ähneln. So kann man Erfahrungen, Erkenntnisse, Routinen aus dem Bereich des Sports durchaus auch auf andere Prüfungssituationen im so genannten Ernstbereich des Lebens übertragen, wenn diese Übertragungsmöglichkeit bewusst gemacht, aktiviert und initiiert – sozusagen pädagogisch „gezündet" – wird, wenn das Problem gesehen und keine völlige Fixierung auf das sportliche Gebiet gegeben ist.

Darf ich zur Verlebendigung ein Beispiel aus eigener Erfahrung einfügen? Ich bereitete mich auf das Hauptexamen in Mathematik vor – zusammen mit anderen, die eigentlich bessere Mathematiker waren, was das Fingerspitzengefühl und das Finden von

Beweisen, die Beherrschung der gesamten Materie und der Methoden betrifft. Während ich aber Leistungssportler war und daran gewöhnt war, durch eine systematische Vorbereitung – damals als Intervalltraining – ganz gezielt auf einen Zeitpunkt des konzentrierten Einsatzes hinzuarbeiten und in einem bestimmten Zeitpunkt gleichsam alle Energiereserven zu mobilisieren, war ein Mitprüfling nicht durch diese Schule gegangen und bekam schließlich, obwohl er im Grunde der wesentlich bessere Mathematiker war, eine schlechtere Zensur. Er war nicht an Wettkampfverhalten, an Prüfungssituationen gewöhnt – und hatte nicht die systematische Vorbereitung auf eine konzentrierte Leistung erlernt und immer wieder geübt.

Es gibt eine ganze Menge von Parallelbeispielen, die den Pädagogen und erfolgreichsten Rudertrainer Karl Adam zu der bereits erwähnten These führten: „Die Struktur der Leistung ist auf allen Gebieten gleich" (besser wäre „ähnlich"). Ein kühnes, etwas pointiertes, wohl bewusst ein wenig übertriebenes Wort, aber sicherlich eines mit einem zentralen Wahrheitsgehalt in seiner Tendenz. Die Prinzipien der Leistung und des unbestechlichen Leistungsvergleiche, der Konkurrenz und der Chancengleichheit lassen sich im sportlichen Wettkampf annähernd rein verwirklichen – besser jedenfalls als in jedem anderen Lebensgebiet. Sport ist ein besonders geeigneter Träger, ein Ausdrucksmittel und Vergleichsbereich für „Eigenleistungen". Rührt daher ein Teil seiner Faszination? Ähnliches gilt für andere Gebiete schöpferischer Leistungen – wie die künstlerische, die schriftstellerische, kunsthandwerkliche, musikalische aber auch die wissenschaftliche und philosophische Tätigkeit. Als Bereiche kreativen Eigenleistens sind sie alle pädagogisch von höchster Bedeutung: nötige Auszeichnungsmöglichkeiten in einer weitgehend konformistischen, gleichmacherischen Gesellschaft, die dennoch individualistische Werte betont. Sport und Kunst etwa versinnbildlichen Ideale der kulturell bewerteten Leistung, die durch die tägliche Existenzsicherung nicht erfordert wird, die aber unter anderem den Menschen zum schöpferisch handelnden, zum kulturellen, symbolisch (sich) darstellenden Wesen macht, das sich über die Alltagsnotwendigkeit der Existenzsicherung eben durch eine Leistung erhebt, die er erstrebt und hoch bewertet. *Der Mensch* lebt eben nicht vom Brot allein. Er *lebt auch von der Eigenleistung.*

Auch sportliche Eigenleistungen sind der idealen Möglichkeit nach Merkmale einer eigenschöpferischen Persönlichkeitsentwicklung und Selbstgestaltung. Der Sport kann – wie die Kunst, die Wissenschaft, das Kreativhandwerk usw. – als ein exemplarisches Feld für freiwillig erstrebte eigene Leistungshandlungen gelten. Alle Bereiche des Eigenhandelns sind in der verwalteten, von überindividuellen Institutionen und Organisationen beherrschten Welt von heute Reservate des individuellen Engagements geblieben. Jemand hat einmal gesagt, in dieser Welt von Institutionen sei es der Sport, in dem das Leben wirklich noch Handeln sei. Ich möchte hier die anderen Bereiche des kreativen Eigenleistens ergänzen. Man muss diese Feststellung also auf *alle* Bereich des kreativen und des *rekreativen, des schöpferischen und erholsamen Eigenhandels* erweitern; dann aber gelten das Gesagte und das Folgende für jedes dieser Gebiete.

Gerade die demokratischen Gesellschaften in der verwalteten Welt sind auf Eigenmotivation und Leistungsbereitschaft angewiesen und müssten diese in ihren Bildungsinstitutionen nachdrücklich fördern. Eigenmotivierte, sachorientierte und kooperationswillige Leistungshaltungen gilt es besonders zu unterstützen, zu prämiieren. Eigenes Handeln, eigene Leistung sind ein wichtiger Ausdruck eines wirklich persönlichen Lebens. Schöpferische oder reproduzierende Tätigkeit in Kunst und Sport ist in einer vom Konsumentenpassivismus bedrohten Welt für Heranwachsende ein besonders attraktives Mittel und Vehikel bei der Hinführung zur Eigenleistung – eher und leichter zugänglich als etwa wissenschaftliche oder jede andere schöpferische Eigentätigkeit. Diese Bereiche sind eine Schule[58] der Eigenleistung.

7. Zur Faszination der sportlichen Eigenleistung

Besonders der Sport ist eine Schule der Eigenleistung. Der Sport braucht zudem aufgrund seiner gleichsam „natürlichen" Faszinationswirkung den Jugendlichen nicht zwangsverordnet zu werden. So kann man im Sinne der skizzierten Anthropologie des eigenleistenden Wesens die These vertreten: Sportliches – wie auch künstlerisches und musisches – Leisten ist zugleich Eigenhandeln, unverwechselbar persönliches aktives und engagiertes Leben, symbolisch bewertete Leistung. Sportliche Leistung kann der Differenzierung und Selbstbewährung sowie der sozialen Anerkennung und Bewertung des leistenden Athleten dienen. Sie ist in gewisser Weise ein „natürlicher" Vorgang, unterliegt einer bestimmten Idee der „natürlichen Bewegung" – technische Hilfsmittel sind nicht oder nur in Grenzen als notwendiges Gerät erlaubt. Sie ist aber auch kulturell und sozial geprägt: ein Kulturphänomen auf natürlicher biologischer Basis.

Aus der Sicht des Sportlers selbst ist das sportliche Handeln nicht schlicht Normalleben, nicht normale Alltagstätigkeit. Es stellt sich eher als ein auf einfache Züge konzentriertes Modell des vital gesteigerten, im Wettkampf kontrastprofilierten Rollenhandelns in quasimythischer Symbolisierung und Überhöhung dar. Die Faszination des Sprints, der Schnelligkeit lässt sich offensichtlich nicht erklären, ohne auf symbolisierte gleichsam „mythische" Grundsituationen des selbstbeweglichen Menschen, auf Fluchterfahrung und so weiter zurückzugehen. Oder man denke an Natursportarten wie das Bergsteigen: die Gegnerschaft der Natur, die sich in Gestalt der Eiswand, als lebensgefährliche Bedrohung und Herausforderung zugleich repräsentiert. Ein symbolisches Drama des Überlebenskampfs gegen Naturgewalten. Eine Versinnbildlichung oder quasi „mythische" Funktion verdeutlicht sich in typischen Beispielsituationen durch die dramatische Darstellung, indem vertraute Formen Sinn für weniger vertraute Phänomene erschließen oder festlegen, sozusagen Leitbilder sinnlich zugänglich verkörpern. Der „sportliche Mythos" zeigt den sportlichen Wettkampf gegen Gegner, Naturgewalten oder

---

[58] Zwar muss der eigentliche *Schulsport* natürlich Bewegungstraining und Beteiligung am Sport vorschreiben. Das führt aber in sein Dilemma: Die nötige Bewegung tut den vielen „Sportfaulen" gut, aber sie verliert durch die Verordnung an Attraktivität. Wer wird nach der Schulzeit noch ein sportliches Bewegungstraining weiterfahren, eine Sportart lebenslang betreiben? Die Schule hat es schwer, den Anreiz dazu dauerhaft zu gründen. Vielleicht lässt sich das durch spielerische Trend- und Lifetime-Sportarten erreichen, durch eine stärkere Ausrichtung des schulischen Lehrplans auf Freizeit- und Breitensport und durch eine besonders an das eigene Talent und die persönliche Leistungsentwicklung angepasste Beurteilung. Ähnliches gilt für die aktive Musik, die Anregung zur lebenslangen Hausmusik. Kann die Schule dies aber alles leisten?

7. Zur Faszination der sportlichen Eigenleistung

abstrakter gegen anscheinend unüberwindliche Leistungsgrenzen als ein symbolisches Rollendrama, in dem die Rollen in sichtbarer Dynamik und Drastik holzschnittartig auf einfachste Konfrontationen zusammengeschnitzt sind: Sieg oder Niederlage, Durchhalten oder Aufgeben. Die quasischicksalhafte Unabänderlichkeit der abgelaufenen Handlung und Entscheidung verleiht hochkarätigen Sportwettkämpfen (wie olympischen Endläufen) zudem das Signum des historisch Einmaligen, Unwiederholbaren. Auch dies erhöht die quasimythische Faszination. Sport also als symbolisch-mythische Darstellung gleichsam archetypischer Rollendynamik in vereinfachter Stilisierung und Konfrontation der Handlungssituation – diese These kann die symbolische Rolle und Faszination sportlicher Wettkämpfe und Leistungen für die Zuschauer und Aktivsportler in gleicher Weise erklären. Sport also als ein Mythos des leistenden Wesens. Abendländischer Individualismus, Leistungsstreben zur Selbstbestätigung und zum Selbstausdruck der Persönlichkeit: „Concern for excellence", das Herausragen durch Leistung, so deutete Paul Weiss (1969) dieses Kulturmodell. In der Tat ist das Streben nach Leistungssteigerung im Sinne des Immer-besser-Handeln entsprechend von kulturellen Wertungen geprägt. Homers „Stets der Beste zu sein und die anderen zu übertreffen" (Ilias), dieser Achilles-Komplex der griechischen Wettkampforientierung (Segal), diese Konkurrenzorientierung im Sport ist zweifellos stark von der griechischen wettkampforientierten Einstellung geprägt. Leistungssport – ein Mekka für Konkurrenzkultur[59]. Die Prinzipien der Leistung und des unbestechlichen Leistungsvergleichs, der Konkurrenz und der Chancengleichheit lassen sich im sportlichen Wettkampf idealtypisch noch am ehesten annähern: Nepotismus, Bevorzugung, Beziehung zählen so wenig wie Reichtum oder Macht. Leistung allein zählt im Sport – wenigstens ideal. Der Sport wurde als Modell der Leistungsgesellschaft verstanden, in dem deren Werte und Leitnormen reiner zum Ausdruck kommen als in der realen Gesellschaft (Karl Adam, v. Krockow). In der Tat erscheint das sportliche Leistungsprinzip als eine Abstraktion, die eine gleichsam reine utopische Darstellung des Leistungsverhaltens erlaubt, wie es in der Arbeitswelt[60] kaum

---

[59] Max Webers These über die Wechselwirkung zwischen der Entwicklung der protestantischen Ethik mit ihrem individualistischen Ethos der innerweltlichen Bestätigung eigener Auserwähltheit durch Leistung und Erfolg einerseits und der Entwicklung der unternehmerischen Leistungsorientierung andererseits scheint sich besonders auffallend auch im Sport zu verkörpern: innerweltliche Askese, Leistungsorientierung, Individualismus und Konkurrenz, Auszeichnungsstreben scheinen stärker mit protestantischen Kulturen (aber auch mit marxistischen Gesellschaftsideologien) verbunden zu sein als etwa mit anderen (z. B. buddhistischen und katholischen, Lüschen, Seppänen). Die kulturelle Geprägtheit der Werte des Sports lässt sich kaum stärker demonstrieren.

[60] Die sozialphilosophische Gesellschaftskritik wandte sich dementsprechend auch sogleich gegen den Sport mit dem Vorwurf, er spiegele die Leistungsnormen und Zwänge der Arbeitswelt wider und lenke die Menschen von ihren angeblich eigentlichen revolutionären Interessen ab. Man meinte sogar fälschlich, Sport mache die Menschen maschinengleich, diene nur der „Fitness für die Arbeit" und der Anpassung an die technisierte Welt, gehöre aber „ins Reich der Unfreiheit, wo immer man ihn auch organisiert" (Adorno). Man übersah aber dabei, dass die Sportler sich emotional und persönlich sehr wohl mit ihrer Leistung und ihrem Training identifizieren, die sie als unverwechselbar persönlich zurechenbare Eigentätigkeit auffassen, dass (trotz gelegentlicher Manipulationsversuche) die sportliche Tätigkeit

so vorkommt. – Die künstlerische und die sportliche Leistung haben in ihrer motivationalen Begründung – und nicht nur dort – vieles gemeinsam. Als Bereich kreativen Eigenleistens sind sie sozialpädagogisch von höchster Bedeutung: nötige Auszeichnungsmöglichkeiten einer weitgehend konformistischen Gesellschaft, die dennoch individualistische Werte betont. Beide versinnbildlichen Ideale der kulturell bewerteten Leistung, die durch die tägliche Existenzsicherung nicht erfordert wird, die aber unter anderem den Menschen zum handelnden, zum kulturellen, symbolisch sich darstellenden Wesen macht, das sich über die Alltagsnotwendigkeit der Existenzsicherung eben durch symbolisches Tun, durch eine Leistung erhebt. So versinnbildlicht auch der Athlet – wie der Künstler – geradezu einen herakleisch-prometheischen „Mythos" (vgl. Verf. 1972, 1985) der kulturellen Ausnahmeleistung eines für die Befriedigung der Grundbedürfnisse eigentlich unnötigen, aber symbolisch hochbewerteten „hervorragenden" Handelns, das aus persönlichem Engagement, aus Hingabe an eine Aufgabe, an anspruchsvolle Strebensziele entsteht. Der Mensch lebt eben nicht in der Tat vom Brot allein, sondern er benötigt sinnvolle Aufgaben und sinngebende Ziele. Die sportliche Leistung und der Sport als Institution vermögen solche Ziele zu bilden. Das anscheinend „Überflüssige" ermöglicht erst Vielfalt und Differenzierung des Daseins und der Persönlichkeit. Für das leistende Wesen vermag (wie auch der Handlungsbereich der Kunst und jener der Wissenschaft) auch der Sport erzieherisch nötige Ziele und Ideale für Einsatzfreude und Auszeichnungsstreben zu bieten. Modernes Abenteuer, Träume jugendlichen Tatendrangs, Lust am Risiko, am fast vollständigen persönlichen Einsatz für ein ökonomisch unwichtiges Ziel, das Zusammenwirken in einer Mannschaft, das Streben, sich mit anderen zu messen, sich selbst zu überwinden, im Training und Wettkampf durchzuhalten, sich in der Trainingsdisziplin selbst zu meistern und das beste aus seiner Veranlagung und seinem Ansatz zu machen, der Wille, frei vor seinem eigenen Anspruch, vor dem Vergleich mit anderen und der jeweiligen Grundveranlagung zu bestehen – alle diese Ziele und Funktionen finden sich im sportlichen Handeln verkörpert. Eine solche Institution des Ansporns, der schöpferischen Eigenleistung kann nicht gesellschaftlich sinnlos sein, prägen doch auch die sportlichen Eigenerfahrungen die Persönlichkeit mit: Der Trainingsplatz wird zum Übungsplatz für pädagogische Herausforderungen, die Mannschaft zur Schule der Demokratie. Training und Wettkampf besonders des Hochleistungssportlers werden sich später in Erinnerung und Selbstbildnis des Athleten widerspiegeln. Die Erinnerung an die Bewährung, nicht nur um Sieg, das Wissen, im ehrlichen Einsatz das Beste gegeben zu haben – vermitteln im Rückblick Sinn, Stabilität des Selbst, Selbstbewährung. Ohne Herausforderung, ohne selbstgesetztes oder selbstangenommenes Gefordertsein keine echte Leistung, keine tiefe eigenständige Persönlichkeitsentwicklung – und jedes starke aktive Engagement ist in diesem Sinne auch Leistung im weiteren Sinne. Jede ein starkes Engagement und persönliche Identifikation sowie Initiative und psychophysischen Einsatz erfordernde Leistung kann und sollte als kreativer Ausdruck der Persönlichkeit gewertet werden. Eigenhandeln, Eigenleistung ist ein Kriterium personaler Entwicklung, ein Ausdruck individueller Freiheit. Der Sport kann jedenfalls als ein exemplarischer Bereich des Eigenhandelns,

fast ausschließlich unter dem Prinzip der Eigenmotivation steht, nicht fremdbestimmt erzwungen wird.

der Eigenleistung gelten, der andere Bereiche stellvertretend mitrepräsentiert. Angesichts der modischen Baisse, der schlechten Presse jedes eigenmotivierten Leistungsstrebens in vielen Zweigen der gegenwärtigen öffentlichen Meinung muss man geradezu eine positive Leistungskultur, eine neue Kultur des kreativen (Eigen-)Leistungsprinzips fordern. Gerade demokratische Gesellschaften sind auf Eigenmotivation und Leistungsbereitschaft angewiesen und müssten sie in ihren Bildungsinstituten nachdrücklich pflegen.[61] Sicher: Leistung ist nicht alles, und Leistung an sich, abstrakt äußerlich formal genommen, ohne sozial sinnvolle Zielsetzung ist nicht als Verhaltenspassepartout zu empfehlen. Doch ohne eigenes Leistungsstreben, ohne den Wunsch nach besonderen Leistungen, nach persönlicher Leistungsverbesserung, nach kreativer Eigenleistung wäre Kultur nicht möglich. *Das kulturelle Wesen ist das eigenleistende Wesen.* Dieses Leitbild umschreibt, wie erwähnt, ein wertendes Ideal, das des Menschen Streben zum Besseren ausdrückt. Persönliches Eigenhandeln, eigene Leistung ist ein wichtiger Ausdruck kreativen Lebens.

8. Zusammenfassende Thesen zur Eigeninitiative

1. Nur der Mensch kann persönlich handeln, „eigenhandeln". Er ist aber nicht nur bloß das „handelnde Wesen" (Schütz, Gehlen), das zweckmäßig bewusst gesetzte Ziele verfolgen und plangerecht verwirklichen kann, das darin (relativ) frei ist, sondern er ist das Lebewesen, das sich durch „Selbsttranszendenz" (durch Hinausgehen über die Grenzen des Ichs) verwirklichen kann, durch Auslegung in ein „Nicht-Ich" (Gehlen), sei es durch ein Werk, eine äußere Handlung, ein immer besseres Ergebnis. Handeln ist nicht spezifisch genug. Der Mensch möchte sich im Handeln verbessern, nach Gütemaßstäben gut oder immer besser handeln. Er möchte eben etwas leisten, sich auch mit seinem Handeln und dessen Ergebnissen zieren. Er ist daher nicht nur das „handelnde Wesen", sondern er (und nur er) ist auch „das leistende Wesen", das eigenleistende Wesen. Nur eingenengagierte Eigenleistung kann schöpferisch sein. Man könnte von einem *Prinzip der schöpferischen Eigenleistung* sprechen. Diese Art des Leistungsprinzips ist nicht überholt und unnütz am Ende, wie manche Gesellschaftskritiker in den letzten Jahrzehnten glaubten, die fälschlich das soziale und das ökonomische Leistungsprinzip der die fremdverordneten Leistungen allein als repräsentativ für jede Leistungsorientierung ansahen (vgl. v. Verf. 1983, S. 99ff.). *Leistung tut nach wie vor not.*
2. *Erziehung zur sinnvollen Eigenleistung ist unerlässlich.* Wenn Eigenleistung kreativ ist, so sollten alle Möglichkeiten dazu der Jugend in jeder Form angeboten, leicht zugänglich gemacht werden. Eigenleistung sollte als persönlichkeitsbildende Aktivität von großer pädagogischer und sozialer Bedeutung angesehen und gefördert werden. Sie muss gelernt, geübt werden. Dies gilt für alle ihre vielfältigen Arten: Jede schöpferische Form der Eigentätigkeit muss empfohlen, ausgebildet, immer wieder geübt werden – sei es in der Kunst, Musik, im Sport, in der Wissenschaft und Technik, im freiwilligen

---

[61] Dies bedeutet nicht, dass man groteske Durchschnittsnotenarithmetik betreibt (wie gegenwärtig in unseren Schulen) und Zwangsleistungstests formalistisch über Lebenschancen entscheiden lässt, sondern dass man eigenmotivierte, sachorientierte und kooperationswillige Leistungshaltungen unterstützt und fördert.

Sozialdienst usw. Die Chancen für persönliches Handeln und eigene Leistung sollten in allen passenden Zusammenhängen in der Gesellschaft gezielt vereinfacht und verbessert werden: Mannigfaltige Angebots- und Aktivitätsformen sind nötig – besonders für Heranwachsende. Jugendliche sollten in spielerischer Form möglichst viele und vielartige Leistungs- und Freizeitaktivitäten, Spielarten kreativen Handelns kennen, einüben und kombinieren lernen, um später ihnen gemäße Formen auszuwählen und eigenmotiviert als Tätigkeiten annehmen zu können, mit denen sie sich identifizieren, in denen sie sich ausdrücken, selbst verwirklichen. Sie sollten natürlich auch im Bereich der Schule zu einer größtmöglichen Vielfalt von Leistungsarten animiert, angeregt, motiviert (möglichst nicht oder möglichst wenig fremdbestimmt erzwungen) werden.[62] Diese vielfältigen Möglichkeiten des eigenmotivierten Handelns müssten in unseren Schulen viel stärker, viel gezielter verbessert werden. Die Schule hätte diese Sonderaktivitäten und -leistungen außerhalb der Schule zu unterstützen und anzuerkennen – mehr, als das bisher der Fall ist. Verschiedenartige Eigentätigkeiten sollten dabei fruchtbar miteinander kombiniert werden. Auch das muss man lernen, das muss gelehrt, gefördert werden. Die Vielfalt hätte sich auf unterschiedliche Grade der Bindung, Verflechtung und Anforderung auszurichten. *Eigenleistung ist vielfältig(er) anzuregen und „zu fördern" – besonders bei Jugendlichen.*

3. Insbesondere gegenüber einer strikten, harten Konkurrenz um jeden Preis, die ausschließlich orientiert ist an der Auszeichnung eines einzigen und nur eines Siegers, sollte die Zusammenarbeit, die Ausrichtung an der Gemeinschaftsleistung, nicht zu kurz kommen. Der Soziologe Bolte schreibt: „Um das zur Existenzerhaltung einer Gesellschaft erforderliche Leistungspotential bereitzustellen, scheint die Erziehung von leistungsfähigen, leistungsbereiten und kooperationswilligen Persönlichkeiten zunächst einmal wesentlicher als die von (nur, H. L.) konkurrenz- und konfliktorientierten Wettbewerbern". Gegen die sozial wie individuell fruchtbare (aber eingeschränkte) Funktion der geregelten Leistungskonkurrenz ist damit natürlich nichts gesagt. Dem Wetteifer müssten die primäre Sachbegeisterung, Teamwork und die Gruppenorientierung gleichrangig zur Seite gestellt und entsprechend gefördert werden. Wir brauchen Wettbewerbsmotivation, aber kombiniert mit Zusammenarbeitswilligkeit und wirklichem Sachinteresse. *Team-Leistung ist besonders zu fördern; Konkurrenzleistung sollte sich mit Kooperation und sachlichem Engagement verbinden.*

4. Begeisterung an der Aufgabe, an der Sache selbst, ist entscheidend für die Kunst des Eigenleistens, primäre Motivation ist letzten Endes wichtiger als sekundäre Motivation (diese ist nur Notbehelf: das Notaggregat der Antriebsarmen, nicht Begeisterungsfähigen). Auch dies muss unsere Schule mit ihrer geradezu grotesken Zehntelnoten-Durchschnittsarithmetik wohl erst wieder lernen. Begeisterungsfähige und -willige

---

[62] Dies mag geschehen durch Bastel-, Mal-, Musizier-, Experimentier-, Theatergruppen, Exkursionen, ebenso wie durch die Wettbewerbe „Jugend forscht", „Jugend musiziert", „Jugend trainiert für Olympia", Bundesjugendspiele, aber besonders lokal durch Vereinsprogramme, Diskussionsabende, Alten- und Krankenhilfegruppen, usw. Auch Fahrten ins Gebirge, auf Gewässern, dosiertes Abenteuer, Bestehen gegenüber Unbilden der Natur, Bergsteiger-, Segel-, Ruderkurse und die „Outward Bound"-Kurse sind hier zu erwähnen. Schließlich Erste-Hilfe-Kurse, Sanitäterausbildung, kirchliche und sonstige Hilfsgruppen, die Wissen und Eigenleistung erfordern.

8. Zusammenfassende Thesen zur Eigeninitiative

Lehrer sollten besonders ermutigt werden – auch zu vielfältigen eigenen Sonderwegen: *Nur selbst Begeisterte begeistern! Leistungsbegeisterte und -begeisternde an die Front!*

5. Darüber hinaus sollte man besonders die Attraktivität, die faszinierende Herausforderung durch hervorragende Leistungen zur Aktivierung des Eigenleistens nutzen. Vorbilder wirken mehr als Verordnungen. Auch die besonders starkes Engagement erfordernde Leistung kann und sollte als kreativer Ausdruck der Persönlichkeit gewertet werden. Außergewöhnliche Leistungen sind kein Resultat ausschließlich eines Dressuraktes, eines Drills, soviel Anspannung, Erschöpfung und oftmals Monotonie etwa manch ein sportliches Training, das Üben schlechthin in allen genannten Leistungsbereichen auch kennzeichnen mögen: Man kann nicht auf Befehl den Everest besteigen. Höchstleistungen sind nicht einfach durch Zwang, durch Befehl oder Verordnung zu veranlassen. Dasselbe gilt für hohe kreative Leistungen in allen Eigenleistungsbereichen. *Hochleister als Vorbilder faszinieren, wirken so erzieherisch, immer noch – und wohl auch künftig. (Jedoch sind unterstützende Maßnahmen hierfür nötig.)*

6. In einer eigenen Leistung – sei es ein Werk oder eine hoch bewertete Handlung – legt sich die Person aus. Die schöpferische Eigenleistung ist unverwechselbar persönlich; die handelnde Person hat sie vollbracht. Die *Leistung* ist und bleibt in diesem Sinne ein *Ausdruck persönlicher Handlungsfreiheit, der Freiheit des Individuums*. Eigenmotivationen und Identifikationen spielen hierbei eine bedeutsam Rolle. *Auf Eigenhandeln und Freiwilligkeit kommt es an: Eigenleistung ist so ein Signum der Freiheit des Einzelnen.*

7. Leistung ist kein bloßes Naturphänomen, sondern zugleich leiblich-körperliche, sozial-kulturelle, ja, geistige Errungenschaft und besitzt eine tiefe soziale und pädagogische Bedeutung – gerade auch dann, wenn es sich um eine nur symbolische Leistung handelt, die nicht unmittelbar ein ökonomisch verwertbares Produkt hervorbringt oder nicht unbedingt von direktem biologischen Überlebenswert ist.

8. Es bedarf daher allgemein einer neuen, positiven *Kultur der freiwilligen Eigenleistung*, einer *Förderung* des Prinzips *der kreativen Eigenleistung*. Die verstärkte Ausbildung einer positiveren, leistungsanreizenden Kultur (im Originalsinn des Wortes: „Pflege", „Bebauung") des selbstbestimmten kreativen Eigenhandelns, ist – besonders heute (wieder) – in unseren Bildungsinstitutionen nötig. *Wir brauchen eine neuerliche Kultivierung und Unterstützung der Kultur der Eigenleistungen.*

9. Daraus folgt, dass das *Prinzip Eigenleistung* auch der *Humanität* verpflichtet ist. Es muss ein humanisiertes Leistungsprinzip sein. Es ist eine wesentliche Zukunftsaufgabe, die „freie Eigenleistung als Humanismus zu begreifen und zu gestalten" (Verf. 1983). Das gilt besonders auch für den Leistungssport, selbst wenn dieser heute zu manchen inhumanen Übertreibungen oder gar Extremen neigt (Doping) und die Humanitätsbindung allzu oft in der rüden Konkurrenz und „Alleinsiegerorientierung" vergisst. *Eigenleistung sollte human und sozial sinnvoll sein.*

10. Sportliches wie künstlerisches Handeln kann im Ideal deshalb eine besonders wirksame und exemplarische Schule der Eigenleistung sein, weil es die Vorteile relativ leichter Zugänglichkeit und Verständlichkeit mit denen der besonderen Attraktivität und Faszination verbindet und zugleich den Handelnden ganzheitlich (physisch und psychisch in gleich starkem Maße) fordert. Der Sport kultiviert besonders eindringlich die „Hohe Kunst" der Eigenleistung. Ähnliches gilt für die künstlerische Eigentätigkeit des

Amateurmusikers, – malers. *Sport, Kunst und andere kreative Tätigkeiten und Bereiche sind als recht „zugängliche" „Schulen" der Eigenaktivität besonders zu fördern.*

11. Die leistende Eigentätigkeit kann ihren Rhythmus, ihren Wert, ihre Lust und Genuss – ja ein Flow-Erleben[63] in sich selbst tragen – selbst unter Hochleistungsansprüchen. *Eigenleistung trägt den besten „Lohn", die persönliche Befriedigung, in sich selber. Sie sollte mit gelockerter Gelassenheit einhergehen.*

12. Im Zuge der „Freisetzung" nicht gebrauchter Arbeitskräfte, angesichts der strukturellen, durch die technisch-industrielle Entwicklung mitbedingten Arbeitslosenproblematik werden wir gezwungen sein, die herkömmliche Arbeitsethik, die fast nur berufliche bezahlte Tätigkeit hochschätzt, abzuwandeln: Die freiwillige Eigenleistung und Eigenarbeit – etwa die ehrenamtliche Sozialtätigkeit, das freie bürgerschaftliche Engagement oder die eigenaktive künstlerische Gestaltung -, die Hingabe an eine Eigenleistung um ihrer selbst willen werden mehr gesellschaftlichen Wert erlangen (müssen). In der Eigenhandlung zeigt sich erst der Mensch, beweist sich erst das Individuum. Der Unterschied von Arbeit und erfüllter Freizeittätigkeit sollte und dürfte sich übrigens in Grenzgebieten in Zukunft mehr als heute verwischen. *Die Demokratie braucht die engagierten Eigenleistungen, lebt geradezu von diesen – gerade auch von solchen, die sie nicht erzwingen kann: Auch gesellschaftlich sind Eigenaktivierung und Eigenleistungen unverzichtbar: Sie müssten aber auch anerkannt werden: Eigenleistung und Eigeninitiative sollten sich wieder lohnen.*

---

[63] Csikszentmihalyi (1975) beschreibt die innere Form und Befriedigung von Tätigkeiten, die reiner Selbstzweck sind, die allein um ihrer selbst und des Erlebens willen gesucht werden. Er bezeichnet das ganzheitliche Erleben, das Leute fühlen, wenn sie mit völliger Hingabe handeln, als „Fließen" (*„flow"*). Die Person ist sich ihrer Handlungen gewahr, aber nicht dieses Gewahrseins selbst und nicht einer Trennung von Handlung und Selbst; die Aufmerksamkeit zentriert sich auf einen begrenzten Reizbereich; die Person vergisst sich selbst; klare Handlungsaufgaben stehen in klarer Rückkoppelung mit den Handlungen. Die Person kontrolliert ihre Handlungen und die Umgebung. Das Erlebnis des Fließens entsteht aus dem Prozess, hängt nicht vom Ergebnis oder vom Zuschauen ab. Die Entdeckung von Neuem, Annahme und Ausforschung einer physischen oder symbolischen Herausforderung für persönliche Geschicklichkeit und Fähigkeit sind charakteristisch für Handlungen, die zum Erlebnis des Fließens führen können. Dieses Erlebnis kann ebenso bei engagierter beruflicher Arbeit, kreativer Tätigkeit nachweisbar auch etwa beim Chirurgen auftreten, besonders natürlich bei original rhythmischen Tätigkeiten, z. B. bei Tänzern, Schauspielern und in anderen darstellerischen Berufen. Die traditionelle Trennung von Spiel und Arbeit wird in einem solchen Zusammenhang irrelevant. Im Zustand des „Fließens" konzentrieren die Handelnden ihre Aufmerksamkeit auf ein begrenztes Reizfeld, vergessen persönliche Probleme, verlieren den Zeitsinn und den Sinn für sich selbst, fühlen sich handlungsfähig und unter Selbstkontrolle und haben einen Sinn für Harmonie und Vereinigung mit der Umgebung. Das Erlebnis des Fließens ist nicht jedem und keineswegs jederzeit möglich. Dennoch kann es aber auch bei Alltagshandlungen als „Mikro-Fließen" auftreten. Es gilt, mit der Eigenidentifizierung, dem Eigenengagement mit bzw. in der Tätigkeit, die Flowerlebnisse zu fördern, das Fließen in Eigenleistungen zu ermöglichen, anzureizen, zu unterstützen.

Literatur

Adam, K.: Nichtakademische Betrachtungen zu einer Philosophie der Leistung. In: Lenk, H., Moser, S., Beyer, E. (Hg.): 1973, 22-33.
Adam, K.: Leistungssport als Denkmodell. München 1978.
Albert, H. (Hg.): Theorie und Realität. Tübingen: Mohr ^{1}1964, verändert ^{2}1972.
Albert, H. (Hg.): Theorie und Prognose in den Sozialwissenschaften. In: Topitsch, E. (Hg.): Logik der Sozialwissenschaften. Köln ^{9}1976, 126-143.
Amabile T. M.: The Social Psychology of Creativity. New York 1983.
Anderson, J.R.: Kognitive Psychologie. Heidelberg 1988 (Orig. 1980).
Anscombe, G. E. M.: Intention, Oxford 1958.
Atkinson, J. W.: Introduction to Motivation. Princeton u. a. 1964.
Atkinson, J. W. – Birch, D.: Die Dynamik leistungsorientierter Tätigkeit. In: Lenk, H. (Hg.) 1977 ff, Band 3, 1. 1981, 353-434.
Atkinson, J..- Feather; N. (Hg.): A Theory of Achievement Motivation. New York 1966.
Atkinson, J. W. - Raynor, J. O. (Hg.): Motivation and Achievement, Washington 1964.
Baars, B. J.: A Cognitive Theory of Consciousness. New York, Cambridge, UK 1988.
Ball, H.: Die Flucht aus der Zeit. München 1927.
Bannister, D. – Fransella, F.: Der Mensch als Forscher. Münster 1981 (Orig. 1971).
Barron, F.: Creative Person and Creative Process. New York 1969.
Bartlett, F. C.: Remembering. New York, London 1932.
Beckermann, A. (Hg.): Analytische Handlungstheorie. Band 2: Handlungserklärungen, Frankfurt 1977.
Bell, D.: Die nachindustrielle Gesellschaft. Frankfurt a. M. 1975.
Bergson, H.: The Creative Mind. New York 1946.
Berlin, W. – Kay, P.: Basic Color Terms. Berkeley, Los Angeles 1969.
Bieri, P.: Das Handwerk der Freiheit. Darmstadt 2001.
Binkley, R. - Bronaugh, R. - Marras, A. (Hg.): Agent, Action, and Reason. Oxford 1971.
Block, N. - Flanagan, O. -_Güzeldere, G. (Hg.): The Nature of Consciousness. Cambridge, MA 1997.
Block, N. (Hg.): Readings in the Philosophy of Psychology. 2 Bände. Cambridge, MA.: Harvard Univ. Press 1981.
Block, N.: Eine Verwirrung über eine Funktion des Bewusstseins. In: Metzinger (Hg.) 1995, 523-581.
Boden, M. A. (Hg.): Dimensions of Creativity. Cambridge, MA. 1994 a.
Boden, M. A.: Creativity and Computers. In: Dartnall, T. (Hg.) 1994, 4-26.
Boden, M. A.: The Creative Mind. London , New York 1990. (dt.: Die Flügel des Geistes, München 1992).
Bolte, K. M.: Leistung und Leistungsprinzip. Opladen 1979.
Brand, M. (Hg.): The Nature of Human Action, Glenview, IL 1970.
Brand, M. - Walton , D. (Hg.): Action Theory, Dordrecht 1976.
Brandtstaedter, J. (Hg.): Struktur und Erfahrung in der psychologischen Forschung. Berlin/New York 1987.
Briggs, J. – Peat, F. D.: Die Entdeckung des Chaos (1989). München 1993.
Briggs, J.: Chaos. Neue Expeditionen in fraktale Welten. (1992) München , Wien 1993.
Brocke, B.: Technologische Prognosen. Freiburg-München 1978.

Brocke, B.: Das bemerkenswerte Comeback der Differentiellen Psychologie. In: Ztschr. für Differentielle und Diagnostische Psychologie 21 (2000), 5-30.
Bruner, J.: The Conditions of Creativity. In: Gruber, H. E. – Terrell, G. – Wertheimer, M. (Hg.): Contemporary Approaches to Creative Thinking. New York 1962.
Burge, T.: Zwei Arten von Bewusstsein. In: Metzinger (Hg.) 1997, 583-594.
Caillois, R.: Die Spiele und die Menschen. (Paris 1958); dt.: Frankfurt, Berlin 1982.
Care, N.- Landesman, C. (Hg.): Readings in the Theory of Action. Bloomington 1968.
Carruthers, P.: Phenomenal Consciousness. Cambridge, UK 2000.
Chalmers, D. J.: The Conscious Mind. New York 1996.
Chalmers, D.J.: Fehlende Qualia, schwindende Qualia, tanzende Qualia. In: Metzinger 1995, 367-389.
Chalmers, D. J.: Das schwierige Problem des Bewusstseins. In:Esken-Heckmann 1998.
Chisholm, R. M.: On the Logic of Intentional Action. In: Binkley, R. u.a. (Hg.) 1971.
Churchland, Patricia: Neurophilosophy. Cambridge, MA 1989^2 (Orig. 1986).
Churchland, Paul M.: Die Seelenmaschine. Heidelberg 1997 (Orig. 1995).
Ciompi, L.: Affektlogik. Stuttgart 1982, 1998^5.
Ciompi, L.: Die emotionalen Grundlagen des Denkens. Göttingen 1997.
Cohen, J. L.: The Semantics of Methaphor. (Orig. 1958) In: Ortony, A. (Hg.): Metaphor and Thought. Cambridge, UK 1979, 64-77
Cramer, F.: Chaos und Ordnung. Stuttgart 1989.
Cramer, F.: Das Schöne, das Schreckliche und das Erhabene: In: Bien, G. – Gil, Th. – Wilke, J. (Hg.): 'Natur' im Umbruch. Stuttgart 1994, 259-282.
Cramer, F. – Kaempfer, W.: Die Natur der Schönheit. Frankfurt a. M. 1992.
Crick, F. - Koch, C.: Towards a Neurobiological Theory of Consciousness. In: Seminars in the Neurosciences 2 (1990), 263-275.
Crick, F. - Koch, C.: Das Problem des Bewusstseins. In: Spektrum der Wissenschaft 1992 (Nr.11), 144-152.
Crick, F.: Was die Seele wirklich ist. München 1994.
Czikszentmihalyi, M.: Beyond Boredom and Anxiety. San Francisco 1975.
Csikszentmihalyi, M.: Motivation and Creativity. In: New Ideas in Psychology 6 (1988), 159-176.
Csikszentmihalyi, M.: Society, Culture, and Persons. In: Sternberg 1988, 325-339.
Cummins, R.: Meaning and Mental Representation. Oxford 1989.
Dainton, B. F.: Stream of Consciousness: Unity and continuity in conscious experience. London 2000.
Damasio, A. R.: Ich fühle, also bin ich. München 2000.
Damasio, A.R.: Descartes' Irrtum. München, Leipzig 1994.
Danto, A. C.: Analytical Philosophy of Action, Cambridge 1973.
Dartnall, T. (Hg.): Artifical Intelligence and Creativity. Dordrecht u.a. 1994.
Darwin, C.: Der Ausdruck der Gemütsbewegungen bei dem Menschen und den Tieren. Nördlingen 1986 (Orig. 1872).
Davies, M. - Humphreys, G. (Hg.) Consciousness. Oxford 1993.
Davies, P.: Chaos Frees the Universe. In: New Scientist 6.10.1990, 48-51.
De Waal, F.: Bonobos. Basel u.a. 1998.
De Waal, F.: Die Bonobos und ihre weiblich bestimmte Gemeinschaft. In: Spektrum der Wissenschaft 1995, Nr. 5, 76-83.
De Waal, F.: Wilde Diplomaten. 1991, 1993 TB (Orig. 1989) München.
Dennett, D. C.: Quining Qualia. In: Marcel — Bisiach 1988, 42-77 (dt. in Heckmann - Walter 2001, 453-502).
Dennett, D. C.: Real Consciousness. In: Revonsuo — Kamppinen 1994, 55-63.

Dennett, D.: Philosophie des menschlichen Bewusstseins. (Orig. 1991) Hamburg 1995.
Dennis, W.: Creative Productivity Between the Ages of 20 and 80 Years. In: Journal of Gerontology 21 (1966), 106-114, und in Science 123 (1966), 724-725.
Dörner, D.: Umgang mit einer komplexen Welt. In: Rösler – Florin 1994, 27-44.
Eacker, J. N.: Problems of Philosophy and Psychology. Chicago 1975.
Eccles, J. C.: Die Evolution des Gehirns. München 1989.
Eccles, J. C.: Wie das Selbst sein Gehirn steuert. München 1996.
Eckhorn, R. u.a.: Coherent Oscillations. In: Biological Cybernetics 60 (1988), 121-130.
Edelman, G.M.: The Remembered Present.. New York 1989.
Edelman, G.M.: Unser Gehirn. München, Zürich 1993 (Orig. 1987).
Edelman, G. M. — Tononi, G.: Gehirn und Geist. München 2002 (Orig. 2000).
Eigen, M. – Winkler, R.: Das Spiel. München, Zürich 1975.
Ekman, P. (Hg.): Darwin and Facial Expression. New York 1973.
Ekman, P.: Are there basic emotions? In: Pyschological Review 99 (1992), 550-553.
Ekman, P. – Levenson, R. W. – Friesen, W. V.: Autonomic nervous system activity distinguishes among emotions. In: Science 221 (1983) 1208-1210.
Ellis, R. D.: Questioning Consciousness. Amsterdam, Philadelphia 1990.
Engel, A. K. — König, P. — Singer, W.: Bildung repräsentationaler Zustände im Gehirn. In: Spektrum der Wissenschaft 1993 (Nr. 9), 42-47.
Esken, F. — Heckmann, D. (Hg.): Bewusstsein und Repräsentation. Paderborn 1998.
Feyerabend, P. K.: Wider den Methodenzwang. Frankfurt 1976.
Feyerabend, P.K.: Wissenschaft als Kunst. Frankfurt a. M. 1984.
Finke, R. A. – Ward, B. – Smith, M.: Creative Cognition. Cambridge, MA 1992.
Flach, W.: Über symbolische Schemata im produktiven Denkprozess. In: Archiv für die gesamte Psychologie, 52 (1925), 369-440.
Flanagan, O.: Consciousness Reconsidered. Cambridge, MA 1992
Flanagan, O.: The Science of Mind. Cambridge, MA 1991^2
Flohr, H.: Brain Processes and Phenomenal Consciousness. In: Theory and Psychology 1 (2) (1991), 245-262.
Flohr, H.: Die physiologischen Bedingungen des Bewusstseins. In: Lenk - Poser 1995, 222-235.
Flohr, H.: Die physiologischen Bedingungen des phänomenalen Bewusstseins. In: Forum für interdisziplinäre Forschung 5 (1992) 49-55.
Fodor, J. A.: Representations. Cambridge, MA 1981.
Fodor, J. A.: The Modularity of Mind. Cambridge, MA 1983.
Fodor, J. A.: Psychosemantics. Cambridge, MA 1987.
Fodor, J. A.: The Mind Doesn't Work That Way. Cambridge, MA, London 2001.
Frank, R. H.: Passions without Reason. New York 1988.
Freeman, W. J.: How Brains Make up their Minds. London 1999.
Gabler, H.: Leistungsmotivation im Hochleistungssport. Schorndorf 1972.
Gäfgen, G. (Hg.): Leistungsgesellschaft und Mitmenschlichkeit. Limburg 1972.
Gärdenfors, P.: A Pragmatic Approach to Explanations. In: Philosophy of Science 47 (1980), 405-423.
Gardner, H.: So genial wie Einstein. Stuttgart 1996.
Gazzaniga, M. S. – Le Doux, J. E.: Neuropsychologische Integration kognitiver Prozesse. Stuttgart 1983 (Orig. 1978).
Gazzaniga, M. S.: Brain Modularity. In: Marcel, A. J. – Bisiach, E. (Hg.) 1988, 218-238
Gazzaniga, M. S.: Consciousness and the Cerebral Hemispheres. In: Gazzaniga, M. S. (Hg.): The Cognitive Neurosciences, Cambridge, MA: 1995, 1391-1399.
Gazzaniga, M. S.: Das erkennende Gehirn. Paderborn 1989.

Gazzaniga, M. S.: Rechtes und linkes Gehirn: Split-Brain und Bewusstsein. In: Spektrum der Wissenschaft Nr. 12 (1998), 84-89.
Gazzaniga, M. S.: The Mind's Past. Berkeley, Los Angeles 1998.
Gehlen, A., u.a.: Sinn und Unsinn des Leistungsprinzips. München 1974.
Gennaro, R.: Consciousness and Self-Consciousness. Amsterdam-Philadelphia 1996.
Geo-Wissen: Chaos und Kreativität. In: Geo-Wissen, Hamburg 1990.
Gillett, G.: Representation, Meaning, and Thought, Oxford 1992.
Gleick, J.: Chaos: Die Ordnung des Universums. München 1990 (Orig. 1987).
Goldstein, L.J.: The Inadequacy of the Principle of Methodological Individualism. The Journal of Philosophy 53 (1956), 801-813.
Goldstein, L.J.: The Two Theses of Methodological Individualism. The British Journal for the Philosophy of Science 9 (1958), 1-11.
Goleman, P.: Lebenslügen und einfache Wahrheiten. Weinheim 1987.
Griffiths, P.E.: What Emotions Really are. Chicago – London 1997.
Groeben, N. – Wahl, D. – Schlee, Z. – Scheele, B.: Das Forschungsprogramm subjektiver Theorien. Tübingen 1988.
Groeben, N.: Handeln, Tun, Verhalten als Einheiten einer verstehenden, erklärenden Psychologie. Tübingen 1986.
Gruber, H. E. – Davis, S. N.: Inching Our Way Up Mount Olympus. In: Sternberg (Hg.) 1988, 243-270.
Güzeldere, G.: Ist Bewusstsein die Wahrnehmung dessen, was im eigenen Geist vorgeht? In: Metzinger 1995, 397-422
Hadamard, J.: The Psychology of Invention in the Mathematical Field. New York 1954.
Hameroff, St. R. – Kaszniak, A. W. – Scott, A. C. (Hg.): Toward a Science of Consciousness. Cambridge, MA 1996.
Hartfiel G. (Hg.): Das Leistungsprinzip. Opladen 1977.
Hebb, D. O.: The Organization of Behavior. New York 1949.
Heckhausen, H.: Hoffnung und Furcht in der Leistungsmotivation. Meisenheim 1963.
Heckhausen, H.: Leistungsmotivation. In: Thomae, H. (Hg.): Handbuch der Psychologie Bd. 2. Göttingen 1965, 602-702.
Heckhausen, H.: Leistung und Chancengleichheit. Göttingen 1974.
Heckhausen, H.: Motivation. In: Psychologische Rundschau 28 (1977), 1-11
Heckhausen, H.: Motivation und Handeln. Berlin – Heidelberg – New York 1980.
Heckhausen, H.: Ein kognitives Motivationsmodell und die Verankerung von Motivkonstrukten. In: Lenk, H. (Hg.) 1977 ff, Bd. 3, 1, 1981, 283-352.
Heckmann, H.-D. — Walter, S. (Hg.): Qualia. Paderborn 2001.
Heer, F.: Das Wagnis der schöpferischen Vernunft. Stuttgart u. a. 1977.
Heider, F.: The Psychology of Interpersonal Relations, New York 1958.
Heil, J.: The Nature of True Minds. New York, Cambridge, UK 1997^2.
Heil, J. – Mele, A. (Hg.): Mental Causation. Oxford 1993.
Helmer, O.; Rescher, N.: Exact vs. Inexact Sciences. In: Krimerman, L. I. (Hg.): The Nature and Scope of Social Science. New York 1969, 181-203.
Hempel, C. G.: Aspekte wissenschaftlicher Erklärung. Berlin 1977 (Orig. 1965).
Hernegger, R.: Wahrnehmung und Bewusstsein. Heidelberg 1995.
Herrmann, T.: Psychologie als Wissenschaft: In: Rösler – Florin 1994, 15-26.
Herrmann, Th.: Sprache verwenden. Funktionen – Evolution – Prozesse. Stuttgart 2005
Hildebrandt, St.: Wahrheit und Wert mathematischer Erkenntnis. München 1995.
Hildesheimer, W.: Mozart. Frankfurt a. M. 1977.
Hofmann, F.: Natur und Begriff des Bewusstseins. Paderborn 2002.
Hübner, K.: Die zweite Schöpfung. Das Wirkliche in Kunst und Musik. München 1994.

Huizinga, J.: Homo ludens: Vom Ursprung der Kultur im Spiel. (1938), Hamburg 1956.
Huyssen, A., Scherpe, K. R. (Hg.): Postmoderne. Reinbeck 1986.
Jackendoff, R.: Consciousness and the Computational Mind. Cambridge MA. 19892.
Johnson-Laird, P. N.: Mental Models. Cambridge, UK 1983.
Jürgens, H. – Peitgen, H.-O. – Saupe, D. (Hg.): Chaos und Fraktale. 1989.
Kamppinen, M.: (Hg.): Consciousness, Schemata and Relativism. Dordrecht 1993.
Kandel, E. R. - Schwartz, J. H. - Jessell, Th. M. (Hg.): Neurowissenschaften. Heidelberg 1996.
Kane, R.: The Significance of Free Will. Oxford – New York 1996.
Kane, R. (Hg.): The Oxford Handbook of Free Will. Oxford 2002
Kanitscheider, B.: Philosophische Reflexionen über Chaos und Ordnung. In: Peitgen – Jürgens – Saupe 1994, 1-33.
Kanitscheider, B.: Von der mechanistischen Welt zum kreativen Universum. Darmstadt 1993.
Karmiloff-Smith, A.: Is Creativity Domain-specific or Domain-general? In: Dartnall, T. (Hg.) 1993.
Kelly, G. H.: The Psychology of Personal Constructs. 2 Bde. New York 1955.
Kim, J.: Supervenience and Mind. Cambridge, UK 1993.
Kim, J.: Philosophie des Geistes. Wien — New York 1998 (Orig. 1996).
Kim, J.: Mind in a Physical World. Cambridge, MA 1998, 2000^2.
Kim, J.: Emergenz, Reduktionsmodelle und das Mentale. In: Pauen, M. - Stephan, A. (Hg.) 2002, 148-164.
Koch, Ch.: Bewusstsein – ein neurobiologisches Rätsel. Heidelberg 2005 (Orig. 2004).
Koestler, A.: Der göttliche Funke. (1964) München 1966.
Kornhuber, H. H.: Handlungsentschluss, Aufmerksamkeit und Lernmotivation im Spiegel menschlicher Hirnpotentiale. In: Heckhausen, H. – Gollwitzer, P.. – Weinert, F. (Hg.): Jenseits des Rubikon. Der Wille in den Humanwissenschaften. Berlin 1987.
Kornhuber, H. H. – Deecke, D. L.: Hirnpotentialänderung beim Menschen nach Willkürbewegungen. In: Pflügers Archiv für die gesamte Physiologie 281 (1964), 250ff.
Kosslyn, S. M.: Image and Mind. Cambridge, MA, London 1980.
Kosslyn, S. M.: Image and Brain. Cambridge, MA 1994.
Krockow, C. v.: Sport. Hamburg 1974.
Kuhn, T. S.: Die Struktur wissenschaftlicher Revolutionen. (Orig.1962) Frankfurt 1967
Küttner, M.: Gesetzesüberprüfung und Strukturgleichheitsthese. In: Albert, H - Stapf, K.H. (Hg.): Theorie und Erfahrung. Stuttgart 1979, 83-93.
Lantermann, E. D: Kognitive und emotionale Prozesse beim Handeln. In: Mandl, H. – Huber, G.L. (Hg.): Emotion und Kognition. München u.a. 1983.
Lanz, P.: Das phänomenale Bewusstsein. Frankfurt a. M. 1996.
Lasch, Ch.: Das Zeitalter des Narzissmus (1979). München 1980.
Laucken, U.: Naive Verhaltenstheorie. Stuttgart 1974.
Lazarus, R. S.: Thoughts on the relation between emotion and cognition. In: American Psychologist 37 (1982) 19-24.
Lazarus, R.. – Averill, J.. – Obton, E..: Ansatz zu einer kognitiven Gefühlstheorie. In: Birbaumer, H. (Hg.): Psychophysiologie der Angst. München 1977, 182-207.
LeDoux, J.: Das Netz der Gefühle. München 1998 (Orig. 1996).
Lenk, H,: Werte – Ziele – Wirklichkeit der modernen Olympischen Spiele. Schorndorf 1964, 1972^2.
Lenk, H.: Leistungsmotivation und Mannschaftsdynamik. Schorndorf 1970, 1977^2.
Lenk, H.: Erklärung – Prognose – Planung.. Freiburg 1972.
Lenk, H.: Pragmatische Philosophie. Hamburg 1975.

Lenk, H.: Leistungsmotivation als theoretischer Begriff. In: Ders. 1975; S. 168-183.
Lenk, H.: Leistungssport in der Erfolgsgesellschaft. In: Grube, F. - Richter, G. (Hg.): Leistungssport in der Erfolgsgesellschaft. Hamburg 1973, 13-39.
Lenk, H. War der späte Wittgenstein ein Essentialist? Man and World 3 (1970), 116ff.
Lenk, H.: Leistungssport: Ideologie oder Mythos? Stuttgart 1972,1974².
Lenk, H.: Interdisziplinäre Aspekte von Handlungstheorien. In: Ders. 1975, 87-144.
Lenk, H.: Sozialphilosophie des Leistungshandelns. Stuttgart 1976.
Lenk, H.(Hg.): Handlungstheorien interdisziplinär. 4 Bde.(+ 2 Hbde). München 1977ff
Lenk, H.: Handlung als Interpretationskonstrukt. In: Lenk. 1977 ff, II, 1. 1978, 279-350.
Lenk, H.: Pragmatische Vernunft. Stuttgart 1979.
Lenk, H.: Deutungen in der Handlungstheorie. Allg. Ztschr. für Philos. 4, 1979 a, 28ff.
Lenk, H.: Interpretive Action Constructs. In: Agassi, I. – Cohen, R. S. (Hg.): Scientific Philosophy Today, Dordrecht 1981, 151-157.
Lenk, H.: Eigenleistung. Osnabrück, Zürich 1983.
Lenk, H.: Bemerkungen zur pragmatisch-epistemischen Wende in der wissenschaftstheoretischen Analyse der Ereigniserklärungen. In: Erkenntnis 22 (1985), 461-473
Lenk, H.: Die achte Kunst: Leistungssport – Breitensport. Osnabrück, Zürich 1985.
Lenk, H.: Zwischen Wissenschaftstheorie und Sozialwissenschaft. Frankfurt a.M. 1986.
Lenk, H.: Zwischen Sozialpsychologie und Sozialphilosophie. Frankfurt a. M 1987.
Lenk, H.: Postmodernismus, Postindustrialismus, Postszientismus. In: Zimmerli, W. Ch. (Hg.): Technologisches Zeitalter oder Postmoderne. München 1988, 153-198.
Lenk, H. (Hg.): Wissenschaft und Ethik. Stuttgart 1991.
Lenk, H.: Zu einem methodologischen Interpretationskonstruktionismus. In: Zeitschrift für allgemeine Wissenschaftstheorie 22 (1991), 283-302.
Lenk, H.: Interpretationskonstrukte. Frankfurt a. M. 1993.
Lenk, H.: Philosophie und Interpretation. Frankfurt a. M. 1993 a.
Lenk, H.: Von Deutungen zu Wertungen. Frankfurt a. M. 1994.
Lenk, H.: Schemaspiele. Frankfurt a. M. 1995.
Lenk, H.: Interpretation und Realität. Frankfurt a. M. 1995a.
Lenk, H.: Das metainterpretierende Wesen. In: Allgemeine Zeitschrift für Philosophie 20 (1995b), 39-47.
Lenk, H.: Einführung in die angewandte Ethik. Stuttgart 1997.
Lenk, H.: Schemainterpretationen als Hirnkonstrukte? In: TW- Neurologie, Psychiatrie 11 (1997 a), 569-573.
Lenk, H.: Einführung in die Erkenntnistheorie. München (UTB) 1998.
Lenk, H.: Konkrete Humanität. Frankfurt a. M. 1998 a
Lenk, H.: Module im Gehirn. In: ÄP Neurologie - Psychiatrie No. 12 (1998b), 28-29.
Lenk, H.: Gespaltenes Gehirn - gespaltener Geist? In: T&E- Neurologie, Psychiatrie 12 (1998 c), 278-287.
Lenk, H.: Praxisnahes Philosophieren. Stuttgart 1999
Lenk, H.: Erfassung der Wirklichkeit. Würzburg 2000
Lenk, H.: Kreative Aufstiege. Frankfurt/M. 2000 a.
Lenk, H.: Das Denken und sein Gehalt. München 2001.
Lenk, H.: Denken und Handlungsbindung. Freiburg 2001a.
Lenk, H.: Kleine Philosophie des Gehirns. Darmstadt 2001b.
Lenk, H.: Modularität und Schematisierung. In: Conceptus 34 (2001c), 105-115
Lenk, H.: Grasping Reality. Singapur: World Scientific 2003.
Lenk, H.: Values as Standardizes Interpretative Constructs. In: McBride, W. L. (Hg.): The Idea of Values. Charlottesville, VI, 2003 a, 85-125.
Lenk, H.: Bewusstsein als Schemainterpretation. Paderborn 2004

Lenk, H.: Zur Wissenschaftstheorie der Psychologie und Philosophie des Mentalen. In: Pawlik, K. (Hg.):Handbuch Psychologie. Heidelberg u.a. 2006, 445- 464.
Lenk, H. – Lüschen, G.: Epistemological Problems and the Personality and Social System in Social Psychology. In: Theory and Decision VI (1975), 333-355.
Lenk, H. – Maring, M.: Moralprobleme der Sozialwissenschaftler. In: H. Lenk 1991, 356-375.
Lenk, H. – Maring, M.: Normative Interpretationskonstrukte. In: Ruch, A. – Hertig, G.-Nef, U. C. (Hg.): Das Recht in Raum und Zeit (FS M. Lendi). Zürich 1998, 355-371.
Lenk, H.- Moser, S.- Beyer, E. (Hg.): Philosophie des Sports. Schorndorf 1973.
Lenk, H.: – Poser, P. (Hg.): Neue Realitäten – Herausforderung der Philosophie. XVI. Deutscher Kongress der Philosophie 1993: Vorträge und Kolloquien. Berlin 1995.
Leont'ev.A. N.: Tätigkeit, Bewusstsein, Persönlichkeit, Stuttgart 1977.
Levenson, R. W.: Autonomic nervous system differences among emotions. Psychological Science 3 (1992, 23-27).
Levine, J.: Purple Haze: The Puzzle of Consciousness. Oxford 2001.
Libet, B.: Unconcious Cerebral Initiative in the Role of Concious Will in Voluntary Action. The Behavioral and Brain Sciences 8 (1985), 529-566.
Libet, B.: Mind Time. Cambridge, MA 2005
Lorenz, K.: Evolution of ritualisation in the biological and cultural spheres. In: Philosophical Transactions of the Royal Society of London 251 (1966), 273-284.
Lowe, E. J.: An Introduction to the Philosophy of Mind. Cambridge, UK 2000.
Lycan, W. G. (Hg.): Mind and Cognition. Oxford 1990, 1991^2.
Lycan, W. G.: Consciousness and Experience. Cambridge, MA 1996.
Lycan, W. G.: Consciousness. Cambridge, MA 1987.
Lyotard, J.F.: Das postmoderne Wissen. Wien 1982.
MacCormac, E. R.: A Cognitive Theory of Metaphor. Cambridge MA. 1985.
MacCormac, E. R.: Die semantische und syntaktische Bedeutung von religiösen Metaphern. In: Noppen, J.-P. v. (Hg.): Erinnern. Frankfurt a. M. 1988, 84-175.
MacCormac, E. R.: Die Geographie und die Geometrie des Gehirns: Modifikation unserer Begriffe von Geist und Bewusstsein. In: Lenk. – Poser. (Hg.) 1995, 210-221.
MacCormac, E. R.: Fuzzy Computational Images in Cognitive Science. In: Redman, Z. (Hg.): From a Metaphorical Point of View. Berlin – New York 1995 a, 149-164.
MacCormac, E. R.: Metaphors and Fuzzy Sets. Fuzzy Sets and Systems 7 (1982), 243ff.
MacCormac, E..- Stamenov, M.: Fractals of Brain, Fractals of Mind. Philadelphia, 1996
MacLean, P. D.: A triune concept of the brain. In: Boag, T. J. – Campell, D. (Hg.): The Triune Concept of the Brain and Behaviour. Toronto 1973.
MacLean, P. D.: New findings relevant to the evolution of psychosexual functions of the brain. In. Journal of Nervous and Mental Disease 135 (1962), 289-301.
Malsburg, C. von der: Am I Thinking Assemblies? In: Palm, G. – Aertson, A. (Hg.): Brain Theory. Berlin, Heidelberg, New York 1986, 161-176.
Mandelbaum, M.: Societal Facts. Brit J. of Sociology 6 (1955), 305-317.
Mandelbaum, M.: Societal Laws. Brit. J. for the Philos. of Science 8 (1957), 211-224.
Marcel, A. J. – Bisiach, E.(Hg.): Consciousness in Contemporary Science. Oxford 1988.
Marquard, O.: Abschied vom Prinzipiellen. Stuttgart 1981.
McClelland, D. C.: Die Leistungsgesellschaft. (Orig. 1961) Stuttgart 1966.
McClelland, D. C - Atkinson J. W. - Lowell, E. L., Clark, R. A. (Hg.): The Achievement Motive. New York 1953.
McGinn, C.: Mental Content. Oxford 1989.
McGinn, C.: The Problem of Consciousness. Oxford 1991.
McGinn, C. : Wie kommt der Geist in die Materie? München 2001 (Orig. 1999).

Meggle, G. (Hg.): Analytische Handlungstheorie. Bd. I.: Handlungsbeschreibungen, Frankfurt 1977.
Melden, A. L: „Action", in: The Philosophical Review 65 (1956), 522-541. Nachdruck in: Care – Landesman 1968, 27-47.
Melden, A. L: Free Action, London , New York 1961, 1967^2.
Merton, R. K.: Die Eigendynamik gesellschaftlicher Voraussagen. In: Topitsch, E. (Hg.): Logik der Sozialwissenschaften. Köln: ^{9}1976, 144-161.
Metzinger, Th.: Subjekt und Selbstmodell. Paderborn 1993.
Metzinger, Th. (Hg.): Bewusstsein. Paderborn 1995.
Meyer, W.-U.: Leistungsmotiv und Ursachenerklärung von Erfolg und Misserfolg. Stuttgart 1973.
Millikan, R.G.: Language, Thought and Other Biological Categories. Cambridge 1984.
Millikan, R.G.: White Queen Psychology & Other Essays for Alice. Cambridge, 1993.
Minsky, M.: Frame-System Theory. In: Johnson-Laird, P. N., Wason, P.: Thinking. Cambridge 1977
Mischel, T. (Hg.): Human Action. New York – London 1969.
Mountcastle, V. B.: Dynamic Neuronal Operations within the Somatic Sensoric Cortex. In: Rakic – Singer 1988.
Nachtigall, W.: Bionik, Berlin u.a. 2002^2.
Nauta, W. J. H. – Feirtag, M.: Neuroanatomie. Heidelberg 1990.
Neisser, U.: Kognitive Psychologie. Stuttgart 1974.
Neisser, U.: Kognition und Wirklichkeit. Stuttgart 1979.
Newen, A. – Vogeley, K. (Hg.): Selbst und Gehirn. Paderborn 2000.
Noelle-Neumann, E.- Strümpel, B.: Macht Arbeit krank? Macht Arbeit glücklich? München 1984
Noelle-Neumann, E.: Werden wir alle Proletarier? Zürich – Osnabrück, 1979
Oeser, E. – Seitelberger, F.: Gehirn, Bewusstsein und Erkenntnis. Darmstadt 1988.
Ornstein, R.: Multimind. London 1986.
Panksepp, J.: Affective Neuroscience. Oxford 1998.
Pauen, M. – Stephan, A (Hg.): Phänomenales Bewusstsein. Paderborn 2002.
Pauen, M.: Das Rätsel des Bewusstseins. Paderborn 1999.
Peat, F. D.: Der Stein der Weisen: Chaos und verborgene Weltordnung. München 1994.
Peitgen, H.-O. – Jürgens, H. – Saupe, D.: Bausteine des Chaos: Fraktale. Berlin u. a. 1992.
Peitgen, H.-O. – Jürgens, H. – Saupe, D.: Chaos: Bausteine der Ordnung. Berlin u. a. 1994.
Penfield, W. - Rasmussen, T.: The Cerebral Cortex of Man. New York 1950.
Penfield, W.: The Mystery of the Mind. Princeton 1975.
Pepper, St.: World Hypotheses. Berkeley 1942, 1970^2
Perner, J.: Understanding the Representational Mind. Cambridge, MA 1991, 1993^2.
Peters, R. S.: The Concept of Motivation, London 1958.
Plutchik, R. – Kellermann, H. (Hg.): Theories of Emotions, I-II. New York 1980.
Plutchik, R.: Emotion. In: Scherer, K. R. – Ekman, P. (Hg.): Approaches to Emotion. Hillsdale N.J. 1984, 197-219.
Poincaré, H.: The Foundation of Science. New York 1921.
Pöppel, E. (Hg.): Gehirn und Bewusstsein. Weinheim 1989.
Pöppel, E. – Edingshaus, A.-L.: Geheimnisvoller Kosmos Gehirn. München 1994.
Popper, K.R.: Logik der Forschung. (1934) Tübingen 1966^2
Popper, K.R.: Die offene Gesellschaft und ihre Feinde. 2 Bde. Bern 1957.
Port, R.F. -Van Gelder, T.(Hg.).: Mind as Motion. Cambridge, MA, London 1995.

Posner, M. I. – Raichle, M. E.: Bilder des Geistes. Heidelberg u. a. 1996 (Orig. 1994).
Putnam, H.: Repräsentation und Realität. Frankfurt a. M. 1991 (Orig. 1988)
Pylyshyn, Z. W.: The Imagery Debate. In: Psychological Review 88 (1981), 16-45.
Rakic, P. – Singer, W. (Hg.): Neurobiology of Neocortex. New York 1988.
Rescher, N.: On the Characterization of Action. In: Brand, M. 1970, 247-266.
Revonsuo, A. – Kamppinen, M. (Hg.): Consciousness in Philosophy and Cognitive Neuroscience. Hillsdale, N. J. 1994.
Ropohl, G.: Eine Systemtheorie der Technik. München –Wien 1979.
Rosch, E. – Mervis, C.B. – Gray, W.D. – Johnson, D.M. – Boyes-Braem, P.: Basic Objects and Natural Categories. In: Cognitive Psychology 8 (1976). 382 - 439.
Rosch, E.H.: Human Categorization. In: Warren, N. (Hg): Studies in Cross-Cultural Psychology. Band I. London – New York – San Francisco 1977, 3-49.
Rosenthal, D. M.: Two Concepts of Consciousness. In: Philos Studies 49 (1986), 329ff.
Rosenthal, D.M.: Thinking That One Thinks. In: Davies - Humphreys 1993, 197-223.
Rosenthal, D. M.: A Theory of Consciousness. In: Block u. a. (Hg.) 1997, 729-753.
Rosenthal, D. M.: Mehrfache Entwürfe und unumstößliche Tatsachen. In: Metzinger (Hg.) 1995, 423-438.
Rosenthal, D. M.: Consciousness and Mind. Oxford 2005.
Rösler, F. – Florin, I. (Hg.): Psychologie und Gesellschaft. Stuttgart 1994.
Roth, G.: Das konstruktive Gehirn. In: Schmidt, S. J. (Hg.): Kognition und Gesellschaft. Frankfurt a. M. 1992, 277-336.
Roth, G.: Kognition — die Entstehung von Bedeutung im Gehirn. In: Krohn, W. - Küppers, G. (Hg.): Emergenz. Frankfurt a. M. 1992, 104-133.
Roth, G.: Das Gehirn und seine Wirklichkeit. Frankfurt a. M. 1994.
Roth, G.- Prinz, W. (Hg.): Kopf-Arbeit. Heidelberg 1996.
Rumelhart, D.: Schemata: the Building Blocks of Cognition. CHIP-Report No. 79, San Diego – La Jolla 1978 (in Spiro, R. – Bruce, B. – Brewer, W. (Hg.): Theoretical Issues in Reading Comprehension. Hillsdale 1980.)
Ryle, G.: Der Begriff des Geistes. Stuttgart 1982 (Orig. 1949).
Savage-Rumbaugh, S. – Lewin, R.: Kanzi. München 1998 (Orig. 1994)
Savage-Rumbaugh, S. – Shankar, St.G. – Taylor, T.J.: Apes, Language and the Human Mind. Oxford. 1998.
Schachter, St. – Singer, J. E.: Cognitive social and physiological determinants of emotional states. In: Psychological Review 69 (1962), 379-399.
Schank, P. – Abelson, R.: Scripts, Plans, Goals and Understanding. Hillsdale, NJ 1977
Scheele, B.: Emotionen als bedürfnisrelevante Bewertungszustände. Bern u.a. 1990.
Schmalt, H., - Meyer, W. (Hg.): Leistungsmotivation und Verhalten. Stuttgart 1976.
Schmid, M.: Handlungsrationalität. München 1979.
Schmidtchen, G.: Menschen im Wandel der Technik. Köln 1986.
Schmidtchen, G.: Neue Technik und Arbeitsmoral. Köln 1984
Schneewind, K.(Hg.):Wissenschaftstheor. Grundlagen der Psychologie. München 1977.
Schuler, H. - Görlich, Y.: Kreativität. Göttingen 2007.
Schurz, G.: Wissenschaftliche Erklärung. Graz 1983.
Selz, O.: Über die Gesetze des geordneten Denkverlaufs. Stuttgart 1913.
Shallice, T.: From Neural Psychology to Mental Structure. Cambridge/England: 1988.
Shear, J. (Hg.): Explaining Consiousness. Cambridge, MA , London 1997, 2000^3.
Shell: Jugend 2000. 13. Shell Jugendstudie. Opladen 2000.
Shepard, R.. – Cooper, L.:, Mental Images and their Transformation. Cambridge 1983.
Singer, W. (Hg., Red.): Gehirn und Kognition. Heidelberg 1990.
Singer, W. (Hg., Red.): Gehirn und Bewusstsein. Heidelberg 1994.

Skinner, B. F.: The Behavior of Organisms, New York 1938.
Skinner, B. F.: Wissenschaft und menschliches Verhalten, München 1973 (Orig. 1953).
Skinner, B. F.: About Behaviorism, New York 1974, 1976.
Solomon, R. C.: The Passions. New York 1977^2.
Spitzer, M.: Geist im Netz. Heidelberg 1996.
Springer, S. P. – Deutsch, G.: Linkes — rechtes Gehirn. Heidelberg 1987, 1998^2.
Stachowiak, H.: Allgemeine Modelltheorie. Wien , New York 1973.
Städtler, Th. Lexikon der Psychologie. Stuttgart 1998.
Stegmüller, W.: Wissenschaftliche Erklärung und Begründung. Berlin, Heidelberg , New York 1969. 2. Auflage: Erklärung – Begründung – Kausalität. 1983.
Stephan, A.: Emergenz. Dresden 1999.
Sterelny, K.: The Representational Theory of Mind. Oxford 1990.
Széplábi, M.: Leistungsgesellschaft in der Diskussion. Ztschr. f. Soziol. 3 (1974), 295 ff
Thalberg, L: Perception, Emotion and Action. Oxford 1977.
Thompson, R. F.: Das Gehirn. Heidelberg 1990.
Toulmin, S.: Concepts and the Explanation of Human Behavior. In: Mischel 1969, 71-104.
Tye, M.: Ten Problems of Consciousness. Cambridge, MA 1995.
Tye, M.: Das brennende Haus. In: Metzinger 1995, 103-112.
Van Gulick, R.: Functionalism, Information and Content (Orig. 1980). In: Lycan, W. G. (Hg.): Mind and Cognition. Oxford , Cambridge, MA 1990, 106-125 (zit. als 1980).
Van Gulick, R.: Mental Representation.. In: Pacif. Philos. Quarterly 63 (1982), 3-30.
Van Gulick, R.: Metaphysical Arguments for Internalism and Why They Don't Work. In: Silvers, S. (Hg.), ReRepresentations, Dordrecht 1989, 151-160.
Van Gulick, R.: Who's in Charge Here? And Who's Doing All the Work? In: Heil – Mele 1993, 233-258.
Walter, H.: Neurophilosophie der Willensfreiheit. Paderborn 1998.
Watkins, J. W. N.: The Alleged Inadequacy of Methodological Individualism. In: The Journal of Philosophy 55 (1958), 390-395.
Weber, M.: Die protestantische Ethik und der Geist des Kapitalismus. München 1969.
Weber, M.: Soziologie – Universalgeschichte – Politik. Stuttgart 1973 [5]
Weiner, B.: Theories of Motivation. Chicago 1972.
Weiner, B.: Die Wirkung von Erfolg und Misserfolg auf die Leistung. Stuttgart 1975.
Weiner, B.: Theorien der Motivation, Stuttgart 1976.
Weiss, P.: Sport – a Philosophic Inquiry. Carbondale, IL u.a. 1969,1971.
Wessells, M. G.: Kognitive Psychologie. München , Basel 1994 (Orig. 1982).
White, A. R. (Hg.): The Philosophy of Action. Oxford 1968.
Wittgenstein, L.: Philosophische Untersuchungen. Frankfurt a. M. 1960. (PU)
Wright, G. H.v.: Erklären und Verstehen, Frankfurt 1974.
Wright, G. H. v.: Handlung, Norm und Intention. Berlin 1977.
Young, J. Z.: A Programme of a Brain. Oxford 1978.
Young, J. Z.: Philosophie und das Gehirn. Basel 1989.
Zeki, S.: A Vision of the Brain. Cambridge/MA 1993.
Zimmer, D.: Die Vernunft der Gefühle , München 1984.
Zuckerman, M.: Sensation Seeking. Hillsdale, N J. 1979.